충청권 시조의 숨결

리 헌 석 문학평론집

오늘의문학사

국립중앙도서관 출판예정도서목록(CIP)

충청권 시조의 숨결 : 리헌석 문학평론집 / 지은이: 리헌석.
-- 대전 : 오늘의문학사, 2018
p. ;　cm

대전광역시와 대전문화재단에서 사업비 일부를 지원받아 발간되었음
ISBN 978-89-5669-893-9 03810 : ₩25000

한국 현대 시조[韓國現代時調]
시 평론[詩評論]

811.3609-KDC6
895.71009-DDC23　　CIP2018003095

충청권 시조의 숨결

책머리에

문학 창작을 시작하면서부터, 시(詩)와 시조(時調)를 같이 배웠습니다. 1977년에 동인지를 창간할 때부터 시와 시조를 발표하였고, 한국문인협회 충남지회에는 시조분과에 가입할 정도로 시조에 경도되어 있었습니다.

소정 정훈 선생님께서 별세하시기 전에 여러 번 시와 시조를 창작하고 계신 소이연(所以然)을 말씀하셨습니다. 그 말씀들을 요약하여 『車嶺』창간호에 수록하셨습니다. 〈우리 겨레도 우리의 노래와 詩를 갖고 있습니다. 鄕歌나 高麗歌詞 등이 그런 것이요 그 變型이 우리 겨레와 喜怒哀樂을 같이하며 時調詩로 發展해 왔습니다. 뿌리 있는 생명체는 쉽사리 시들지 않습니다. 千年 가까이 뿌리를 내려 오늘에 이르는 時調는 우리 祖上들의 슬기와 생각과 情이 따뜻한 體溫마저 함뿍 담겨 있는 것입니다. 그리고 그분들 血肉이 되어 아낌을 받았고 所重히 가꾸어져 왔습니다. 時調詩야말로 寶玉같이 값진 하나밖에 없는 우리들의 文學遺産인 것입니다.〉 이 말씀에 공감하여 '차령'을 발간하는 차령시조문학회에 발을 들였고, 뒤를 이은 '가람문학'을 발간하는 가람문학회에도 손을 얹었습니다.

이런 인연으로 맺어진 터라, 시조에 대한 사랑은 변함없었지만, 사제(師弟)의 특별한 인연에 따라 '시'와 '문학평론'으로 등단하여, 시조와 장르를 달리하게 되었습니다. 시조에 대한 관심은 평설로 드러내게 되었고, 그 동안 발표한 평설(논문, 평론, 해설 등)을 하나로 묶습니다.

제1장에는 소정 정훈 선생님에 대한 평설 5꼭지를 편집하였습니다. 제2장에는 정훈 선생님과 동시대를 사신 전형 선생님, 그리고 뒤를 이어 시조를 빛은 분들에 대한 평설을 편집하였습니다. 제3장에는 그 뒤를 따라 시조집을 발간한 분들 중에서 연만한 분들에 대한 평설을 편집하였습니다. 제4장은 시조집을 발간한 분들 중에서 상대적으로 젊은 분들에 대한 평설을 수록하였습니다. 제5장은 심포지엄 발표문, 리헌석의 1시조집 『섬바위』의 해설을 수록하였습니다.

겨레시로서의 시조는 부흥해야 하고, 많은 시조시인들이 창작의 삽질을 쉬지 않고 있습니다. 범위를 한정한 '충청권'에도, 이 책에 평설이 수록된 분들보다 더 많은 분들이 겨레시를 경작하고 있습니다. 다만 이 책에는 현생에 지어진 인연으로 집필한 평설을 한 권에 묶었을 따름입니다. 그 인연을 소중하게 가꾸며, 부족한 부분은 채우고, 오류는 바로잡겠습니다.

이제 '소설'에 대한 평설, '아동문학'에 대한 평설, '수필'에 대한 평설 등을 별책 평론집으로 묶어낼 요량입니다. '시'에 대한 평설은 시기나 주제별로 4~5권 묶으려고 합니다. 이 책을 발간하도록 도와준 대전문화재단에 고마운 인사를 드리며, 수준 높은 평설을 집필하기 위해 가일층 노력하겠습니다.

2018년 1월, 저자 리 헌 석

* 집필 연도에 따라 시인의 직분, 저서, 수상 등이 현재 약력과 다를 수 있습니다.

목 차

목 차

3장 시조를 경작하는 숨결

4장 시조를 사랑하는 숨결

목 차

5장 시조 평설 참고자료

1장

소정 정훈 선생의 시조 읽기

『벽오동』— 현대시조 창작의 실천과 길잡이

『꽃詩帖』— 시조의 정격과 파격의 미

『散調』— 산촌서정과 인자요산의 기품

『밀고 끌고』— 고희촌감과 강변 풍경

丁薰의 詩(時調) 「밀고 끌고」의 텍스트 분석

◇ 정훈 시조집『벽오동』평설

현대시조 창작의 실천과 길잡이

1.『벽오동(碧梧桐)』의 서지적 개관

1.1 정훈(丁薰) 선생의 세 번째 시집『벽오동(碧梧桐)』은 1955년 학우사에서 발간한 시조집이다. 첫 번째 시조집의 성격을 띤 이 책은 56쪽이다.

1.2 '서(序)'는 가람 이병기 선생이 썼다.

1.3 작품의 목차는 부의 제목만 있고, 숫자의 표기는 생략하였다. 1부에 해당하는 '보리고개'에는 안빈(安貧), 보리고개, 춘궁(春窮), 소쩍새, 채미(採薇), 귀가(歸家), 모촌(暮村), 못 버리는 고향(故鄕), 길, 추혼(秋昏), 만춘(晩春), 대인(待人), 사우(思友), 황토(黃土)재, 춘일(春日) 등 15편으로 구성되어 있다. 2부에 해당하는 '샤보뎅'에는 샤보뎅, 모두 나오라, 농조(籠鳥), 두견조(杜鵑鳥), 서울 한밤, 벽오동(碧梧桐), 바라고 그리던 님, 방토(放兎), 남하(南下)수길, 수자리듯, 사향(思鄕), 때로는, 물 것 등13편이다. 3부에 해당하는 '마이산(馬耳山)'에는 동학사(東鶴寺) 가는 길, 태고사(太古史) 오르는 길,

마이산(馬耳山), 계룡산정(鷄龍山頂), 사처(思妻), 임종야(臨終夜), 조그만 입을, 애화(哀話), 안해를 묻고, 별사(祝詞, 寄 安君 祖母 華甲), 조사(弔詞, 池兄의 慈堂님 靈을 위로함) 등 11편이다.

1.4 이 시집의 말미에는 권용두(權容斗)가 쓴 '발(跋)'이 있다.

2. 서문과 발문 읽기

2.1 '서(序)' 전문

머리를 깎고 網巾을 버리고 洋服을 입는 것이 우리 現代人의 生活이라면 詩文學에 있어서도 時調는 除外하여야 하겠으나 文化 및 文學도 그 個性을 尊重하지 않을 수 없으므로 時調도 지금 살아있는 것이다. 아무리 美國의 自由詩 바람이 불어온대도 日本서 和歌, 中國서는 漢詩, 歐洲에서는 그 古典詩形을 쓰고 있지 않는가! 그러면 우리 韓國에서도 바지 저고리 두루마기 김치 깍두기를 입고 먹으면서 時調쯤이야 抹殺 않은들 어떨까! 8.15이후 國語敎育이 갑자기 팽창하여 時調 몇몇 首는 어느 國語敎本에 없지 않으나 우리 文壇에 있어 時調는 오해려 조을고(졸고) 있다.

워낙 詩는 自由詩形의 그것만이 아니라 時調도 한 詩形이다. 時調가 과연 詩로 되었는가 안 되었는가는 그 作者의 일이요 時調의 허물은 아니다. 그리고 時調도 現代人의 作으로 옛 時調 그것과는 달라야 한다. 즉 時調의 新舊調가 昭然히 區分되고 있다. 그 思想 感情 語調 등이 그러하다.

이 近來 新文藝運動도 꾸준히 해왔다. 그러나 한때 時調를 民族主義者의 노리개로 삼아 舊調 그대로서 撫弄되었다가 오늘날에는 그

多數한 作者들의 그림자도 없어지고 文靑들은 自由詩形으로만 熱中하고 있다.

그런데 이에 丁薰君은 일찍 詩作에 뜻을 두어 시집 『머들령』『破笛』을 이미 刊行하였고 이 時調集도 출판하게 되었다. 詩才를 卓越히 태어난 丁君으로 時調作의 造詣는 놀랄 만하다. 舊調의 軀殼을 깨끗이 벗어나 새로운 한 境地를 開拓하여 一家를 이루었다. 나는 이런 점으로 이 作을 一讀三嘆하며 이 序를 마친다.

4288년 3월 말일 全州 養士齋 가람

2.2 '발(跋)' 전문

무릇 좋은 創作品은 좋은 生活經驗에서만 소용돌이쳐 나올 수 있는 것이다.

물론 藝術이란 先天的 後天的으로 얻을 수 있는 技巧도 필요하지만 技巧보다도 앞서야 할 것은 좋은 生活經驗에서 좋은 作品이 나왔다는 것을 찾아보자면 얼마든지 있으니 그 代表的인 作品을 저 中國에 求하여 보면 『孟子』와 『史記』가 좋은 예가 될 것이다. 맹자의 浩然之氣는 能히 그의 直接影響이 풍기는 『孟子』에 나타나 그 글을 읽어내려 가다보면 줄기찬 正義感에 手舞足蹈할 地境이다. 또한 저 司馬遷의 全 中國 遍曆 뒤에 나왔다는 『史記』의 구석 구석에 풍기는 生彩는 한번 册을 손에 들으면 놓지 못할 程度이다. 班固藝文志나 唐四庫書目에 列擧된 秦漢 이래의 文人 墨客은 不可勝數이요. 그의 著書가 많은 者는 百餘篇, 적어도 三四十篇 에 이르는 가운데 宋나라 때에 벌써 거의 散亡磨滅되어 버리고 『史記』를 필두로 몇 편만이 길이 生命을 전한다는 것은 까닭이 있는 것이다. 陣迹에서는 결코 좋은 創作이 나오지 못하기 때문이다.

돌이켜 저 新羅鄕歌를 찾아보건대 萬代月에 실린 작품은 헤기 어려울 정도였다고 한다. 그 많은 작품이 千年의 비바람이 스치고 지나간 오늘에는 오직 25수만이 전한다는 것이 애닯은 가운데에서도 25수의 作者만이 지닐 수 있는 至誠된 生活經驗이 不滅하는 25수의 鄕歌로 愛誦되어 전하여 내려와 永遠히 退色할 줄 모르는 生命을 전한 것이 아닌가라고도 생각할 수 있는 것이다.

내가 素汀을 안 것은 20년이 넘었다. 亡國恨의 哀絶한 呼訴인 詩篇의 朗讀을 만나는 때마다 들었다. 光復의 기쁨을 기념하여 刊行된 제1시집 『머들령』은 당시의 詩囊에서 짜낸 것일 것이다. 詩人인 素汀은 多感하기 때문에 當하는 곳마다 詩가 나온다. 6.25의 擧族的 憤怒에 끼어 人間 素汀의 鬱憤이 터져나온 것이 지난해에 刊行된 제2시집 『破笛』이라고 보는 것도 무리는 아니리라.

그러나 歷史는 新轉機를 재촉하여 民族的 大生命의 흐름은 벅차올라 어떠한 受難에도 굽히지 않고 絶望的인 오늘의 現實에서 希望에 찬 東트는 새벽의 밝는 날을 指向하여 不滅의 喊聲을 지르며 내닫고 있는 것이다. 이 흐름을 感觸한 詩人 素汀은 시조집 『碧梧桐』에 붙여 좋은 아 洋曲을 전하게 된 것이다.

나는 詩人이 아니다. 詩人이 아니기 때문에 詩集의 발을 쓸 資格을 지니지 못하였을는지도 모른다. 그러나 多感한 詩人인 人間 素汀을 알기 때문에 人間 素汀에 비친 時代的 觸感을 그대로 적어 발로 삼자는 것이요. 또한 人間 素汀이 誠孝의 人物이기 때문에 後世에 전할 詩篇이 적지 않게 남으리라고 믿고 붓을 멈춘다.

1955년 4월 權容斗

3.『벽오동(碧梧桐)』작품 감상

셋째 시집은 연시조도 몇 편 있지만, 주로 평시조로 구성되어 있다. 1시집과 2시집에 수록하고 있는 시를 창작할 때, 일부는 시조로 빚었을 터이지만, 이 작품들은 묵혀 두었다가 3시집으로 묶었다. 앞의 시집에서 보여주는 일본의 침탈, 6.25의 참상 등과 같이 무거운 주제에서 탈피하여 지극히 개인적인 정서에 치중한 작품집이다. 생활 속의 사소한 희로애락(喜怒哀樂)을 담아내는 형식으로 시조를 택한 듯하다.

그러나 시조에 대한 선생의 신념은 확고하다. 우리 민족이 지켜온 가장 오래된 문학 장르로서의 가치를 분명하게 밝힌다.〈어느 民族이고 그 겨레 나름대로 自身들의 思想이나 感情이나 情緖를 담은 노래나 詩를 갖게 마련입니다. 東西를 莫論하고 英國은 영국대로 佛蘭西는 불란서대로 中國은 중국대로 日本은 일본대로 제각기 고유의 노래와 詩를 갖고 있습니다. 우리 모두 알다시피 우리 겨레도 우리의 노래와 詩를 갖고 있습니다. 鄕歌나 高麗歌詞 등이 그런 것이요 그 變型이 우리 겨레와 喜怒哀樂을 같이하며 時調詩로 發展해 왔습니다. 뿌리 있는 생명체는 쉽사리 시들지 않습니다. 千年 가까이 뿌리를 내려 오늘에 이르는 時調는 우리 祖上들의 슬기와 생각과 情이 따뜻한 體溫마저 함빡 담겨 있는 것입니다. 그리고 그분들 血肉이 되어 아낌을 받았고 所重히 가꾸어져 왔습니다. 時調詩야말로 寶玉

같이 값진 하나밖에 없는 우리들의 文學遺産인 것입니다.〉[1] 이와 같은 관점은 시조에 대한 무한 애정에 다름 아니다.

이런 바탕에서 선생은 현대 시인들이 시조시를 창작해야 할 당위성에 대해서도 분명하게 밝힌다.〈現代에 사는 우리는 現代에 알맞도록 새롭게 아름답게 가꾸어서 우리 겨레 特有의 詩文學으로서 燦爛한 發展을 시켜야 할 것입니다. 그러므로 우리는 있는 情熱 있는 슬기를 다하여야 하겠습니다.〉라는 말에 선생의 지향이 담겨 있다.

그러나 선생이 시조를 창작하던 해방 전후에서 6.25로 이어지는 시기를 살던 겨레의 삶은 척박하고 슬플 수밖에 없었을 것이고, 이들과 함께 생활한 선생의 작품에 그 애환이 오롯하게 반영된다.

안평산(安平山) 기슭에는
살구꽃 구름 일고

장끼놈 끌끌 울어
까투리 부르는데

順伊야 네 연지볼에는
호박꽃만 피는다

—「춘궁(春窮)」 전문

이 작품에서 보이는 안평산은 선생에게 있어서 서정의 고향이기도 하다. 시기는 봄이고 장소는 고향의 안평산이다. 안평산은 유년

---

1) 동인지 『차령(車嶺)』창간호의 창간사 중에서

시절에 머물러 살던 천비산과 이웃해 있다. 물론 그 사이에 유등천이 흐르지만, 천비산 기슭의 마을에서 시내 하나를 건너면 안평산의 기슭이다. 그 기슭에 마을이 형성되었을 터이고, 그 마을에서 살던 '순이'는 바로 그리움의 대상이다. '장끼'가 '까투리'를 부르는 것이 짝짓기를 위한 것이라면, '순이'와 선생의 관계 역시 연인 사이가 분명해 보인다. 그러나 이 작품에서의 핵심은 순이의 '볼'에 '호박꽃'이 피었다는 부분이다. 연지를 찍은 것처럼 발그레하게 익어가야 할 순이의 볼에 누렇게 호박꽃이 피었다는 것은 가난한 시절에 걸린 부황(浮黃)을 의미하기 때문이다. 이 부황은〈오래 굶어서 살가죽이 누렇게 부어오르는 병〉인데 일제시대와 6.25 이후에 만연하였다고 한다.

이와 같은 고통의 현장으로 안평산이 등장하는데 애상적 정서가 중심을 이루는 곳이다.「채미(採薇)」에서 선생은 혼자 안평산을 오른다. 물론 산나물을 뜯으려고 오르는 것으로 되어 있지만, 그 과정에서 '님'에 대한 그리움이 투영된다.〈망태 둘러메고/ 安平山 오르다가// 고비 고사리/ 캐는 것도 홍이 있어// 공교론 걸음이려니/ 님도 함께 올 것을〉에서 함께 오지 못하는 '님'을 그리워한다. 이는 소쩍새처럼 그리워하다가 피를 토할 정도라고 노래한다.「소쩍새」에서 선생은〈서리찬 긴긴 밤을〉 소쩍새가 울고 있다고 전제한다. 그 소쩍새는〈千里 異域에서/ 님을 그리난다// 그 임도 소쩍새 되어/ 설움 바꿔 보시라〉고 역지사지(易地思之)하기를 바란다.

이와 같은 애상적 정서는 당시의 시대상을 반영하게 마련이다.「보리고개」에서〈五月 비 내리는 날/ 비둘기 구구 운다// 구국 계집

죽고/ 구국 자식 죽고/ 이런 날 보리고개는/ 더욱이도 설데나(섧다나)〉에서 비둘기를 통하여 수많은 민중이 죽어가는 시대상을 반영한다.

보릿고개의 기근으로 별세한 것은 아닐 터이지만, 선생은 '안해'의 죽음에 당면하게 된다. 그때의 상황을 작품으로 빚어낸다. 선생은 1930년에 초혼을 하지만 1934년에 이혼을 한다. 1936년에 재혼을 하여 여러 자녀들을 둔다. 재혼한 부인은 1986년에 작고하기 때문에 이 시조집(1955)에서 작고한 '안해'는 이혼한 첫 부인일 수밖에 없다. 이혼을 한 상태이지만, 그 분의 별세는 시인의 내면에 형언할 수 없는 아픔을 남겼던가 보다.

만나 죄가 된가
못 만날 인연이랴

만난 한해 동안
병도 또한 한 핼러라

네 갈 줄 내 알았던들
인연하지 말 것을

西山에 해는 지고
까마귀 우짖는데

山에 너를 묻고
내 어이 돌아서랴

天庇山 머문 구름은
내 맘인가 이르네

고운 살 어진 마음
곱다시 썩겠구나

겨울 찬바람은
살을 어시난데

넌 이제 내 곁을 떠나
차운 줄도 모르리

—「안해를 묻고」 전문

첫 수에서는 '안해'와의 인연을 제재로 삼고 있다. 이렇게 덧없이 죽을 것이라면, 그래서 헤어질 것이라면 아예 인연을 맺지 않았으면 좋겠다는 생각이다. 이런 일을 겪으면 누구나 이와 유사한 생각을 할 것이기 때문에 공감대의 폭이 넓어진다. 둘째 수에서는 아내를 산(山)에 묻고 떠날 수 없는 애절함이다. 천비산에 구름이 머물러 있는 것과 떠날 수 없는 선생의 내심이 동일하게 그려진다. 셋째 수는 땅에 묻힌 아내에 대한 눈물어린 염려로 채워 있다. 겨울이 되어 찬바람이 불면 땅 속의 아내는 얼마나 춥겠느냐는 생각은 지극한 사랑에 다름 아니다.

첫 수와 같은 상황은 「사처(思妻)」에서도 그대로 드러난다. 〈땅 속에 너를 묻고/ 삼우도 지난 이 밤// 鶴山 바람 불어/ 더욱 마음 산란한데// 벼개에 香油 내음은/ 또한 창자 어시네〉에서 작고한 아내에 대한 그리움을 절실하게 담아낸다. 이는 「임종야(臨終夜)」에서도 드러나는데 그야말로 애끊는 정서가 담겨 있다. 〈여우 우는 날은/ 天鬼도 흐느낀다// 臨終을 기다리는/ 호롱불 푸른 저녁// 동짓달 지루한 밤은/ 닭도 아니 우는고〉라고 하여 사람의 혼령을 데려가는 요귀가 오지 못하도록 닭이 울었으면 좋겠다는 내면의 투영이다.

아내의 상(喪)을 치루고 선생은 아내의 고향을 찾는다. 그 곳이 '안평산' 기슭이었을 것이라는 것은 여러 정황에 의한 귀납(歸納)이다.

山길 굽이 굽이
몇 굽이 돌고 돌아

뻐꾸기 자추던(자주 울던) 날
네 고향 찾아드니

샘 길에 어린 네 모습
찾을 법도 하고나

흰 조리고(저고리) 검정 치마
감태같은 머리채며

물동이 옆에 끼고
거니는 양 선한데

향나무 서린 연기는
수심인 듯 이는다(이느냐)

뽕밭도 예와 같고
정구지 밭 그저 있다
사립문 들어서니
꽃밭도 옛 모양이

반기는 늙으신 양주
서른(서러운) 양을 알레라

호롱불 둘러앉아
말끝마다 목이 멘다

헐벗든 못 먹든
죽지나 말을 것을

불쌍히 살다간 그를
더욱 설워 하였네

—「애화(哀話」 전문

이와 같이 서러운 마음을 선생은 '두견'에 비유한다. 〈杜鵑이란 杜鵑이란/ 원한의 새가 있어// 제 염통 피를 돌려/ 도로 먹고 산다더라// 그래서 그 杜鵑새는/ 슬프기만 하다네〉[2]라고 자신과 견준다. 이러한 슬픔은 자신이 새장에 갇혀 있다는 자의식에서 연유한 듯하다. 〈노란 삼팔 깃이/ 몸부림쳐 찢기우고// 연분홍 산호 입술/ 살창 좇아 부릇났다(부르텄다)/ 죽고자 발버둥치나/ 그도 또한 못하네〉[3]

2) 「두견조(杜鵑鳥」 에서

등으로 자신의 한계성을 작품화하는데, 이는 민족이 처한 상황과 그 한계성이라는 확산적 의미를 내포한다.

밤보다 어둔 이 땅
문득 동이 트니

무궁화 가지 가지
상서의 빛이 돋네

겨레여 모두 나오라
내 나라를 받들자

—「모다 나오라」 전문

이 작품은 당시 민족의 고단한 상황에서 벗어나기 위해서는 모두 함께 나서야 함을 강조하고 있다. 이는 정치적인 의미를 띨 수도 있지만, 시조를 창작하는 것도 우리의 정통성을 '무궁화' 가지 돋아오르는 '상서로운 빛'이 될 수도 있다. 찬란한 역사를 지닌 민족이지만, 일본에 나라를 앗긴 세월과, 독립 후에 겪은 고통은 '밤'과 같이 문화예술의 사지(死地)로 인식할 수도 있기 때문이다. 그래서 선생은 서양에서 들어온 자유시를 창작하였지만, 차츰 시조에 대한 관심이 커서, 자유시를 시조로 개작한 작품들이 많다. 그래서 무궁화 꽃을 피우고자 하는 내면에는 시조 부흥을 염원하는 마음이기도 하다.

---

3) 「농조(籠鳥)」에서

바래고 그리던 님
이제야 오시어라
水陸 千萬里에
路毒은 없으신지

어버이 뫼신 듯하와
마음 든든 하옵니다.

—「바래고 그리든 님」 전문

이 작품에서 바라고 그리워하던 님이 누구인지는 분명하지 않다. 정치적으로는 독립운동가인 이범석 장군을 흠모하며 청년운동을 하였기 때문에 그 분으로도 보인다. 또는 상해임시정부를 이끌던 김구 선생의 귀국을 노래한 것도 같다. 그렇지만, 시조를 창작하면서 만난 가람 이병기 선생으로 이해해도 무리가 없다.

3시집 『벽오동(碧梧桐)』의 서문은 현대시조의 선구자인 가람 이병기 선생이 썼다. 이런 인연으로 정훈 선생은 후일 대전을 중심으로 한 '가람문학회'를 창립하고 회장으로 취임한다. 이와 함께 동인지 『가람문학』을 창간한다. 이 창간사에서 시조에 대한 의미를 정립하고, 가람 선생에 대한 존경과 추모를 담는다. 〈千年 동안 뿌리를 내려온 時調詩야말로 우리의 참다운 詩인 것이며 우리 民族의 特殊한 時調詩야말로 앞으로 世界時壇에 異彩로운 꽃 할 떨기를 더할 것이라고 우리는 확신합니다.〉 〈지금으로부터 60여년전 西歐의 文藝思潮가 몰아닥치자 우리는 時調 따위를 古典으로서 돌아다 볼 價値도 없는 것처럼 白眼視했으며 그럼으로써 時調의 現代化는 그 可能

性이 있는데도 念頭에 둘 겨를도 없이 新思潮에만 치우쳤다는 事實과 그 過誤는 우리 現代詩文學 史上 매우 不幸한 事實이었습니다.〉〈가람 李秉岐 선생은 時調의 現代化를 외롭게 아프게 呼訴하는 목청을 우리는 들었습니다. 선생의 그 같은 아픈 呼訴가 헛되지 않아 그 분의 추천이나 발굴로 좋은 新人들을 登場시켰으며 그들의 時調詩에 대한 熱과 努力으로 오늘에 이르러 포스라운 時調詩壇을 形成하게 되었습니다.〉[4)]

시조시야말로 참다운 시라는 점, 서양의 신사조에 치우쳐 시조의 현대화를 이루지 못한 것이 불행이라는 점, 이병기 선생의 노력으로 시조시단을 형성하게 되었다는 점 등을 명징하게 정리한다.

이와 함께 시인들은 민족 유산인 시조시 창작에 전념해야 할 사명을 띠고 있으며, 이 사명을 완수하는 것이 중요하다고 주장한다.〈우리는 우리의 文學遺産인 時調詩의 尊嚴性을 再認識하고 時調詩를 깎고 닦고 다듬어서 本來의 멋과 맛을 살리면서 毫釐도 軀殼이 때묻지 않은 脫皮가 있어야 할 것이요 名實相符한 現代時調詩로서 昇華시켜야 하겠습니다. 우리 時調詩의 燦爛한 開花를 위한 작업이야말로 오늘에 사는 우리 詩人들의 歷史的인 司命인 것입니다.〉 이러한 의지는 뒤에 이어질 작품 창작과 문학 활동에 그대로 투영된다.

3시집 『벽오동(碧梧桐)』은 자유시에 담았던 사회, 나라, 겨레에 대한 시각에서 잠시 벗어나 개인적 서정을 시조로 빚었다는 의미가 있다. 이를 시작으로 시창작과 시조 창작의 균형을 이루어 4시집 발간, 5시조시집 발간 등으로 이어진다. 이는 또한 시조에 대한 각별한

4) 『가람문학』창간호 창간사에서 발췌

애정으로 시조 부흥운동을 펼치는 근원으로 작용한다.

— 2010 『정훈 시 읽기』 수록

◇ 정훈 시조집『꽃詩帖』평설

시조의 정격과 파격의 미

1.『꽃詩帖』의 서지적 개관

1.1 丁薰 선생의 다섯 번째 시집『꽃詩帖』은 1960년 민중서관에서 발간하였다. '시조시집'이라 명명한 이 시집은 178쪽이다.

1.2 '序詩'로「無窮花」가 수록되어 있다.

1.3 작품의 목차에서 부의 제목은 없고, 숫자로만 표기하였다. 1부 '꽃시첩 1'에는 채송화, 冬柏, 勿忘草, 山桃花, 샤보뎅, 호박꽃, 사랭이와 씀바귀, 연꽃, 카네이션, 들국화, 다알리아, 박꽃, 맨드라미와 봉선화, 해바라기, 百合, 薔薇, 장다리꽃, 튤립, 분꽃, 코스모스 등 20편으로 구성되어 있다. 2부 '꽃시첩 2'에는 鳳仙花, 패랭이꽃, 杏花, 白梅 1, 白梅 2, 紅梅, 玉簪花, 蘭, 石蘭, 露根蘭, 水仙, 牧丹, 黃花朱實, 雁來紅, 엉겅퀴, 할미꽃, 木花, 靈芝, 萱草 등 20편이다. 3부 '獻詩 1'에는 杜鵑, 노고지리, 가마귀, 꾀꼬리, 啄木鳥, 靑제비, 앵무새, 鳳凰, 뻐꾹새 등 9편이다. 4부 '獻詩 2'에는 마당재, 팽이, 山頂, 머얼리, 秋野, 그리운 사람 1, 그리운 사람 2, 豊年草, 冬暮, 山水, 雪景,

哀章序, 山亭, 落雁 등 14편이다. 5부 '獻詩 3'에는 雪夜, 닭싸움, 生計, 無題, 赤蝦, 春開, 山秋, 無題, 사랑은, 秋景, 靑竹, 乭이 무덤을 찾아, 獻詩 등 13편이다. 6부 '哀話 1'에는 東鶴寺 가는 길, 太古史 오르는 길, 馬耳山, 思妻, 조그만 입을, 秋昏, 서울 밤, 春日, 安貧, 보리고개, 哀話, 안해를 묻고 등 12편이다. 7부 '哀話 2'에는 春窮, 採薇, 논둑에, 길, 晩秋, 待人, 思友, 籠鳥, 모두 나오라, 물 것, 放兎, 指向도 없는, 수자리듯 등 13편이다.

1.4 이 시집의 말미에는 '跋文'이 없다.

2. 서문(서시)과 발문(없음)

2.1 '서시' — 無窮花 — 전문

花心 둘레 깊숙이
맑은 義血이 어리고

입술에는 먹피가
파릇이 맺혔다

忍從에 아픈 사연을
일일이 다 이르랴

3. 대표작품 감상

5시집은 '시조시집 꽃시첩'이라고 명명하여 '시조'를 '시조시'라고 명명하던 시대상을 반영하고 있다. 크게 '꽃시첩' '헌시' '애화' 등 3부로 되어 있지만, 작게는 7부로 나누어져 있다. 선생이 발간한 시집의 내용이 대체로 이별과 죽음 등에 의한 애상성을 띠고 있다. 때로는 참을 수 없을 정도의 절망을 극복하기 위한 애이불비(哀而不悲)의 서정을 담아내기도 하였다.

그러던 선생이 이 시집을 발간할 때쯤에는 마음의 정리가 어느 정도 이루어진 듯하다. 시집 제목에서도 밝힌 것처럼, 꽃에 대한 작품이 대부분이고, 그 꽃에 얼비쳤던 애상성을 극복하고 사물을 사물 자체로 인식하는 사물시(事物詩) 중심이다. 사물에 대한 속성이나 특징을 형상화한 작품을 즉물시(卽物詩)라고 하는데, 이러한 바탕에 시인의 내면이 작용하여 개성적인 작품을 창작한다.

1부 '꽃 詩帖 1' 에는 채송화, 冬柏, 勿忘草, 山桃花, 샤보뎅, 호박꽃, 사랭이와 씀바귀, 연꽃, 카네이션, 들국화, 다알리아, 박꽃, 맨드라미와 봉선화, 해바라기, 百合, 薔薇, 장다리꽃, 튤립, 분꽃, 코스모스 등 20편이 수록되어 있다. 이 중에서 어릴 때에 다정하게 지내던 친구들과 연계시킨 작품도 여럿이다.

> 오신
> 도신
> 채송화가
> 뜰 밑에

피어 있네

희게
다홍으로
연분홍
노랭이로

順伊와
言年이 모양
날라라니(나란히)
앉았네

—「채송화」 전문

채송화의 외양은 작고 보잘 것 없어 보일는지 모르지만, 선생은 오순도순 모여 있는 채송화를 보면서 함께 자란 '순이' '언년이'를 연상한다. 궁핍하고 힘들던 시절에도 함께 모여 정을 나누며 사는 모습을 그려낸 작품에 「호박꽃」도 있다. 〈順伊네/ 엄마 모양/ 호박꽃이/ 피고 지네// 여름/ 가을 없이/ 누우렇게/ 피고 지네// 이 가을/ 가시 울에서/ 소리 없이/ 피고 지네〉라고 노래하여 긍정적 시심을 의탁한다. 또한 선생은 '오순도순' 사이좋게 지내는 정겨운 모습을 동경한다. 「들국화」에서도 〈풀숲에/ 오신 도신/ 귀여운 얼굴들 다// 꽃/ 順禮와 같은/ 착한 얼굴들이다// 바람이/ 소소이 불면/ 더욱 고운 얼굴들〉에서 그러하다.

선생은 꽃을 바라보는 관계에서 스스로 심고 가꾸는 관계로 발전한다. 「카네슌(카네이션)」에서 〈내년 春三月에/ 꼭 오마던 사람//

十年이 다 가도록/ 까마득 소식 없네// 올해는 행여 오려나/ 카네숀을 심는다〉고 노래한다. 10년 이상을 기다리던 사람이 오지 않기 때문에, 기다리는 사람을 위하여 특정한 행위를 할 수밖에 없다. 그것이 꽃을 심어 주위를 아름답게 가꾸는 일이다. 그 사람이 좋아하는 꽃이라면 금상첨화일 것이고, 그렇지 않다고 하더라도 꽃을 가꾸는 일은 아름답게 마련이다.

2부 '꽃시첩 2'에는 鳳仙花, 패랭이꽃, 杏花, 白梅 1, 白梅 2, 紅梅, 玉簪花, 蘭, 石蘭, 露根蘭, 水仙, 牧丹, 黃花朱實, 雁來紅, 엉겅퀴, 할미꽃, 木花, 靈芝, 萱草 등 20편이 수록되어 있다.

가난한 뜰에는
봉선화가
즐겨 핀다

順伊와
울 밑에서
설움도
서로 나누고

다홍빛
그의 純情을
손톱에도 들이고

—「鳳仙花」 전문

이 작품에서는 '가난한 뜰' '순이' '설움' '순정' 등의 시어로 집약할 수 있다. 이것이 바로 우리 한국적인 정서를 유발하는 제재들이다. 선생은 아마도 어린 시절에 순이와 울 밑에서 나누던 설움을 봉선화에서 찾은 듯하다. 이 작품이 9시집에서는 다음과 같은 변형을 이룬다. 〈순이네 집 뜰에도/ 봉선화가 피네// 순이와 울 밑에서/ 설움도 서로 나누고// 티없이 붉은 순정을/ 손톱에도 들이고〉 이는 크게 다르지 않고, '순이'의 반복과 〈다홍빛 그의 순정〉을 〈티없이 붉은 순정〉으로 바꾸었을 뿐이다.

이와 같은 형상화를 보이는 작품은 여러 편이다. 「蘭」의 경우는 3차에 걸쳐 변형을 가져오지만, 한두 자의 수정에 그친다. 그러나 「백합」의 경우에는 크게 변형을 가져온다.

하- 살결이 히고 고와/ 얼굴이 티를 뿌렸다// 까뭇 까뭇/ 귀여운 거먹개// 남이 붓그러워/ 고개를 못든다 — 2시집

가뭇 가뭇/ 거먹개/ 얼골에 티를 뿌렸다// 하도/ 희고 고와/ 시새울까 두려워// 그래서/ 남이 붓그러/ 고개 숙여 사나버 — 5시집

모질게 풍기는 향/ 지조를 지킴인가// 백설(白雪)로 차운 모습/ 그뉘라 예뻐하랴// 네 무슨 사연이 있어/ 고개 숙여 피는가 — 9시집

2시집에서는 간결한 자유시 형식이다. 중심 제재는 희고 고운 살결에 티를 뿌려 덜 희게 만들었고, 그것이 부끄러워 고개를 숙이고

있다는 시각이다. 5시집에서는 남들이 시새울까봐, 그것이 부끄러워 고개를 숙이고 산다고 하여, 시샘을 받는다는 정서가 추가된다. 9시집에서는 구별 배행의 단시조 형태를 완벽하게 갖추는데,〈고개 숙여〉 피는 것 외에는 모두 새롭게 수정을 하였다. 특히 향기가 짙은 사실을〈모질게 풍기는 향〉으로 지조를 지키려는 의지를 담아낸다. 다음에는 희고 고운 모습에서〈백설(白雪)로 차운 모습〉을 구체화하는데, 이는 앞의 '지조'와 상응한다. 부끄러워 고개를 숙인다고 한 꽃에서 '사연'이 있어 고개를 숙인다고 하여, 단순한 외양에서 벗어나 내면적 깊이를 담아낸다.

3부 '獻詩 1'에는 杜鵑, 노고지리, 가마귀, 꾀꼬리, 啄木鳥, 靑제비, 앵무새, 鳳凰, 뻐꾹새 등 9편이다. 이들은 모두 '새'라는 공통점을 지닌다. 이 중에서 선생이 여섯 번이나 시집에 수록한 작품이 「두견」이다.

① 폐혈관이 터지도록 울었다// 솟쪽- 솟쪽- 솟쪽조// 이 슬픈 울음을 들으며/ 그는 죽었다// 눈바람 지동치듯 부는 날도/ 杜鵑이는 울었다. — 1시집, 시 「冬鵑」

② 杜鵑이란 杜鵑이란/ 원한의 새가 있어// 제 염통 피를 돌려/ 모로 먹고 산다더라// 그래서 그 杜鵑새는/ 슬프기만 하다네 — 3시집, 시조 「杜鵑」

③ 따스한 골작에/ 두견이 울어대네// 골작에 피는 흘러/ 꽃잎도 물이 드네// 너 다시 태이거들랑/ 붕새라도 되어라 — 5시집, 시조「杜鵑」

④ 철죽 나는 골짝에/ 杜鵑이 울어대네// 멍들어 돌린 피에/ 꽃 잎도/ 물- 드네// 어덴들 땅이 아니랴/ 蜀土만이 땅인가 — 6시집, 시조「杜鵑」

⑤ 天庇山에/ 두견이가 우네// 애잦게/ 돌린 피에/ 철쭉이/ 붉게/ 타네// 정(情) 들면/ 내 땅인데/ 촉토(蜀土)만/ 땅인가 — 9시집, 시조「杜鵑」

⑥ 폐혈관이/ 터지라 울었다// 소쭉!/ 소쭉!/ 소쭉쪼!// 두견이가/ 우네요 하며/ 그는 피를 토하고/ 숨을 거두었다 — 9시집, 시「冬鵑」

이들 6편의 작품들은 시와 시조로 분류할 수 있다. 「冬鵑」을 제목으로 한 ①과 ⑥은 내용과 흐름이 거의 유사한 시(詩) 작품이다. 드러나 있지 않은 서정적 자아와 두견새는〈폐혈관이 터지도록〉 운다. 그 울음소리를 들으며 그가 죽었다. '그'를 잊지 못하고 늘 울음에 젖어 있는 시인의 귀에는 겨울이 되어〈눈바람 지동치듯 부는 날도/ 杜鵑이는 울었다.〉는 환청에 시달린다.

나머지 4편은 약간의 내용에서 작은 편차를 보이지만 모두 시조 작품이다. 세월이 흐르면서 약간씩 변형을 가져온다. ②는 ①의 작품에 대응하기 위하여 지은 작품이다. ①에서 '폐혈관'이 터지도록 울었는데, ②에서는 杜鵑이를〈원한의 새〉로 지정하며,〈제 염통 피를 돌려/ 모로 먹고 산다더라〉면서 '제 염통'이 등장하기 때문이다. 이와 함께 죽을 만큼 슬픈 정서가 상통하고 있다. ③④⑤는 ②의 후속작품인데, 시집에 수록할 때마다 조금씩 수정한 작품들이다. ③에서는 두견이의 피 터지는 울음과 '꽃잎'이 상관되고, 이는 ④에서 '멍들어 돌린 피'로 적셔진 '철죽'으로 구체화된다. 이는 다시 서정의 구체적 공간으로 '천비산(天庇山)'으로 지정하여 고향으로 한정한다. 동시에 두견새가 죽어서 간다는 '촉토(蜀土)'를 대입하여 서정의 극대화를 이룬다. 이 '촉토'는 두견새의 울음소리를 '귀촉도(歸蜀道)'로 음성 상징한 것이 전해 내려오면서 '촉도' 혹은 '촉토'로 다변화된 것이다. 어떻든 돌아가야 할 곳이 있는데, 사랑하는 사람을 두고 떠날 수 없어 피를 흘리면서 울고 있는 두견새에 선생의 정서를 의탁한 작품인데, 시집에 여섯 번이나 반복하여 수록할 만큼 아끼는 작품으로 보인다.

이와 유사한 정서를 노래한 작품이 「탁목조(啄木鳥)」이다. 〈부리에/ 멍이 맺도록/ 쪼아야만 사는가// 딱! 딱!/ 나무 찍는 소리/ 山川이 울린다// 저토록/ 괴로운 것을/ 무슨 일로 태인고(태어났는고?)〉라고 노래한 이 작품의 제재는 '딱따구리'나 '크낙새'로 보인다. 이 중에서 '딱따구리'는 산뿐만 아니라 인가 근처에서도 자주 출몰하였고, 인가 근처의 고목에 구멍을 파서 둥지를 만들고, 새끼를 기르며 살았기 때문이다. 그러나 이 작품에서는 나무를 쪼아 구멍을 파거나, 먹이를 찾는 '새'라는 제재의 구체성이 중요한 것이 아니다. '부리에 멍이 들도록' 나무를 쪼는 새에 의탁한 시인의 가슴 아픈 서정이 중요한 것이다. 이러한 서정은 두견이를 노래한 작품과 거의 동일한 형상화라 하겠다.

4부 '獻詩 2'에는 마당재, 팽이, 山頂, 머얼리, 秋野, 그리운 사람 1, 그리운 사람 2, 豊年草, 冬暮, 山水, 雪景, 哀章序, 山亭, 落雁 등 14편이 수록되어 있다. 이들 작품에서도 서러운 정서가 맴돌고 있으며, 이러한 상황에서 벗어나고 싶은 시인의 소망이 작품에 투영되어 나타난다. 그 중에서 몇 편을 골라 확인하기로 한다.

깊은 山허리에
자그만 집을 짓자

텃밭에는
파
꼬초
둘레에는 돔보도 심자

박꽃이
희게 핀 黃昏이면
먼 구름을 바라보자

— 「머얼리」 전문

이 작품은 2시집 『파적(破笛)』에 실린 시(詩)를 약간의 변형을 가하여 시조로 다시 수록한 것이다. 2시집에서는〈머얼리 바라뵈는/ 山 중턱에/ 자그만 집을 짓자// 텃밭에는/ 꼬초/ 파/ 둘레에는 돔보도 심자// 박꽃이 흰 黃昏이면/ 멀리 구름을 바라 바라보자〉라고 되어 있다. 시상의 중심에는 아무런 훼손이 가지 않게 약간의 변형만 가하여 시를 시조로 개작하였는데, 이러한 자세는 시조에 대한 사랑이 깊어졌기 때문일 것이다.

이와 같이 청유형 종결어미 '~자'로 처리한 작품이 몇 편 산견되는데, 그 바탕에는 현실에서 벗어나려는 선생의 현실도피적 의식이 작용한 듯하다.

그러나 '~는가'라는 의문형 종결어미의 사용 빈도가 훨씬 높은데, 이는 단정하기보다는 추정을 통하여 독자들 스스로 생각할 여유를 주기 위한 배려로 보인다.

5부 '獻詩 3'에는 雪夜, 닭싸움, 生計, 無題, 赤蝦, 春閒, 山秋, 無題, 사랑은, 秋景, 靑竹, 乭이 무덤을 찾아, 獻詩 등 13편이이 수록되어 있다. 대부분의 작품은 생활 속의 서정을 담고 있으나, 「乭이 무덤을 찾아(93년 현충일에)」와 「獻詩」는 겨레의 아픔을 개인사에 의탁하여 시조로 지은 것이다.

네 굳은 義도 節도
이슬로 약하더라

꿈에도 그리던
祖國에 돌아온 너

同氣의 칼을 맞아서
네가 넘어지다니
무에라 恨詞를
일일이 다 이르랴
그래도 내 하늘이니

좋디 않더냐고

두루막 한 폭을 찢어
네 얼굴을 덮는다

—「獻詞」 전문

이역(異域)에서 독립운동을 하던 '너'가 조국에 돌아온다. 그러나 같은 겨레의 칼을 맞아 운명한다. 한서린 말을 하고 싶지만, 어떠한 말도 할 수 없을 만큼 슬프다. 그래서 조국에 와서 죽었으니, 독립된 조국이니〈내 하늘〉아래에서 죽었으니 좋지 않으냐는 말밖에 할 수가 없다. 입고 있던 두루마기 한 폭을 찢어 '너'의 얼굴을 덮음으로써 떠나보낸다. 이러한 상황에서 누군들 어떠한 한사(恨詞)를 하겠는가. 이는 바로 앞에 수록한「兄이 무덤을 찾아(93년 현충일에)」에서도 그대로 드러난다.〈해낡은 그 군복대기를/ 자랑삼아 입더니만// 갈 때도 그 옷을 입은 채/ 외롭게도 갔다지〉〈네 할 일 하고 갔으니/ 더 할 말이 없고나〉등에서 할 말을 잃을 수밖에 없는 상황이 펼쳐진다.

6부 '哀話 1'에는 東鶴寺 가는 길, 太古史 오르는 길, 馬耳山, 思妻, 조그만 입을, 秋昏, 서울 밤, 春日, 安貧, 보리고개, 哀話, 안해를 묻고 등 12편이 수록되어 있다. 이 작품들은 대부분 앞서 발간한 시집에 수록되어 있는 것을 재수록한 것들이다. 그 중에서 기행의 성격은 논의를 하지 않았기 때문에 기행시 몇 편을 통하여 선생의 내면을 확인하기로 한다.

馬耳山 운애 가려
전혀 볼 길 없다

舍窓을 열고 보고
또 열고 내다보고

이슥고 구름 걷으니
두 귀 불끈 솟았네

말은 달리고자
발굽을 고누난데

主人은 어디 가고
상기 아니 오네

靈馬의 초조한 양이
내 맘과도 같고나

—「마이산(馬耳山)」 전문

이 작품의 핵심은 마지막의〈靈馬의 초조한 양이/ 내 맘과도 같고나〉라 하겠다. 선생은 한때 마이산 근처에서도 살았던 것으로 확인되고 있다. 이 작품의 서정적 시점이 그 당시였는지, 혹은 후일에 여행을 가서 보았는지는 확실하지 않다. 다만 '사창(舍窓)'에서 암시하고 있는 것은 마이산을 꼭 보고 싶다는 의지의 표현이라는 것이다. 〈열고 보고/ 또 열고 내다 보〉았더니 두 귀가 불끈 솟은 산이 보였다. 귀 모습을 보이는 말은 내닫기 위하여 만반의 준비를 다하였는데, 그 말이 태우고 갈 주인이 오지 않는다는 것이다. 여기에서 영마가 태울 주인은 민족을 이끌어갈 선지자로 인식해도 무리가 아닐 것이다.

기행을 주제로 한 작품 중에서「東鶴寺 가는 길」은 자연을 있는 그대로 바라보는 시각이다. 〈욱어진 솔 숲으로/ 모랫길 구비 구비// 숲에 이는 물소린가/ 물소리 바람인가// 새소리 물소리 같아/ 바람 또한 새소리〉에서 서경과 서정이 어우러진 단시조 1편이 아름답다.「太古史 오르는 길」 역시 주제를 드러내기보다는 서경과 서정이 중심을 이룬다. 태고사를 오르는 길은 자욱마다 구름이 일어난다는 시각이다. 오르다가 쉬고, 쉬다가 또 오르다 보니, 낮게 떠 있는 구름을 뚫고 산을 돌아 오르는 과정을 간략하게 정리하였다.

이 시집을 발간할 때에는 어느 정도 심리적 안정을 찾은 것도 같다. 안타깝고 슬픈 정서를 내포한 작품들도 있지만, 이는 대부분 3시집을 발간할 때의 상황일 것이기 때문이다. 특히 재수록한 작품을 수정하지 않은 것도 특징 중의 하나이다.

7부 '哀話 2'에는 春窮, 採薇, 논둑에, 길, 晩秋, 待人, 思友, 籠鳥, 모두 나오라, 물 것, 放兎, 指向도 없는, 수자리듯 등 13편이 수록되어 있다. 몇몇 작품은 3시집의 작품 감상에서 인용한 바 있다. 따라서 선생이 지향(指向)을 찾지 못하고 방황하는 내면을 그린 작품을 감상하기로 한다.

指向도 없는 길에
무에 그리 바쁘던지
이슬에 젖은 몸이
千斤으로 무거워도
부릇난 발바닥으로
자갈길을 걸었네.

— 「指向도 없는」 전문

내 무슨 罪가 있어
수자리듯 여게 온다

七月 밤 오는 비는
개일 줄 모르는데

天井을 새여 나리는 비에
뜬눈으로 새우네

— 「수자리듯」 전문

작품 「指向도 없는」에서 선생은 몸이 천근처럼 무겁지만, 부르튼 발바닥으로 자갈길을 걸으며 교육 사업과 문학창작, 그리고 약업(藥業, 혜남한약방) 등 1인 3역을 맡아 바쁘게 지냈을 터이다. 이러한 상황을 작품으로 그려낸 것인데, 「농조(籠鳥)」에서 보이는 것처럼 〈죽고자 발버둥치다/ 그도 또한 못하네〉와 같이 무기력한 상황을 그려낸다.

작품 「수자리듯」에서도 일상적으로 일어나는 일과 가난한 세월을 그린다. '수자리'는 역사에서 나오는 직책인데, 나라의 변방을 지키기 위하여 동원된 민병(民兵)을 가리킨다. 고향을 떠나 국경을 지키는 일은 고되고 힘든 일이었을 것이다. '수자리'가 자신이 보초를 서야 할 자리를 찾아오듯이 선생의 일상도 그러하다는 것이다. 선생은 '수자리'에 의미를 두는 것보다는 늘 겪어야 하는 가난한 일상이다. '천정에 새여 나리는 비'를 피하여 밤새 뜬눈으로 새운다고 노래하는데, 이러한 가난은 당시 민중들의 생활에서 일상적으로 볼 수 있는 일이었을 것이다. 그 가난은〈방장 없는 방에/ 모기는 넝넝 대고// 비샌 土房에는/ 흙 내음 구질한데// 굶주린 빈대 벼룩은/ 제 멋대로 무는고〉(물 것)에서 잘 나타나 있다.

이러한 현실의 생활고(生活苦) 역시 선생에게는 작품의 주요 제재가 되고, 이런 작품을 통하여 개인의 서정과 사회적 상황을 알리는, 매우 중요한 작업이다.

— 2010『정훈 시 읽기』수록

◇ 정훈 시(시조)집 『散調』 평설

산촌 서정과 인자요산(仁者樂山)의 기품

1. 『散調』의 서지적 개관

1.1 丁薰 선생의 여섯 번째 시집 『散調』는 1966년 인간사에서 발간했다. 이 책은 148쪽이다. 시와 시조가 혼재되어 있다.

1.2 산문 형태의 '自序'가 있다.

1.3 작품의 목차는 4부로 되어 있다. 1부 '自敍抄'에는 山에서, 山은, 自敍抄, 흘러간 歲月인데, 처음에도 나중에도 없을, 散調, 버러지, 그날이 오면 등 8편으로 구성되어 있다. 2부 '五月街'에는 山으로 가자, 冬嶺에서, 그리움에 삶이란, 想, 流浪, 五月街, 흐뭇한 記憶, 恨詞, 微笑, 짐짓 바보처럼 등 10편이다. 3부 '小品'에는 목차에 작품의 제목이 없지만, 部의 간지에 16편의 제목이 번호와 함께 적혀 있다. 1. 孤寂, 2. 孤寂(앞과 제목이 같음), 3. 산만 보고 사옵네, 4. 別後, 5. 情, 6. 杜鵑, 7. 蘭, 8. 秋夜三更, 9. 秋雨夜, 10. 호박꽃, 11. 길, 12. 暮村, 13. 啄木鳥, 14. 접동새, 15. 앵무새, 16. 薄暮 등인데, 대부분 다른 시집의 작품을 재수록하였다. 4부 '落葉'에는 秋情, 들菊花, 女

像, 素描, 落葉, 桃花村, 菊花, 두 손을, 哭 耕山 스승님, 愚田이 죽다니 등 10편이다.

1.4 '발'은 맏아들 정병우(정신)가 썼다. 제목은 '조금씩 젊는 나의 아버지는…'이다.

2. 서문과 발문

2.1 '自序' 전문

詩를 써온 지도 40년 가까이 된다. 좋든 나쁘든 이번이 여섯 번째 詩集이다. 내가 살아온 程程은 順坦한 것만은 아니었다. 피 맺힌 그대로였다.

그러니까 詩를 써 왔다기보다 나는 나의 아프고 긴 生活을 記錄하듯 呼吸해 보았을 뿐이다.

나는 지금 60의 나이를 바라보고 있다. 그러나 나의 青春의 온 記憶은 알지만 간 記憶은 아직 없다.

이제부터 참말로 詩를 쓰고 싶다. 詩人이 되고 싶다.

— -1966년 9월 惠南精舍에서

2.2 발문「조금씩 젊은 나의 아버지는……」 전문

> 1.
>
> 한 일요일 아침, 나는 나의 아버지의 머리에 물을 들인 적이 있다. 나의 아버지는 참 기쁜 모양이었고, 여간 힘든 웃음을 하였다. 그날, 나는 많이 놀랐다. 왜냐하면, 나는 조금씩 젊은 나의 아버지를 발견하였기 때문이다.

그러니까 만일 당신은 당신의 聲帶가 건강하다고 생각합니까. 누군가가 물었더라면 나의 아버지는 다음과 같이 대답하였을 것이다. 나의 凹壺 속에는 靑春의 熱한 振子들로 가득 차 있소. 라고.
……여름밤의 공기나 혹은 눈물을 잘 아는 나의 아버지는 노래와 춤에 익다.
가령 사랑 앞에 서 있는 나의 아버지의 얼굴은 純眞한 騎士를 닮는데 臺詞는 더러 더듬거리지만 뜨겁고 澄明한 눈빛이 당신의 寶石으로 살아 움직인다.

巨木이어.
바다를 屈折하여 비로소 말을 트는 빛의 粒子여.
果汁이여.
琉璃여.
밤을 방문한 羅典語의 語尾여.

지금 나는 크고 끈끈하며 굵은 나의 아버지의 意志를 본다.
닳아 바삐 昇天하는 나이의 實體를 모른 채, 滔滔한, 나의 아버지의 鍊金技를 求景한다.
그리하여 나의 아버지는 詩의 精靈의 가장 가깝고 젊은 손(客)임을 내가 안다.

2.
해가 웃는 소리, 온 소리들의 結集 안에 당신은 갇혀 있다.
머슴 乭이처럼 문득, [散調]를 고르는 나의 아버지, 나의 사랑하는 아버지여.
당신은 듣고 있는지 모르겠다.

수천 마리의 닭이 한꺼번에 치는 홰 울음을.

당신은 자랑스러워도 좋으며 金빛 수실을 늘인 그 거드럭한
王者를 생각하여도 좋다.

3.『散調』의 작품 감상

5시집『꽃詩帖』(1960)을 발간한 이후, 1960년대 상반기는 선생에게 약업(藥業)에 종사하면서 문학에 전념하던 시기라 할 수 있다. 그 시기에도 어려운 상황은 지속적으로 선생을 괴롭혔을 터이지만, 생활은 안정되었던 것 같다. 그래서 산을 찾아 어렸을 때를 회상하기도 하고, 삶의 굴곡을 작품으로 빚기도 한다.

「山에서」를 보면 선생의 50대 의식을 확인할 수 있다.〈나는 山에서/ 山을 보고 자랐다.// 어서 어서 크면 山에 올라가 푸른 하늘 위를 넘어다 보리라 했다.// 그 꿈을 이루지 못한 채/ 나는 철이 들고 말았다.// 그 후 오래 오래/ 山을 잊고 살았다.〉고 한다. 그리하여 이제 지천명의 고개를 넘어 다시 산을 바라보게 되는데, 슬픈 추억과 '꿈'도 그려본다. 그래서 선생은〈山과 마주 앉아/ 조용한 合掌으로 자고 샌다.〉고 술회한다. 산과 함께 생활하는 선생은 산에 대하여 특별한 의미를 부여한다.〈山은 함이 없이 함이 있는/ 玄妙한 理法을 지녔다.〉〈山은 말이 없어/ 山에는 威嚴이 있다.〉〈山은 언젠가/ 무서운 暴發을 할 것만 같다.〉 그런 연유로 선생의 인품은 '仁者樂山'과 맥을 같이 한다.

이 시집의 특징은 구두점이 정확하게 표기되었다는 점이다. 5시

집까지는 마침표가 생략되었다. 이러한 표기는 시인들이 자주 선택하는 것이기 때문에 자연스럽게 지나칠 수 있는데, 유독 6시집에서는 마침표를 정확하게 기표하고 있다.

-1부와 2부는 자유시여서 해설한 바 있지만 생략한다.-

3부 '小品'에는 목차에 작품의 제목이 없지만, 部의 간지에 16편의 제목이 번호와 함께 적혀 있다. 1. 孤寂, 2. 孤寂(앞과 제목이 같음), 3. 산만 보고 사옵네, 4. 別後, 5. 情, 6. 杜鵑, 7. 蘭, 8. 秋夜三更, 9. 秋雨夜, 10. 호박꽃, 11. 길, 12. 暮村, 13. 啄木鳥, 14. 접동새, 15. 앵무새, 16. 薄暮 등인데, 대부분 다른 시집의 작품을 재수록하였다. 이들 중에서 다섯 권에 수록된 「暮村」을 감상하기로 한다.

> 청 노새 원앙소리
> 들려옴직한 길이다.
>
> 푸른 연기 山 허리를
> 나직이 감아 돌고
>
> 드높은 東山 마루에
> 붉게 타는 저녁놀.
>
> ―「暮村」 전문

이 작품은 덧 설명이 필요하지 않을 정도로 평이하다. 그래서 작품의 변형 과정을 살펴보기로 한다. 「暮村」은 1시집, 3시집, 6시집,

8시집, 9시집에 수록되어 있다.

○ 음매/ 음매// 송아지 우는 夕陽/ 山梔子 빛으로 곱다// 포플러 으스스 소름치는데/ 바람이 가고// 옹기종기/ 모닥불이 따숩다 — 1시집 — 시

○ 음매 송아지 울어/ 어미를 부르는데// 梔子빛 고운 夕陽/ 까마귀 솟구치고// 洞口 밖 돌아난 길로/ 行人들이 지나네 — 3시집 — 시조

○ 음매 송아지 울어/ 어미를 부르는데// 치자(梔子)빛 고운 석양(夕陽)/ 까마귀 솟구치고// 둥구(洞口) 밖 돌아난 길로/ 행인(行人)들이 지나네 — 8시집 — 시조

○ 서천(西天)에/ 개밥별이/ 빛나면/ 개구리/ 푸념이/ 한결 강하다// 호롱불/ 파뜩/ 파뜩/ 번져 가고// 모연(暮煙)이/ 山 허리/ 감아돌면/ 어둠에/ 감겨 가는 마을/ 포근하기/ 고향만 같다 — 9시집 — 시

5편의 제목은 해 저물녘을 가리키는 「暮村」이다. 완전하게 다른 작품처럼 보이지만 서정적 시공(時空)이 유사하기 때문에 그 주제와 제재 역시 유사하다. 1시집 수록 작품의 '음매' '송아지' '석양' '치자' 등을 그대로 활용하여 3시집에서는 시조로 변형을 한다. 시조의 율

격에 맞추느라 여러 부분에서 변형이 이루어지지만 작품의 중심은 변하지 않는다. 이 작품은 8시집에 변형을 거치지 않고 수록된다. 그러나 6시집에서는 새로운 시조를 발표한다. 제목과 제재는 같지만, 두 작품 사이에 상관성이 적다. '송아지' 대신 '청노새'가 대입되고, '석양'을 '저녁놀'이라는 우리 말로 바꾸었지만, 다른 시어와 작품의 흐름이 완연하게 달라 보인다. 그런데 9시집에서는 두 작품의 합성 형태로 새로운 작품을 빚는다.

6시집의 이 작품은 다른 작품에 비하여 문학적 성취가 높은 작품으로 평가받을 수 있다.〈청 노새 원앙소리/ 들려옴직한 길이다.〉에서는 향토적 서경이 멋지다. 이어〈푸른 연기 山 허리를/ 나직이 감아 돌고〉에서 보여주는 묘사는 작품성을 높이는 징검다리 역할을 충실하게 한다.〈드높은 東山 마루에/ 붉게 타는 저녁놀〉은 시조 종장의 맺음 역할을 분명하게 한다. 드높은 동산에 우뚝하게 솟아 있고, 그 산 마루에 피어난 저녁놀이 아름답다. 눈을 감거나 뜨거나 이 작품은 아름다운 산촌의 저녁 무렵이라는 시공간적 이미지가 선명하게 다가오는 것이 특징이다.

4부 '落葉'에는 秋情, 들菊花, 女像, 素描, 落葉, 桃花村, 菊花, 두 손을, 哭 耕山 스승님, 愚田이 죽다니 등 10편이 수록되어 있다. 이 중「落葉」은 스산하고 쓸쓸한 서정을 담아낸다.

희도록
달 밝은데

플라타너스 잎이 진다.

<u>으스스</u>
바람 일면
몰렸다
흩어지고

5, 6월
그리도 푸른 젊음이
저리 쉬이 지는가.

즈이들끼리
무에라
서글픈 푸념을 한다.

<u>스스스스</u>
<u>스르르르</u>
悲鳴 같은
哀願 같은

온 게면
저리 서럽게
가고야만 마는가.

―「낙엽」 전문

늦은 가을에 플라타너스 잎이 떨어져 굴러다니는 것을 본 선생은 사람의 삶도 같음을 인식한다. 삼라만상이 모두 그럴 터이지만, 가을에 만나는 사물들은 애상성을 띠게 된다. 특히 수많은 시련을 겪은 사람들을 애수에 젖게 만드는 것이 가을이다. 「素描」에서도 그러한 정서를 담고 있다. 〈까맣게/ 찍힌 두 눈이/ 서럽도록 외롭다〉든가, 〈목 말라/ 지친 몸으로/ 불혹의 재도 넘〉었다는 진술에서도 애상성을 띤다.

그러나 「秋情」에서는 애상적 정서에서 벗어나 가을의 수확을 다루고 있다. 〈햇살이/ 잔잔히/ 무늬 일면// 정다운/ 손결 같은 것〉을 만난다. 그 결과로 〈툭탁/ 알밤 듣는(떨어지는) 소리.〉를 듣는다. 「들菊花」는 〈銀이와 같은/ 착한 얼굴〉이고, 〈서릿 길에/ 하늘하늘/ 순박한 얼굴〉이라고 노래한다. 그 꽃은 어디선가 본 정다운 얼굴로 그려진다. 연시조로 빚어진 「女像」에서도 자태는 수련과 같고 눈매는 호수와 같다든가, 살결은 백옥이고 마음은 비단 같다든가, 조용히 앉은 모습은 어질기가 보살 같다는 칭찬 일색이다. 누구나 알 수 있는 상투성이 단점으로 드러나지만, 감당할 수 없을 정도의 애상성을 띠던 작품 성향을 벗어난 것이 특징이다.

이 시집의 말미에는 결혼을 축하하는 축시 「두 손을」을 발표하기도 하고, 耕山 스승님을 곡(哭)하는 「追悼辭」를 수록하기도 하고, 가까웠던 지인 '愚田'의 죽음에 조시(弔詩) 형태의 「愚田이 죽다니」 등을 수록하여, 삶의 희로애락(喜怒哀樂)을 진솔하게 노래한 선생의 내면을 찾아낼 수 있다. 특히 「愚田이 죽다니」는 4연시조로 구성하여 장시 형태를 취하고 있는 특징을 갖춘다. 또한 시조에 의한 우정의 절실함을 간곡하게 그려낸다. 마지막 수에서 〈愚田, 저승에서나/ 시름 없이 살게나// 이 생에 아린 상처/ 저승에 福 되리니// 蓮花臺

높은 곳에서/ 귀히 귀히 사시라.〉면서 저승의 명복을 비는 마음이 애잔하다.

4. 이 시기의 참고자료

- 6시집(1966.10.29) ~ 7시집(1977.7.15)

4.1 『車嶺』 창간호(1978.1.20) - 창간사

정말 기쁘기 태산만큼이나 합니다. 요즈음 忠淸詩人들이 한 자리에 모여 時調詩文學會를 發足하게 된 것은 비단 우리 同人들만의 기쁨이 아니라 韓國詩壇의 기쁨이기도 한 것입니다.

却說. 어느 民族이고 그 겨레 나름대로 自身들의 思想이나 感情이나 情緖를 담은 노래나 詩를 갖게 마련입니다. 東西를 莫論하고 英國은 영국대로 佛蘭西는 불란서대로 中國은 중국대로 日本은 일본대로 제각기 고유의 노래와 詩를 갖고 있습니다.

우리 모두 알다시피 우리 겨레도 우리의 노래와 詩를 갖고 있습니다. 鄕歌나 高麗歌詞 등이 그런 것이요 그 變型이 우리 겨레와 喜怒哀樂을 같이하며 時調詩로 發展해 왔습니다.

뿌리 있는 생명체는 쉽사리 시들지 않습니다. 千年 가까이 뿌리를 내려 오늘에 이르는 時調는 우리 祖上들의 슬기와 생각과 情이 따뜻한 體溫마저 함뿍 담겨 있는 것입니다. 그리고 그분들 血肉이 되어 아낌을 받았고 所重히 가꾸어져 왔습니다. 時調詩야말로 寶玉같이 값진 하나밖에 없는 우리들의 文學遺産인 것입니다.

現代에 사는 우리는 現代에 알맞도록 새롭게 아름답게 가꾸어서 우리 겨레 特有의 詩文學으로서 燦爛한 發展을 시켜야 할 것입니다. 그러므로 우리는 있는 情熱 있는 슬기를 다하여야 하겠습니다.

우리 詩文學會는 時調詩文學의 올바른 發展을 하나의 歷史的 使命으로 삼고 있습니다. 그 한 가지로 車嶺時調 詩文學會의 出帆과 함께 [車嶺] 창간호를 펴내게 되었습니다. 文友들은 勿論 江湖 여러 선비들의 聲援을 바라마지 않습니다.

4.2 『車嶺』 2호(1978.8.16) - 머리말

詩人은 時調詩를 쓰자

한 民族이 形成되면 그 民族 나름대로의 말과 춤과 노래를 갖기 마련이며, 優秀한 民族이면 自身들의 文字도 가졌었다. 우리 民族도 우리 말과 춤과 노래와 文字를 가졌다. 이에 따라 文學도 發生했고 또 發展했다. 이 같은 우리 古典文學中에서도 오직 時調만이 古典에 그치지 않고 오늘에 이르도록 學者, 詩人은 勿論 宮中에서 妓女들까지도 즐겨 써왔고 읊어왔다.

이 事實로 時調가 우리 民族感情을 表現하는데 가장 알맞은 詩型임을 알 수 있다. 오늘날 우리 文學史에 큰 比重을 차지하고 있는 것도 이 같은 所以然이다.

오늘에 사는 우리는 이 文學遺產을 所重히 여기고 다듬고 닦아서 더욱 더 빛나게 해야 할 것은 물론 우리 後孫들에게 부끄럽지 않게 물려 주어야 할 것이다. 이 作業은 歷史的 使命이기도 하다.

우리는 이 使命을 다하기 위하여 詩를 쓰는 모든 文學徒들은 너나 할 것 없이 時調詩를 쓰자는 것이다. 그럼으로써 時調詩의 底邊이 넓어질 것이며 群鷄一鶴으로 優秀한 時調詩人이 많이 輩出될 것이요, 그럼으로써 時調詩壇의 繁榮을 이룩할 것이다. 이 같은 時調詩壇의 번영을 이룩하는 날이 바로 우리 詩人들이 世界詩壇에서 頭角을 나타나게 될 수 있는 榮光의 날이 될 것이다.

뿌리 없는 화사한 장미의 꽃다발보다 뿌리 있는 한 그루 素朴한 無窮花가 더욱 값진 生命力을 지니고 있기 때문이다.

1978. 8. 16 정훈

— 2010 『정훈 시 읽기』 수록

◇ 유고시조집 『밀고 끌고』 평설

고희촌감(古稀寸感)과 강변 풍경

1. 『밀고 끌고』의 서지적 개관

1.1 '유고시조집' 『밀고 끌고』는 2000년 오늘의문학사에서 펴냈다. 총 123쪽이다.

1.2 서문 형식의 「유고시조집을 엮으며」는 오늘의문학 편집부에서 썼다.

1.3 시집은 4부로 나누어졌다. 1부 '낙엽을 밟으며'에는 정(靜), 밀고 끌고, 산(山)에서, 초설(初雪) 1, 초설(初雪) 2, 별리(別離), 소품(小品), 정적(靜寂), 추혼(秋魂) 다시, 얕은 산(山) 허리에, 강변(江邊) 풍경(風景), 세한이우(歲寒二友), 유랑(流浪)의 악성(樂聖), 아리랑 민(民), 취야(醉夜), 석류(石榴), 정(情), 낙엽(落葉)을 밟으며, 고희촌감(古稀寸感), 정열도(情烈圖) 등 20편이 수록되어 있다.

2부 '보리고개'에는 시조집 『벽오동』 1부의 시조가 실려 있다.

3부 '샤보뎅에는 시조집 『벽오동』 2부의 시조가 실려 있다.

4부 '마이산'에는 시조집 『벽오동』 3부의 시조가 실려 있다.

1.4 시집 뒤에는 제3시집 '서'(이병기)와 '발'(권용두)이 재수록되었다. 또한 리헌석의 평론 「정훈의 시 '밀고 끌고'의 텍스트 분석」이 수록되어 있다.

2. 서문과 기타 글 읽기

2.1 서문

素汀 丁薰 선생은 일제의 암흑기를 거쳐 광복 후 문학의 여명기에 기여한 바 크다. 1935년에는 『가톨릭 청년』에 작품을 발표하고, 1937년에는 『子午線』에 작품을 발표하면서 선구적 문학활동을 하다가 광복 후 본격적으로 작품 창작에 힘썼다.

1945년에는 '향토시가회'를 창립하여 일반 잡지 『鄕土』의 문학 분야를 책임지며 발간하고, 이어 1946년에는 박희선 박용래 등과 3인 시지 형식으로 『동백』을 창간하여 10호까지 발간하는 등 향토문학의 발전에 공헌한 바 크다. 이후 호서문학회(1951), 차령시조문학회(1978), 가람문학회(1979) 등의 창립을 주도하였고, 이후 5권의 시집과 2권의 시조집을 발간하여 시와 시조의 발전에 기여했다.

1911년 충남 논산에서 태어나 문학의 여명을 밝히다가 1992년에 대전 자택 혜남정사에서 운명하였다. 이에 素汀 선생의 작품세계를 부분적이나마 연구하고자 문학전문잡지 계간 『오늘의문학』 1999년 겨울호에 '집중조명'이란 특집을 마련한 바 있었다.

그때 선생의 시조작품 유고가 여러 편 있음을 확인하고 『차령』 『가람문학』 등에 산재한 시조를 찾아내어, 시조집에 실리지 않은 작품을 가려내니 20편이 되었다. 이 작품과 선생의 첫 시조집 『碧梧桐

』의 작품을 합하여 『밀고 끌고』란 시조집을 발간하기에 이르렀다.

도와 주신 분들과 이 책이 나오도록 허락해 주신 素汀 선생의 차남 정병선 선생께도 감사드린다.

2000년 3월 말, 오늘의문학 편집부

* 1. 소정 선생께서 한자로 표기한 부분은 한글을 쓰고 한자를 ( )에 넣는 것으로 통일함.

* 2. 제1부는 시조집 발간 후 발표 작품. 제2부~4부는 『碧梧桐』 수록 작품임.

* 3. '서' '발'은 『碧梧桐』의 재수록이고, 평론은 『오늘의문학』 1999년 겨울호 게재분의 재수록임.

* 4. 특별히 의미의 변형이 없는 일부 시어는 현행 한글맞춤법에 맞게 바로잡았음.

2.2 '서(序)'(이병기) 전문

머리를 깎고 網巾을 버리고 洋服을 입는 것이 우리 現代人의 生活이라면 詩文學에 있어서도 時調는 除外하여야 하겠으나 文化 및 文學도 그 個性을 尊重하지 않을 수 없으므로 時調도 지금 살아있는 것이다. 아무리 美國의 自由詩 바람이 불어온대도 日本서 和歌, 中國서는 漢詩, 歐洲에서는 그 古典詩形을 쓰고 있지 않는가! 그러면 우리 韓國에서도 바지 저고리 두루마기 김치 깍두기를 입고 먹으면서 時調쯤이야 抹殺 않은들 어떨까! 8.15이후 國語敎育이 갑자기 팽창하여 時調 몇몇 首는 어느 國語敎本에 없지 않으나 우리 文壇에 있어 時調는 오해려 조을고(졸고) 있다.

워낙 詩는 自由詩形의 그것만이 아니라 時調도 한 詩形이다. 時調가 과연 詩로 되었는가 안 되었는가는 그 作者의 일이요 時調의 허물은 아니다. 그리고 時調도 現代人의 作으로 옛 時調 그것과는 달라야 한다. 즉 時調의 新舊調가 昭然히 區分되고 있다. 그 思想 感情 語調 등이 그러하다.

이 近來 新文藝運動도 꾸준히 해왔다. 그러나 한때 時調를 民族主義者의 노리개로 삼아 舊調 그대로서 撫弄되었다가 오늘날에는 그 多數한 作者들의 그림자도 없어지고 文靑들은 自由詩形으로만 熱中하고 있다.

그런데 이에 丁薰君은 일찍 詩作에 뜻을 두어 시집 『머들령』『破笛』을 이미 刊行하였고 이 時調集도 출판하게 되었다. 詩才를 卓越히 태어난 丁君으로 時調作의 造詣는 놀랄 만하다. 舊調의 軀殼을 깨끗이 벗어나 새로운 한 境地를 開拓하여 一家를 이루었다. 나는 이런 점으로 이 作을 一讀三嘆하며 이 序를 마친다.

4288년 3월 말일 全州 養士齋 가람

2.3 '跋'(권용두) 전문

무릇 좋은 創作品은 좋은 生活經驗에서만 소용돌이쳐 나올 수 있는 것이다.

물론 藝術이란 先天的 後天的으로 얻을 수 있는 技巧도 필요하지만 技巧보다도 앞서야 할 것은 좋은 生活經驗에서 좋은 作品이 나왔다는 것을 찾아보자면 얼마든지 있으니 그 代表的인 作品을 저 中國

에 求하여 보면『孟子』와『史記』가 좋은 예가 될 것이다. 맹자의 浩然之氣는 能히 그의 直接影響이 풍기는『孟子』에 나타나 그 글을 읽어내려 가다보면 줄기찬 正義感에 手舞足蹈할 地境이다. 또한 저 司馬遷의 全 中國 遍曆 뒤에 나왔다는『史記』의 구석 구석에 풍기는 生彩는 한번 冊을 손에 들으면 놓지 못할 程度이다. 班固藝文志나 唐四庫書目에 列擧된 秦漢 이래의 文人 墨客은 不可勝數이요. 그의 著書가 많은 者는 百餘篇, 적어도 三四十篇 에 이르는 가운데 宋나라 때에 벌써 거의 散亡磨滅되어 버리고『史記』를 필두로 몇 편만이 길이 生命을 전한다는 것은 까닭이 있는 것이다. 陣迹에서는 결코 좋은 創作이 나오지 못하기 때문이다.

돌이켜 저 新羅鄕歌를 찾아보건대 萬代月에 실린 작품은 헤기 어려울 정도였다고 한다. 그 많은 작품이 千年의 비바람이 스치고 지나간 오늘에는 오직 25수만이 전한다는 것이 애닯은 가운데에서도 25수의 作者만이 지닐 수 있는 至誠된 生活經驗이 不滅하는 25수의 鄕歌로 愛誦되어 전하여 내려와 永遠히 退色할 줄 모르는 生命을 전한 것이 아닌가라고도 생각할 수 있는 것이다.

내가 素汀을 안 것은 20년이 넘었다. 亡國恨의 哀絶한 呼訴인 詩篇의 朗讀을 만나는 때마다 들었다. 光復의 기쁨을 기념하여 刊行된 제1시집『머들령』은 당시의 詩囊에서 짜낸 것일 것이다. 詩人인 素汀은 多感하기 때문에 當하는 곳마다 詩가 나온다. 6.25의 擧族的 憤怒에 끼어 人間 素汀의 鬱憤이 터져나온 것이 지난해에 刊行된 제2시집『破笛』이라고 보는 것도 무리는 아니리라.

그러나 歷史는 新轉機를 재촉하여 民族的 大生命의 흐름은 벅차

올라 어떠한 受難에도 굽히지 않고 絶望的인 오늘의 現實에서 希望에 찬 東트는 새벽의 밝는 날을 指向하여 不滅의 喊聲을 지르며 내닫고 있는 것이다. 이 흐름을 感觸한 詩人 素汀은 시조집『碧梧桐』에 붙여 좋은 아 洋曲을 전하게 된 것이다.

나는 詩人이 아니다. 詩人이 아니기 때문에 詩集의 발을 쓸 資格을 지니지 못하였을는지도 모른다. 그러나 多感한 詩人인 人間 素汀을 알기 때문에 人間 素汀에 비친 時代的 觸感을 그대로 적어 발로 삼자는 것이요. 또한 人間 素汀이 誠孝의 人物이기 때문에 後世에 전할 詩篇이 적지 않게 남으리라고 믿고 붓을 멈춘다.

1955년 4월 權容斗

3.『밀고 끌고』의 작품 감상

소정(素汀) 정훈(丁薰) 선생의 유고시집『밀고 끌고』의 2~4부는 3 시조시집의 재수록이기 때문에 제1부 '낙엽을 밟으며'의 작품 중심으로 감상하기로 한다.「정(靜)」은 7시집의 시조에 약간의 변형을 취하였는데, 이와 같은 경우에는「아리랑 民」은 1시집에서,「정(情)」은 6시집에서,「낙엽을 밟으며」 역시 6시집에 수록된 시조에 약간의 변형을 가하여 동인지에 발표하였다.「밀고 끌고」는 2시집의 시를 시조로 개작하였는데, 이와 같은 경우에는 여러 편이다.「산(山)에서」는 6시집의 시를 시조로,「초설(初雪) 1」「초설(初雪) 2」「별후(別後)」「소품(小品)」「정적(靜寂)」「정열도(情烈圖)」 등은 7시집의 시를 시조로 개작하였고,「취야(醉夜)」는 4시집의 시를 시조로 변형시켰다.「얕은 산(山) 허리에」는『차령』에 수록할 때는「망운(望雲)

」이라 제목을 붙였다가 다시 『가람문학』에 발표할 때는 「얕은 산(山) 허리에」로 개작하였고, 이 시집에도 약간의 변형을 거쳐 수록하고 있다. 「망운(望雲)」이라고 제한 작품은〈낮은 山/ 허리에/ 자그만 집을 짓자// 텃밭엘랑/ 고추 파/ 둘레에는 돔보도 심자// 박꽃이/ 희게 피는 黃昏이면/ 먼 구름을 바라보고〉로 되어 있다.

그러나 「고희 촌감(古稀 寸感)」과 「강변 풍경」「세한 이우」「석류」 등도 발표하였던 작품을 제목과 내용을 약간씩 수정하여 동인지에 수록하고 있다. 특히 70세에 이르러 고희(古稀)에 느낀 정서까지도 과거에 지은 작품에서 차용(借用)했다는 것은 70세를 전후하여 새로운 작품을 창작하지 못하였다는 개연성을 지닌다.

희령(稀嶺) 올라서서
지낸 노정(路程)을 굽어본다

실바람보다도
가늘은 목숨인데

바위를 손톱으로 좃듯이
피 맺히게 살아온 길

강(江)을 건너고 나면
또 다시 강(江)이 있고

준령(峻嶺)을 넘고 나면
태산(泰山)이 가로막고

전생에 무슨 죄(罪) 값이
그리 아픈 형(刑)이던가

— 「고희 촌감(古稀 寸感)」

이 작품은 9시집 『회상(回想)』에서는 「피어린 칠십령(七十嶺)」으로 제목도 바뀌고, 시조에서 시(詩) 형식을 갖추어 행과 연이 자연스럽게 배치된다. 두 작품을 비교하기로 한다. 〈희령(稀嶺) 올라서서/ 지낸 노정(路程)을 굽어본다〉는 서두는〈희령(稀嶺)에 올라서서/ 역정(歷程)을 굽어 본다.〉고 하여 차이를 보이지 않는다. 다음의〈피맺히게 살아온 길〉은 구체적이고 상세하게 진술하는데,〈실바람 만한 목숨인데/ 끊어지지 않고/ 아슬하게 걸어 온 길/ 온몸에 피 마를 날이 없이/ 봄이 없는 계절 속에서/ 두견(杜鵑)인 양/ 서럽게 살아온 길〉과 같다.

강을 건너고, 산을 넘으면서 난국을 극복하면, 더 어려운 형세가 선생을 힘들게 하였는데, 이 역시 구체화된다.〈山을 넘고 나면/ 또 다시 준령이 가로막고/ 江을 힘을 다해 건너고 나면/ 대해(大海)가 다가오고/ 자국/ 자국마다/ 뼈 아픈 피 어린 길./ 목숨이 다하는 날까지/ 가야만 하는 길〉로 형상화된다. 그리고 형벌이라고 말한 시련과 고통은〈어느 때/ 어디서 떠날지 모르는/ 절박한 길목에서/ 남은 날을 채우며/ 허우적〉거리는 나날로 표현된다.

그러나 선생은 이러한 고통을 극복하고 평정심을 찾는다. 이것이 마지막으로 수정한 작품에 드러난다.〈죽고/ 삶이/ 자연의 뜻일진대/ 애써 살아온 나날이기에/ 자국마다 돌을 세워/ 뒤 오는 이들에게/ 도표(道標)라도 되게 할 걸/ 저승에 가서 할 말이 없구나.〉라고 하여 후생을 걱정하는 배려를 보이기도 한다.

선생은 또한 인고(忍苦)의 세월을 극복한 서정적 제재로 '백매(白梅)'와 '동백(冬柏)'을 선택한다. 둘 다 강인한 품성을 지녔지만, 서로 다른 심상으로 반영된다. 동백꽃은 하얀 매화를 시새워서 붉게 타고 있다는 것이다. 이는 꽃에 한정되는 것이 아니라, 사람들의 성품으로 비유될 수도 있기 때문에 특별히 음미할 만하다. 선생에게도 '백매'와 '동백' 같은 벗이 있었을 터이고, 그들과 함께 해방 후 2세 교육에 힘을 모았을 것이다.

잔설(殘雪) 차운 바람
봄은 아직 먼데

백매(白梅)와 어울려
가지런히 피는 동백(冬柏)

백매(白梅)의 흰 빛을 시새워
붉게 타는 동백(冬柏) 꽃

—「세한이우(歲寒二友)」 전문

단시조 대부분이 율격을 정확하게 지키고 있지만, 선생은 가끔 자유시와 같은 파격의 작품도 여러 편 선보인다. 「산에서」와 「초설 1」 「초설 2」 등에서 그러한 시도를 보인다. 이 중 「산에서」는 음보의 길이가 늘어났고, 「초설 1」 「초설 2」는 음보에 따라 행을 더 자주 나누어서 10행과 12행의 구조를 보인다.

선생은 자유시로 출발을 하였지만, 시조 창작에 큰 의미를 부여한다. 이는 일제시대에 일본 유학을 가서 느낀 나라 없는 아픔이 절실했기 때문으로 보인다.

게타 소리 푸념에
교토의 밤은 깊어 가고

오색 나비떼가
춤추며 오가는 곳

나라를 지닌 백성이면
저리 행복한 것을

장성처럼 서서
넋 잃고 지켜본다.

나라 없는 설움이
북받치는 밤이여

긴 목을 전선주에 쳐박고
홰울음을 터쳤다.

나라 빼앗긴 지도
어언 이십여 년

조개껍질 말리듯이
압천(鴨川)벌에 모인 동기들

판잣집 목로에 둘어 앉아
향수 서로 달랜다.

설움도 즐거움도
서로 같이 나누고

하나 울면 따라 울고
웃으면 따라 웃고

술잔을 주고 받으며
목에 메는 아리랑

「아리랑 民」(교토의 밤) 전문

4수로 된 이 시조는 1시집의 자유시를 개작한 작품이다. 첫 수의 중심은〈나라를 지닌 백성이면/ 저리 행복한 것을〉에 있다. 자기 나라의 청년들이 부러웠던 선생은 둘째 수에서〈나라 없는 설움〉으로 전선주에 머리를 박고 통곡을 하게 된다. 셋째 수에서는 선생이 일본에 유학하고 있던 시기가 나온다.〈나라 빼앗긴 지도/ 어언 이십여 년〉이라고 하였으므로, 추산하면 1930년대에 일본으로 유학을 간 것이다. 나라를 앗긴 조선의 청년들이 일본에 유학을 와서 설움과 즐거움도 함께 나누고, 술잔을 나누면서 '아리랑'을 불렀다는 것이다.

이 작품의 모태(母胎)가 되는 1시집의 자유시는 이보다 간결하여 이해하기 어려운 부분도 있었지만, 이 시조를 다시 감상하면 의문이 풀린다.〈게닷소리 푸념에 京都의 밤은 오고// 거리를 나르는/ 꽃나비 꽃나비// 나라를 지닌 幸福됨이여/ 아늑하기 꽃바구니다// 담벼락에 목을 쳐박고/ 나는 홰울음을 쳤다// 날 제도 커서도/ 살아갈수록 서러운 족속이여// 그래도 자그만 선술집이 있고/ 노래가 있고// 玄海灘을 건너/ 조개 껍질처럼 밀려든 무리들이다/ 그들의 즐겨 부르는 슬픈 아리랑이다〉 이 작품에서 선생은 태어날 때도 나라 없는 서러움을 안고 태어나고, 성장할 때도 나라 없는 서러움에 사는 조선 사람들의 아픈 서정을 노래한다. 가장 압권인 부분은〈담벼락에 목을 쳐박고/ 나는 홰울음을 쳤다〉라 하겠다. 시조에서〈목을 전선주에 쳐박고/ 홰울음을 터쳤다.〉라고 되어 있지만, 담에도 머리를 짓찧으며 울었을 것이고, 전선주에도 머리를 쳐박고 닭이 홰를 치는 것처럼 요동치며 울었을 것이다.

나라를 빼앗은 일본에서 겨레의 아픔을 가늘 수 없어 폭발하는 선생의 본노와 울분을 다시 새길 수 있는 작품이다. 이 작품도 그러하지만, 선생은 70세를 넘기면서 과거 회상에 집착하게 되고, 인생무상(人生無常)의 시심으로 작품을 수정한 듯싶다. 때로는 자연에 동화되기도 하고, 자연을 객관적으로 바라보기도 한다.

유유한 강(江)머리
산(山)은 말이 없고

잠 자듯 어옹(漁翁)은
한껏 한가한데
저 멀리
물굽이에는

갈매기가 희고나

— 「강변 풍경」 전문

선생은 강가에 선다. 강은 유유하게 흐르고, 그 강머리에 있는 산은 조용하기만 하다. 강에서 물고기를 낚던 '어옹'은 한가롭기만 한데, 하얀 물새가 날고 있다. 이러한 서경을 보이는 대로 그려낸 작품이다. 이러한 여유는 「소품(小品)」에서 화룡점정(畵龍點睛)을 이룬다. 〈언제나/ 꽃 피면/ 마음이/ 넉넉하다// 화사함이사/ 왕자(王子)가/ 이 위에 더하랴.// 가난한 뜰에도/ 꽃은/ 그렇듯 피는 것〉이라고 노래한다. 이러한 유유자적을 추구하는 것이 말년에 맞은 선생의 행복인 것 같다.

— 2010 『정훈 시 읽기』 수록

丁薰의 詩(時調) 「밀고 끌고」의 텍스트 분석

1. 머리말

1.1 이 글은 素汀 丁薰의 대표작 중 하나인 「밀고 끌고」를 분석하고 작품의 미적 가치를 확인하는 작업의 일환이다. 원텍스트[5])를 분석하여 주제를 확인한 다음, 2차 텍스트인 교과서 수록 작품[6])과의 상호텍스트성을 밝히고, 또한 3차 텍스트인 개작 시조[7])와의 상호텍스트성을 밝혀, 작품의 미적 구조를 찾아내려는 글이다.

1.2 정훈(1911~1992)은 7권의 시집[8])을 발간하여 일제의 암흑기

---

5) 시집 『破笛』에 수록되어 있는 「밀고 끌고」를 원텍스트로 함.

6) 중학교 국어, 1학년 2학기 교과서에 수록되었는데, 여러 곳에 수정이 가하여졌다. 이 작품이 6차 교육과정에서는 1학년 2학기 국어 교과서의 '단원의 길잡이'에 <형은……절랑 앞에서 끌게요.>까지 6행만 수록되어 있다.

7) 원작시를 1989년에 발행한 『가람문학』 10호에는 같은 제목의 시조로 개작하여 수록함.

8) 정훈은 5권의 시집과 2권의 시조집을 발간한 바 있고, 최근에 시선집을 발간하였는데, 가족과 편자·출판사와의 불화로 전량 폐기되기도 했다. 그의 작품집은 다음과 같다.

를 거쳐 광복 후 문학의 여명기에 공헌한 바 크다. 1935년에는≪가톨릭 청년≫ 에 작품을 발표하고 1937년에는 ≪子午線≫에 작품을 발표하면서 문학활동을 시작하여 광복 후에 본격적으로 활동한다. 1945년에는 이교탁 · 원영한 등과 '鄕土詩歌會'를 창립하여 일반 잡지 ≪향토≫의 문학 분야를 책임지며 3집까지 발간하고, 이어 1946년에는 박희선 · 박용래 등과 3인 시지 형식으로 ≪동백≫을 창간하여 10호까지 발간하는 등 향토문학의 발전에 기여한다. 이후 '호서문학회'(1951) · '차령시조문학회'(1978) · '가람문학회'(1979) 등의 창립을 주도하여 시와 시조의 발전에 나름대로의 역할을 다한 바 있다. 또한 민족의식을 고취하기 위한 육영사업의 일환으로 '鷄龍義塾'을 개관하고 이어 '湖西學館'을 설립하는데, 중학교 정식 인가에 의하여 '호서중학교'가 된다. 또한 청소년의 교육에 앞장서 '湖西民衆大學'을 설립하였으며, 정치적으로는 '조선민족청년단'의 충남지역 단장으로 활동한 바 있다.

1.3 이처럼 적극적인 사회 활동 · 문학 활동과 더불어 왕성한 문학 창작에도 불구하고 그의 작품에 대한 평설[9)]은 그의 작품 수량과 수

시 집『머들령』계림사, 1949
시 집『破笛』학우사, 1954
시조집『碧梧桐』학우사, 1955
시 집『피맺힌 年輪』박영사, 1958
시조집『꽃詩帖』민중서관, 1960
시 집『散調』인간사, 1966
시 집『巨木』한국문학사, 1979

9) 그에 대한 평설은 작품집의 서발문, 作故 당시 '추모특집' 원고, 그리고『대전출신 작고문인연구』에 수록된 정도에 그치고 있다. 작품집에는 지헌영(1949, 머들령)·김영수(1954, 파적)·이병기(1955, 벽오동)·권용두(1955, 벽오동)·이금

준 · 시인의 문학사적 위치와 관련시켜 볼 때 빈약한 편이다. 이에 이 글에서는 그의 대표 작품 중의 하나인 「밀고 끌고」를 분석하여, 작품의 구조와 미적 가치를 살피고자 한다.

2. 「밀고 끌고」의 텍스트 분석

2.1 '원본 텍스트'의 분석

2.1.1 정훈의 두 번째 시집 『破笛』에 수록된 「밀고 끌고」는 그의 첫시집 『머들령』에 수록된 「머들령」[10]과 함께 그의 대표작이다. 이 작품은 다음과 같은 특성을 지니고 있다. ①시적 주체가 시인 자신이 아니고 어린 소년이다. ②수레를 끄는 소년과 수레를 미는 소년의 어머니라는 소재를 통해, ③삶에 대한 굳센 의지와 어머니에 대한 사랑이라는 주제를 나타내기 위하여, ④비유법 · 강조법 · 변화법 등의 표현 기교를 활용하여, ⑤'밀고 끌고'가 단순한 협동의 의미를 넘어서 의지하며 사는 삶, 사랑하며 사는 삶이라는 상징성을 갖고

두(1955, 벽오동)·이금준(1979, 거목) 등의 서발문이 수록되어 있으나 본격적인 작품 평설이라 할 수 없고, 몇몇 편의 추모 특집 원고와 작고문인연구의 평론이 있다.

이도현, 「한밭의 巨木, 詩魂의 半世紀」, 《충남문학》, 제23집, 1992.

——, 「피맺힌 年輪, 詩魂의 半世紀」, 《대전문학》, 제7집, 1992.

최문휘, 「孤獨을 他意로 昇華시킨 人間 故 丁薰을 말한다」, 《대전문학》, 제7집, 1992.

채규판, 「柳致環, 丁薰의 無技巧의 詩學」, 《호서문학》, 제18집, 1992.

——, 「정훈의 '한국적'과 관련한 작품 연구」, 『대전출신 작고문인연구』, 1995.

신익호, 「丁薰 論」, 『대전출신 작고문인연구』, 1995.

홍희표, 「丁薰의 詩的 空間」, 『대전출신 작고문인연구』, 1995.

10) 이 작품은 1937년 ≪子午線≫에 「六月空」으로 수록되었다가 1949년 시집 『머들령』을 발간할 때 「머들령」으로 改題하여 수록되었다.

있다.

텍스트로서의 이 작품은 정훈 시인이 가장 아끼는 대표작 중의 하나이다. 그런 연유로 이 작품은 두 차례에 걸쳐 변모하게 된다. 첫 번째는 중학교 교과서에 수록될 때, 교재 편찬위원들이 학생들의 수준을 고려하고, 또한 일부 시어에 대한 교육적 차원에서 수정 · 보완의 과정을 거치게 된다. 두 번째는 시조에 대한 남다른 애착[11]으로 말미암아 이 작품은 여타의 몇몇 작품과 함께 시조로 변모하게 된다.

이로 인하여 「밀고 끌고」가 그의 대표작으로 자주 인용되는데, 대체적으로 교과서 수록 작품을 인용한다. 그러나 시조를 창작하는 시인들이나 시조를 연구하는 사람들은 시조로 개작된 작품을 텍스트로 인용한다. 이런 상황이지만, 필자는 『破笛』에 실린 원 작품을 텍스트로 삼아 주제를 비롯한 여러 시적 요소를 살피고자 한다. 원작을 텍스트 기호를 응용[12]하여 예시하면 다음과 같다.

가. [T1(S1 날랑 앞에서 끌게)S1 / (S2 엄닐랑 뒤에서 미세요)S2]T1

나. [T2(S3 한밭 四十里길)S3 / (S4 e 쉬염 쉬염 가세요)S4]T2

---

11) 자유시의 열풍이 몰아치던 당시의 문단 정서와는 다르게 시조집을 2권이나 발간하였고, 시조단체인 '차령시조문학회'와 '가람시조문학회' 등의 시조 창작 모임을 주도적으로 창립하고 초창기 회장으로 활동했으며, 후일에는 여러 편의 시를 시조로 改作하고 있다.

12) 고영근(1999 : 315~316)의 기호 표지를 응용하였다.

[T3(S5 e" 가다가 e 지치시면)S5 / (S6 e 손만 얹고 오세요)S6]T3

[T4(S7 e 걱정 말고 오세요)S7 / (S8 e 발소리만 내세요)S8]T4

[T5(S9 엄니만 따라오면)S9 / (S10 e' 힘이 절로 난대요)S10]T5

다. [T6(S11 나무 팔고 갈제면)S11 / (S12 e' 콧노래도 부를게요)S12]T6

[T7(S13 형은 총을 들고)S13 / (S14 저는 구루마 채장을 들고)S14]T7

[T8(S15 형이 올 때까지)S15 / (S16 e" 구김 없이 사라요)S16]T8

라. [T9(S17 엄닐랑 뒤에서 계세요)S17 / (S18 절랑 앞에서 끌게요)S18]T9

[T10(S19 우리의 거센길을)S19 / (S20 e" 밀고 끌고 가세요)S20]T1

— 「밀고 끌고」 전문

여기에서 '가 · 나 · 다 · 라'는 '의미상의 단락'을 나타내는 기호로써, 구조상 '기 · 승 · 전 · 결'의 구성을 보이고 있다. 그보다 하위 단계를 나타내는 'T1~T10' 은 형식 단락으로써 '시의 연'인데, 이 작품이 10연으로 되어 있음을 의미한다. 'S1~S20'은 낱낱의 문장을 나타내는데, 여기서는 '시의 행'이며, 이 작품은 모두 20행으로 구성되어 있고, 매연이 2행씩이라는 것을 보여준다. 소문자 e는 주어가 생략되었음을 나타내는데 '생략주어' 또는 '생략주체'로써 '생략주'[13]라고 부르기로 한다. e는 어머니를, e''는 화자인 소년을, e''는 어머니와 화자를 어우르는 '우리'에 해당하는 것으로 정리한다.

2.1.2 전체 10연, 매연 2행으로 되어 있는 총 20행의 이 작품은 구성상 기승전결의 4단계로 나누어진다. 독립된 각 연을 이와 같은 묶음으로 정리할 때, T5와 T6의 나눔이 매우 숙고할 부분이었다. 〈엄니만 따라오면/ 힘이 절로 난대요〉와 〈나무 팔고 갈제면/ 콧노래도 부를게요〉가 의미의 상승성으로 동질성이 있어 같은 단계로 보아도 무리가 없기 때문이다. 그러함에도 불구하고 본고에서는 '승'과 '전'으로 나누었다. 그것은 T6 의 〈나무 팔고〉가 화자의 심리라기보다 실제적 근로와 가깝기 때문이다. 즉 T5 과의 심리적 관계망보다 T7 이나 T8의 근로에 대한 굳은 신념 더 동질적이라고 보았기 때문이다.

2.1.2.1 가-T1은 작품 전체가 '독백에 가까운 대화체'로 되어 있는 바와 같이 처음부터 대화체로 시작하는 서두이다. 서두에서 발견되는 특징은 크게 세 가지로 집약할 수 있다.

첫 번째는 시적 주체(화자)에 대한 해석인데, 이 작품에서 말하는 사람은 시인 자신이 아니고, 혹은 시인에 가까운 성인도 아니며, 어머니와 함께 일하는 소년이라는 점이다. 이와 같은 시적 화자는 김소월의 「엄마야 누나야」에서도 찾을 수 있다. 〈엄마야 누나야 江邊 살자/ 뜰에는 반짝이는 금모래빛/ 뒷 門 밖에는 갈잎의 노래/ 엄마

13) 고영근(1999 : 315~321)에서 '생략주'를 '공범주'라고 한다.

야 누나야 江邊 살자〉에서 김소월은 자연 속에서 오순도순 행복하게 살아가고 싶은 마음을 나타내고자 시적 화자를 소년으로 내세웠다. 이처럼 정훈 시인도 어머니에 대한 사랑과 삶에 대한 굳센 의지를 표현하기 위하여 시적 주체를 소년으로 내세운 것이다.

두 번째는 어머니에 대한 소년의 사랑과 효성이 짧은 시행 속에 담겼다는 점이다. 일반적으로는 근로의 주체가 능동적으로 일하고 보조자가 조력하게 된다. 그렇다면 어른인 어머니가 앞에서 끌고 조력자인 어린이가 미는 것이 통상적 모습인데, 이 작품에서는 조력자인 소년이 끌고, 근로의 주체라 할 수 있는 어머니가 미는 것으로 되어 있다. 이것은 소년을 통해 주제를 전달하고자 하는 정훈 시인의 치밀한 응결장치로 보아야 할 것이다.

세 번째는 다음 단계로 발전하는 준비로써 서두의 역할을 다하고 있다는 점이다. 시적 화자인 소년은 어머니에게 '미세요'라고 했지만, 그 다음 단계의 내용을 보면 어머니의 조력이 절실하게 필요했다기보다 어머니의 상징직 참여를 유도한 것으로 되어 있다. 짧은 시행이지만 서두로서의 역할을 다하도록 짜여져 있다.

2.1.2.2 나-T2~T5는 '승'에 해당하는 단계로, 이 단락의 특징은 크게 세 가지로 집약할 수 있다.

첫 번째는 화자의 심리적 변화가 작품 속에 잘 나타났다는 점이다. 시적 화자의 어머니에 대한 사랑이 점층법으로 표현되어 있는데, 구체화시켜 보면 다음과 같다. T1의 '엄닐랑 뒤에서 미세요' → T2의 '쉬염 쉬염 가세요' → T3의 '손만 얹고 오세요' → T4의 '발소리만 내세요' 등의 심리적 반영은 어머니에 대한 화자의 사랑과 효성의 표현이다. 각 연의 발전에 따라 화자가 어머니에게 요구하는 행위는 점점 약해진다. 이것은 바로 어머니에 대한 사랑과 효성·정성이 점차 고조되면서 화자는 어머니의 몫까지 일하고자 한다. 이런 시행의 변화는 무조건적이며 절대적인 육친간의 사랑을 점층적으로 보여주는 것이며, 이는 바로 시행의 긴밀성으로 인해 주제에 민감하게 반응한다. 이를 도표화하면 다음과 같다. 이 표를 보면 어머니의 근로 정도는 점강법을 활용하고 있고 어머니에 대한 사랑은 그와 반비례하는 점층법을 활용하고 있음이 확인된다.

두 번째는 이 작품의 공간적 배경을 살펴볼 수 있는데, 시인이 청년 시절에 일제의 징용을 기피하기 위해 은거했던 곳[14]과 일치한다. 정훈 시인은 이 때의 경험과 추억을 작품으로 창작하여 ≪子午線≫에 「六月空」으로 발표하였다가, 시집 『머들령』에는 제목을 「머들령」으로 바꾸어 수록한 시의 무대이기도 하다. 「밀고 끌고」의 화자는 산에서 나무를 하여 40리나 되는 한밭으로 나무를 팔러 가는 길이다. 수레에는 나무가 가득 실려 있을 텐데도, 어머니는 '손만 얹고 오

---

14) 최문휘(1992)에 의하면 정훈은 1911년 충남 논산군 양촌면 인내리에서 태어나, 부친을 어려서 잃고 지방 벼슬아치인 조부를 따라 전라도 지역에서 전전하다가, 그의 조부가 대전 은행정(현재 은행동)에 한약방을 개업하고 정착하여 대전 사람이 되었다. 그는 일제 징용을 기피하기 위해 충남 금산군 추부면에 숨어지낸 적이 있는데, 그곳에서 한밭(대전)이 약 40리 길이다. 그 길에 머들령(마달령, 馬達嶺)을 넘어다니게 되고, 그 경험을 쓴 시가 바로 「머들령」이다. 이 머들령은 대전과 옥천의 중간에 있는 마달령이 아니고, 또한 정훈 시비가 있는 추부터널의 고개도 아니다. 대전시 상소동에서 추부면 요광(요강원)리 사이에 있는 험준한 고개를 말하는데, <요강원을 지나/ 머들령// 옛날 이길로 원님이 나리고/ 등짐장사 쉬여넘고/ 도적이 목 직히든 곳>의 「머들령」인데, 산이 깊어 나무꾼이 나무를 하여 한밭에 팔았다고 한다. 「밀고 끌고」의 배경도 이곳으로 본다.

세요'라고 말하는데, 이것은 시인 스스로 어려움을 감내하고 극복하고자 하는 심리의 발현이다.

세 번째는 협동을 통한 '신명의 미학'을 드러내고 있다는 점이다. 손만 얹고 오는 어머니, 발소리만 내고 따라오는 어머니라면 사실 일과는 무관하다. 그러나 그 어머니가 함께해야 화자는 절로 신이 나고 힘이 생기는 것이다. 이것은 바로 '백짓장도 맞들면 낫다'는 협동 정신의 시적 발현이다. 일하는 사람도 함께 일해야 힘이 나고, 운동선수나 연예인도 보아 주는 사람이 있어야 신명이 나는 법이다. 하물며 소년의 심리적 지주[15]인 어머니가 함께한다면 화자는 신명이 나게 마련이다.

2.1.2.3 다-T6~T8은 구성상 '전'에 해당한다. 일반적으로 기승전결의 '전'은 '기'와 '승'에서 유지해오던 전개과정이 급작스런 굴절을 보이는데, 이 작품에서도 이와 같은 급변 과정을 보인다. 이 단락에서는 크게 두 가지로 집약할 수 있다.

첫 번째는 화자의 굳건하고 결연한 의지의 표현이 집약되었다는 점이다. 화자의 태도가 가장 분명하게 드러난 부분으로 '나무 팔고 갈 때의 콧노래'에서 보여주는 즐거움으로서의 근로와 삶의 긍정적 태도, '저는 구루마 채장을 들고'에서 드러나는 것처럼 나라를 지키는 형의 軍務와 동일하게 인식하고 있는 자신의 책임감과 적극성, '구김없이 사라요'에서 보여주는 굳굳하고 결연한 의지를 보인다. 이

15) 부친을 일찍 여읜 시인은 조부와 어머니가 정신적 지주였다. 그의 대표작 「머들령」에서도 <분홍두루막에 남빛 돌띠 두르고/ 하라버지와 이재를 넘었다/ 뻐꾹기 작고 우든날> 등으로 가족이 등장하는 시에서는 할아버지와 어머니에 대한 시가 대부분이다.

런 구절은 서술어의 동적 이미지를 통하여 화자의 적극적인 삶의 태도 내지는 현실 극복의 굳센 의지를 담고자 한 것이다. 특히 총을 들고 나라를 지키는 형, 그리고 일하며 가정을 지키는 자신을, 같은 동사인 '들고'의 반복으로 표현하여 더욱 결연한 자세를 보인다.

두 번째는 시대적 배경을 여실하게 드러내고 있다는 것이다. 시가 창작되어 발표되던 1950년대는 민족 상잔인 6 · 25 사변으로 인해 젊은 성인 남자들은 군대에 가서 나라를 지키고, 남아 있는 여성들과 노인이나 어린 남성들이 가계를 꾸리는 것이 보편화되었는데, 빈궁한 농민들은 나무를 해다 팔아 연명하는 것이 호구지책이었다. 이 작품에서는 또한 일제의 언어적 잔재가 남아 '구루마'가 등장하는데, 이 말은 교과서에 수록될 때 '손수레'로 대치된다. '구루마'는 사람이 끌고 다니기도 했지만, 주로 소나 말을 이용하여 운송했고, 채장이 굵고 단단한 나무로 되어 있어, 사실상 현대의 손수레(리어카)와는 재질과 형태면에서 많은 차이점이 있는 운송도구이다. 그렇지만 운송방법과 기능이 같아 이와 같이 정리한 것으로 보인다.

2.1.2.4 라-T9~T10은 '결'에 해당하는 단락이다. 이 단락에서는 앞에서 정리한 내용을 두 가지로 다시 정리하고 있다.

첫 번째는 '나'의〈엄닐랑 뒤에서 계세요〉에서 도출된 어머니에 대한 사랑과 '가'의 〈날랑 앞에서 끌게요〉와 관련된 내용이 수미상관법에 의해 다시 표출된다. 두 번째는 '다'의 〈구김 없이 사라요〉의 변형 발전으로 볼 수 있다.

이 단락에서 확인할 것은 S1의 '나'가 S14의 '저'로 다시 S18의 '저'로 변화했다는 점이다. 한 작품에서 이와 같은 변화를 보이고 있다는 것은 시인의 실수라기보다는 특별한 의미를 부여했기 때문으로 보인다. 이는 교과서에 수록될 때도 그대로 답습했다가, 시조로 개작될 때는 모두 '저'로 통일된다. 일상어 '나'에서 경어 '저'로 바뀌는 단락은 형의 군무와 화자의 의지가 보이는 부분에서인데, 어린 소년의 티를 벗고 성인의 몫을 다한다는 자부심의 형상화로 보인다. 이런 구성과 표현은 이 작품의 주제인 어머니에 대한 사랑과 효성, 현실의 어려움을 극복하고자 하는 굳센 의지, 적극적이고 긍정적인 삶의 자세를 보여 주려는 것이다.

다시 말하면 이 작품은 6·25의 처절함 속에서 형은 전쟁터에 있고 어린 동생이 어머니와 함께 나무장사를 하며 생계를 이어가야 하는 절박한 상황을 그리고 있다. 그렇지만 이 시에서는 전후의 허무·고독·비애감이 나타나지 않고 건강하게 살아가려는 모자지간의 정겨운 모습[16]을 담고 있다. 이러한 모습은 현대인의 각박한 삶

에 혈육간의 사랑, 어머니에 대한 효성, 어려움을 극복하려는 굳센 의지를 되새겨 보게 하는 중요한 의미를 부여할 수 있다. 동시에 사랑과 협동이라는 표면적 의미와 함께 이 작품의 상징성으로 인해 '도와가며 사는 삶' '의지하며 사는 삶' '사랑하며 사는 삶'의 가치를 담고 있는 작품이다.

2.2. '2차 텍스트' 분석

2.2.1 원 텍스트인『破笛』의「밀고 끌고」가 5차 교육과정까지는

16) 신익호,「丁薰 論」『대전출신 작고문인연구』p.98

중학교 국어 교과서 1학년 2학기 책[17]에 수록되어 청소년들에게 지도된 바 있다. 그러던 작품이 6차 교육과정에는 교과서가 개편되어 '단원의 길잡이'에 6행만 소개[18]된다. 이 교과서에서는 비교・대조를 통해 시적 화자의 목소리를 지도하기 위해 인용하고 있는데, 교과서 수록 작품을 보면, 한 편의 작품이 다른 사람— 교과서 편찬위원들에 의해 어떠한 변모를 거치게 되는가를 확인하게 된다. 참고로 작품[19]을 전재하면 다음과 같다.

가. [T1(S1 날랑 앞에서 끌게)S1 / (S2 엄닐랑 뒤에서 미셔요.)S2]T1

나. [T2(S3 한밭 사십 리 길)S3 / (S4 e 쉬엄쉬엄 가셔요.)S4]T2
[T3(S5 e 밀다가 지치시면)S5 / (S6 손만 얹고 오셔요.)S6]T3
[T4(S7 e 걱정 말고 오셔요.)S7 / (S8 e 발 소리만 내셔요.)S8]T4
[T5(S9 엄니만 따라오면)S9 / (S10 e' 힘이 절로 난대요.)S10]T5

다. [T6(S11 마늘 팔고 갈 제면)S11 / (S12 e' 코노래도 부를

---

17) 5차 교육과정 초판 발행(1989.9.1)분 pp.130-131
18) 1998년도 중학교 1학년 2학기 교과서에 보면 <형은 총을 들고……절랑 앞에서 끌게요>까지 6행이 실려 있고, 화자(話者)에 대한 설명이 있다.
19) 교육부, 중학교 교과서 『국어』1학년 2학기, 1998년판(6차교육과정), PP130~131.

게요.)S12]T6

[T7(S13 형은 총을 들고)S13 / (S14 저는 손수레의 채를 잡고,)S14]T7

[T8(S15 형이 올 때까지)S15 / (S16 e'' 구김없이 살아요.)S16]T8

라. [T9(S17 엄닐랑 뒤에서 걸어만 오셔요.)S17 / (S18 절랑 앞에서 끌게요.)S18]T9

[T10(S19 우리의 거센 길을)S19 / (S20 e'' 밀고 끌고 가셔요.)S20]T10

원텍스트와 교과서 수록 작품의 주제나 표현법은 거의 동일하기 때문에 구체적 분석은 필요하지 않다고 본다. 다만 두 작품 간의 차이점을 찾아내어 그 변모 양상을 살피고, 그 원인과 효과를 분석하기로 한다.

2.2.2 두 작품의 서로 다른 제재어를 통해 시대적 변천을 확인할 수 있다는 점이다.

첫 번째는 S11의 '나무 팔고'가 '마늘 팔고'로 된다. 정훈이 이 작품을 창작할 1950년대 초반에는 나무를 팔아 생계를 유지하는 사람들이 많았고, 그것이 하나의 풍습처럼 되었다. 나무꾼들은 수레에 나무를 싣고 시장으로 팔기 위해 모이고, 가난한 나무꾼은 수레도 없어서 지게에 나뭇짐을 지고 팔러 오기 때문에, 이들이 모이는 곳에는 나무 시장이 형성되기도 했다. 그러나 교과서에 수록될 1970년대는 조국근대화의 기치 아래 놀랄 만한 시대상황의 변화가 있었다. 그 하나는 당시 산림녹화의 기치 아래 '입산금지'까지 법령에 의해 강조되던 시대여서, 교과서에 수록되는 작품에 나무를 팔러가는 모습을 삽입한다는 것은 적절하지 못했으리라는 가정이다. 또 하나는 가정의 주연료가 나무에서 연탄 내지는 석유로 바뀌어 나무를 파는 것이 과거의 풍습으로 역사에 묻혀 가는 과정이었으리라는 가정이다.

두 번째는 앞에서도 약간의 언급이 있었지만 S14의 '구루마의 채장을 들고'와 '손수레의 채를 잡고'에서 시대적 변천이 확인된다. '구루마'는 일본식 용어이기 때문에 '손수레'로 바꾼 것은 쉽게 납득된다. 이런 변모 양상은 '채장을 들고'를 '채를 잡고'로 바꾸었으리라는 가정을 성립시킨다. '구루마'는 소나 말이 끌 정도로 채장이 길고, 굵고, 무겁다. 그렇기 때문에 '잡고 끈다'는 개념보다 '들고 끈다'는 개념이 적절하다. 그러나 '손수레'는 채장이 짧고, 가늘고, 가볍다. 따라서 '들고 끈다'는 것보다는 '잡고 끈다'는 개념이 적절하다. 다만 〈형은 총을 들고/ 저는 구루마 채장을 들고〉에서 보여주는 '들고'의 반복에서 보여주는 동사의 동질성과 미적 구조를 파괴한데 따른 표현이 문제된다. 하여튼 이와 같은 상이한 시어들은 시대적 변천을 확인하는 요소로 기능한다.

2.2.3 두 작품의 차이는 '생략주'의 차이로 인해 의미의 전이가 이루어지고, 화자의 심리적 차이가 노정되고 있다.

S5 의 '가다가 지치시면' 이 '밀다가 지치시면'으로 바뀌었는데, 이러한 생략주어의 차이는 의미상 현격하게 작용한다. '가다가 지치시면'에서는 두 개의 주어가 생략되어 있다. 말하자면 '가다가'의 주어는 '화자와 어머니라'는 공통주어이고, '지치시면'의 주어는 '화자의

어머니'에 한정된다. 그러나 '밀다가 지치시면'의 주체는 어머니 한 사람이다. 어머니 혼자 밀었으며, 어머니 혼자 지치셨다는 것이다. '가다가'의 주체가 어머니 단독에 관한 것이냐, 아니면 밀고 끌고 가는 화자와 어머니 두 사람에 대한 것이냐에 따라 의미가 달라진다. 다시 말하면 원텍스트의 생략주를 '우리'로 볼 때, 그 내용은 '함께' 가는 것으로 되어 협동과 공조라는 시적 의미가 살아나는 것이다.

S17의 '뒤에서 계세요'가 '뒤에서 걸어만 오셔요' 라고 표현한 것은 화자의 심적 차이를 살피는 재료가 된다. 원텍스트의 '뒤에서 계세요'는 화자가 열심히 일을 할 테니 어머니께서는 지켜보기만 하면 된다는 의미를 담고 있다. 그것은 수레를 미는 데만 한정하여 하는 말이 아니고 광의로 해석하면 삶의 태도 전반에 관한 것으로 보인다. 그러나 교과서 수록분처럼 '어머니는 뒤에서 걸어만 오셔요.'라고 하면 그 의미는 수레를 밀며 뒤따르는 의미로 한정된다. 시인의 의도와 유사하다고 하더라도 그 수용자의 감도가 다르다면, 작품의 임의 수정은 오류를 범하는 것이다.

2.2.4 서술어의 종결어미가 전체적으로 바뀌었으며 마침표가 부가되었다. 또한 한글맞춤법의 표기와 띄어쓰기에 맞게 일부 수정되었다.

작품 전체의 서술어가 '~세요'에서 '~셔요.'로 변경되었다. 이는 '~시어요.'의 축약으로 의미상으로는 큰 차이가 없다. 그렇지만 어조에 따른 어감의 차이는 놀랄 만한 것이다. '~십시오.'→'~세요.'→'~셔요'로 정리를 하고 나면 개인마다 약간의 차이는 있겠지만, '정중→친근' '公的→私的' '重→輕' '遠→近' '禮→情' '剛→柔' '남성적→여성적' 등 느낌의 변화를 감지할 수 있을 것이다. 교과서 편찬위원들은 아마도 화자인 소년이 어머니에게 드리는 말씀으로 인식하여 이렇게 고친 것 같다. 더구나 어머니에 대한 사랑이 지극하고 효성스런 화자이기 때문에 여성스러워야 한다고 판단한 것으로 가정된다. 이러한 종결어미의 교체와 마침표를 갖춘 것은 국어 문법의 정통을 찾고자 하는 교과서의 특성에 기인하는 것이겠지만, 원텍스트가 갖고 있는 어조 · 느낌과 다르다면 교체하지 말고 주석을 통하여 정리하는 것이 바른 태도라 본다.

한글맞춤법에 맞지 않은 사항을 고친 것은 S1 의 '끌께' → '끌게', S4 의 '쉬염 쉬염' → '쉬엄쉬엄', S12 의 '콧노래' → '코노래' 등이고, 띄어쓰기에 따라 수정한 것은 S7 의 '걱정말고' → '걱정 말고', S11 의 '갈제면' → '갈 제면', S15 의 '올때까지' → '올 때까지', S19 의 '거센길을' → '거센 길을' 등이고, 漢字를 한글로 바꾼 것은 S3 의 '四十里길' → '사십 리 길'이다. 이런 수정은 원텍스트의 의미를 크게 손상하지도 않고 시의 어조나 어감에도 큰 무리가 없다.

이후 이 작품을 인용하거나 수록할 때는 주로 '2차 텍스트'임을 본다. 이것은 교과서에 수록되어 널리 알려진 자료는 찾기가 쉽지만, 원텍스트는 한정본에 수록되어 구하기가 어렵기 때문으로 보인다.

2.3. '3차 텍스트' 분석

2.3.1 素汀 丁薰은 『破笛』에 실린 「밀고 끌고」에 대한 남다른 관심을 보인다. 자신의 작품이 교과서에 수록될 때 부분적으로 수정된 것에 대하여 불만족한다. 그래서 2차 텍스트에서 수정된 내용을 원

본 텍스트와 같이 고쳐서 시조로 개작하고 있다. 그가 민족시로서의 시조 창작에 관심을 갖게 되고 '차령시조문학회' '가람문학회' 등을 창립하여 주도적 역할을 하면서 자유시를 시조로 여러 편 개작하여 발표할 때 이 작품도 함께 개작되어 발표된다.

시조 「밀고 끌고」는 몇 행을 삭제하고, 교과서에 수록된 '2차 텍스트'에서도 답습하고 있는 원작 텍스트에서의 미진한 부분에 대해 약간의 수정을 가하여 ≪가람문학≫10집에 수록[20]한다. 자유시를 시조로 개작하였기 때문에 그 작품 전모를 전재한다.

가. [T1(S1 날랑 앞에서 끌께)S1 / (S2 엄닐랑 뒤에서 미세요)S2]T1
[T2(S3 한밭 사십릿길)S3 / (S4 e 쉬엄쉬엄 가세요)S4]T2
[T3(S5 e" 가다가 e 지치실 때는)S5 / (S6 손만 얹고 오세요)S6]T3

나. [T4(S7 e 염려 말고 오세요)S7 / (S8 e 발 소리만 내세요)S8]T4
[T5(S9 엄니만 따라 오시면)S9 / (S10 e' 힘이 절로 난대요)S10]T5
[T6(S11 이 나무 팔고 갈 때는)S11 / (S12 e' 콧노래도 부를께요)S12]T6

다. [T7(S13 형이 제대할 때까지)S13 / (S14 e" 구김없이 살아요)S14]T7

---

20) 가람문학회, ≪가람문학≫ 제10호, 1989, P.133.

[T8(S15 엄닐랑 미세요)S15 / (S16 절랑 앞에서 끌께요)S16]T8
[T9(S17 우리의 쉽고 거센 길을)S17 / (S18 e" 밀고 끌고 가세요)S18]T9

2.3.2 원텍스트와 개작 시조의 주제는 차이가 없기 때문에, 변형된 부분들이 어떤 모습을 하고 있으며, 어떻게 기능하는가를 분석하고자 한다. 정형시로서의 시조로 개작하다 보면 자유시에서 넘치는 행을 삭제하거나, 음수율 · 음보율 등의 리듬에 맞게 시어를 가감하게 마련이다. 이 작품에서도 그런 변화 과정을 거쳐 시조로 완성된다.

첫 번째 변모는 이 작품의 〈형은 총을 들고/ 저는 구루마 채장을 들고〉라는 2행이 삭제되었다는 점이다. 사실 이 행은 시대적 배경을 확인시키고 화자의 구체적 근로 상황을 가늠하게 한다는 점에서 매우 중요한 역할을 하는 단락이다. 그러함에도 시인은 과감하게 이 단락을 통째로 삭제하고 있는데, 이는 의미의 결연함보다 작품의 전체적 흐름을 중요하게 여겼기 때문으로 가정할 수 있다. 이 연의 생략으로 그 다음 행의 변화를 유도하게 되었는데, 이는 자유시를 시조로 바꾸기 위해 취한 방편이다.

두 번째 변모는 시조의 율격을 맞추기 위해 시조의 종장 2음보에 해당하는 시어를 가감 내지는 수정하였다는 점이다. 특히 '가다가 지치시면' → '가다가 지치실 때에는', '나무 팔고 갈제면' → '이 나무 팔고 갈 때는'은 음수율을 조절하기 위한 수정이겠지만, 의미상으로도 조건절에서 단순한 상황 전개로 바뀌어 차이가 있다. 세 수째의 종장 '우리의 거센길을' → '우리의 섧고 거센 길을'에서는 '섧은'이라는 시어를 삽입하고 있다. 이 삽입어구는 당시 민족이 처한 시대 상황을 대변하는데 새로운 의미를 부여하는 단서가 된다. 또한 시인은 부친을 일찍 여의고 조부와 어머니를 모신 가운데 그 어려움을 감내해야 했으니, 섧은 세월 · 섧고 거센 길일 수 있으리라 추정하기가 어렵지 않다.

2.3.3 시인의 창작 의지가 담긴 작품은 ① '원텍스트'이고, 이 작품을 문교부 교재편찬위원회가 일부 수정하여 교과서에 수록된 ② '2차텍스트'가 생겼고, 시조에 대한 애정과 교과서 수록분에 대한 부분적 반발로 시조로 개작하여 ③ '3차 텍스트'가 이루어진 것은 이미 밝힌 바 있다. 세 텍스트의 차이점을 살피면 정훈 시인의 내면을 읽어낼 수 있다. 차이를 보이고 있는 시어들을 표로 만들면 다음과 같다.

1-①의 '~세요'는 ②에서 '~셔요.'로 수정되었다가 다시 ③에서는 원상 회복된다. 2-①②③, 3-①②③도 같은 변화 과정을 보이는데, 이는 정훈 시인이 자신의 시어에 그만큼 애착을 갖고 있다는 것을 입증한다. 시어의 원상 복구는 청소년 교육을 위한 교과서 편찬이라는 미명에서 벗어나 시인 자신의 시정신을 회복하는 것이기도 하다.

4-①의 '엄닐랑 뒤에서 계세요'는 ②에서 '엄닐랑 뒤에서 걸어만 오셔요.'로 변모하였는데, 앞에서 언급한 바 있다. 이는 다시 ③ 의 '엄닐랑 미세요'로 바뀌었는데, 이것은 서두에서 제시한 것과 같은 의미로, 수미상관상의 반복으로 볼 수도 있고, 시조의 3 · 4음보에 맞추기 위한 시조 개작의 개연성으로 볼 수도 있다.

5-①의 '걱정말고 오세요'는 띄어쓰기에 맞추어 ②의 '걱정 말고 오셔요.'로 수정되고, 이는 다시 ③의 '염려 말고 오세요'로 변모하는데, 이는 유의어의 선택에 다름 아니다.

6-①과 ②의 과정은 띄어쓰기의 차이이지만, ③의 경우에는 확연하게 다르다. 이것은 생략된 연 〈형은 총을 들고/ 저는 구루마 채장을 들고〉와 〈형이 올때까지〉의 의미를 합성하다 보니, 〈형이 제대할 때까지〉로 나타난 것이다.

7-①과 ②는 화자의 목소리가 약간의 변화에 따라 '나'와 '저'로 자연스럽게 자리매김되었던 것이 ③에서는 '저'로 통일되었다는 것이 다르다. 미묘한 어감의 차이는 줄었다고 하더라도 커다란 의미로 볼 때 이러한 변모는 긍정적이라고 하겠다. 말하자면 자신의 시어에 대한 소신과 애착을 지키고, 문맥에 맞게 수정되었으며, 시인이 선호하는 시조의 특성인 운률과 균제미가 갖추어져 있기 때문이다.

	①	②	③
1	~세요	~셔요.	~세요
2	나무	마늘	나무
3	가다가	밀다가	가다가
4	계세요	걸어만 오셔요.	미세요
5	걱정말고	걱정 말고	염려 말고
6	올때까지	올 때까지	제대할 때까지
7	나 · 저	나 · 저	저

2.3.4 정훈 시인은 이렇게 시어의 일부분을 교체하거나, 음수율을 맞추기 위해 시어를 가감하거나, 몇 시행을 삭제하여 자유시를 시조로 개작한 것이 여러 편이다. 그중 그의 대표작 중 하나인 「山에서」는 「밀고 끌고」와 거의 유사한 변모 과정[21)]을 보이고 있다.

일부에서 약간의 수정이 가해졌지만, 여타의 부분은 그대로 활용하고 있다. 이것은 바로 자유시를 창작할 때에도 정훈 시인이 운율미 · 균제미 등에 남다른 관심을 기울였다는 것을 입증하는 것이다.

3. 결론

3.1 정훈 시인의 「밀고 끌고」에 대해 분석하여 작품의 형식적 특성과 표현의 아름다움, 그리고 시의 주제에 대해 확인하였다. 또한 원텍스트와 그 변형으로서의 다른 텍스트를 비교 · 대조하여 작품의 변화 과정도 살펴보았다.

3.2 정훈의 두 번째 시집 『破笛』에 수록된 「밀고 끌고」는 중학교 교과서에도 수록되고 후일 시조로 개작되기도 하는 그의 대표작이다. 이 작품을 분석하여 얻은 결과는 다음과 같다. 시적 주체가 시인 자신이 아니고 어린 소년이다. 수레를 끄는 소년과 수레를 미는 소년의 어머니라는 소재를 통해, 삶에 대한 굳센 의지와 어머니에 대한 사랑이라는 주제를 나타내고 있다. 이를 위하여 비유법 · 강조

---

21) <天命의 고개를 넘어/ 다시 山을 바라 보며 산다./ 즐겁고 슬픈 追憶을 찾아본다./ 山과 더불어 있을 꿈도 그려 본다.// 山과 마주 앉아/ 조용한 合掌으로 자고 샌다.>를 다음과 같이 바꾸고 있다. <천명의 고개를/ 다시 山을 바라보며 산다/ 조용히 山과 마주앉아/ 합장으로 자고 샌다> 일부만 이렇게 고치고 나머지는 단어, 행, 연까지 그대로 재사용하고 있다.

법 · 변화법 등의 표현 기교를 활용하고 있는데, '밀고 끌고'가 단순한 협동의 의미를 넘어서 의지하며 사는 삶, 사랑하며 사는 삶이라는 상징성을 획득하고 있다.

3.3 원 텍스트인 『破笛』의 「밀고 끌고」가 5차 교육과정까지는 국정교과서 중학교 국어 1학년 2학기에 수록되어 청소년들에게 지도된 바 있다. 교과서 수록 작품을 보면, 한 편의 작품이 다른 사람들에 의해 어떠한 변모를 거치게 되는가 확인하는 참고 자료가 된다. 두 작품의 상호텍스트성을 분석하여 얻은 결과는 다음과 같다. ①두 작품의 서로 다른 제재어를 통해 시대적 변천을 확인할 수 있다. ②두 작품의 차이는 '생략주'의 차이로 인해 의미의 전이가 이루어지고, 화자의 심리적 차이가 노정되고 있다. ③서술어의 종결어미가 전체적으로 바뀌었으며 마침표가 부가되었고, 한글맞춤법의 표기와 띄어쓰기에 맞게 일부 수정되었다.

3.4 素汀 丁薰은 교과서에 수록된 이 작품을 민족시로서의 시조 창작에 관심을 갖게 되면서 시조로 개작하였다. 그 상호텍스트성을 분석한 바 정리하면 다음과 같다. ①정형시로서의 시조로 개작하는 과정에 넘치는 행은 삭제하고, 음수율 · 음보율 등의 리듬에 맞게 시어를 가감하여 완성도를 유지한다. ②원텍스트의 시상에 충실하기 위하여 교과서 수정본과는 달리 원작에 가까운 시어를 선택하고 있다. ③정훈 시인은 여타의 자유시를 시조로 수정할 때도 약간의 수정만 가하고 있는데, 이것은 그가 평소의 작품 창작에서 운율미 · 균제미를 고루 갖추고 있음을 입증하는 것이다.

— 2000 시조집 『밀고 끌고』 해설

— 2010 『정훈 시 읽기』 재수록

2장

앞선 시인의 시조 숨결

◇ 전 형 시인 유고작품 평설

춘파 전형의 시와 삶[22)]

― 유고시집 이후 발견된 시와 시조를 중심으로

1. 춘파 전형 살펴보기

춘파 전형은 1907년 9월 13일 충북 옥천군 옥천읍 죽향리 66-1번지에서 태어나고 성장한다. 옥천 공립보통학교를 졸업하고, 서울에 있는 보성고등보통학교에 진학했으나 중퇴하기에 이른다. 보성고보 중퇴에 대한 특기할 점은 밝혀지지 않았으나 1934년 7월에 日本大學 文科에서 중퇴한 기록으로 보아 일본 유학을 위한 중퇴로 보인다.

그가 태어난 옥천읍 죽향리는 정지용(鄭芝溶) 시인의 생가가 보전되어 있는 곳으로, 춘파 전형의 생가 역시 같은 마을에 있어 특별한 의미를 지닌다. 정지용은 주지하는 바와 같이 1903년 5월 15일 옥천군 하계리에서 태어나고 죽향리에서 성장한다. 전형보다 4년 먼저

22) * 이 글은 유고시집에 수록되지 않은 작품들에 대한 해설의 성격을 띤다. 문학잡지 및 일부 신문 등에 발표되었으나 뒤늦게 찾아내어 '결과 보고서 형식'으로 작성된 글이 누군가 춘파 시인의 작품을 더 찾아내어, 새로운 평설이 집필되기를 기대하는 마중물의 의미로 쓴 글이다.

태어나고 성장한 정지용은 춘파의 내면적 우상으로 자리잡는다.

정지용 시인이 17세이던 1918년에 서울의 휘문고보에 입학한 것과 같이 전형은 1927년에 보성고보에 입학한다. 이는 전형이 보통학교를 20세에 이르러 졸업하였기 때문에 유학 시기가 늦어진 것으로 보인다. 정지용은 1919년 12월에 『서광』 창간호에 소설 「삼인」을 발표함으로써 문인으로서의 길을 걷는다. 전형의 서울 유학이 정지용보다 9년 늦은 것과 같이 작품 발표 역시 9년 늦게 1928년 12월에 발간한 『조선시단』 2 · 3호 합본호에 시 「한숨」을 발표한다. 이를 기점으로 전형은 신문과 잡지에 여러 작품을 발표하게 된다.

춘파 전형은 우리 신문학의 여명기에 시인으로, 신문기자로, 민족의 선각자로 자리잡았으나, 작품 창작보다는 언론인으로서의 자세를 견지했기 때문에 문학사(文學史)에서 잊혀진 인물로 남게 된다. 1928년부터 1935년까지는 여기저기에 작품을 발표하며 학업에 열중한다. 그러다가 1935년 10월에 매일신문사 사회부 기자로 입사하게 되고, 작품을 발표한 인연으로 1938년 6월에는 조선중앙일보로 전직한다.

그는 독립과 함께 대전 소재의 동방신문사 주필로 자리잡게 되고, 이 신문이 전쟁의 와중에 폐간되면서 1952년〈대전일보〉 주필 및 편집국장으로 자리를 옮겨 1970년 퇴사할 때까지 대전을 중심으로 한 충청권 언론계의 중심인물로 자리한다. 대전은 그의 고향인 옥천과도 지근거리에 있어 지역 발전에 전력을 다한 것으로 알려져 있다. 신문사에 근무하면서 1963년에는 대전문화원 원장을 겸임하면서 지역 문화 발전에 기여하기도 하였으며, 이러한 공로로 1968년에는 충청남도 문화상을 수상하기도 한다.

1970년 대전일보를 퇴사하면서 그는 대전을 떠나 서울에 거주하게 되는데, 1980년 2월 24일 별세하여 문인과 언론인으로서의 일생을 마친다. 그의 사후 20년이 지날 무렵〈대전일보〉에 후배 언론인으로 근무하던 이용호 시조시인의 끈질긴 노력 끝에 춘파 전형의 작품이 수집되고 2002년에 유고시집『새로 얻은 노래』(오늘의문학사)를 발간하기에 이른다.

이 사업은 문학사(文學史)에서 영원히 잊히고 말 훌륭한 시인을 되살려 문학적 유산에 생명을 부여했다는 평가를 받게 된다. 이 시집은 다음과 같이 구성되었다. '발간사'는 대전문인협회 리헌석 회장이 썼고, '추천사'는 전형 시인의 언론계 후배인 안세영 대전일보 전 사장이 썼으며, 작품 해설은「춘파 전형의 생애와 작품」이란 제목으로 이용호 시조시인이 썼다. 이 유고시집에는 시조「애창」을 포함하여 총 10편이 수록되어 있고, 시「새해에」를 포함하여 총 34편, 동시「해바라기」를 포함하여 총 5편이 수록되어 있다.

총 49편의 작품은 신문과 잡지의 여러 지면에 수록된 것을 별세 20주기부터 시작하여 만 2년여에 걸쳐 찾아낸 것들이다. 그런 면에서 이용호 시인의 문학에 대한 주체적이고 능동적인 자세를 엿보게 된다. 이용호 시인이 아니었더라면, 묵은 잡지와 묵은 신문의 구석에서 생명을 잃었을 것이기 때문이다. 그런 견지에서 이용호 시인의 업적은 아무리 상찬을 해도 넘치지 않을 것이라 본다.

이러한 업적과 특별한 노력에도 불구하고 이 유고 시집에 빠져 있는 몇몇 작품을 다시 찾게 되고, 이로 인해 몇 가지 보완할 점이 제기되기에 이른다. 이에 대한 논의에 의해 본고를 집필하게 되었고, 그 방향은 다음과 같다.

첫째, 춘파 전형의 작품이 발견되어, 그 초기 작품과 연대가 새로 설정되어야 한다는 점이다. 이는 새로운 작품이 발견되면 다시 수정되어야 하겠지만, 현재까지는 1928년에 발표된 「한숨」으로 보인다.

둘째, 새로이 발견된 춘파 전형의 작품에 대한 해설과 평가가 필요하다는 점이다. 이 작품들은 초창기 한국문학사의 중심에 서 있었던 작품들이며, 이에 대한 평가는 한국문학사는 물론, 그가 활동했던 향토문학사의 바른 정리를 위해서도 중요하다고 본다.

2. 초기 작품의 문학사적 의미

춘파 전형의 본명은 전우한(全佑漢)이었고, 성장할 때의 이름은 본명을 사용하였던 듯하다. 그러다가 작품을 발표하게 되면서 필명과 호를 혼용했던 듯하다. 이것은 첫 작품으로 알려진 「한숨」은 본명인 전우한(全佑漢)으로 되어 있지만, 그 다음 작품은 호 춘파(春坡)를 사용하고, 그 다음 작품은 전형(全馨)이란 필명을 쓰고 있음에서 유추하게 된다.

유고 시집 『새로 얻은 노래』를 발간한 후에 몇몇 문학지를 더듬어 그의 작품을 여러 편 찾아내게 되었다. 유고 시집에 수록되지 않은 작품 목록을 발표 순서에 따라, 발표 당시의 발표자명과 발표 지면을 정리하면 다음과 같다.

「한숨」 全佑漢

1928. 12「조선시단」 2 · 3호 합본호 148쪽

「아침이 왔단다」 春坡

1929. 4「조선시단」 제5호「청년시인백인선」 79쪽

「환멸(幻滅)의 노래」 全馨

1934.(소화 9년)「조선시단」 제8호, 속간호 38쪽

「단가(短歌)」 21수 全馨

1934.(소화 9년)「조선시단」 제8호, 속간호 39쪽

「정야(靜夜)」 全馨

1937년「자오선」 창간호 24쪽

「별을 우러러」 全馨

1937년「자오선」 창간호 24쪽

이들 작품은 3개 지면에 발표한 6편에 불과하지만, 한국 문학의 여명기에 문단의 중심에 있는 문학지에 이와 같이 다양하게 발표하였다는 것도 중요하다. 또한 작품 제목에 의해 분류할 때는 6편이지만,「단가(短歌)」 21수는 작품마다 개성적인 주제 및 제재로 되어 있어 독립적인 작품으로 보게 된다. 이 작품들은 우리의 시조와는

다른 형식을 갖고 있는데, 일본의 하이꾸와 유사하다. 이들 작품 21편과 나머지 5편을 합하면 26편이나 되는데, 이는 문학의 여명기에 발표된 양적 측면에서도 놀라운 것이다. 이들 작품 26편은 유고 시집에 수록된 49편의 거의 반에 가까운 양이다.

특히 이들 작품에서 「한숨」과 「아침이 왔단다」 2편은 춘파의 첫 작품으로 정리되어 있는 시조 「춘일점경」보다도 4년과 3년씩 앞선 것이어서 그가 활동하였던 대전 · 충청권 문학의 시발을 앞당기게 된다. 이는 한국의 시문학사에도 중요한 일이지만, 대전을 중심으로 한 지역 문단의 입장에서 보면 춘파 전형의 문학적 업적은 실로 중대한 의미를 갖는다. 그것은 대전 지역의 문학사에서 기점으로 삼고 있는 소정 정훈의 「유월공」이 『자오선』에 발표된 1937년을 거슬러 올라가기 때문이다.

정훈의 「유월공」을 대전시문학사에서 첫 작품으로 정리한 사람은 조남익 시인이다. 그는 충남시문학사를 정리하면서, '소정'으로 발표한 「유월공」을 정훈의 첫 작품이라고 내세웠으며, 생존시에 정훈 시인도 이를 확인한 바 있다. 그러나 이 작품은 정훈의 어느 시집에도 수록되지 않아, 석연치 않은 면을 내포하고 있는 것 또한 사실이다. 일부에서는 정훈 선생 이외에도 '소정'이란 필명으로 발표한 문인이 있다고도 하고, 일부에서는 이 작품은 정훈 선생의 여타 작품과 성격이 달라서 수록하지 않았다고도 한다.

어떻든 조남익 시인의 이러한 주장은 이후 송백헌 교수, 손종호 교수, 박명용 교수에 의해 그대로 답습 · 인용되어, 여타의 주장을 잠재우고 대전 지역의 문학 태동기에 발표한 작품으로 자리잡게 된다. 그러나 대전지역에서 20여 년간 작품 창작 활동을 한 춘파 전형 시인의 초기 작품이 재발견되면서, 이러한 논쟁은 의미가 없게 되었다. 춘파 전형의 작품이 소정 정훈의 작품보다 10년 가까이 앞서기 때문이다.

전형의 초기 작품인 1930년대에 발표한 작품을 정리하면 다음과 같다.

①「한숨」全佑漢. 1928『조선시단』2 · 3호 합본호

②「아침이 왔단다」春坡. 1929『조선시단』제5호『청년시인백인선』

③「춘일 점경」全春坡. 1932『혜성』창간호

④「환멸(幻滅)의 노래」全馨. 1934『조선시단』제8호, 속간호.

⑤「단가(短歌)」21수 全馨. 1934『조선시단』제8호, 속간호.

⑥「애창」全馨. 1935.『신조선』시조시작2제 중 1

⑦「새로 얻은 노래」全馨. 1935.『신조선』시조시작2제 중 1.

⑧「苦吟」全馨. 1936. 7. 20.〈조선중앙일보〉

⑨「정야(靜夜)」全馨. 1937년「자오선」창간호.

⑩「별을 우러러」全馨. 1937년「자오선」창간호.

아직 찾지 못한 작품이 있겠지만, 찾아진 작품만을 정리해 보아도, 한국 문학의 여명기인 1930년대에 제목으로 10편, 단수까지 합하여 30편을 발표했다는 것은 경이로운 일이다. 이런 정리를 한 후에 몇 가지 측면에서 의미로운 단서를 찾게 된다. 그가 발표한 지면

이 신문〈조선중앙일보〉, 문학지 『조선시단』 『혜성』 『신조선』 『자오선』 등으로 특별한 지면에 얽매이지 않고 다양하다는 점이다. 이는 당시 문단과 언론계에 널리 알려져 있었을 것으로 보인다. 또한 작품 발표를 '전우한' '춘파' '전춘파' '전형' 등으로 하여 고정되지 않았음을 밝히는 단서로 기능한다. 이후에는 '춘파' '전춘파' '전형'으로 쓰고 있는 것으로 보아 첫 작품만 본명으로 발표하고 이후에는 호를 사용하였으며, 후에는 개명 절차를 밟은 '전형'을 많이 사용하고 있다는 점이다.

그의 초기 작품에 대해서는 이상에서 이미 밝혀졌지만, 유고 시집에 있는 내용을 바로잡기 위해 정리하면 다음과 같다.

유고시집 『새로 얻은 노래』의 해설에서 이용호 시인은 다음과 같이 정리한 바 있다. 〈처음 시조를 발표한 지면은 『개벽』 후신인 『혜성』 창간호(1932.4)였으며, 첫 작품은 전춘파로 발표한 「춘일점경」이었다. 그 당시 이 잡지에는 안서 김억, 춘원 이광수, 김일엽, 가람 이병기 등이었다. 그는 「춘일점경」 말미에 '1932. 3. 管城에서'라는 부기가 있는데, 관성은 옥천의 구(舊) 명칭이다.〉 이러한 주장은 춘파 전형의 「한숨」을 찾지 못한 데에 기인한다.〉 이러한 주장은 새로운 작품이 발견되기 전의 평가였음을 밝힌다.

3. 재발견된 작품에 대한 평가

3.1 「한숨」— 춘파 전형의 첫 작품?

춘파 전형이 全佑漢이란 이름으로 발표한 첫 작품으로 파악된다. 이 작품은 1928. 12 『조선시단』 2 · 3호 합본호 148쪽에 실려 있다.

그러나 이 작품보다 먼저 발표한 작품이 있으리라는 추정을 하면, 첫 작품이라는 수식어는 일정 기간 동안만 유효하리라고 본다. 그것은 이 작품을 발표할 당시에 이미 그는 편집자의 원고 청탁을 받을 정도로 알려진 시인이었을 터이기 때문이다. 이에 대해서는 작품을 감상하고 확인하기로 한다.

어제나 또 오늘이나
보랏빛 내 가슴속의 웅덩이에서
쉬임 없이 자꾸만 일어나는 그 한숨이 무에뇨
단조롭고 의미 깊게 슬프게 쳐오르는 그것이—

가난한 이의 궁상인가?
프로 혼(魂)의 고백(告白)인가?
웬 한숨이뇨?
배고픈 울음이뇨?

고독(孤獨)하고 피곤(疲困)한 나의 혼(魂)이
배고프고 헐벗은 프로의 혼(魂)이
삶이란 옥(獄) 속에서 사로잡힌 혼(魂)들이
소리 없이 우는 울음의 한숨이뇨?

이는 어느 정도 현대 표기법에 맞게 작품을 정리한 것이다. 원본을 소개하면 다음과 같다. 〈어제나 ㅅㄷ도오날이나/ 보라빗내가슴속의 웅뎅이에서/ 쉬임없시작구만니러나는그한숨이무에뇨/ 단조롭고의미깁게슯흐게쳐오르는그것이— // 가난아의궁상인가?/ 푸로魂의告

白인가?/ 웬한숨이뇨?/ 배곱은우름이뇨?// 孤獨하고비곤한나의魂이 / 배곱흐고헐벌은푸로의魂이/ 삶이란獄속에서사로잡힌魂들이/ 소래업시우는울음의한숨이뇨? 1928. 10〉

이 작품이 발표된 「조선시단」 2 · 3호 합본호에 앞서 1928년 11월에 발간된 「조선시단」 창간호의 '社告'에는 "옥천 전우한군과 진안 김대준군과 영광 정태연군 기타 제군의 원고가 도착되기 전에 이 임시호의 편집을 마치게 되어 퍽 미안합니다."라는 공고가 있는 것으로 보아, 당시에 춘파 전형은 서울의 편집자로부터 원고 청탁을 받은 것 같다. 이 말은 각 지역을 대표하는 문인들의 글을 수록하는 편집 의도에 의한 청탁으로 보인다. 이를 근거로 하면, 그가 청탁을 받은 것은 사실로 추정된다.

이런 의미에서 추정하여 보면, 이 작품보다 앞서 그의 어떤 작품이 발표되었을 개연성은 충분하다. 그의 작품이 널리 알려졌거나, 아니면 작품 창작에 대한 소문이라도 있어야, 문학지의 편집자로부터 원고 청탁이 가능한 것이기 때문이다. 또한 지역 대표로서 원고를 청탁 받았다면, 서울의 편집자를 비롯한 여러 사람에게 그 이름이 이미 널리 알려졌을 것이라는 추정도 가능하다.

작품을 분석할 때,〈보랏빛 내 가슴〉에서 한숨을 쉬거나 울고 있는 서정적 주체는 나라를 앗긴 상태의 시인 자신으로 보인다. 시인에게 있어 한숨은〈단조롭고 의미 깊게 슬프게 쳐오르는〉 것이다. '의미 깊게'와 '슬프게'에 해당하는 것은〈가난한 이의 궁상〉일 수도 있으며,〈프로 혼의 고백〉일 수도 있는데, 이는 '삶'과 연결되어지고, 이 삶은〈옥 속에서 사로잡힌 혼〉으로 귀착된다. 이 '옥'이 일제의 억압적 현실을 상징한다고 할 때, 시인이 형상화한 것은 결국 식민지 시대를 괴로워하는 지식인의 한숨이요, 울음인 것이다.

『신조선』 1935년 6월호에 수록된 「哀唱」에서도 이런 내면을 확인하게 된다. 〈어허라 인생이란 꿈에 속는 허수아비〉 〈오늘도 지는 해 보며 혼자 울었습네다〉 〈그래도 살랴는 마음 나도 몰라 답답다〉 등에서 서정적 동질성을 찾게 된다. 또한 1936년 7월 20일 조선중앙일보에 발표한 「苦吟」도 그러한데, 3연시조 중 둘째 수에서 더욱 확연해진다. 〈대나무 꺾이어도 버들같이 휘진 마라/ 옳음엔 죽더라도 불의에선 못 살리/ 기어코 돌아오라 애끓게도 비옵노라〉에서 시인의 지사적 면모를 보게 된다. 그래서 그는 1941년에 만주로 떠나게 되고, 해방 직전에 고국으로 돌아오게 된다.

어떻든 이 작품은 일제 식민지 시대에 처한 지식인의 내면적 갈등, 뜻을 펴고자 하지만 이룰 수 없는 민족적 한계를 상징화한 것으로 평가할 수 있다.

3.2 「아침이 왔단다」— 절망 극복의 노래

식민지 시대의 좌절을 노래하면서도 시인은 그 절망적 상황을 극복하고 소망의 탑을 쌓고자 한다. 이러한 소망이 절실하게 투영된 작품이 바로 1929년 4월에 발간된 『조선시단』 5호 특대호로, 황석우 편 『청년시인백인선』에 수록된 「아침이 왔단다」라는 작품이다. 이 책의 특징을 짓는 것은 당시 문단의 핵심 인물인 황석우 선생이 전국의 청년 시인 100명을 선발하여 그들의 작품을 모아 발간했다는 점이다. 말하자면 일제 시대에 전국의 청년 시인들의 작품을 모았다는 것도 중요한 일이고, 춘파 전형 시인이 100인에 끼었다는 것도 특기할 사항이다. 전년도에 「한숨」 1편을 발표한 것으로 정리하고 있지만, 이보다 더 많은 작품이 발표되었을 개연성은 이에 근거하기도 한다. 「아침이 왔단다」의 전문은 다음과 같다.

무겁고 근심스런 긴 밤의 神秘를 헤치고
새벽빛이 떠오른다
시집가는 새악시 같이 고웁게 丹粧하고
五色이 玲瓏한 새벽노을이 터지는구나
그 위로 빙그레 웃으며 아침 햇살이 퍼진다
시골에 서울에 그리고 땅 끝까지
지금껏 어둠에 묻혔던 모든 物象은
大宇의 큰 컴퍼스 위에 그려진 畵面처럼 울퉁불퉁 뚜렷이 솟아오른다
모든 形體가 굵은 線 가는 線으로 奔走히 自畵像을 그리면서

우리의 피는 세찬 瀑布 같이 흘러나린다 머리에 가슴에 皮膚에
왼 몸둥이가 시집가는 새악시 같이 화끈거린다 熱은 발톱과 손톱까지 치밀어 오른다
우리의 마음에는 햇살 같은 빛과 음이 들어찬 그리고 새빨간 燈불이 켜진다
모든 이 脫獄의 囚人같이 기쁨이 차인다
가슴이 운다 뚱하고 우렁차게 고동을 불면서 모든 일군은 일터로

나아간다

工場으로 ○○○으로 또 ○○日報社로 그리고 또 학교로
하나 둘 셋 힘있는 걸음걸이로 떼를 지어 나아간다
동무여 모이라 「새로운 世界」의 建築場으로
기다리던 우리의 아침이 이제 다가왔단다

이 작품의 원문 「아츰이왓단다」는 다음과 같다. 〈묵업고근심스런 긴밤의神秘를헤치고/ 새벽빗이ㅅ더오른다/ 시집가는시악씨갓치고옵게丹粧하고/ 五色이玲瓏한새벽노을이터지는구나/ 그우흐로빙그레우스며아츰햇쌀이퍼진다/ 시골에 서울에 그리고ㅅ다ㅅ긋ㅅ가지/ 지금것어둠에뭇첫든모든物象은/ 大字의큰캄파쓰우헤그려진畵面처럼울퉁불퉁ㅅ두렷이소사오른다/ 모든形體가굵은線가는線으로奔走히自畵像을그리면서// 우리의피는세찬瀑布갓치흘러나린다 머리에 가슴에 皮膚에/ 왼몸둥이가시집가는시악씨갓치확근거린다熱은발톱와손톱ㅅ가지치미여오른다/ 우리의마음에는햇쌀가튼빗과귀음이들어찬그리고샛ㅅ발간燈불이켜진다/ 모든이脫獄의囚人갓치깃븜이차힌다// 가슴이운다 ㅅ둥 하고울엉차게고동을불면서모든일군은일터로나아간다/ 工場으로 ○○○으로 ㅅ도○○日報社로그리고ㅅ도학교로/ 하나 둘 셋 힘잇는거름거리로ㅅ데를지어나아간다/ 동무여 모히라 「새로운世界」의建築場으로/ 기대리든우리의아츰이이제닥왓단다〉 (1929. 4 「조선시단」 제5호 특대호, 황석우 편, 「청년시인 백인선」 79쪽에 수록.)

이 작품이 발표되던 당시에는 우리 한글의 표기법이 확정되기 전이라는 점, 띄어쓰기 규정이 없었던 때라는 점을 감안하고 읽어야 할 것이다. 이것은 후일 이상(李箱)의 「오감도」 등에서 볼 수 있는 의도적 표기법 일탈로 파격을 추구한 것과는 다르다.

「아침이 왔단다」와 「한숨」은 거의 동시대의 작품이면서 서정의 질감이 상극을 띤다. 「아침이 왔단다」가 지향하는 것은 「한숨」의 상황을 극복하려는 것이다. 〈무겁고 근심스런 긴 밤〉은 바로 「한숨」과 동질적인데, '긴 밤'은 '아침'에 의해 소멸되게 마련이며, 이로 인하여 절망적 상황을 극복하고자 한다. 서정적 주체는 객관적으로 서술하고 있지만, 그 서술 속에서 시인의 간절한 내면을 읽게 된다.

시인이 바라보는 것은〈새벽빛〉〈오색이 영롱한 새벽노을〉〈아침햇살〉이다. 이들을 바로보는 시인은 일제의 압제에 신음하는 겨레의〈자화상〉을 찾게 된다. 겨레의 일부로서 시인은〈세찬 폭포 같이 흘러내리는 피〉를 체험하게 되는데, 이 피는 종교적 의미의 번제적(燔祭的) 성격을 띠게 된다. 이러한 피의 번제를 통해 시인은 우리의 마음에〈햇살 같은 빛과 음이 들어찬〉 희망의〈등불〉을 켜게 된다. 모두가 탈옥한 죄수 같이 기쁨에 환호한다.

앞의 작품 「한숨」에서 시인은〈삶이란 옥 속에서 사로잡힌 혼〉이라고 노래한 바 있는데, 「아침이 왔단다」에서는 바로 옥 속에서 벗어난 기쁨을 노래한다. 그리하여 시인은〈일군〉이 되어〈새로운 세계의 건축장〉으로 나아가도록 권유의 노래를 부른다. 이러한 권유는 바로 자기에 대한 암시의 성격도 지닌다. 이 작품을 통해 시인은 식민지 백성으로서의 좌절에서 벗어나고자 하는 지사적 면모를 확인하게 된다.

3.3 「환멸(幻滅)의 노래」와 「단가(短歌)」

「환멸의 노래」와 「단가」는 1934년 『조선시단』 제8호에 수록된 작품이다. 「환멸의 노래」는 춘파 전형의 작품 중에서 산문시 형태로 된 첫 작품이라는 점에서 특별한 의미를 지닌다. 행과 연 구분이 없으며 폭발적 정서를 직설적으로 토로한 점에서도 주목하게 된다. 「단가(短歌)」는 2행 혹은 3행으로 된 21편의 독립된 노래로 되어 있다. 일본의 하이꾸 형식을 빌린 것으로도 보이는데, 식민지 시대에 처한 지식인의 고뇌를 담고 있다.

「환멸의 노래」는 식민지 시대의 억압에 의해 좌절한 시인이 그 고난을 초극하고자 한 작품이다. 당시 문단의 시 형태로서는 보편화되지 않은 산문시 형태로 발표되었는데, 그 전문은 다음과 같다.

長江을 굽이치던 물이 여울에 막힌 듯이 가슴속에 끓던 情熱이 헤식어 감을 느끼며, 내 青春의 녹슨 生命의 鍾을 울리면서 虛空을 向하여 손 더듬으며 歎息하고 싶은 나의 心境, 曠野에 우는 孔雀이랄까, 아득한 바다 위에 길을 잃고 떠도는 갈매기의 설움이랄까, 돌아보고 돌이켜 보아도 너무나 서글퍼서! 그렇다! 너무나 어이없어서 히스테리칼한 웃음을 웃어 보고 싶고나 너는 그래도 네 가슴속에 일은 情熱의 불길로 이 믿음性 없는 世上을 샅샅이 불 붙일 듯한 野慾으로 너의 좁은 가슴을 태우던 한때의 허황한 幸福의 꿈을 꿈꾸려 하였으며, 어리석게도 不自然한 눈물을 흘리던 것을 깨닫고 소스라치는 지금의 너! 幻滅의 苦悶은 너를 울린다! 幻滅의 悲哀는 좀먹은 네 青春의 한 토막을 눈물 속에 葬事하는구나 幻滅은 무덤일다! 그렇다! 이 青春의 무덤을 껴안고 목놓아 울어라! 지난날의 허황한 꿈을 이 무덤에 고이 묻고 새로운 來日로의 스타-트를 힘있게 내디디자! 그 곳에 또 幻滅이 있을 때 그 때야말로 네 人生의 全部를 무덤 속에 파묻는 날이다 오오! 씩씩한 내 人生의 第二 스타-트여 내 몸은 하늘에 뜬 수리개 九萬長天을 가다 죽어도 나르지 않으랴

「幻滅의노래」 원문은 다음과 같다. 〈長江을 구비치던물이 여울에 막힌 듯이 가슴속에 끌턴情熱이 헤식어감을늣기며 내青春의 녹쓰른 生命의鍾을 울니면서 虛空을向하야 손더듬으며 歎息하고십픈나의 心境 曠野에우는 孔雀이랄가 아득한바다우에 길을일코떠도는 갈맥이에 설흠이랄가 돌아보고 도리켜보아도 너무나 서글퍼서! 그러타! 너무나 어이업서서 히스테리칼한 우숨을 우서보고십고나 너는그래도 네가슴속에일은 情熱의불길노 이밋음性업는世上을 삿삿치불부칠듯한野慾으로 너의좁은가슴을 태우던한때의허황한幸福의꿈을 꿈꾸려하였으며 어리석게도 不自然한눈물을 흘니던것을 깨닷고소스라치는 지금의너! 幻滅의 苦悶은너를울닌다! 幻滅의悲哀는 좀먹은 네青春의한토막을 눈물속에葬事하는구나 幻滅은 무덤일다! 그럿타! 이青春의무덤을 끼여안고 목노아울어라! 지난날의 허황한꿈을 이무덤에고이물고 새로운來日로의 스타-트를 힘잇게내드듸자! 그곳에 또 幻滅이잇을때 그때야말노 네人生의全部를 무덤속에 파뭇는날이다 오오! 씩씩한내人生의 第二 스타-트여 내몸은한울에 뜬수리개 九萬長天을 가다죽어도 나르지 안흐랴〉 (1934년, 소화 9년 「조선시단

」제8호, 속간호 38쪽에 실린 작품)

〈장강을 굽이치던 물〉로 비유한 시인의 원대한 포부는〈여울〉로 비유되는 현실적 제약 속에서 절망한다. 그로 인해 정열이 식어감을 스스로 느끼며, 청춘의〈녹슨 생명의 종〉을 울리면서 허공을 향해 탄식한다. 이는 바로〈바다 위에 길을 잃고 떠도는 갈매기의 설움〉이며,〈광야에 우는 공작〉의 울음이다. 그래서 시인은 이러한 상황이 도래하도록 한 자신을 반성하기에 이른다. 허황한 행복의 꿈을 꾸었던 것, 부자연스런 눈물을 흘리던 것, 이런 것들로 인해 생성된 '환멸'을 시인은 장사지내고자 한다.

〈너는 그래도 네 가슴 속에 일은 정열의 불꽃〉〈너의 좁은 가슴〉〈소스라치는 너〉〈너를 울린다!〉 등에서 '너'라고 지칭한 대상은 사실상 시인 자신으로 보인다. 따라서 '너'와 관련된 '환멸'을 장사지내고자 목놓아 우는 것은 바로 자기 암시에 해당한다. 자신에 대한 강렬한 의지를 '너'를 통해 권유하지만, 그것은 바로 자신에 대한 취면이고 강렬한 소망이다.

시인은〈환멸이 있을 때〉야 말로〈인생의 전부를 무덤 속에 파묻는 날〉이라고 정의한다. 이것은 자신의 과거와 현실을 무덤에 묻고, 새로운 삶을 개척하겠다는 의지의 표현이다.〈오오! 씩씩한 내 인생의 제2 스타트〉는 바로 불교적 관점에서 보면 해탈의 경지요, 기독교적 관점에서 보면 거듭남(重生)에 해당한다. 이로 인해 시인은 스스로〈하늘에 뜬 수리개〉가 될 수 있으며, 구만리 장천을 날 수가 있는 것이다.

이런 거듭남의 의지가 있기에, 그는 새로이 태어나게 되고, 새로운 사명을 스스로 부여받는다. 그래서 1935년 매일신문을 통해 언론계에 투신하여 평생을 보낸다. 문학 작품을 창작하는 것도 의미가 있지만, 수많은 독자들을 만나 깨우칠 수 있는 것은 바로 신문이라고 생각한 듯하다. 그리하여 그는 1970년 언론계를 떠날 때까지 줄곧 언론을 통해 칼럼을 집필하고 작품을 발표한다. 사설은 직업에 의한 집필이지만, 그는 1961년에 대전일보에 장편소설 「비파애가」를 105회에 걸쳐 연재한 바 있으며, 수필에 해당하는 「청등야화」도 60회나 연재한 것으로 파악된다.

「단가」 21수는 2행 옥은 3행으로 된 단상의 묶음이다. 문학적 깊이나 삶의 총체적 의미를 되새기기에는 적절하지 않지만, 잠언적 성격을 띤 이 작품들은 시인의 내면을 확연하게 파악하는 자료가 된다. 원문을 인용하되, 이해를 돕기 위해 일부 원문은 현대 표기로 바꾸어 소개하면 다음과 같다. 작품이 길지만 이해를 돕기 위해 전문을 소개한다.

> 야속타 넘어가는 저 해
> 몸을 두고 맘을 늙히지
> × ×
> 그대 아는가 입으로는 웃었지만
> 덧없는 눈물 소매 적시는 것을
> × ×
> 어이없구나 잡을 길 없네
> 八公山 넘어가는 저 흰구름

× ×

어찌 알았으리 말이 없었으니
그이가 나를 미워했던 줄을—

× ×

번민, 실연, 박해, 이런 것이
위인 되는 길이라면
범부의 길을 일러라 나는 범부로세

× ×

지기(知己) 없음을 슬퍼하는 밤
굿하여 미운 얼굴만 떠오르는구나

× ×

범이라도 잡을 듯 뛰는 이 가슴
어느덧 이렇게도 헤식어졌을까

× ×

죽는 순간을 미소로
맞이하기로 벼르던 내가
오늘도 의사 불러 진찰을 왜 하는지

× ×

남 몰래 앉아 애 타는 밤에
새벽종 들으며 눈물집니다

× ×

사랑은 죄가 되나 못 되나
젊은 목숨을 자초 우나니

× ×

잘난 체 떠드는 친구의 과장을
벙어리처럼 잠자코 듣는다
우스워라 내 마음은 적선한 듯 하이

× ×

날씨도 흐린 오늘
지진이라도 터지소서
주먹을 들어 허공을 치다

× ×

설마하고 벼르다 '때'도 채웠네
'때'에 속기 전 내를 먼저 갈 것을

× ×

'맹세'한 지 벌써 여러 해외다
나만 원통히 늙어 갑니다

× ×

아침엔 상여 메고 가던 사람들
저녁엔 노래하며 돌아옵니다
내 일 같아서 돌아서서 눈물집니다

× ×

××××× 되어지고
××××× 되어지고
요즈음 내 마음의 혁명이여

× ×

잠 못 드는 밤
고이 눈을 감고
휘파람 느리게 불어본다

× ×

슬프다 나도 저러하였으리
매 맞으면서도 울도 못하는 어린 마음

× ×

내 손 남달리 희어

물끄러미 들여다보다
고요히 한숨 짓는 밤
　× ×
'내일'이 새롭다네
'내일'이 새롭대……
그 사람 말에야 설마 거짓이 있을라구
　× ×
네 몸은 하늘에 떠도는 독수리
구름 길 구만리라도 가다뿐이랴 1934. 2.

〈야속타 넘어가는 저 해/ 몸을 두고 맘을 늙히지〉에서는 식민지 시대에는 몸보다 마음의 아픔이 더 심하다는 시인의 내면을 보이는 것 같다. 〈번민, 실연, 박해, 이런 것이/ 위인 되는 길이라면/ 범부의 길을 일러라 나는 범부로세〉에서는 민족의 지도자다운 의지를 뒷받침하지 못하는 스스로에 대한 매도로 보인다. 그리하여 시인은 자신의〈범이라도 잡을 듯 뛰는 이 가슴/ 어느덧 이렇게도 헤식어졌을까〉 후회하게 된다. 그러면서도〈날씨도 흐린 오늘/ 지진이라도 터지소서/ 주먹을 들어 허공을 치다〉와 같이 현실의 고통에서 벗어나고자 한다.

이러한 민족적 상황은 시인에게〈××××× 되어지고/ ××××× 되어지고/ 요즈음 내 마음의 혁명이여〉라고 취면을 걸어 성취하고자 한다. 이런 내면은 바로 내일에 대한 소망을 낳는다. 그리하여〈'내일'이 새롭다네/ '내일'이 새롭대……/ 그 사람 말에야 설마 거짓이 있을라구〉하면서 현실의 고통을 감내하며 극복하게 된다. 이런 깨달음으로 시인은 스스로 초극의 날개를 달게 된다.〈네 몸은 하늘에 떠도는 독수리/ 구름 길 구만리라도 가다뿐이랴〉 라고 자기 암시를 통해 소망을 이루고자 한다.

「단수」 21수는 이와 같이 식민지 시대를 살아가는 지식인의 나약함(내 손 남달리 희어/물끄러미 들여다보다/ 고요히 한숨 짓는 밤)에서 벗어나고자 하는 시인의 내면을 확연하게 보인다. 단상의 나열로 질서가 없어 보이기도 하지만, 비유와 상징에 의해 낯설게 한 것일 뿐, 시인은 일목요연하게 형상화하고 있다. 즉 어둠과 갈등에서 출발하고, 다시 폭발적 정서를 내보이다가, 성취의 기대로 소망스런 미래를 염원하고 있다. 이것이 바로 춘파 전형의 내면적 그림이고 노래일 터이다.

3.4 「정야(靜夜)」와 「별을 우러러」

두 작품은 1937년 『자오선(子午線)』 창간호 24쪽에 수록된 작품들이다. 그 성격은 서로 다르지만, 새로운 시대의 도래를 염원하는 시인의 소망이 담긴 작품들이다.

「정야」를 먼저 살펴보기로 한다.

> 사념(思念)의 바닥 깊이
> 요단이 옛 꿈에 서리고
>
> 희디흰 비둘기
> 나래 떨고 날(으)다.
> 우수(憂愁)
> 세기(世紀)의 사랑은 눈감고

슬픈 마음에 새벽이 오다.

「정야(靜夜)」의 원문은 다음과 같다.〈思念의 바닥 깊이/ 요단이 옛꿈의 서리고//희디흰 비달기/ 나래 떨고 날르다.// 憂愁/ 世紀의 사랑은 눈감고/ 슬픈 마음에 새벽이오다.〉 개인적 정서를 노래한 것으로도 보이지만, 전형 시인의 지향이 민족의 아픔, 질곡에서의 극복이라는 명제에 이르면, 비유와 상징에 의한 형상화로 보아야 할 것이다. '고요한 밤'은 보편화된 의미에서의 '태풍 전야의 고요' 정도로 수용된다.

이 작품의 시어 중에 '요단' '비둘기' 등은 기독교적 상징물이기도 하다. 요단강을 건너는 것은 바로 죽음의 길로 인식되는데,〈사념의 바닥 깊이/ 요단〉강에 옛 날의 꿈이 서리었다는 것은 바로 죽음과 같은 현실의 상징적 표현으로 보여진다. 이어 기독교에서는 '성령'을 '비둘기'로 상징화하기도 하는데, 비둘기는 노아의 방주에 가장 먼저 삶의 표지인 나뭇잎을 물고 온 전령사로 인식된다. 이와 같은 비둘기로 인해〈슬픈 마음〉에도〈새벽〉이 도래하는 것이다. 어떻든 현실은 '우수'에 찬 세상이고, 인류 구원을 위한 '세기의 사랑'은 눈을 감아서 '슬픈 마음'에 찾아온 '새벽'은 가히 새로운 삶에 대한 소망이다.

「별을 우러러」 역시 유사한 소망을 담고 있다.

잠에 서린 외로운 영상(影像)
화려(華麗)한 슬픔같이 잦아드는 트레모
먼 하늘 비스듬히 캬리온이 빛나고
이 밤 픗 아기 같은 내 마음은

아라베스크 모양 황홀하게 무늬(문의 : 紋義)지다.

백광(白光)의 유성(遊星) 호선(弧線) 위에 잠들고
어디선지 아아 어디선지
묘망(渺茫)한 사모(思慕)가 끓어오르는 소리

아마 내 가슴 깊이깊이
부른드의 동자(童子)가 잠들었나 보다.

구비치는 바다 위에 길 잃은 칸-느의 환상(幻想)
그라스 컵에 담겨 흩어지는 공허(空虛)한 마음 조각은
부질없게도 그 몇 가락의 合唱을 불렀더뇨.

마음의 애드벌룬은 흰 표지(標幟)를 내린 채
내 청춘(青春)이 승천(昇天)하려는 화려한 새벽
가슴엔 파-란 불이 붙다 파-란 불이.

「별을 우르러」의 원문은 다음과 같다. 〈잠에서린 외로운 影像/ 華麗한 슲흠같이 자저드는 트레모/ 먼 하늘 비스듬이 캬리온이 빛나고/ 이밤 픗아기같은 내 마음은/ 아레베스크 모양 황홀하게 紋義지다./ 白光의 遊星 弧線우에 잠들고// 어데선지 아아 어데선지/ 渺茫한 思慕가 끓어오르는 소리// 아마 내가슴 깊이 깊이/ 부른드의 童子가 잠들엇나보다.// 구비치는 바다우에 길잃은 칸-느의 幻想/ 그라스 컵에 담겨 흐터지는 空虛한 마음쪼각은/ 부즐없게도 그 몣가락의 合唱을 불럿더뇨.// 마음의 아도바룬-은 흰 標幟을 나린채/ 내 青春이 昇天하려는 화려한 새벽/ 가슴엔 파-란 불이붙다 파-란불이.〉

이 작품은 앞서 발표된 여타의 작품들과 달리 관념적이다. 서양의 여러 문물이 나열되어 시인의 내면을 투영한다. 그러나 복잡한 것 같은 이 작품도 아주 단순한 구조로 되어 있는데, 전형 시인의 여타 작품과 거의 동질적이다.

1연의 시를 분석하면 다음과 같다. 〈잠에 서린 외로운 영상(影像)〉과 〈슬픔같이 잦아드는 트레모〉이지만 〈먼 하늘 비스듬히 캬리온〉이 빛나기 때문에 시인은 〈아기 같은 내 마음〉이 될 수 있으며 〈아라베스크 모양 황홀〉할 수가 있는 것이다.

2연, 3연, 4연의 시는 정반합이라는 논리 전개에 대입할 때, 갈등으로 인한 부정의 이미지를 갖는다. 〈백광(白光)의 유성(遊星) 호선(弧線) 위에 잠〉든다든가, 〈묘망(渺茫)한 사모(思慕)가 끓어오르는 소리〉가 그러하다. 〈아마 내 가슴 깊이 깊이/ 부른드의 동자(童子)가 잠들었나 보다.〉 역시 어둠의 이미지를 갖는다. 〈구비치는 바다 위에 길 잃은 칸-느의 환상(幻想)/ 그라스 컵에 담겨 흩어지는 공허(空虛)한 마음 조각〉 역시 부질없는 합창이 되고 마는데, 이것은 바로 시인의 내면적 갈등으로 부정적 이미지를 형성한다.

5연은 이러한 갈등의 여러 요소들은 내면의 용광로에서 녹여 새로운 이미지를 생성한다. 시인이 견지하고 있는 〈마음의 애드벌룬은 흰 표지(標幟)를 내린 채/ 내 청춘(青春)이 승천(昇天)하려는 화려한 새벽/ 가슴엔 파-란 불이 붙다〉에서 '새벽'과 '파-란 불'의 이미지는 설명을 필요로 하지 않을 만큼 희망적이다.

이런 구성은 여러 작품에서 산견되는데, 일제 식민지 시대의 지식인들의 내면을 작품화한 것이다. 갈등으로 인한 좌절, 그러나 절망을 극복하고자 하는 의지, 이로 인해 소망과 새로운 지향을 노래하는 것, 이것이 바로 춘파 전형의 문학적 특질이기도 하다.

4. 유고시집의 1930년대 작품

1930년대에 발표한 작품은 유고시집에 수록된 4편, 유고시집 발간 당시 발견되지 않아 미수록된 작품이 6편이다. 이후에 새로운 작품이 발견된다면, 새롭게 논의되어야 할 것이지만, 2003년 6월 현재는 이와 같이 정리할 수밖에 없다.

유고시집에 수록되지 않은 6편의 작품에 대해서는 앞에서 간략하게 정리하였다. 그러나, 유고시집에 수록된 작품에 대해서도 관심을 갖는 독자들이 있을 것이라 판단되어, 그 작품들의 전문을 소개하고자 한다. 이 4편은 모두 시조라는 형식적 특징을 갖고 있다.

4.1 「춘일 점경」 全春坡. 1932 『혜성』 창간호

밭두덕 비탈길에 아즈랑이 고닯히고
병아리 양지쪽에 모이를 줍는고야
새파란 하늘 위에 솔개춤도 한가하이

마을앞 수양버들 싹트는 가지들은
비단결 실바람이 살랑살랑 불 때마다
흐느적 흐느적 거려 어깨춤만 추더니

맨발에 짚신 끌며 나물캐는 아가씨들

종달새 우짖음에 홍이 저로 나오는지
잔소리 주고받기에 바구니 비울네라

산기슭 양지쪽에 어린이들 모여 앉아
하나는 어미 되고 하나는 아비 되고
또 하나 아들이 되어 소꿉놀이 즐기네

속잎이 튼 잔디밭에 다리 뻗고 드러누워
흰구름 떠다니는 푸른 하늘 바라보면
보채는 나의 가슴도 늘엉늘엉 하여라

(1932. 3. 管城에서)

이 작품은 1932년 4월에 창간된 『彗星』에 실려 있다. 춘원 이광수의 작품, 가람 이병기의 작품, 김일엽의 작품들과 나란히 실린 것으로 보아 춘파 전형의 문단적 위치를 추정하게 한다. 이 「춘일점경」은 원문의 본뜻을 살려 이용호 시인이 현대 표기법을 어느 정도 원용하여, 유고시집에 수록한 작품 그대로 인용했다. 작품 말미의 '관성'은 충북 옥천읍의 옛 이름인데, 이는 시인이 옥천에 살면서 작품을 서울로 보냈다는 것을 환기한다.

5연으로 된 이 시조는 당시 유행하던 연시조 형식이다. 단시조의 단조로움을 극복하고 주제와 서정을 표현하기 위해 연시조의 형식을 갖추었는데, 춘파 시인의 4편 시조도 그러한 형식을 취하고 있다. 1수에서는 평화로운 전원 풍경을 그리고, 2수 역시 봄 경치를 보인다. 3수에서는 당시의 풍속을 서술하고, 4수에서는 동심에 가까운 묘사를 취한다. 이런 서경적 요소는 마지막 수에 드러난다. 〈속잎이 튼 잔디밭에 다리 뻗고 누워〉 시인은〈흰구름 떠다니는 푸른 하늘〉을 바라보며 젊은이의 대망을 가꾼다.〈보채는 나의 가슴〉은 입신양명의 호연지기로 보이며, 그 가슴속의 야망도 봄 경치에 녹아 평안한 상태라고 노래한다.

4.2「애창」과「새로 얻은 노래」全馨. 1935.『신조선』

기쁜 일 슬픈 일이 모도 다 꿈이란 말
達觀 못된 나에겐 미덥지 못합니다
어허라 人生이란 꿈에 속는 허수아비.

봄 東山 나비꿈에 폈다 져도 설타거늘
아직도 피도 못한 애닯은 青春이랴
오늘도 지는 해 보며 혼자 울었습네다.

인생 가는 길이 어이 이리 험란하오.
성낸 바람 물결 쉴새없이 드나드니
그래도 살랴는 마음 나도 몰라 답답다.

연시조「哀唱」은 1935년 6월호『신조선』에 실린 작품이다. 이용호 시인의 편집에 따라 유고시집에 수록된 표기법인데, 원문은 다음과 같다.〈깃븐일 슯흔일이 모도다 꿈이란말/ 達觀못된 나에겐 믿업지 못함네다/ 어츠버 인생이란 꿈에속는 허수아비// 봄東山 나븨꿈에 폇다저도 섧다커늘/ 하물며 피도못는 애닯은 青春이리/ 오늘도 지는해보며 혼자 울엇삼네다.// 人生 가는길이 어이이리 험란하오./

성낸 바람물결 쉴새없이 드나드니/ 그래도 살랴는 마음 나도몰나 함네다.〉

풍진에 부대낌이 이렇듯 괴로운 걸
철없이 뛰노던 철 아득히 그리워라
오늘도 지는 해 보며 무거워지는 내 마음.

世上 맛 구비구비 쓴 듯 단 듯 또 떫은 듯
삶의 거친 바다 사공 없이 건너는 손
언제나 비치이려나 저 언덕 다다르리.

사공아 돛 올려라 새 바람을 실어라
東天紅 붉었으니 새 아침이 다가온다
新生의 저 언덕 위에 새 노래 퍼치우세.

(文에게 주는)

연시조 「새로 얻은 노래」는 현대 표기법에 맞게 필자(리헌석)가 정리했다. 그 원문은 다음과 같다.〈풍진에 부닥김이 이러틋 괴로운 걸/ 철없이 뛰도든철 아득히 그리워라/ 오늘도 지는해보며 묵어워지는 내마음.// 世上맛 구비구비 쓴듯단듯 또 떨분듯/ 삶의 거츤바다 사공없이 건늬는손/ 언제나 빛이어려나 저언덕 다다르리.// 사공아 돗 올녀라 새바람을 실허라/ 東天紅 붉었으니 새아츰이 닥어온다/ 新生의 저언덕우에 새노래 퍼치우세.〉

이 작품의 말미에〈文에게 주는〉이라는 표기에 대해 이용호 시인은 유고시집의 해설에서 춘파 전형 시인의 맏아들 문표를 낳고 쓴 것으로 추정하기도 한다.

앞의 「애창」은 일제 강점기의 민족적 슬픔과 개인의 좌절을 노래한 듯하다. 이와는 달리 뒤의 작품 「새로 얻은 노래」는 맏아들 출산에 즈음하여 썼을 수도 있겠지만, 민족의 독립을 염원하는 소망이 담긴 것으로도 보인다.

대립 또는 상대적인 작품을 같은 문학지에 수록한 것은 아마 춘파 시인의 의도적 구성으로 보인다. 『조선시단』 8호에 수록된 「환멸의 노래」와 「단가」도 유사한 구성이고, 『신조선』에 실린 「애창」과 「새로 얻은 노래」가 그러하며, 『자오선』 창간호에 실린 「정야」와 「별을 우러러」도 유사한 구성을 하고 있다. 이는 식민지 시대의 지식인이 갖고 있는 내면적 갈등이 작품으로 발현된 것으로도 보인다.

4.3 「苦吟」 全馨. 1936. 7. 20.〈조선중앙일보〉

네 정녕 못 온다면 記憶마저 버리리라
잊으려 하면서도 그리움만 더 쌓이네
너조차 모른단 말가 이 가슴 내 眞情을.

대나무 꺾이어도 버들같이 휘진 마라
옳음엔 죽더라도 불의에선 못 살리
기어코 돌아오라 애끓게도 비옵노라.

人生이 짧다하여 石火에 비겼거니
구태여 오래 살길 바램도 어리석다

단 하루 살다 죽어도 옳게 옳게 살으리

(丙子 6월)

연시조 「苦吟」은 1936년〈조선중앙일보〉에 수록된 작품이다. 이 작품을 발표한 인연으로 1938년〈조선중앙일보〉의 기자로 입성했다고 이용호 시인은 유고시집의 해설에 기록한 바있다. 그렇다면 이 작품은 언론인 춘파의 위치를 확고하게 하는 계기를 제공한 것으로 보인다.

내용 역시〈대나무 꺾이어도 버들같이 휘진 마라〉〈옳음엔 죽더라도 불의에선 못 살리〉〈단 하루 살다 죽어도 옳게 옳게 살으리〉 등에서 보이는 지사적 의기를 담아 일제 암흑기에 빛을 밝힌 대표적 작품이다. 이런 면에서 보면 춘파 전형은 우리 민족의 애환에 괴로워하며 새로운 빛을 갈구한 민족 시인으로 평가해야 할 것이다.

5. 춘파 전형의 문학사적 의미

춘파 전형은 우리 문학사의 여명기에 우수한 작품을 발표한 시인임에도 불구하고 그 동안 잊혀 온 것이 사실이다. 그러던 중 서거 20주기에 즈음하여 이용호 시조시인이 2년 여 동안 작품을 발굴하여 49편(50편)이 빛을 보게 되었다. 이 작품들은 발굴 학자인 이용호 시인의 해설과 함께 2002년 『새로 얻은 노래』(오늘의문학사)라는 유고시집으로 발간된다.

유고시집 발간 후에 새로이 6편(26편)을 재차 발견하게 되는데, 이는 몇 가지 면에서 큰 의미를 지닌다.

첫째, 전형 시인이 20여 년간 언론인과 문인으로 활동했던 대전지역의 문학사적 태동기 설정이 바뀌어야 한다. 대전 지역의 시문학사의 시발은 대체로 정훈의 작품 『카도릭청년』에 「六月 하늘」이 발표된 1935년, 혹은 이 작품을 改題하여 1937년에 ≪자오선≫에 「六月空」으로 발표한 것을 기점으로 삼는다. 그러나 전형 시인이 1927년에 『조선시단』 2~3호 합본호에 「한숨」을 全佑漢이란 이름으로 발표하고, 이어 1929년 4월 『조선시단』 5호 특대호〈청년시인백인선〉에 작품 「아침이 왔단다」가 春坡라는 이름으로 발표된 것에 근거하면 대전지역 문학사의 기점은 당연히 달라져야 할 것이다.

둘째, 전형 시인이 발표한 1930년대 작품들은 개인적 서정과 민족적 애환이 융합하여 빼어난 작품으로 승화되었다는 점이다. 특히 민족의 질곡에 의한 좌절과 절망을 노래하면서도, '새벽'을 기다리는 지사적 면모를 잃지 않고 작품으로 형상화한 점은 높이 평가할 만하다. 특히 「아침이 왔단다」 「별을 우러러」 「새로 얻은 노래」 등에서 보이는 지사적 의기는 민족의 암흑기에 찬연한 업적으로 평가된다.

셋째, 전형 시인이 문인으로서의 자세와 언론인으로서의 자세를 일관되게 지켜왔다는 점이다. 그는 과작(寡作)의 시인이었다. 그러나 이는 언론인으로서의 신문 사설과 신문 소설, 수필 등을 집필하느라, 정작 시 창작에 전념할 수 없었던 듯하다. 그러나 시조와 자유시, 동시에 이르기까지 다양한 장르를 구애받지 않고 창작한 것은 대자유인의 모습으로도 보인다. 이와 함께 수필과 소설, 그리고 평문을 통해 문학 및 문화 발전에 공헌하여, 1958년에는 제2회 충청남도문화상(문학평론 분야)을 수상하기도 한다. 이를 바탕으로 정리하면, 춘파 전형은 바른 자세를 견지한 언론인, 지사적 의기를 작품으로 승화시킨 문인으로서 후배들에게 귀감이 된다.

끝으로, 대전 지역의 향토 문학사에서 잊혀졌던 부분을 찾아 정리하게 된 것은 문학박사 이용호 시인의 공이다. 작품을 발굴하고 해설을 집필하였으며, 유고시집의 발간에 편집을 맡기도 했다. 일련의 이런 노고에 힘입어, 새로 6편(단가 21수를 감안하면 26수)을 발견하게 되고, 그 작품성과 문학사적 의미를 되새기게 되었음을 밝힌다.

— 2003『대전문학』여름호

◇ 유동삼 시조 평설

진실이 주는 문학적 감동[23)]

1.

유동삼 시인의 별칭은 '세종대왕'이다. 이렇게 불릴 정도로 한글사랑에 남다른 열정을 쏟은 교육자이며 동시에 한글 바르게 쓰기 운동의 선구자이다. 1946년에 교단에 봉직하기 시작하여 19991년 정년을 맞을 때까지, 초지일관 중등 국어 교육을 위해 봉사했으며, 40여년간 국어사랑에 헌신한다. 국어 사랑을 실천하기 위해 편집 발간한 책들은 다음과 같다.

『바른 말 바른 글』 1965.
『글짓기 지도 자료』 1975.
『국어 순화 지도 자료』 1975.

---

23)이 글은 『대전문학』(1991년 제4호)에 특집원고로 작성되었고, 『오늘의문학』(2000년 여름호) 집중조명에 의해 재수록되었으며, 2003년에 일부 자료를 보완하여 재정리한 원고라서 본격적인 평론 성격과 약간 다르다.

『글짓기 지도의 실제』 1978.
『인사의 지도 방법』 1979.
『중학교 한문과 운영개선』 1979.

또한 유동삼 시인은 한국인의 정서를 표현하는 가장 좋은 장르가 '시조'라는 신념으로 1962년 동아일보에 시조 「소쩍새」가 입상 · 발표되면서부터 본격적인 창작활동을 전개하여 여러 권의 시조집을 발간한다.

제1시조집 『유동삼 시조집』 1967, 회상사
제2시조집 『꽃마을』 1970, 금강출판사
제3시조집 『새꽃밭』 1981, 도서출판 미광사
제4시조집 『집게 손가락』 1990, 호서문화사
제5시조집 『물이랑 바위랑』 1996, 대교출판사
제6시조집 『소쩍새』 2002, 예일기획

여섯 권의 시조집에 실린 작품들은 다양한 경향을 보여준다. 시인이 바라보고 마주하는 세상이 열려 있기 때문이며, 세상을 관찰하면서 자연스럽게 시조로 창작하기 때문으로 보인다. 이런 시각에 의하면, 유동삼 시인의 창작 자체가 삶의 진실한 표현이라 하겠다. 일반인이 놓치기 쉬운 자연에 대한 세심한 관찰, 이로 인해 형상화된 자연 사랑, 한글 및 국어에 대한 사랑, 삶의 체험에서 우러난 진리 등을 담고 있다. 대부분의 작품이 건설적이며 긍정적이다. 일부 비판적 경향의 작품도 있으나 긍정을 향한 도입 과정에 해당되기 때문에, 그의 시적 원형질은 순수와 긍정이라 하겠다.

작가론 또는 작품론은 작가의 전 작품을 대상으로 정리함이 일반적인 경향이나 본고는 유동삼 시인의 제4시조집에 수록되어 있는 작품과 몇몇 대표작을 대상으로 삼아 간략하게 정리하고자 한다. 이는 유동삼 문학의 부문적 평가임을 전제하는 것이며, 많은 연구자들에 의해 본격적인 탐색이 이루어지길 기대한다.

2.

유동삼 시인의 작품을 정독하면, 시인을 마주하고 있는 느낌에 빠지게 된다. 이는 시인이 자신의 사상과 감정을 진솔하게 작품에 투영하기 때문이다.

시인은 심상을 비유와 상징으로 표현하는데 유동삼 시인도 예외는 아니다. 그가 찾은 서정적 주체를 가장 극명하게 보여주는 작품으로 「저 산은」이 있다. 이 시조는 12연으로 되어 있는데 매 연이 독립적이고, 각 연마다 종장에 초점이 맞추어 있다. 물론 이 시조에서의 중심은 시인이 동경하는 그 어떤 대상으로 보인다.

시인이 말하는 바 산, 즉 서정적 주체는 모든 물을 다 바다에 내보내는 희생적 존재이면서 〈남은 물 알뜰히 축여 푸른 나무 푸른 꿈〉을 가꾸는 존재이다. 이러한 예는 남은 11편의 작품 모두에 해당되는 바, 일부만을 살펴볼 때, 2연은〈차라리 괴로울망정 깨끗하게 씻은 몸〉으로, 3연은〈수를 놓은 고운 몸〉으로, 4연은〈하얀 눈 온몸을 덮어 하얀 그림 하얀 몸〉으로, 5연은〈아프면 큰 품에 품어 새 힘 넣어

주는 몸〉 등으로 산의 성격을 형상화한다.

이러한 작품 성향은 유동삼 시인의 인격을 그대로 옮겨놓은 것과 같이 느껴지는데, 작품이 시인의 분신이라는 말과도 상통하는 것이다. 그러나 무엇보다 시인을 잘 표현한 작품에 다음의 시조가 있다.

동기간 한몸 같이 아끼며 보살피며
준 것은 잊더라도 받은 은혜 잊지 말고
서로가 도와가면서 한결같이 지내라

하루 종일 놀더라도 논 표는 아니 나고
도막 시간 책 읽으면 공부한 표 금방 난다
하물며 매일 힘쓰면 뛰어나게 되는 법

남의 것은 짚검불도 어려운 것이란다
폐 안되게 살아가기 쉬운 일 아니란다
신세를 지는 것보다 보태주며 살아라

나 하고 싶은 일은 암만해도 표 안 나고
남 위해 하는 일은 작은 것도 표가 난다
남들을 이롭게 하면 나도 빛이 나는 법

—「할머니 말씀」 전문

이 시조는 초등학교 5학년 교과서에 수록(6차 및 7차 교육과정)되어 있다. 할머니의 말씀을 꾸밈없이 옮겨놓은 형태를 취한 이 작품은 시인의 체취와 지향이 묻어난다. 이 시조의 중심 내용을 시인은 내면화하고, 생활신조로 삼고 있다는 것, 그것을 행동으로 실천하고 있다는 것, 이러한 내용이 시인의 신조라는 것, 이와 같은 분석이 가능하다.

도덕 교과서나 수신서의 한 부분과도 같은 이 작품이 감동을 주는 것은, 작품으로 보여 줄 뿐, 시인이 직접 주장을 하지 않기 때문이다. 도덕 교과서는 대체적으로 '~을 하자' '~을 해야 한다'는 식으로 독자층을 압박한다. 그러나 시조는 그와 달리 독자의 정서에 호소한다. 그것도 보이는 듯, 보이지 않는 듯, 간접적으로 제시한다. 그래서 더욱 가치 있는 도덕 교재가 되는 것이다.

이 작품이 현대인에게 제시하는 효에 대한 주제 전달이 힘을 얻는 것은 아마도 순수함과 진솔함에 바탕하였기 때문으로 보인다. 현대가 도시화·문명화되면서 개인적 이기심이 만연하게 되고, 그러면 그럴수록 순수하고 진실한 정신이 그리워지게 되고, 그로 인해 이와 같은 작품이 높이 평가되는 것이다. 현대문학의 조류가 말초적이고 기교적으로 흐르거나, 무엇이 무엇인지 모를 암호화에 빠져 허덕이는 반면, 유동삼 시인의 시는 더욱 순정하고 진솔하여 독자들에게 감동을 주게 된다. 현대 물질 사회가 심화되면 심화될수록 유동삼 시인의 작품이 그리운 대상으로 드러나는 것 또한 이에 연유하리라 본다.

순수를 지향하는 시인은 현대문명에서 느끼는 이질감을 표현하기도 한다.

> 어느 동 몇 호인지 수첩에 적어놓고
> 잊으면 다시 보고 외더라도 조심하고

승강기 오르내릴 때 한눈 팔지 못하고

딴 생각 하고 걷다 403동 15층을……
153 열으려다 열쇠가 말 안 들어
408 아님을 알자
아차! 하고 식은 땀

문도 벽도 유리창도 바닥 천장 다 똑같아
숫자만 따라가서 제 집을 다 찾고도
408-153을 다시 보고 초인종

—「ㅅ 아파트」 전문

현대인은 익명의 시대, 즉 숫자와 부호의 시대에 산다고 하듯이 아파트에서 살고 있는 사람이라면 누구나 한번쯤 경험했을 일을 꾸밈없이 표현한다. 이러한 현상은 개성과 사색을 즐기는 시인들에게 더 심할지 모르며, 그로 인해 이러한 작품이 창작되리라 본다.

도시 생활의 문명화가 빚은 현상을 비판하는 것과 함께 유동삼 시인은 자연에 대해서 특별한 애정과 세심한 관찰을 하고, 이에 의한 창작 태도를 견지한다. 이 땅에서 자라고 있는 풀, 나무, 꽃, 새, 풍물 등에 대한 애정 어린 관찰과 그에 따른 형상화가 돋보이는데, 그 뛰어난 예를 들면 다음과 같다.

향나무 가지에 찌륵찌륵 우는 소리,
몸을 움츠렸다 펼 적에 소리낸다.
꼬리로 방아를 찧으며 반 박자로 우는 새.

무슨 소식 궁금하여 마음이 죄는 게다.
한 박자도 못 채우고 멋쩍은 저 소리,
하늘을 날아갈 때도 몸에 익은 반 박자.

— 「찌르레기」 중에서

이 작품의 장점은 '찌르레기'라는 새의 외양과 울음소리에 대한, 치밀한 관찰력에 의한 형상화라 하겠다. 이 새의 대표적 특성이 꼬리의 움직임인데, 시인은 이 모습을 '꼬리로 방아를 찧'는 형태로 인식하고 있다. 이에서 알 수 있듯이 시인의 세심한 관찰이 작품 속에서 새로운 표현을 창조함을 알 수 있다. 또한 울음소리에 대해서는 '반박자'로 보았는데, 울음이 끝날 때의 상태를 형상화한 듯하다. 이런 표현은 아무나 할 수 있는 게 아니다. 세심한 관찰과 문학적 표현이 합일하여 나타나는 예술 작품이기 때문이다. 시인의 이러한 관찰과 표현은 시인이 갖고 있는 애정의 소산일 터이다.

· 큰 바위 금간 틈에서 죽다 살다 하는 풀

— 「토끼거웃」 중에서

· 꽃보에서 잡아온 먹이를 되씹으며
한동안 날개를 쉬는 한가로운 그 모습

— 「황새냉이」 중에서

· 작은 열매 무지갯빛 구슬처럼 하도 고와

— 「작살나무」 중에서

관찰에 의한 미적 표현은 헤아릴 수 없을 만큼 많다. 이러한 형상화는 자연에 대한 지극한 애정의 소산이며, 특히 한국적 자연에 대한 애정의 결정체로 보인다. 자연을 사랑하는 마음, 이러한 성품이 깔끔한 심상으로 정리된다.

흰 바지 검정 웃옷 더럽힐까 걱정되어
흙 하나 안 바르고 나무로만 지은 집에
눈 온 밤 하늘 가에서 선녀 말씀 듣는가!

간밤에 작은 별들 속삭일 때 눈치 보고
반가운 임 오신다는 소식을 알려 주면
가슴이 설레는 아침 햇빛 더욱 부시네.

—「까치」 전문

이 작품에서 보여주는 깔끔함, 청결함은 많은 작품에서도 나타난다. 이는 유동삼 시인이 지향하는 예술 창작 의지이며, 생활에서 실천하는 삶의 철학으로 보아야 할 성싶다. 그러나 유동삼 시인이 자연에 대한 사랑과 그로 인한 작품의 형상화에만 주력하고, 또한 이에 만족하는 것은 아니다. 그가 평생을 교직에 봉사했듯이 교육과 민족에 대한 사랑은 더욱 간절하고 심오하며, 그러한 철학이 작품으로 승화된다. 특히 분단된 민족의 현실을 안타까워하면서, 통일의 그 날을 간절하게 소망한다.

이쪽 저쪽 한통 되면 한 쪽만 움직여도
아침 저녁 종소리에 사대문 여닫는 양

남북이 돌쩌귀 되어 온 누리를 열어라.

이 쇠 저 쇠 맞아들면 웃돌만 돌아가도
밑돌도 거들어서 고운 가루 나오는 양
남과 북 하나가 되어 맷돌처럼 돌아라.

하나가 동을 보면 또 하나는 서를 본다.
한 쪽이 앉았어도 또 한쪽은 돌고 돈다.
다른 듯 한 몸이어라 한 맘으로 빛나라.

—「남북이 하나 되어」 전문

우리 민족의 염원이요 지고지선의 가치인 민족통일에 대한 염원을 간명하게 표현한다. 어려운 철학 용어를 쓰거나, 알 수 없는 말로 멋스럽게 꾸미려 하지 않는다. 쉽게 이해되면서 통일의 염원이 간절하게 드러나는 시, 그런 시조를 그는 꿈꾼다. 통일을 이루는 일과 맷들을 가는 일의 속성을 찾아내는 예리한 시각, 통일에 대한 신념과 의지가 자연스럽게 녹아들게 표현하는 것은 유동삼 시인만이 할 수 있는 독자적 · 개성적 자질이다.

이러한 표현은 「분단의 장벽을 넘어」라는 작품에도 나온다. '이쪽도 저쪽도 반쪽 되어 아프던 몸/ 이제는 하나로 되어 온전해질 남과 북'이 서로 양보하여 '분단의 장벽을 넘어 사랑으로 만나자'고 절규한다. 이렇듯이 유동삼 시인은 이 땅, 이 민족과 관련되는 모든 사물, 그것이 자연이거나, 인간이거나, 혹은 문명이거나 간에, 모든 것을 사랑하는 심정으로 시조를 빚는다.

3.

시조는 언어의 예술이다. 언어의 연마와 조탁을 통하여 예술적 감동의 깊이가 달라지게 된다. 아무리 좋은 사상 · 감정을 가지고 있다고 할지라도 표현이 어색하거나 미숙하면 감동을 주기 힘들며 문학성마저 떨어지게 된다.

이런 이유로 '무엇을 표현할 것이냐'에 이어서 '어떻게 표현할 것인가'에 시인을 포함한 예술가들은 고심하게 된다. 유동삼 시인은 자신의 심상을 있는 그대로 순수하고 솔직하게 표현하기 때문에 표현 기교가 필요 없을 것으로 생각할는지도 모른다. 그러나 그것은 큰 오류라는 것을 몇 편의 작품을 통해 깨달을 수 있다. 물론 무기교의 의연함과 솔직함을 드러낸 작품도 많다. 그러나 주제에 따른 적절한 언어의 선택, 은유에 의해 새로운 이미지의 생성, 원관념과 보조관념을 통한 상징성의 창조 등은 유동삼의 시조에 화룡점점(畵龍點睛)의 멋을 부여한다.

어버이 위중하여 숨 거두려 할 적마다
손가락 깨물어서 피 삼켜 드린 정성
그 효성 종소리 되어 가슴 가슴 울린다.

편찮으신 아버지를 밤 새워 구완하고
똥 누자 맛을 보아 차도 있나 살핀 정성
그 효성 큰 등불 되어 골골마다 밝았다.

아버지 산소에서 세 해를 애통하며
밥맛도 잠자리도 추위마저 잊은 정성

그 효성 향기로 번져 하늘 땅을 적셨다.

―「시양골 안효자 정문」 전문

이 시조는 '효자 안씨'의 서사적 에피소드를 3장의 단형으로 압축하여 표현한 작품이다. 1수와 2수는 병구완할 때의 정성이고, 3수는 사망 후의 시묘살이에 대한 정성인데 필요한 부분만 알뜰하게 추려서 형상화한 뛰어난 감각이라 하겠다. 더불어 각 수 종장의 형상화는 관념의 구체화를 보여 주는 표현으로 비범함에 닿아 있다.

이렇듯이 유동삼 시인은 누구나 이해하기 쉽게 창작하면서도, 작품 한 편 한 편마다 표현의 치열성을 담는다. 이와 같은 시정신이 바로 예술 작품을 작품답게 완성해야겠다는 장인의식이며 동시에 꿋꿋하게 자신을 지키는 선비의식과도 상통한다. 이와 같이 표현의 멋에 의해 감동을 주는 몇 감상하기로 한다.

찬바람 다 붙들어 골짝에 가둬 놓고
으르다 다독거리다 잠 한 숨도 못 잔다.

―「갑사 계곡의 단풍」 중에서

맑은 소리 다 모아다 잎 뒤에 다듬어 놓고
햇볕에 한 술씩 말아 아침 저녁 마신다.

―「동학사 계곡의 신록」 중에서

땀은 또 바람에 얼다 연천봉에 올랐네

―「겨울 등산」 중에서

푸른 솔잎 스친 바람/ 조용조용 머무르면//
따스한 볕 내려앉아/ 다독다독 보살핀 땅

—「삼보실 한마음」 중에서

진달래 수놓은 산 물에 비친 고운 그림

—「원두문」 중에서

큰 골작 구석구석 밝게 밝게 꾸미려고
눈발이 차가와도 서둘러 피었는가
언 겨울 물리쳐 놓고 봄 마음을 뿌리네

—「개나리」 중에서

이상의 작품들은 시조의 멋스러움과 예술성, 그리고 표현의 생동감을 주기에 충분하다. 또한 남다른 독창성을 내재한 시조로 아무도 따를 수 없는 경지를 보인다. 특히 「갑사 계곡의 단풍」에서 보여주는 의인화는 상상을 초월할 정도의 기발한 착상으로 보여지며, 「겨울 등산」에서의 형상화는 새로운 감동을 생성하고, 「원두문」에서는 평화롭고 아름다운 시골의 서정을 형상화하여 보여준다.

그의 작품에서 드러나는 표현의 특색은 동적(動的) 이미지(Image)이다. 물론 서정적 이미지나 서경적 묘사도 여러 작품에서 산견(散見)되지만, 표현에 있어 뛰어난 부분은 대체로 의인화를 포함하는 활유법을 사용하고 있다. 이는 시인이 동심의 순수성을 간직하면서 현실성·사실성에 의지해 작품을 창작하는 근거가 되기도 한다. 또한 어떤 일에나 성실하고 근면한 자세로 임하는 치밀한 성격에 연유하기도 하다. 이와 같은 특징을 보이는 작품은 대체적으로 생동감과 신선감을 준다.

(가) 맑은 바람 마시는 산봉우리마다 정이 넘쳐
푸른 골 바위에도 뿌리 내린 소나무들
사람도 푸나무 닮아 마음마다 푸르다.

—「산 속은」 중에서

(나) 넓은 바다 한가운데 은모래성 꾸미다가
맑은 바람 센 물결에 푸른 노래 실으면서
갈매기 메아리 속에 고운 웃음 심는다.

—「은모래성 금그네」 중에서

예를 든 두 작품을 볼 때 (가)작품은 주로 정적 이미지를 주조로 빚었음을 알 수 있다. '바람을 마신다' '정이 넘친다' '뿌리가 내린다'라는 동적인 언어가 있지만 전체적 색조는 '마음마다 푸르다'로 고리가 지어져서 정적 이미지를 중심으로 하고 있다. 이와는 달리 (나)작품은 '넓은 바다' '맑은 바람' '갈매기 메아리' 등의 정적 이미지를 바탕으로 하고 있으면서도 '은모래성 꾸민다' '푸른 노래 싣는다' '고운 웃음 심는다' 등의 동적 이미지가 중심을 이루어 생동감을 준다. 이런 경우에서 보더라도 유동삼 시인은 시상의 표현에 남다른 열정을 갖고 있음을 알게 된다. 또한 그가 견지하고 있는 치열한 시인 의식을 감지하게 된다.

시인은 두 가지 명제에 충실하다. '무엇을 말하는가' '어떻게 말하는가'인데 유동삼 시인 역시 이 같은 명제에 순수한 열정으로 임하고 있음이 확인된다. 이 다음에 도출된 명제 중의 하나가 '왜 말하는가(노래하는가)'인데 이에 대해 유동삼 시인은 '우리말 우리글을 다루는 국어교과서를 가까이하는 일에 종사하다 보니까' 시조를 좋아하게 되고, 좋아하게 되니까 지어보게도 되었다고 한다.

또한 '학생들에게 시조를 쓰이기 위해서, 그들에게 시심을 불러일으키기 위해서, 그들의 가슴에 시조의 연탄불을 붙이기 위해서 쏘시개 노릇을 할 본보기 글을 지은 것'이라고 자신의 소신을 밝힌다. 시조교육을 위한 본보기 글을 짓게 되고, 그러다 보면 시조의 모든 영역에 대한 설명과 예시가 필요했을 것이고, 그러함에 힘입어 유동삼 시인의 작품은 다양한 내용에 다양한 표현을 견지할 수밖에 없었을 것이라 본다.

따라서 유동삼 시인은 내용상으로는 교훈적 · 긍정적인 제재를 선택할 수밖에 없었을 것이며, 표현에 있어 다양함을 유지하면서 새로움을 찾아내기에 치열하였을 것이다. 즉 새로운 표현, 상식을 뛰어넘는 비범한 표현, 일반서정보다는 개인의 독특한 세계를 구축하는 데 남다른 고심과 노력이 경주되었을 것이고, 그로 인해 그의 작품은 문학성 · 예술성 · 교훈성이 돋보이는 작품으로 승화되었을 것이다.

4.

서두에서 것처럼, 유동삼 시인은 생애를 교단에서 봉사한 교육자이고, 우리말 우리글을 사랑한 국어사랑의 실천자이며, 한국인의 정서를 가장 잘 표현하는 문학양식인 시조를 창작하는 시조시인이다. 그의 사상 · 감정이 시조 작품으로 진솔하게 표현되기 때문에, 그의 작품에서 독자들은 그의 삶과 철학을 읽어낼 수 있다. 이러한 동질감을 바탕으로 문학의 향기와 감동을 공유하게 된다.

이를 정리하면, 유동삼 시인은 올곧은 생활, 긍정적 태도를 견지하고 있는 시인이라는 점, 그의 시에는 자연 사랑에 대한 작품이 많다는 점, 또한 그의 작품에는 깔끔함 · 청결함 등을 주조로 하는 작품이 많고 이는 선비의식을 생활화하고 있는 반향으로 볼 수 있다는 점, 그는 언어의 예술성에 의해 빚어진 작품으로 증폭되는 감동을 준다는 점, 그리고 표현에 적절한 언어의 선택, 새로운 이미지의 창조, 비유와 상징에 의한 생동감은 독자의 심금을 울리기에 부족함이 없다는 점 등이다.

이에 해당하지 않으면서 간과한 부분은 유동삼 시인의 비판의식이다. 그의 비판의식이 수용된 작품은 다시 읽을수록 빛을 발한다.

꽃 찾아 헤매다가 돌아가는 나비들이
죄 없이 걸려들면 사정없이 바수는 맘.
차라리 양심이나 없으면 홀가분한 신세여.

— 「거미」 셋째 수

"농약만 안 쳐도 걱정 하나 없겠어요.
독한 물 안 마시면 죽지는 않을텐데."
"논물이 아주 독하거든 삼바실로 오너라."

— 「개구리밥」 넷째 수

달들 은들 고운 이름/ 월명(月坪)이 빼앗아도//
달밤에 달빛 물빛/ 서로 곱게 어우러지다//
달 혼자 비단옷 입고/ 밤길 걸어 갑니다

— 「달들」 첫째 수

「거미」는 사물 자체의 속성을 노래한 것이면서도, 세상에는 '거미'와 같은 속성을 가진 사람들이 많이 살고 있기 때문에 상징에 의한 형상화이다. 「개구리밥」 역시 사물 자체에 대한 노래라 하겠다. 그러나, 이 작품은 공해로 인한 환경오염을 고발하는 효과도 얻고, '삼바실'로 지칭되는 이상향을 구체화하여 제시하기도 한다. 또한 「달들」에서는 우리말을 사랑하는 시인답게, 한자말에 침식당한 언어 현실을 고발한다. 이러한 비판과 함께 시인은 자신이 추구하는 이상향을 향하여 치열하게 실천하고 있음이 확인된다.

이상 유동삼 시인의 작품과 그의 지향에 대하여 주마간산(走馬看山) 격으로 산책하였다. 여러 작품을 대하면서, 넓은 숲속에 갓 발을 들여놓은 것과 같음을 느끼게 되었다. 시인의 세수 80을 넘기도록 경험한 다양한 사상(事象)을 작품으로 빚어내기 때문에 그의 작품 세계를 치밀하게 섭렵한다는 것은 여간한 일이 아니다. 차후 다른 평자(評者)들이 깊이 있게 다루리라 믿고, 간략하게 정리한다. 더불어 이 글이 존경받는 시인의 위상에 누가 되지 않기를 바라는 마음으로 옷깃을 여민다.

— 1991 『대전문학』 4호에 수록
— 2000 『오늘의문학』 여름호 재수록
— 2006 『대전문학 연구총서』 재수록

◇ 김영배 시조집『아! 나의 산하여』평설

예지(叡智)와 원융(圓融)의 미학

1. 들어가면서

김영배(金英培) 시인은 충남 논산에서 태어나 초등·중등 교육에 헌신한 교육자이면서, 시조와 수필에 등단하여 왕성한 창작열을 보이는 문인이기도 하다.

1972년 월간 ≪수필문학≫에서 수필이 추천되었고, 쉼 없는 창작의 결과로 79년『淨한 나무의 年輪』, 81년『비둘기 하늘에 날을 때』, 85년『정과 한을 다듬는 소리』, 90년『사랑이 맞닿은 地平』, 94년『江村에서 띄우는 사연』등 다섯권의 수필집을 발간하여 중견수필가의 위치를 지키고 있으며, 몇 권의 공저 수필집도 있다. 또한 1985년 ≪현대시조≫에 시조가 추천되어 맑은 시심을 갈고 닦아 88년『출항의 아침』, 93년『산울음 담은 강물』, 96년『아, 나의 산하여』등 세 권의 시조집을 발간하여 시조의 발전에 이바지한 바 있다.

이와 같은 문학 창작에 대한 공로를 인정받아, 1984년 한국신문예문학상(수필부문), 1985년 대전시민의 상(문학부문), 1992년 대일비

호대상(문화교육부문), 1994년 한국교육자 대상(스승의 상), 1995년 한국수필문학 대상을 받았다. 이는 김영배 시인이 문학과 교육에서 뛰어난 활동을 한 결과 수상한 응분의 보상으로 보인다.

그러한 시인의 시조세계를 정리하기란 쉬운 일이 아니다. 시인의 정신세계란 광대무변하기 때문에 섣불리 재단할 수 없기 때문이기도 하다. 그럼에도 불구하고 이미 이루어진 성과물을 바탕으로 그가 견지하고 있는 정신의 일단이라도 천착하고자 통독하고 정독하였다. 다양한 가운데 일부 드러나는 바, 뚜렷한 가닥을 잡아 정리하면서, 그가 견지하고 있는 시정신을 보여주는 작품으로 「탑돌이」를 찾았다.

합장한
손가락 끝
받쳐올린 하늘 밑은

염원을 쌓아올려
탑신(塔身)으로 그린 그늘

층층이
옹이진 세사
촛불처럼 녹는 번뇌

눈 감으면
보이는 님
자욱마다 고인 얼굴

찬이슬 버선발이
달빛 받아 마르도록

마음밭
공(空)을 그린 빈 터
향불 되어 오소서

—「탑돌이」 전문

그가 견지하고 있는 삶에의 경건성과 불교적 무심관을 투영하고 있는 작품이다. 합장하고 기도하면 그의 내면에 있는 모든 번뇌가 촛불처럼 녹는다는 것이다. 그의 번뇌는 그가 세상을 살아오면서 염원하고 간직했던 공과(功過)의 탑일 것이다. 혹은 그의 작품에 있는 바처럼 그 탑의 그림자일 수도 있다. 그런 탑이나 탑의 그림자마저 촛불처럼 녹을 때, 그가 지향하고 있는 그리운 님은 발현하게 된다. 결국 그의 님은 세사의 모든 업을 비우고 나서야 맞이할 수 있으며, 그의 빈 마음에 향불처럼 임재(臨在)하는 것이다.

이와 같이 그는 삶에 대한 자세나 작품 창작에 대한 자세가 남다른 바가 있다. 그런 가닥의 일부를 정리하고자 한다.

2. 분립(分立)과 일체(一體)

김영배 시인은 작은 사물에도 특별한 애정을 보이고 있으며, 시적 자아의 여러 환경적 요인에 대해 남다른 관심으로 시를 창작하고 있다. 그가 바라보는 자연이 어느 정도 거리감을 줄 때도 있으나 그의 직관과 상상력에 힘입어 물아일체(物我一體)의 경지에 이르게 되는 것이다.

그가 시적으로 승화한 환경은 아주 다양하다. 작은 꽃 한송이에서부터 산과 바다에 이르기까지, 그리고 생활 속의 환경에서 상상 속의 자연까지 그야말로 다양한 소재를 동원하여 시의 영역을 넓히고 있다.

돌 속에
정을 심으랴
차갑도록
얼은 가슴

해와 달이
거기 잠겨
꽃이 되고
그림이 되어

닦이고
깎인 골짝에
폭포수가
내린다

—「돌 하나 세워 놓고」 전문

단시조를 음보별로 나누어 행을 구성한 작품이다. 시인은 아마도 탐석(探石) 끝에 얻은 폭포석을 앞에 놓고 바라보면서 이 작품을 창작했으리라. 초장은 돌과 시인의 거리가 너무나 멀어 차마 가까이 할 수 없는 분립(分立)의 상황이다. 돌의 가슴은 얼어서 차갑고, 이에 따라 시인은 돌에 정을 심지(두지) 않겠다는 것이다.'심으랴' 라고 하는 것은 심지 않겠다거나 심을 수 없다는 작용을 하는 어미(語尾)이기 때문이다. 중장은 이러한 돌에 해 · 달이 작용을 하여 꽃 · 그림을 만든다는 것이다. 결국 얼어붙은 돌에 해와 달이 작용하여 새 생명을 탄생시킨 것이다. 종장은 폭포석의 표면 묘사이겠지만 현재형 '폭포수가 내린다'에서 그것은 생명력 있는 표현이다. 결국 시인과 돌의 거리가 하나로 일치하는 물아일체(物我一體)의 경지를 보여주는 것이다.

이런 형상화는 여러 작품에서 보여주고 있는데, 자연과 인간의 슬픈 정서를 접목시킨 작품이 있어 확인하고자 한다.

> 대나무에/ 바람이 일면/ 잎새마다 피는 노래//
> 휘젓는 장삼 소매/ 굽이굽이 한을 털며//
> 서럽게/ 우는 가락이/ 달빛 되어 흐르는 강물//
>
> 마디마디/ 뚫린 구멍/ 높고 낮은 삶의 능선//
> 젖은 입술 떨리 손끝/ 웃음 눈물는 걸러내면//
> 청상의 주름진 한 생이/ 빗물 되어/ 흐르는 뜨락//
>
> —「퉁소」 전문

우리 고유의 악기인 퉁소를 통해 인생의 굽이굽이에 맺힌 한을 털어낸다는 발상은 김영배 시인이 갖고 있는 독특한 시적 기질이다. 퉁소에서 시인은 바람이 불 때마다 일렁이는 잎새를 연상하였고, 그것은 곧바로 노랫가락으로 치환되어 달빛과 함께 강물처럼 흐른다는 것이다. 또한 시인은 구슬픈 퉁소소리에서 청상의 애환어린 삶을 유추하고 있다. 젖은 입술과 떨리는 손끝으로 퉁소를 불면, 또한 연주로 삶의 웃음과 눈물을 걸러내면, 한 서린 한 생애가 빗물처럼 뜨락에 흐른다는 것이다. 이는 하나의 사물과 시인의 상상력에 의한 연상과 삶에 대한 진지한 자세가 빚어낸 생명력 넘치는 작품이라는 것을 단적으로 보여주는 것이다.

이 작품 외에도 「독백」의 〈열두 달/ 닫힌 창가에/ 노란 하늘이 밀려오면// 마음은/ 날개를 달고/ 그 뫼 끝을 맴돕니다// 무언가/ 잃은 것 같아/ 베개 밑이 축축합니다〉도 같은 맥락이며 「겨울 사냥」의 〈얼어붙은/ 겨울 한폭/ 산과 들이 묻힌 산하(山河)// 철새는 길을 잃고/ 파닥이다 숨 거두고// 하늘이/ 퍼렇게 질린/ 포수꾼의 총소리〉는 자연과 관련하여 절망적인 상황을 파수꾼의 심정으로 토로한 것이다. 또한 「조약돌」「해안선」「묵밭」 등에서도 유사한 정서가 표출되고 있다. 그렇지만 긍정적이고 밝은 형상화로 자연과 인간이 하나가 되는 작품도 여러 편 보여주고 있다.

얼어붙은 겨울 한 폭/ 햇살 받아/ 녹는 정오//
일주문(一柱門)/ 들어서자/ 가슴 씻는 염불소리//
동백꽃/ 망울진 봄이/ 입춘 앞에 서성인다.//

대웅전 우러르면/ 붓끝 굵은/ 힘의 자국//
네모꼴 문설주엔/ 향내 함께 피어나고//
길고도/ 고운 목소리/ 탑신가를 감아돈다.//

어디로 흘러가랴/ 소망 가득/ 담은 강물//
무명(無名)의 석등(石燈)을 끼고/ 빛을 밝힌 삼층탑은//
기단 위/ 눈뜬 안상(眼像)을/ 받쳐 올린 우주(隅柱))여.

— 「산사(山寺)에서」 전문

해동(解凍)의 한낮에 찾은 산사에서 보고 듣고 느낀 바를 자연스럽게 표현했다. 그러면서도 시인의 따뜻한 마음이 한지에 먹물 배듯 녹아들었다. 얼었던 겨울 풍경이 햇살에 녹는 정오에 일주문을 들어서자 염불소리가 가슴을 씻는다. 얼음은 햇살에 녹고, 마음은 염불소리에 씻어지는 것이다. 대웅전 글씨의 힘, 문설주의 묵향, 탑신가, 석등, 삼층석탑 등은 시인의 형형한 눈빛에 의하여 생명력 있는 물체로 거듭나게 된다.

이런 형상화, 시인의 따뜻환 시선과 정감어린 이미지들은 여러 편에서 드러나고 있다. 「심정(心亭)」은 〈층층이/ 높은 옥루/ 덕을 쌓아 올린 마루// 얼굴빛 한 순간도/ 사랑 심어 피운 세월// 정자 밑/ 감도는 개울에/ 몸을 헹군 조약돌〉에서 보이는 것처럼 찬탄의 이미지가 강한데, 다의성을 내포하고 있다. 심정이라는 정자에 대한 찬탄, 심정이라는 호를 가진 사람에 대한 찬양, 자신의 60평생을 돌아보는 자족(自足) 등으로 파악할 수 있기 때문이다. 이런 형상화는 「가을성」「제주찬가」 등에서도 보이는데, 시인의 따뜻하고 정감 있는 성품의 소산으로 보인다.

3. 태질과 상찬(賞讚)

김영배 시인은 선비의 기질을 시적으로 승화시키고 있다. 부정정적인 인식에 의한 판단으로 가차 없는 태질을 치며, 아름다운 자연이나 인정어린 사연에는 상찬의 필설을 아끼지 않고 있다. 시시비비(是是非非)가 분명하고 그에 따른 형상화가 뛰어나다. 특히 자아의 성찰에 더욱 뚜렷한 모습을 보여주고 있어 내면의 진실을 확인할 수 있다.

여러 요소 중 시인은 우리의 역사에 대한 작품을 여러 편 보여주고 있는데, 역사에 대한 의식이 치열하다. 부정적인 역사와 긍정적인 역사, 때로는 잊혀 가는 역사를 되살리기 위해 남달리 노력하고 있음을 확인할 수 있다.

> 박달나무
> 비단 잎새
> 뫼꽃 피는 고운 산하(山河)
>
> 골짜기로 흐르는 물
> 혈맥 이어 내린 강토(江土)
>
> 올봄도
> 꽃은 지는데
> 한탄강은 말이 없다
>
> 〈중간 2수 생략〉

두 길이
하나 되면
땅덩이도 가벼워라

바다를 오려내듯
문이 열린 항구마다

새벽빛
뱃고동 소리
열려오는 한세상

—「역사」 일부

이 작품은 우리 현대사의 질곡인 남북전쟁을 소재로하여 참담한 현실과 함께 통일에의 염원을 형상화한 것이다. 소재의 진부성에도 불구하고 이 시가 갖고 있는 강점은 표현에 있다. 두 길이 하나가 되는 것은 통일에 다름 아닐 것이다. 또한 새벽빛과 뱃고동 소리에 큰 세상이 열린다는 것은 통일된 조국의 미래상에 다름 아니다. 결국 시인은 현실적 질곡을 통하여 미래의 영광을 기원하는 것이다.

현실적 질곡과 같이 부정적이고 안타까운 시심을 보여주는 작품도 역사시에서 산견되고 있다. 전쟁에 패해서 망해버린 성터의 모습을 보면서 맥수지탄(麥秀之嘆)의 심회를 노래한 시가 다음의 작품이다.

찢어진/ 흰 깃발이/ 절뚝이며 달려온다//
날으는/ 화살촉에/ 무너지던 말과 병사//

그 질긴/ 진군의 행진/ 비명소리 멎은 성터//

— 「옛 성터」 전문

역사적 인식뿐만 아니라 현실적 질곡과 병폐도 시 속에서 생명을 얻고 있다. 「법망」의 마지막 수에서 시인은 〈우유빛 휘장을 치고/ 속셈 숨긴 잔재주는// 순간을/ 돌이질치며/ 빗나간 화살의 끝// 올곧은/ 그 종점은/ 어디메쯤 있을까〉라고 노래하여 진정한 법의 정의를 그리워한다. 이러한 형상화는 「참회의 능선」, 「10월의 나무」, 「삶의 현장」, 「하류 주변」 등에서도 보여주고 있는데 절절한 감동을 주기에 부족함이 없는 작품들이다.

그러나 이런 질곡을 극복하여 새로운 의미를 천착하는 것이 시인의 진면목이기도 하다. 「계명(鷄鳴)」의 〈장벽을 쪼아/ 한 우주를 연/ 부리 끝 야무진 창조// 암흑을 사뤄내어/ 하늘가에 흩뿌리면// 그 금빛/ 목청 언저리/ 새로 트여오는 이 하늘〉에서처럼 암흑을 사뤄내면 바로 밝은 세상이 되는 것이다.

한 생애를/ 글로 적어/ 인삼골로 묻어놓고//
가르침 씨를 뿌려/ 북돋우던 사랑의 손//
평생의/ 곧은 마음밭/ 깊이 여민 겹허여//

긴 밤을/ 곧이 새우며/ 달을 보고 별을 헨다//
굽은 맘 병든 가슴/ 쓰다듬고 다독이며//
관 없이/ 백의로 서서/ 양떼 몰던 목자여

— 「백의(白衣)의 목자(牧者)」 전문

이처럼 따뜻한 가슴이 있는 사람들로 세상은 살맛이 나는 것이다. 이처럼 양심에 의한 순수한 사랑을 실천하는 사람들로 세상은 행복할 수 있는 것이다. 이런 견지에서 상찬(賞讚)한 것으로 파악된다. 이와 같은 작품으로는 「왕소나무의 세월」, 「독도, 내 사랑」, 「청정의 음파」 등이 있다. 결국 시인은 남보다 예리한 영감과 감수성으로 세상의 어두운 면을 먼저 파악하고, 그에 대한 비판을 서슴지 않는다. 그러면서도 그의 시는 어둠에서 외로이 불을 밝히고 있는 등대의 역할을 하여 새로운 의미망을 창조하는 것이다.

4. 나오면서

한 시인의 시세계는 그야말로 다양하다. 따라서 어떤 잣대에 의한 재단은 시의 숨은 가치를 발현할 수도 있으나 때로는 시의 특성인 다의성을 침범할 수도 있다. 이런 우려를 하면서 분석한 바를 간략하게 정리하고자 한다.

첫째, 김영배 시인은 수필과 시조에 있어 남다른 창작열을 보이고 있다. 특히 삶에 대한 자세나 작품 창작에 대한 의지가 진지하고 치열하다.

둘째, 김영배 시인은 자연을 사랑하기 때문에, 때로는 자연과 일정한 거리를 유지하면서 관계를 설정하다가도, 자연 속에 몰입하여 하나가 되는 물아일체(物我一體)의 경지를 보여주고 있다.

셋째, 김영배 시인은 선비의 기질에 따른 작품 창작의 면모를 지니고 있다. 부정적인 판단에는 가차 없는 태질을 가하고, 긍정적 사례에는 상찬(賞讚)하여 시시비비(是是非非)가 분명하다.

이와 같은 정리와 함께 김영배 시인이 상찬하고 있는 나무면서, 시적 자아와 사물이 일치를 이루고 있는 듯한 나무, 제주도의 녹나무에 대한 시를 말미에 붙인다.

연한 살결
치번은 가지
섬 하늘에 수를 놓는다

향기 짙은
잎잎 사이
검보랏빛 열린 장과(漿果)

자귀 끝
다듬은 솜씨
큰 배 되어 돛을 단다.

—「녹나무」 전문

— 1996 시조집 『아, 나의 산하여』 해설

◇ 김영배 시조집 『지등 하나 걸어 놓고』 평설

불교적 시심과 여로의 깨달음

1.

김영배 시인은 초등 · 중등의 교육자로서 한국 교육발전에 이바지한 바 있다. 또한 여러 권의 수필집을 발간하여 수필문학 발전에도 기여하고 있다. 동시에 민족시의 전통을 현대에 되살리고자 시조 창작에도 전념하여 『출항의 아침』, 『산울음 담은 강물』, 『아, 나의 산하여』, 『지등 하나 걸어 놓고』 등의 시조집을 발간한 바 있다.

김영배 시인의 시조세계에 대해서는 몇 편의 평문이 이미 발표되었는 바, 이를 정리하면 다음과 같다.

李祐鍾, 「內面 世界 深層에서 울리는 詩韻」
李道鉉, 「人間 眞實이 溶解된 深度 깊은 美學」
鄭椀永, 「土酒 항아리 같은 정감」
李殷邦, 「토착세계에 대한 존재의식의 詩化」
리헌석, 「예지(叡智)와 원융(圓融)의 미학(美學)」

필자는 이미 김영배 시인의 시(자유시)에 대하여 「根源에의 鄕愁」(『詩圖』 28집, 1986)라는 평문을 발표한 바 있고, 시조에 대해서도 앞(리헌석)과 같이 평설한 바 있다. 따라서 본고는 필자의 언급이 미진한 부분, 예컨대 불교적 시심과 여로적 시심에 대하여 간략하게 정리하고자 한다.

2.

김영배 시인의 많은 작품에는 불교적 신앙이 기저에 깔려 있다. 불교적 시심이 작품에 ① 직접적으로 드러나기도 하고, ② 부분적으로 배어 있기도 하며, ③ 상징적 의미를 담고 있기도 하다. 몇 편의 작품을 찾아 확인하기로 한다.

동그란 이승 하늘에
구름 한 점 띄워 놓고
발 고이고 앉은 산을
달빛으로 씻다 보면
향(香) 피는
법당 안에도
잔시름이 녹는다

— 「산사(山寺)에서」 3수 중 첫 수

간략한 시행에 시인의 불교적 시심과 신앙관이 압축되어 있다. 간단하게 정리하면, 세상살이에서 얻은 내면의 갈등을 산사(山寺)에서 씻어낸다는 것에 다름 아니다. 그러나 자세히 분석해 보면, 이 시는 시인의 철학이 용해된 작품, 그야말로 촌철살인(寸鐵殺人)의 경지가 드러난 작품으로 확인된다.

'동그란 이승 하늘'의 '구름'과 법당 안의 '잔시름'의 유기적 대응, 달빛을 씻는 마음과 잔시름이 녹는 것으로 본 유추적 심상은 다른 사람이 흉내 낼 수 없는 시인의 천부적 자질로 보인다. 시인은 이 작품의 2수와 3수에서도 거의 유사한 시심을 담고 있다. 2수에서는〈눈 감으면 피는 참회〉,〈몸 사뤄 바친 공양〉을 통해 무명(無明)을 깬다고 했고, 3수에서는〈무릎 꿇고 엎드리면/ 촛불마냥 타는 속죄〉를 통하여 시름이 향불에 없어진다는 것이다. 그러나 이런 형상화는 첫수에 나타난 심상의 보조적 · 부연적 성격에 머물고 있을 뿐이다. 다시 말하면 인용한 부분만으로도 그의 시심을 발현하는데는 더 없이 충분하다고 하리만큼 이 첫 수는 천금의 가치가 있다. 이와 같은 심상이 부분적으로 반영된 작품도 여러 편이다. 그 중에서 한 편을 예로 들어 본다.

한지(韓紙) 몇 장 둥글게 접어
세상 하나를
따로 짓는다.

소망을 피워내듯 그 지심(地心)에 불 당기면

열두 번
차고 기우는
윤회(輪廻) 속에 달이 뜬다.

— 「지등(紙燈) 하나 걸어 놓고」 3수 중 첫 수

이 작품은 가신 님을 추모하는 성격을 지니고 있다. 2수에서〈남몰래/ 타는 속심지/ 가신 님의 숨소리〉에서 확인할 수 있다. 그러면서 이 작품은 「산사(山寺)에서」와 동질적인 시어와 구조를 갖고 있다. 이것은 시인의 내면에 담겨 있는 신앙의 동질성 때문으로 보인다.

시인은〈소망을 피워내듯〉 따로 지은 세상을 불로 태워 없앤다는 표현을 쓰고 있다. 이것은 세속의 욕심을 버리고자 하는 정화 의식의 발현이다. 그가 원하는 '소망'은 세상에 쌓아두는 축적의 욕망이 아니라, 세상에서 얻어진 일체를 비우고자 하는 허정(虛靜)의 발원(發願)으로 보인다. 그래서 그는 「발원(發願)의 종점(終點)」의 2수에서〈욕망 가득 채우고 나면/ 세상 다시 흔들리어/ 비상을 예비하던 비둘기의 푸른 날개가/ 하얗게/ 허공에 그릴/ 그 곡선도 무거우리〉라고 했을 것이다. 욕망을 가득 채우면 비상하고자 하는 소망이 무거워서 날 수 없다는 이 말은 바로 세상의 욕심을 버려야 한다는 허정(虛靜)의 지향이다. 불교적 성격이 자연스럽게 용해되어 시인 자신을 투영한 시조가 다음의 작품이다.

> 대적광전(大寂光殿)
> 우러르더니
> 달만 따서 배낭에 넣고
>
> 돌 속에 정을 새기며
> 탑을 쌓던 삼간(三間) 뜨락

티끌도
짐이 될까 봐
두 손 털고 떠나간 사람

술잔 가득히
띄운 가락
달이 함께 내려와 놀고

별들이 머물다 간
그 하늘이 멀어져 가면

이 땅엔
모진 돌 하나
이슬 맞고 시를 쓴다.

—「삼우가(三友歌)」 전문

김영배 시인은 달에 대해서 유별난 사랑을 보이고 있다. 많은 작품에서 달 · 달빛이 등장하고 있는데, 이 작품에서도 삼우(三友) 중에서 일차로 등장하고 있다. 몇 편의 작품에서 보면, 달은 시인 자신이면서, 그리움의 대상이기도 하고, 친구가 되기도 하며, 구원의 손길이 되기도 한다. 돌 역시 여러 작품에 등장하는데, 달의 경우와 유사하다. 이 작품에서는 돌이 시인의 내면을 투영하는 객체로서 존재하다가 술을 매체로 하여 시인 자신으로 환치된다. 끝의〈모진 돌 하나/ 이슬 맞고 시〉를 쓰는 '돌'은 시인 자신의 비유적 심상이기 때문이다. 또한「돌이 되어」에서는〈차라리/ 돌이나 되어/ 알몸으로 살고 싶다.〉는 발상을 보이고 있기 때문이다.

여기서 시인의 정결한 시심을 되새겨 볼 필요가 있다. 서정적 주체를 시인이라 할 경우, 시인은 '대적광전'을 우러르던 사람이고, '티끌'도 마음의 짐이 될까 봐 두 손을 씻는 사람이며, '이슬'을 맞고 시를 쓰는 순수한 사람이다. 이러한 형상화는 시인 자신의 지향(指向)이며, 이것이 바로 시인 내면의 투영(投影)이다.

3.

김영배 시인은 다정다감한 서정을 작품으로 승화시키고 있는데, 일상에서 감지되는 만상이 이에 해당한다. 그렇지만 특별한 만남으로 이루어진 기행시조에서는 여타의 작품에서 보여주는 것과는 좀 다른 서정성을 보이고 있다. 기행의 객체를 ① 관조적으로 바라보기도 하고, ② 비판적으로 인식하기도 하며, ③ 감성의 절절함이 나타나기도 한다.

탐지게 살진 바위
엎드린 고운 등에
청정한 물소리가 골짜기를 채워 놓고
찬 안개
자욱히 담아
별천지를 꾸민다.
동봉(東峰)에 걸린 구름
한가로이 날아가고
골골이 잠긴 안개 서봉(西峰)으로 넘어가면
한하계(寒霞界)
새로 눈뜨고

햇살 부신 한나절

— 「금강산(金剛山) · 4」(寒霞界) 전문

눈에 보이는 대로, 귀에 들리는 대로 묘사한 작품이다. 금강산 한하계의 경물에 대한 이미지를 묘사로써 확연하게 보여주면서도 시인의 감정 절제에 의하여 독자들은 더욱 다양한 서정적 체험을 맛볼 수 있다. 김영배 시인의 금강산 기행 시조에는 서경 묘사에 중심을 두면서, 시인의 서정이 배경처럼 스민 작품이 사실상 중심을 이루고 있다. 「금강산(金剛山) · 6」(구룡폭포)의 2수에서〈억만 년 세월을 두고 내리꽂는 공이 소리/ 패이어 아픈 가슴 사랑으로 어루면서/ 아홉 용/ 거기 잠기어/ 힘 겨루던 그 시절.〉에서 경물 묘사와 시인의 서정이 융합되어 나타남을 확인할 수 있다. 이런 표현은 여러 편의 작품에서 드러나고 있는데, 이는 기행 시조의 특성과 시인의 개성에 기인한다.

관조에 의한 묘사와 약간의 서정이 융합된 작품과 함께 비판적 심상을 보이는 기행 시조도 여러 편 찾아볼 수 있다.

외다리로 강가에 서면
병든 넋이 물에 흐른다
길고도 아린 전설
삭아가는 노구로 서서
철따라
꽃 피는 봄을
야윈 부리로 쪼아 본다.

거꾸로 선 좌우 산천
검은 물이 핥고 간다
허물어진 영화의 뜰
외로이 선 돌탑 위에
바른손
높이 추켜든
약한 자의 깃발로 선다

—「강 언덕에서 · 3」 (외다리로 강가에 서면) 전문

학이나 백로를 서정적 주체로 하여 '병든 넋'이 흐르는 물, '검은 물'이 핥고 가는 물을 묘사하는, 환경오염에 대한 비판 의식의 발현이다. 이것은 바로 환경에 대한 고발이며, '약한 자의 깃발'일 수밖에 없는 자아에 대한 반성이기도 하다. 여기서의 물은 시내나 강의 오염된 물로 생활 가까이에서 접할 수 있는 대상으로 보인다. 이처럼 일상적 대상에서도 시정신은 발현된다. 이와는 달리 「9월의 해변(海邊)」에서는 여름이 가고 남은 바다(해수욕장)의 잔해를 비판적 안목으로 형상화하고 있다. 〈무수한/ 발자국이/ 지워져 간 백사장〉은〈패망의/ 흔적 같은/ 부러진 깃발 하나〉로 비유된다. 또한〈무화과/ 익던 에덴/ 그 하늘이 밀려간 후// 폼페이의/ 푸른 영화/ 깊이 묻힌 폐허에 서면// 때묻은/ 홍의 조각이/ 모래 위에 뒹군다.〉는 3수에서, 시인의 비유적 비판의식은 그야말로 절정에 이른다. '무화과 익던 에덴'의 공간적 상징성, '폼페이'와 '폐허'에서 유추되는 성(性)의 상징성, 그리고 '때묻은 홍의 조각'의 상징 대상에 의해 이 작품은 세태 비판의 대표작이 되고도 남음이 있다.

한편 낯설고 진기한 문물을 대면하고 창작한 기행 시조에는 시인의 감성이 절절하게 표현되기도 하며, 때로는 감탄의 정도를 넘어 폭발적 감정 토로를 보이기도 한다.

이 한 몸 죽사와서
겨레 살고 나라 살면
일백 번 고쳐 죽어 무슨 한이 있으릿가
시퍼런
필사즉생(必死卽生)을
칼날 끝에 새기고

아, 무너져 간다
줄행랑치는 원수들이
앞엣 놈은 길을 막고 뒷 놈일랑 몰아쳐라
한산섬
깊은 해협에
쓸어 넣던 북소리

— 「한산도의 북소리」 4수 중, 3 · 4수

시인은 한산도를 기행하고 빚어낸 시조 대부분에서 감정의 절제를 잃고 있다. 민족사의 불행에 대한 안타까움, 그 불행을 극복한 충무공에 대한 찬탄, 이에서 비롯된 시인의 감정 개입으로 인한 결과로서 당연한 귀결이라 하겠다. 「큰 별 하나 뜨고 질 때」의 2수에 있는〈폭풍이 바다를 몰아/ 육로 길로 몰려오고/ 안개 낀 해안선은 한 치 앞이 먹빛인데/ 그 어둠/ 쓸어 젖히며/ 횃불 밝힌 그 충정〉에서 '

폭풍'과 '안개'로 상징되는 바, 누란(累卵)의 위기에 처한 나라의 운명, 그리고 '횃불'로 상징되는 충무공의 충정 표현에 시인의 창작 의도가 들어 있다.

임진왜란 당시의 서정적 재현에서 시인은 자연스럽게 충무공을 추모하게 마련이다. 「충무공 묘소에서」 시인은〈한 번 뵙고 떠난대도/ 가슴마다 님을 담고/ 우리 모두 헤어져서 멀리멀리 산다 해도/ 말없는/ 그 가르침을/ 어찌 길이 잊으리까〉 불망(不忘)의 시심을 맹세하게 되는 것이다.

그러나 시인이 기행에서 얻는 진리는 경물이나 서정에 있는 것만은 아니다. 기행을 통하여 자신의 삶을 반추하기도 하고, 그로 인하여 삶의 지향(指向)을 모색하기도 하는 것이다. 「산행(山行)」에서 보면 시인은〈황소처럼 멍에를 메고/ 돌아올 길을 다시 간다〉고 한다. 돌아올 길을 다시 가는 것, 그런 깨달음이 바로 시를 시답게 하는 요소로 기능한다. 그러나 그는 돌아올 길을 '다시' 가지만, 그 의미는 항상 새롭게 창조되고 있다.〈아무도 안 가던 길을/ 누구도 못 가던 길을// 영웅처럼/ 기를 모아/ 꿈속같이 헤매다가// 종소리 새벽을 열면/ 새로 찾은 나의 길〉에서 '새로 찾은 길'이 바로 그의 새로운 지향이다.

4.

김영배 시인의 작품 중에서 불교 중심의 몇몇 시조를 분석한 바, 신앙이 직접적으로 드러난 작품도 있고, 신앙이 작품 속에 용해된 작품도 있다. 일련의 작품에서 시인은 세상의 욕심을 비우고자 하며, 이로 인해 순수성을 찾고자 한다.

또한 기행에서 얻은 몇몇 시조를 간략하게 정리한 바, 관조적 · 묘사적 심상이 드러난 작품, 비판의식을 투영한 작품, 시인의 감정이 절제되지 않고 드러난 작품 등이 있다. 시인은 기행 시조를 통해 삶을 반추하기도 하고, 삶의 새로운 지향을 모색하기도 한다. 그러면서도 현대를 살아가고 있는 시인은 민족사의 질곡인 국토 분단에 대해서도 남다른 형상화를 보이고 있다.

세월이 되엉키어
풀 길 없이 맴을 돈다
길마다 막힌 미로(迷路) 숨이 차는 삼대(三代) 너머
또 하나 닫힌 하루가
구름 몰고 달려온다.

방향 잃은 바람 타고
오월에도 눈이 온다
반백 년 쌓아올린 무너진 둑 위에 서서
땀 배인 일기 펼치며
그날의 총성을 떠올린다.

강물이 마른 자리
산도 앓고 누운 마을
잘리운 철길 위엔 가다 머문 삭은 열차(列車)
벗어난 궤도를 덮고
아직 머문 기적소리

—「기상도(氣象圖)」 전문

시인이 그린 기상도는 민족 분단이라는 비극적 자화상 성격을 띠고 있다. 아직은 '길마다 막힌 미로'일 것이고, '벗어난 궤도를 덮고' 기적 소리가 울리지 않는다. 그러나 머잖아 통일이 될 것이고, 그때에는 김영배 시인의 환희에 찬 노래를 다시 들을 수 있으리라. 그 날을 기다리며 간략하게 맺는다.

— 1996 『오늘의문학』 겨울 호 수록
— 1997 문집 『출항의 아침에』 재수록
— 2006 『대전문학연구총서』 재수록

◇ 전태익 시조집『그대 바람 앞에서』평설

백하산의 솔부엉이 울음

1.

전태익 시인의 시를 통독하면서 Philip Sidney의 'an art of imitation'과 'a speaking picture'(모방의 기술이며, 말하는 그림)라는 정의가 새롭게 환기되었다. 이 말은 전태익 시인의 시적 원형질을 시사하는 것이며, 그의 시적 중심이 현실을 바탕으로하여 상상의 세계를 융합시키고 있다는 전제가 되는 것이다. 이러한 전제에 부합되는 시조, 서정적 자아의 절절한 감성이 형상화된 시조를 보자.

> 철새 떼 되돌아온 호수는 수를 놓고
> 갈숲에 이는 바람 손수건을 흔드는데
> 내 마음 물결을 타고 젖어오는 뱃고동
>
> 영마루 노을 지면 피 토하던 쑥꾹이는
> 내 님 무덤가에 吉夢 몇 알 떨구려나
> 세월도 눈에 밟히면 달무리를 따라 돈다.

이제는 고리를 풀고 사랑이란 미명하에
약사발 받아들고 제발 덕분 잠들거라
신들린 대숲바람으로 피고 지는 山冬柏

내 마음 요량한들 눈물로야 어이 잴까
억새꽃 떠난 자리 슬픈 새 한 마리여
절벽 끝 蒼松에 걸린 흰구름아 내 사랑아

—「아직도 눈물 도는 새」 전문

이 시는 호숫가에서 호수 주변의 정경을 바라보며, 그 정경에서 시인의 체험과 연결된 상상을 언어로 표출한 것이다. 호수에 돌아온 철새 떼를 환영하는 모습을 갈대가 '손수건'을 흔든다고 표현한 것은 아마도 시인 자신의 마음을 그대로 옮겨놓은 것으로 보인다. 그러기에 '내 마음'도 물결 그 자체가 되며, 그 마음 때문에 뱃고동소리도 젖어 있다고 토로하였을 것이다. 여기에서 '젖어 있다'는 것은 2수의 '피 토하던 쑥꾹이'와 연결되며, 또한 3수의 '제발 덕분 잠들거라'와 4연의 '눈물'과 상관관계가 설정된다. 이러한 상관관계의 바탕 위에 서정적 자아는 감정이입 된 '슬픈 새 한 마리'가 된다.

즉 이 작품은 단순한 배경(호수)에서 시인의 체험에 따른 상상의 여러 요소들이 결집하여 '흰구름아 내 사랑아'와 같은 감정의 절정상태를 보여준다. 이러한 형상화가 바로 전태익 시인이 추구하고 있는 시적 원형질이다.

2.

전태익 시인의 시에 나타난 바탕은 자신과 고리 지어진 주변의 사물에서 새로운 의미를 찾아내는 것으로 보인다. 그 의미망의 대상은 '고향'이며, 그 중에서도 시인의 서정을 일구어 낸 '백하산'이다. 시인에게 있어서 충북 영동군에 있는 백하산은 추억의 배경이며, 삶의 근원이자 사랑의 발원지로 되어 있다.

부럼 깨고 달불 놓고 강강술래 돌아갈 적
장정들 단숨에 올라 한판 대결 벌이던 곳
산철쭉 그날을 생각는지 불 밝혀든 저 백하산

이름조차 알 수 없는 옛 절터 찾아가면
흩어진 먹기왓장 솔부엉 울음 배인
노스님 독경소리가 개여울로 흐릅니다

— 「백하산」 1수, 2수

「백하산」의 1수에서 보여주는 것은 추억의 편린이다. 그 추억을 배경으로 등장한 백하산은 과거와 현재를 이어주는 가교이며, 그 가교로서 2수가 성립된다. 즉 절이 있던 옛 절터의 흩어진 기왓장에서 시인은 인생무상을 감득하고, 그 내적 울림이 '솔부엉 울음'으로 묘사되는데, 그 과거에 대한 그리움은 노스님의 독경소리에 의해 정화된다는 시정신의 표출 그 자체이기 때문이다. 백하산과 서정적 동일시는 다음 작품에도 드러나고 있다.

우수 무렵 햇살 퍼졌다

땅이 질퍽질퍽하다
요만큼 놓으면
아가발에 맞겠지만
언니는 살폿 뛰어넘겠지
백하산이 웃는다

—「땅에 놓는 다리」 전문

즉, 마지막 행의 '백하산이 웃는다'라는 진술은 실제 백하산이 웃는다는 것은 아니며, 백하산이 웃는다고 생각한 것도 아니다. 이는 바로 시인 자신이 웃고 있는 것이며, 자신을 백하산으로 환치시키고 있는 것이다. 이런 표현은 시에 서정성을 부여하여 일상성을 뛰어넘게 만드는데, 바로 백하산이 시인의 마음 중심에 자리잡고 있다는 예증적 표현이며, 삶의 근원으로 인식하고 있다는 증거이다. 시인의 자아의식이 두드러진 작품으로 「영국사 여심」이 있다.

메아리 숨어 사는 바위 곳곳 예대론데
발 아래 火宅門은 끝없이 흔들린다
가벼이 나뭇잎에 앉아 노 저어든 寂滅宮

길가 은행나무 할아버지 律에 맞춰
내 유년 虛靜한 달을 빈 가지에 걸어 놨네
먼 바다 푸르른 달빛 실려가는 四蛇五欲

국사가 난항이면 솔부엉이 밤새 울어
맑디맑은 금강물에 몸을 씻고 오라는데
타다만 장작더미에 다시 붙는 이 三毒

나도 그 한 때는 머리 깍은 중이 되려
이 산골 두루 누벼 땔나무만 해 날랐지
지금껏 되뇌는 글자 愛慾이란 두 글자

그대로 諸佛께선 넌지시 고운 미소
저 숲길 중생들과 어울리며 살라 한다.
달 끄는 외기러기사 어느 호수에 사리나.

—「寧國寺 餘心」 전문

이 시조는 전태익 시인의 사상 감정이 응축된 작품으로 약간 난해하지만 철학적 깊이가 있다. 1수에서의 핵심 시어는 '화택문'과 '적멸궁'이다. 전태익 시인은 아마도 속세에 한쪽 발을 디디고, 나머지 한쪽 발로 해탈의 피안을 디디려고 하는가 싶다. 그래서 속세와 사찰과의 사이에 있는 '화택문'이 등장했을 것이다. 이러한 해탈의지가 도달한 곳이 '적멸궁'인데, 이는 부처를 모시지 않고 법당만 있는 절이다. 아마도 시인은 이 법당 -해탈의 경지-의 주체가 되고 싶었는지도 모른다.

2수의 핵심 시어는 '사사오욕'이다. '사사'는 地 · 水 · 火 · 風이라는 근원적 대상을 가리키며, '오욕'은 인간이 가지고 있는 재물 · 색 · 음식 · 명예 · 수면 등에 대한 욕심이다. 시인은 이러한 '사사'와 '오욕'이 먼 바다로 실려간다고 하였다. 이는 '오욕'에서 벗어나고자 하는 의지의 표출로 보인다. 3수의 핵심 시어는 '솔부엉이'와 '삼독'이다. 사실 '솔부엉이'는 서정적 자아가 동일시된 대상이며 동시에 주체로 파악할 수 있는데, 이 솔부엉이의 울음으로 '삼독(탐심, 성냄,

어리석음)에서 벗어날 수 있다는 것이다.

4수의 '애욕'에서 벗어나고자 하는 의지와 5수의 화합하려는 의지, 그러나 '외기러기'일 수밖에 없는 자아의 참모습은 전태익 시인의 사상 감정이 응결된 그 자체의 순수한 표현으로 보아 무리가 없을 듯싶다.

3.

전태익 시인은 지사적 면모를 보여준다. 그의 외모에서 느껴지는 바와 작품에서 느껴지는 바가 거의 일치한다. 이는 바로 시인의 내면이 문학으로 형상화되었다는 것을 의미한다. 전태익 시인의 지사적 의지는 '겨울'이라는 좌절, 시련, 역경, 고난 등의 이미지에서 출발하여 그것을 극복하려는 강인한 의지로 표출된다.

돌팔매 한번에도 쨍그랑 소리 날라
빙판을 뚫어보다 다리 절며 지는 해는
겨울새 나래에 실려 회한으로 목매다

얼음에 금이 가면 세월에도 금이 가나
정이월 다 가도록 갈대숲 질긴 인연
숨 고른 불면의 등불 명줄로나 타는 거다

그래 니 시방도 하얗게 겨울 나나?
나루터 배도 읽고 노도 꺾인 설움인가
턱 괴고 불티 날리면 남쪽하늘 열릴레

—「겨울 강가에서」 전문

이 작품 「겨울 강가에서」를 정독한 독자나 평자는 떨리는 가슴을 주체하기 어려울 것이다. 1수에서 보여주는 표현기법은 가히 전태익 시인만이 가질 수 있는 독특하고 뛰어난 수사법이다. 여기에서 서정적 주체는 '해'이다. 이 해가 하늘에서 강의 빙판을 바라보는데, 그 빙판은 돌팔매 한 번에도 쨍그랑 소리 내며 깨질 것 같이 투명하다는 것이다. 이와 같은 순수성과 투명성을 그냥 두고 갈 수 없어 해는 다리를 절게 된다. 그러나 겨울새 날개에 실려 회한과 슬픔으로 기울어질 수밖에 없다는 것이다. 이런 의미에서 1수는 이희승의 「벽공」에 버금가는 가편이다.

2수에서 보여주는 것은 갈등의 상황이며, 3수에서는 겨울의 극한 상황 -나루터 배도 잃고 노도 꺾인 설움-을 설정하고, 겨울의 좌절에서부터 스스로의 의지로 극복하고 있다. '남쪽하늘 열릴레'는 바로 이러한 극복 정신의 발현이다. 겨울과 같은 상황은 시인의 생활에서 때때로 느끼고 있는 것 같다.

① 매미가 울고 있다
한겨울 동구나무에서
죄 없는 사형수처럼 자지러지게 울고 있다.
거미는 가지 사이에서 계속 음모를 꾸미고

— 「한 겨울에 듣는 매미소리」 1수

②첩살이 닭을 훔쳐
혼자 냠냠 족제비가
무리진 청설모에
꼼짝없이 당하더니

아니다 박쥐 떼들에
피 빨리고 있구나

—「유세장 풍경」 1수

③ 내 갈 길을 즈히들이
어찌 알고 덤비겠노

보다 보다 눈꼴 시어
한번 쓸었지

한심한
작대기들은
물구경도 안 나와봐.

—「홍수」 전문

예를 든 작품 모두가 부조리한 상황이며, 이에 대한 시인의 시선이 예리하다. ①은 역설적 상황을 통해 시인의 비판의식을 수용한 것이며, ②는 현실정치에 대해, 먹이사슬의 연쇄성을 동원하여 폭로한 것이다. ③은 세상의 부정부패에 대하여, '홍수'의 입장에서 진술한 것이며 동시에 무사안일에 대한 지적이다. 이렇듯이 시인은, 자신의 시선과 자신의 감수성에 의해 생활 속의 모든 것을 시로 형상화한다. 이러한 시적 형상화를 해학적 역설적으로 표현한 것이 「뿐뿐 노래」이다.

얕은 물이 얼었을 뿐
깊은 물은 흘러 흘러

잔가지를 잘랐을 뿐
있다가도 없었을 뿐
밤안개 걷히어갈 뿐
부딪쳐서 졸였을 뿐

놀빛 고와 날아가는
한 바리 새였을 뿐
은하 맑은 강물일 뿐
낮달인 양 애처로이
불러도 손만 젓더라
목거리가 덧났을 뿐

―「뿐뿐 노래」 전문

'~뿐'은 체언 뒤에 붙어 그것만이고 더는 없다는 뜻을 나타내는 접미사인데, 한정적 표현에 쓰고 있다. 전태익 시인도 이러한 의도로 형상화한 것 같다. 1수의 '밤안개 걷히어갈 뿐'과 '부딪쳐서 졸였을 뿐'은 밤안개 때문에 속만 태웠다는 것이다. 2수의 마지막 행 '목거리가 덧났을 뿐'은 '목이 아픈 병'이 생겨 소리 낼 수 없는 현실을 해학적 풍자적으로 보여주는 것이다.

4.

전태익 시인이 표현하고자 하는 시 정신 중 감동을 주는 한 분야가 서정성의 표출이다. 시인의 감성은 예리하다. 그 예리한 감성에 시인의 체험이 결집되어 빚어내는 서정성은 많은 독자들의 심금을 울린다. 그러나 전태익 시인은 서정을 직서적으로 표출하지 않고,

시인의 프리즘을 통해 새롭게 변형시키는데, 이 프리즘이 감정을 다스리고 있다.

유리창 성에꽃은 바람을 몰고 온다
불면의 강물 그 아슴한 기억 따라
꽃사태 아롱질 날들 봄은 이리 먼 건가

빈 들판 나목으로 후줄근히 비를 맞고
돌아와 누운 방은 닻을 내린 포구인데
사랑이 죄로 깊어서 눈을 뜨는 하늘의 辯

먼 산이 책갈피에 물이 들어 고운 날은
창호지 바른 문에 맷방석만한 달은 뜨고
스산한 소식도 한 장 풀잎처럼 말랐던가

산울음 피말리고 등불 멀리 타다 존다
밤 사이 供養米처럼 백성이 덮인 골에
던져진 사내장부가 열고 나온 저 무덤

—「그대, 바람 앞에서」 전문

이 작품도 겨울과 관련된 것은 「겨울 강가에서」와 같지만, 시적 분위기는 완연히 다르다. 이 작품에서 보여주는 것은 어떤 비판의식이 아니라, 서정의 표출이다. 1수에서 보여주는 '유리창 성에꽃'은 사랑하는 대상에 대한 부정적 매체로 도입되지만, 곧 바로 '꽃사태 아롱질' 봄을 기다리는 시심을 이끌어낸다. 2수도 「나목」에서 보여주는 겨울의 이미지가 돌아와 누운 현실이 바로 '닻을 내린 포구'로 자리매김 되어, 안식의 의미를 부여한다.

3수와 4수는 내용도 새롭지만 표현에 있어 뛰어남을 보여주는 시조이다. '먼 산이 책갈피'에 들어가고, 달이 '창호지 바른 문'에 뜨는 상황설정과 묘사는 아무나 할 수 있는 표현이 아니다. 또한 '소식' 마른 풀잎과 결합하는 이미지는 가히 찬탄할 만한 경지의 소산이다. 또한 4수에서 보여 주는 바 '백설'의 보조관념으로 '공양미'를 연상한 것과 마지막 행의 '무덤'을 열고 나왔다는 이미지는 작품에 신선미를 더해주는 표현수사법이다.

이러한 연상기법을 통한 형상화가 「거자나무」에서도 빛을 발하고 있다. 〈어느 날 바람처럼/ 우리 곁 떠난 그가/ 뒷동산/ 껍질을 벗는/ 거자나무로 서 있어〉에서 보여주는 것은 그(님 또는 친구)가 거자나무(자작나무)라는 동질적인 심상에서 승화된 것이다. 이러한 기법에 관능미까지 표현되어 상징적으로 쓰여진 시가 「11월」이다.

비교적 말이 없던
가만가만한 그 여자가

부끄럼도 안 타고
속치마만 입은 채로

마지막
남은 옷마저
벗을까요, 말까요.

— 「11월」 전문

이 작품은 계절인 '11월'을 '여자'로 비유하여 관능적으로 표현했다. 이러한 표현은 신선한 감동을 생성함에 부족함이 없으며, 특히 시적 화자로서 대화체를 원용하여 더욱 직접적인 감동을 나눈다. 신선한 표현 중 토속성과 관능성을 한꺼번에 표현한 작품이 「꽃뱀의 변」이다. 사설시조 형식을 가미한 이 작품의 2수는 특히 뛰어나다.

소경불알더덕 · 젖꼭지나무 · 못좆다래나무 · 좀처녀이끼 · 개불알꽃 · 며느리배꼽…….요렇게고상한이름을지어주고나니구름둥실골물졸졸솔바람도맞장구치며산나게중신애비노릇을톡톡히했다네요

—「꽃뱀의 변」 2수

이 작품은 야생식물의 특이한 명칭을 소재로 하고, 반어와 역설을 통해 시 정신을 형상화하였는데, 전체적으로 보면 우리말에 대한 사랑, 국토애, 토속적 정감, 관능미 등을 내포하고 있다.

5.

전태익 시인의 시조 중에서 몇 편을 선택하여 살펴보고 다음과 같은 점을 확인하였다.

첫째, 전태익 시인은 일상적 체험을 바탕으로 특이한 형상화를 하고 있는데, 고향을 주 매체로 하고 있다.

둘째, 전태익 시인은 지사적 면모를 시로 형상화하고 있는데, 좌절과 고통을 극복하고자 하는 해탈의지를 발현하고 있다.

셋째, 전태익 시인은 서정을 표현하되, 직서적으로 표출하지 않고

시인의 개성에 의해 감정을 다스리고 있다.

이러한 정리를 해놓고 다시 완독한 결과, 전태익 시인의 시 정신, 그가 앞으로 견지할 듯한 시세계를 조감할 수 있는 시에 「은폭암」이 있다는 것을 확인하게 되었다.

마음이 괴로운 날은 은폭암에 오릅니다
꽃등불 내걸어도 어지러운 이 세상에
가슴에 물길을 대려 후위단심 오릅니다

눈감고 생각하면 물보라가 찬란하고
눈뜨고 기울이면 물소리가 아니 들려
달빛 든 바위구멍에 은화 한 잎 던집니다

은폭암 사람들은 물소리만 들려주며
더러운 말 듣지 말고 돌아가라 이르는데
절벽 끝 구름은 동실 손을 잡고 넘잡니다.

—「은폭암(隱瀑岩)」 전문

예컨대, 전태익 시인은 1수의 표현처럼 '어지러운 세상'을 벗어나려는 내면을 지속적으로 보일 듯싶고, 3수의 표현처럼 '더러운 말'을 듣지 않기 위해 귀를 씻을 것이다. 그러나 '절벽 끝 구름'의 유혹을 어떻게 극복할 수 있느냐가 전태익 시인이 풀어야할 명제로 남는다. 이러한 과제를 극복하게 될 때, 전태익 시인은 보다 명징한 시세계를 구축하게 될 것이고, 한국 서정시조에 큰 족적을 남길 수 있을 것이다. 그리하여 백하산의 솔부엉이 울음은 수많은 감동을 생성하게 될 것이고, 독자들과 함께 이 감동을 공유하리라 믿는다.

— 1993 시조집『그대, 바람앞에서』 해설

— 1997『오늘의문학』 봄 호 재수록

◇ 김영수 시조집『그리움이 꽃 피는 뜨락』 평설

겨레시에 담은 동심과 시심

1. 김영수의 문학 사랑

연당(淵堂) 김영수(金怜洙)는 동시를 창작하는 아동문학가이자, 겨레시로서의 시조 창작 · 발전에 헌신한 시조시인이다.

연당은 1970년대부터 대전 · 충청 지역에 아동문학의 씨앗을 뿌리는 선구자의 역할을 성실하게 수행했다. 아동문학의 여명기에 대전 · 충남 지방의 아동문학 발전을 위해 충남아동문학회를 결성한 창립회원이었으며, 후일에는 충남아동문학회장을 역임하여 지역 아동문학 발전의 기틀을 다졌다. 그뿐만 아니라, 지역적 한계에 머물지 않고, 한국아동문학의 발전을 위해서도 남다른 노력을 기울였다. 그는 동시집 · 동화집 등 여러 권의 아동문학서를 발간하여 2000년에는 한국아동문학회에서 시상하는 한국아동문학 작가상을 수상하면서 아동문학가로서의 위상을 높인 바 있다.

또한 연당은 겨레시로서의 시조에 대한 사랑이 남달랐다. 600여 년간 우리 민족의 정서를 담고 있는 대표적 문학 장르로서 시조를 이해했을 뿐만 아니라, 시조의 발전이 우리 문학의 발전이라는 명제에 충실했다. 그리하여 그는 시조 창작과 시조 발전에 특별한 애정을 퍼부었다.

1970년대에는 대전·충청권 시조 모임인 『차령』의 창립 동인으로 활동하였고, 1980년대부터는 가람문학회 창립동인으로 『가람문학』의 발간에 힘을 모았고, 이어서 '대전시조시인협회' 창립 회원으로 활동하면서 지역 시조 발전에 기여한 바 크다.

초등학교 교사·교감·장학사를 거쳐 초등학교 교장으로 봉직하며, 초등 교육 현장에서 아동문학과 시조의 지도와 보급에 진력하던 중, 그 동안 창작한 시조를 묶어 시조집을 발간하기에 이른다. 시조집 『그리움이 꽃피는 뜨락』에는 시조 124편이 연당의 인생을 담아내고 있다. 이 작품들에 대해 간략하게 해설하고, 연당의 시조 세계에 대한 평가가 이 글의 목적이다.

2. 꽃을 사랑하는 마음

꽃에 대한 시조가 30여 편이나 되는 것을 보면, 연당은 꽃의 아름다움과 개성에 대하여 깊이 있게 천착한 듯하다. 꽃을 꽃 그대로 보는 경우도 있고, 꽃의 속성을 시조에 담기도 하며, 꽃과 인생을 비유적으로 연결한 작품도 보이는데, 한결같이 쉽고 감동적이다.

빠알간
덩굴장미
떨어진 꽃잎을 쓸며

햇살에
환히 웃던
할머님의 얼굴을 보며

꽃 지듯
주름진 육신
꽃과 같아 애닯다.

— 「꽃잎을 보며」 전문

시인은 빨갛게 떨어지는 덩굴장미의 꽃잎을 보고 있다. 그 낙화에서 시인은 할머니의 얼굴을 떠올린다. 장미 꽃잎과 할머니, 일반적으로는 잘 어울릴 것 같지 않지만, 시인은 낙화와 할머니의 얼굴을 오버랩한다. 이러한 비유적 심상이 바로 시인다운 감각이며, 시인으로서의 존재 가치가 발현되는 것이다.

연당은 장미꽃을 보며 할머니를 연상한다. 이질적인 사물들의 결합이지만, 시적 감동을 불러일으키는 것은 시인만이 갖고 있는 언어적 마력이다. 〈꽃 지듯/ 주름진 육신〉에서 꽃이 지는 것과 늙어가는 육신의 이미지 결합은 쉬운 듯하면서도, 개성적인 표현에 해당하는 것이다.

연당은 꽃을 통해 교육자의 모습을 보이기도 한다. 「꽃 그리고 마음」의 1연에서는〈한 알 한 알 씨앗들을/ 마음 모아 심는다.// 모두가 파릇파릇/ 파아란 꿈이 되고// 물주고 기다리는 맘/ 땅을 뚫는 푸른 힘.〉을 노래한다. 그는 씨앗을 심는 사람이며, 물주고 기다리는 마음을 간직한 사람이다. 이러한 사랑의 시심은 '푸른 꿈'과 '땅을 뚫는 푸른 힘'이 되어 세상을 아름답게 가꾼다. 이것이 바로 연당의 교육자적 모습이기도 하다.

한겨울
찬바람에
파래진 타원의 잎

톱날 같은
서러움을
잎가에다 가득 담고

忍苦에
피맺힌 설움
빨갛게도 토한다.

— 「동백꽃 · 1」 전문

사물의 표면적 특징과 내면적 속성을 시조에 담아내고 있다. 한겨울의 찬바람을 이기면서 파래진 나뭇잎, 그 잎의 가장자리에 톱날처럼 생긴 것이 있는데, 그 톱날처럼 생긴 잎의 가시를 '서러움'이란 속성으로 파악한다. 또한 시인은 꽃잎의 붉은 색깔과 연결시켜 '피맺힌 설움'이라는 서정적 결정체를 빚어내기에 이른다.

「난(蘭) · 3」에서는 난과 여인을 오버랩시켜 새로운 감흥을 환기한다. 〈창 옆/ 밝은 햇살에/ 속살 비치는 여인// 바람에 춤추는/ 나비 날갯짓// 화안한/ 햇빛 사이로/ 미소로 반기는 난꽃〉에서 시인의 뛰어난 연상력을 만나게 된다.

「억새꽃」에서는 색다른 서정을 맛보게 한다. 〈산허리/ 비탈진 곳/ 칼을 갈아 버티고// 잎마다/ 은빛 선에/ 곧은 마음 품고서// 솜처럼/ 포근한 사랑/ 하늘 가득 달랜다.〉라는 노래에서 시인은 1연의 칼, 2연의 곧은 마음, 3연의 포근한 사랑 등을 담아낸다. 이렇듯 하나의 사물에서 유기체를 연상해 내는 것은 바로 시인의 개성이고 역량이다.

3. 그리움의 뜨락

연당은 가슴이 따뜻한 시인이다. 고향에 대한 애틋한 추억, 그리고 부모 형제, 자녀와 친지들에 대한 사랑과 우정을 시조에 담아낸다. 그 사랑과 우정이 남다른 것은 연당의 가슴이 그만큼 예민하고 따뜻하다는 것에 다름 아니다. 그가 그린 고향의 봄날을 한번 감상해 보기로 한다.

꽃 그림 가득 담고
호수는 잠을 깬다

산까치 울음소리
산벚은 활짝 피고

고깃배 물 젓는 소리
피어나는 아침 햇살

— 「봄날 · 3」 전문

단시조라서 지극히 단순한 서경묘사인 것 같아 보이지만, 조금만 상상의 깊이를 더하면, 이 작품이 바로 촌철살인(寸鐵殺人)의 경지에 해당함을 깨닫게 된다. 독자의 무한한 상상력에 맡기는 것이 작품의 바른 감상이겠지만, 사족을 덧붙이면 다음과 같다. 때는 봄이다. 꽃 그림을 가득 담았다는 것은 호수 주위에 온통 꽃으로 둘러싸여 있다는 것이다. 그 아름다운 봄꽃들이 호수의 잠을 깨웠다는 표현, 초장의 이 두 행만으로도 이 작품은 천금의 가치가 있는 것이다.

단형의 시에서 밋밋하게 이어지는 것을 경계한 시인은 중장에서 〈산까치 울음소리/ 산벚은 활짝 피고〉라는 표현을 쓴다. 이것은 독자들의 기대심리에 반하는 비약적 발상이다. 그 호수 둘레에 있는 산기슭에서 산까치가 우짖고, 그 울음소리에 산의 벚나무 꽃이 활짝 피었다는 것이다. 이 부분에서 시인은 두 가지 효과를 노린 듯하다. 하나는 초장의 흐름과는 색다른 방향으로의 전환이고, 또 하나는 호수 둘레의 벚꽃이 피는 것이 바로 산까치의 울음소리 때문이라는 선적인 깨달음이다. 산까치 울음소리에 산벚이 활짝 핀다는 발상만으로도 족하다.

종장의 표현은 초장과 중장을 함께 어우르면서 신선함을 잉태한다. 초장과 호수와 연결되는 〈고깃배 물 젓는 소리〉와 중장의 산벚이 피듯 아침 햇살이 피어난다는 이미지의 결합은 천부적인 자질의 표현이다. 더구나 중장과 같은 표현 양식으로서 고깃배 물젓는 소리와 아침 햇살이 빚어내는 공감각적 이미지 결합은 그야말로 절창을 이룬다. 이것이 바로 김영수 시조의 핵심이기도 하다.

서정 속에서 고향을 찾다 보면, 필연적으로 부모와 형제에 대한 그리움이 생성되게 마련이다. 어머니를 통해 서정적 본향을 느끼며 동시에 서정적 생명력을 찾는 작품을 감상하기로 한다.

산골짝 바위 틈에
온 벌판 넓은 마당

은빛물이 반짝이고
바람결이 출렁이다

어머님
사랑 손 사이
물과 바람 멈춘다.

—「물 그리고 바람」 2수 중 둘째 수

시인은 살골짝 바위 틈에 있는 조그만 샘(웅덩이)을 본다. 그러나 시인은 그 샘을 작은 사물로 보는 것이 아니라, 마을 앞의 온 벌판이거나 마을의 넓은 마당을 찾는다. 작은 사물에서 그와 비교할 수 없을 정도로 큰 사물을 연상해 내는 것, 이것이 김영수 시인의 상상력이다. 그 샘에는 은빛물이 반짝인다. 바람이 불 때마다 물결이 출렁인다. 그러나 어머님 사랑이 담긴 손(바가지?)이 닿자마자 출렁이던 물과 바람이 멎는다.

시는 다양한 비유와 상징에 의해 수많은 해석이 가능하지만, 겉에 드러난 의미는 이처럼 간단하게 정리할 수도 있다. 그렇지만, 이 작품은 어머님의 사랑, 자녀들의 운명에 작용하는 물과 바람을 잠재우는 사랑의 주체로서 어머님의 힘을 내재하고 있다. 내재하고 있을 뿐만 아니라, 외연적 이미지를 생성하기도 한다. 그래서 읽을수록 새로운 의미가 발견되고, 그로 인해 다시 읽게 하는 마력이 생성된다.

어머니와 함께 시인의 가슴에 특별한 의미로 존재하는 대상이 아버지다. 그는 「아버지 · 1」의 첫 수에서 〈한평생 살아봐도 더 큰 산 또 있을까/ 뒤늦게 깨친 마음 아버지의 큰 마음/ 내 아들/ 참사람 되라/ 가르치신 그 큰 뜻〉이라고 노래하여, 아버지의 참사랑을 되새기기도 한다. 또한 「짚신」에서는 〈올마다 서린 정은/ 햇살처럼 펴지고// 뼘마다 담은 정은/ 골 따라 커 가고// 긴 세월/ 할머니 얘기/ 벽에 가득 그렸다.〉라며, 과거의 문화유산에 대해 특별한 애정을 보이기도 한다. 특히 벽에 걸린 '짚신'을 '할머니 얘기'라고 한 것은 김영수 시인만의 개성적 능력이다.

4. 산마을, 그리고 나무들

고향을 사랑하는 김영수 시인은 자연으로서의 '산'에 대한 끝없는 사랑과 관심을 작품화한다. 산이나 바다(독도)를 직접 노래하기도 하지만, 그 산과 바다로 대유되는 의미의 천착에 남다른 개성을 보인다. 특히 가까이 있는 자연에서 그는 삶의 근원을 밝혀내는 작업을 하고 있다. 그 작업의 일환으로 시조가 빚어지고 있다.

어머님 정성 만큼
쌓아 올린 돌담이다
빈 뜰엔 정이 어린

할미꽃이 피었다

한 쌍의 까치가 날아
빈 하늘을 돌고 있다.

—「보문산성」 전문

이 작품에서 시인은 보문산성을 방문하고 있다. 성벽을 바라보며 시인은 '어머님의 정성'을 찾아낸다. 성곽을 이룬 돌담, 차곡차곡 쌓여 있는 돌담의 모습을 보고 시인은 어머님의 정성을 연상한다. 치밀하고 정성이 담긴 성곽을 지나 성안으로 들어선다. 빈 뜰엔 정다운 할미꽃이 피어 있다. 성안에는 할미꽃을 비롯하여 다양한 꽃들이 피어 있었을 것이다. 그러나 시인의 눈에는 고향에서 본 할미꽃, 할아버지와 할머니를 연상하게 하는 꽃, 역사적 현장과 어울리는 할미꽃을 찾아 작품에 용해시킨 것이다.

또한 시인이 바라본 하늘에는 한 쌍의 까치가 날고 있다. 물론 한 쌍의 까치만 날고 있었을 수 있으나, 그외 여러 사물은 있어도 관심을 갖지 않는다. 이것은 시이불견(視而不見)에 해당하는 것으로, 시인에게 있어 중요한 사물만 인식되는 것이다. 이 작품에서 성안의 뜰도 비어 있고, 올려다 본 하늘도 비어 있다는 것은 중요한 의미를 내포한다. 말하자면, 시인이 임재한 곳이 역사적 현장이지만, 역사는 역사로만 남아 있고, 현재적 관점으로는 공(空)에 해당한다는 것이다. 그가 신봉하는 종교와는 무관하게, 이러한 사상이 작품 속에 영향을 끼치고 있다.

이처럼 역사적 안목이 「계족산 · 2」에서도 나타난다. 〈비래골 산길 올라 계족산에 올라서면/ 동춘당 기왓골엔 선비들의 한 서리고/ 해묵은/ 영산홍나무/ 오는 손을 반긴다.〉에서도 역사적 유적에 대한 시인의 시각이 분명하게 드러난다.

연당은 인식되는 사물을 작품 속에 반영하는데, 사물 그 자체의 속성에 한정하는 것이 아니라, 시인의 프리즘에 따라 새로운 의미를 생성한다.

산바람이 소근대고
이슬비가 속삭여도

한 잎 두 잎 피어나는
임 그리는 마음이여

한길가
바위벽 가득
붉게 타는 사랑 손.

—「담쟁이」 전문

겉에 드러난 문맥상 내용은 그야말로 평이하다. 그러나 조금만 다시 생각하면, 이 작품도 단순하지 않다. 담쟁이 덩굴이나 잎을 보면서 시인은 담쟁이 그 자체로만 보는 것이 아니라. 주위의 어떤 유혹에도 굴하거나 변하지 않고, 임만을 그리워하는 사랑의 화신으로 집약되어 있다.〈산바람이 소근대고/ 이슬비가 속삭여도〉는 동심의 표현으로 아름다운 노래일 수도 있으나, 세상의 여러 유혹으로 확산적 유추가 가능하기 때문이다. 이러한 유혹을 뿌리치고, 오직 임만을 그리면서, 그 임을 향하여 잎과 줄기가 뻗어나가는 마음, 그 붉게 타는 사랑을 시인은 담쟁이에 의탁하여 표현하고 있다.

5. 새 꽃이 핀 날에

연당은 신체적으로 건강할 뿐 아니라, 정신적으로도 건전한 교육자 생활로 평생을 보냈다. 그러다가 회갑을 앞두고 심한 고통에 휘말렸다. 반년 가까이 투병을 하면서 그는 삶과 종교에 대한 새로운 눈을 뜨게 되었고, 그래서 그 자신이 고목에 '새 꽃이 핀 것'으로 치부한다. 그래서 그는 입원하고 있을 때의 심리적 갈등, 종교에 의해 거듭남의 경이로움, 자신의 과거와 현재를 조감하며 자성하는 계기를 작품에 용해한다.

아내도
아들도 모두 가버린 밤

푸른 숲엔 새들마저 잠들어 바람도 쉬고, 아파트 창문마다
불빛은 눈을 떴는데, 병실에 혼자 누운 내 마음은 집으로 간
다. 창문을 기웃대는 별님과도 만나고, 둥근 얼굴로 걱정스
레 보고 있는 달님도 만난다.

소쩍새
노랫소리는 내 몸을 뒤흔든다.

— 「병실의 밤」 전문

환자의 심리를 이처럼 명징하게 표현할 수 있을까 싶을 정도로 절창인 시조작품이다. 아내와 아들은 간병하다가 쉬러 집에 갔다. 환자 자신도 마음으로 집에 간다. 별님과 달님을 만나지만, 그것은 집에서 만나는 것이 아니라, 병실에서 보이는 별과 달일 뿐이다. 자신의 병과 고통도 심하지만, 이러한 상황에서의 외로움은 시인을 더욱 아프게 한다. 고통스럽고 슬픈 가슴에 소쩍새가 노래하여 환자는 몸이 뒤흔들릴 정도로 오열로 흐느낀다.

이처럼 간명하게 환자의 속내를 표현하고 있는 이 시조는 형식상 사설시조에 해당한다. 평시조의 정형성과 단형의 약점을 보완하기 위해 엇시조와 사설시조는 생성된다. 그래서 하고 싶은 말을 리듬에 실어 늘어 놓을 수 있는 강점을 지닌다. 환자로서의 시인은 초장과 종장의 단시조 형태를 지키면서 중장은 사설로 채우고 있다. 아마도 생과 사의 갈림길에서 절실한 심리를 표현하는데는 이와 같은 사설이 적격이라고 생각한 듯하다.

이러한 사설시조 형태는 병환과 관련한 25편의 작품 중에서 12편이나 된다. 병환과 관련된 시조에서만 사설시조가 등장하는 것도 새로운 특징에 해당한다. 앞에서도 약간 언급했듯이 환자로서 하고 싶은 말, 고통에 직면한 상태에서 본능적으로 하고 싶은 말을 자연스럽게 토로하는 수단으로써 사설시조 형태를 택한 것으로 보인다. 이러한 변화는 내용에서 새롭게 거듭남에 대한 희구만큼이나 시조 형식에서의 새로움으로, 작품 전체에 새로움을 생성한다.

그는 「꽃송이」의 〈숨쉬는/ 반쪽을/ 신에게 바친 흉부외과 병실〉에서 자신의 병명을 밝힌다. 또한 「꽃처럼 웃어야죠」의 〈꽃처럼/ 화알짝 피는/ 흉부외과는 천사 집〉이라고 하여, 자신을 치료하는 간호사에 대해 찬양의 노래를 부르기도 한다. 이처럼 긍정적 심리는 「수술 전날 밤에」도〈나에겐/ 새론 꿈의 밤/ 혼자 맞는 아픈 밤〉으로 희망을 잃지 않는다. 동시에 그는 종교에 귀의하면서 「병상 미사」에 참여하게 되는데,〈정성과/ 사랑의 기도로 영광 받은 미사〉라는 믿음을 갖는다. 이러한 믿음 속에서 그는 쾌유의 기적을 일구고자 한다.

> 한 마리 학이 되어
> 하늘을 날고 싶다
>
> 먼 길, 넓은 하늘을 맘껏 날고 싶다. 1810호실, 긴 목을 빼어 내고 긴 기다림, 큰 날개로 훨훨 날고 싶다. 몸 안엔 온통 썩은 농흉들, 기침과 가래로 번지는 고통의 날들.
>
> 한 마리 학이 되어 맘껏
> 창밖을 날고 싶다.
>
> —「학(鶴)」 전문

이런 간절한 소망과 가족들의 헌신적인 간병으로 그는 기적을 일구어냈다. 그가 고통을 참으며 비몽사몽 잠을 잘 때도 그의〈아내는 밤새 손 모아/ 감사 기도 드린다.〉(「환상의 밤」 종장) 또한 그는 병상에서 스스로 삶에 대해 달관적 자세를 유지한다. 「오늘은」에서 그는〈솟는 해도 아름답지만/ 지는 해도 노을이 곱다〉고 깨닫는다. 이러한 깨달음 속에서 그는 새로운 삶을 부여받는다. 「하얀 행렬」에서 그는 〈창 밖은/ 아침 햇살에/ 더욱 밝게 빛난다〉고 인식하게 되고, 그러한 심리적 추이에 따라, 그의 병세는 호전되기에 이른다.

다시 말해 그는 생사의 갈림길에서 스스로의 깨달음, 종교적 귀의, 가족의 헌신적 사랑으로 인해 새로이 거듭나게 된 것이다. 그리고 그런 과정을 사설시조로 빚어낸 것이다.

6. 김영수 뜰에서 나가기

연당 김영수는 아동문학과 시조 창작에 평생을 헌신한 문인이다. 어린이들을 위해 동심으로 빚은 작품도 형언할 수 없을 정도의 가치를 지니고 있다. 그러나 겨레시의 발전을 위해 그가 창작한 시조 작품 역시 삶의 투영으로서의 가치를 지닌다. 더불어 시조와 관련된 『차령』『가람문학』『한밭시조』 등의 창립 회원으로 참여한 것은 높이 평가할 만하다.

연당은 평생 초등학교 교육을 담당한 교육자로서, 그리고 문학을 사랑하는 문인으로서 성실하게 살았다. 그러다가 회갑 직전에 병마와 싸우게 되었다. 그렇지만, 삶에 대한 강렬한 의지, 달관적 자세, 신앙의 인도, 가족의 사랑으로 난관을 극복하여 새로운 삶을 유지하게 되었다. 이제 새로 태어난 마음으로 아동문학 및 시조의 창작에 힘쓰기로 다짐하면서, 그 동안 모아 두었던 120여 편으로 시조집을 발간하기에 이르렀다.

그의 시조는 그의 삶을 여실하게 투영하고 있었다. 간략하게 정리하면 다음과 같다.

첫째, 꽃에 대한 시조가 여러 편인데, 이는 꽃의 아름다움과 개성에 대하여 깊이 있게 천착한 결과이다. 꽃을 꽃 자체로 보는 경우도 있고, 꽃의 속성을 노래하기도 하며, 꽃과 인생을 비유적으로 연결하기도 하며 한결같이 쉽고 감동적이다.

둘째, 고향에 대한 애틋한 추억, 그리고 부모 형제, 자녀와 친지들에 대한 사랑과 우정을 작품화한다. 사랑과 우정이 남다른 것은 연당의 가슴이 그만큼 푸근하고 따뜻하다는 것이다. 그는 이러한 작품 창작에 전념하는 시인이다.

셋째, 김영수 시인은 자연으로서의 '산'에 대한 끝없는 사랑과 관심을 작품화한다. 산이나 자연을 직접 노래하기도 하지만, 그에 대유되는 의미의 천착에 남다른 개성을 보인다. 특히 가까이 있는 자연을 통해 삶의 근원을 밝혀낸다.

넷째, 신체적 건강과 정신적 건강을 지닌 교육자 생활로 평생을 보내던 중, 회갑을 앞두고 득병하여, 반년 가까이 투병 생활을 하게 된다. 그는 삶과 종교에 대한 새로운 눈을 뜨게 된다. 그때의 심리적 갈등, 종교에 의한 거듭남의 경이로움, 자신의 과거와 현재를 조감하며 자성하는 계기를 작품에 용해한다.

연당(淵堂) 김영수 시인, 그의 삶이 아름답고 건강하기를 축원하며, 또한 그의 내면이 각인된 훌륭한 작품의 출현을 소망하며, 간략하게 그의 시조 세계 기행의 문을 닫는다.

— 2001『대전문학』 겨울호 수록

— 2002 문집『사랑이 넘치는 뜨락』 재수록

◇ 김재수 시조집 『단청 쌍곡선』 평설

여로에서 찾은 인식과 지향

1.

김재수 시인은 겨레시로서의 시조 창작에 남다른 열정을 지니고 있다. 그는 겨레시를 지키고 육성하고자 하는 투철한 의식, 누구나 알 수 있도록 쉽게 써야 한다는 신념, 삶의 여러 요소들을 시조로 빚어낼 수 있다는 시조시인으로서의 자부심을 지니고 있다.

그가 견지하고 있는 시조에 대한 지향은 현대적이면서 쉽게 창작해야 한다는 것이다. 시조집 『보운대의 새벽』 서문에서 그는 〈우리 민족 고유의 전통 문화꽃인 시조(時調)를 아끼고 정성들여 가꾸며 해묵은 흉내를 벗어나 현대적 눈으로 쉽게 바라볼 수 있도록 하는 데 힘〉을 쏟고 있다는 것이다. 또한 〈시인이나 문인들만이 읽을 수 있는 특유의 전유물(專有物)이 아니라 보다 많은 사람이 접할 수 있도록〉 쉽게 써서 시조의 대중화에 앞장서야 한다는 것이다.

이런 연유로 김재수 시인의 작품은 사실 덧설명이 필요하지 않을 정도로 쉽다. 누구나 읽으면서 바로 이해되도록 사실에 입각한 작품이 많으며, 시 자체의 표현만으로도 이해할 수 있도록 표현하고 구성한다. 물론 중국을 기행하고 얻은 작품에서는 한자어와 한자(漢字)를 여러 군데에서 사용하기도 하지만, 전체적 내용 파악에는 무리함이 없을 정도로 평이하다.

그는 삶의 제 양상을 시조로 빚어내고 있다. 향토에 대한 사랑, 평생을 바친 교육자로서의 교육관, 사회 현상에 대한 예리한 비판 의식, 여로에서 얻은 다양한 깨달음 등이 작품으로 승화되어 자리하고 있다. 그 중 여로(旅路)에서 얻은 사실, 단상, 깨달음 등에 대한 작품이 양(量)에 있어 비교 우위를 차지하고 있다.

그가 기행 시조를 다수 창작하게 된 동기는 시조집『자오선의 비밀』서문에 잘 나타나 있다. 여기서 그는 〈기록으로 남겨 놓지 않고서는 안내자의 설명이 있다해도 거기가 거기 같아서 도무지 분간하기 어렵고 어리둥절〉했기 때문에 꼼꼼하게 기록을 했다고 한다. 이 기록을 바탕으로 하여 다수의 시조 작품을 창작할 수 있었다는 것이다.

그의 기행 시조는 그가 기행한 여러 곳의 문화만큼이나 다양하다. 그런 다양성 속에서 그의 작품에 나타난 몇몇 줄기를 추출하여 간추리면 다음과 같다. 첫째, 새로운 문물에 대한 놀라움이다. 둘째, 비판적 안목과 자아 발견이다. 셋째, 우리 문화에 대한 자긍심이다. 이 외에도 다양한 시도가 파악되지만, 본고에서는 몇몇 대표적 경향만을 정리하고자 한다.

2.

김재수 시인은 세계 곳곳을 여행하게 된다. 여행지마다 새로운 문물을 접하게 되는데, 거기에서 시인의 예지와 감수성이 발현된다. 새로운 문물에 의한 경이로움이 작품에 나타나는 것은 당연한 귀결이기도 하다.

새로운 문물을 접한 시인은 그에 대한 상세한 설명까지도 작품에 덧붙이고 있다. 보지 못한 사람에게는 안내의 역할도 될 것이고, 보고 온 사람도 과거에 접한 감흥을 되살리게 되는 실용적인 면까지 겸하고 있다. 이러한 의미에서 창작한 작품이지만, 평이하고 사실적이어서 문학 작품으로서의 예술성에는 약간의 한계가 드러나기도 한다.

높다란 지붕 위엔
순교자와 여신상을

수많은 석상들이
돔 위까지 세워지고

대성당
십자가마저
햇빛 받아 빛이 난다.

—「바티칸 궁」 일부

이탈리아의 바티칸 궁을 둘러보고, 그 궁에서 접한 문물과 느낌을 자연스럽게 표현한 작품의 부분이다. 시인은 이 궁의 입구에서부터 나올 때까지의 여러 요소를 42행의 여섯 연시조 형식으로 그려내고 있다. 입구의 널따란 길, 계단 위의 광장, 빼어난 솜씨의 건물, 미술관, 박물관, 청동대문, 그 안의 예술품, 성화(聖畵) 등에 대한 찬탄으로 일관하고 있다.

이런 표현은 대부분의 작품에서 드러나고 있다. 프랑스의 「루브르 박물관」 역시 같은 맥락이다. 먼저 건물에 대한 묘사가 있고, 다음에 벽기둥, 지붕 색깔, 여인 입상이 부분적 · 구체적으로 조명된다. 다음으로 세계에서 끌어 모은 전리품, 예술품 등으로 이루어진 40만 소장품에 대한 기록, 이어서 여정의 고달픔으로 맺는다. 이런 기행시조 형식은 중국에 대한 작품에서도 그대로 드러나고 있다.

높은 산 능선따라
구불구불 산세따라

성가신 외적 침입
막아낸 성벽으로

입구엔 天一第一雄關 말없이 지켜 섰다.

5미터 통로 길폭
가는 곳곳 조성하고

높다란 망루각 밑
낭떠러지 요새지며

二千 年 보물로 남아 관광상품 으뜸이다.

—「萬里長城에 올라」 일부

중국의 만리장성에 오른 시인은 그 규모에 놀란다. 만리장성의 일관문에서 산의 능선과 산세를 따라 외적의 침입을 막기 위해 축조한 성벽을 바라보게 된다. 성을 축조한 사람들은 형언할 수 없는 고통을 받았겠지만, 그 땀과 피의 결과로 후손들은 관광사업을 하고 있다는 것까지 찾아낸다. 시인은 또한〈城 주변 흩어진 靈魂〉이 흐느끼는 것까지 포착하는 따뜻한 가슴을 지니고 있다.

만리장성에 감탄한 시인은 「乾淸宮」에서도 유사한 감정의 회오리에 휩싸이게 된다. 그리하여 시인은 〈웅장한 대권 건축/ 불가사의 매료되고// 오늘날/ 문명으로도/ 감당 못할 건축이네.〉라는 감탄을 하게 된다. 또한 이러한 경이로움에 의하여 〈덩치 큰 쑥돌에다/ 용무늬를 새겨 넣고〉 와 같은 궁전의 세부적 묘사와 〈그 많은 구천 궁녀와 사귀어 놀던 음침한 곳〉과 같이 궁전의 부분적 성격도 밝힌다. 동시에 시인은 〈일만 명 노예 동원/ 채찍질을 해가면서// 몇백 리 도랑 파고/ 물을 얼궈 바위 운반〉하던 역사적 실체를 서술하기도 한다.

이와 같은 형상화는 대부분의 외국 기행 시조에서 보인다. 그러나 이는 외국 기행 문물에 대한 시조에서만 보이는 것이 아니고, 우리나라의 명승지에 대한 대부분 작품에서도 같은 맥락임을 파악할 수 있어 예문을 생략한다.

3.

김재수 시인의 기행시조는 여로(旅路)에서 보고, 듣고, 느낀 것을 사실적으로 표현한다. 따라서 쉽게 이해되는 작품을 창작하려는 그의 작품관이 여실하게 입증된다. 단순하게 기술하거나 묘사된 작품도 많이 있으나, 시인의 비판적 안목에 의한 형상화가 두드러진 작품도 산견된다.

그 옛날 영웅호걸
약탈로 모은 재물

무참히 뺏은 영토
식민지로 써먹고서

시드는
국력을 보니
영고 성쇠 무상하다

—「런던의 새벽」 일부

한때 해가지지 않는 대제국이라는 이름으로 세계를 호령하던 영국에 가서 시인은 그들의 현재를 검증한다. 그들의 〈시드는 국력〉를 실감하게 되고, 이에 따른 인식은 바로 현재의 역사를 창조하고 있는 우리들에게 경종을 울리게 된다. 그러나 시인은 역사의 허상 속에서도 영국의 또 다른 면모를 발견하기도 한다. 「가로등이 빛나는 영국」에서는 〈곳곳에/ 도시를 따라/ 별밭 이뤄 반짝〉이는 야경을 노래하기도 하고, 〈애국심/ 충성심 길러/ 인재 양성〉을 하는 「이

튼 칼리지」를 부러워하기도 하며, 〈조각품 벽화들이/ 차원 높은 예술작품〉이라고 찬양하는 「윈저성에서」도 보이고 있기 때문이다.

이탈리아의 「콜로세움」에서는 〈그 옛날 2천 년 전/ 악의에 찬 아우성에// 지금은 쓰지 않는/ 전시물로 이끼 돋고// 곳곳에/ 피비린내가/ 움츠리며 어려섰다.〉면서 당시의 비참함과 현재의 무상함을 보이기도 한다. 또한 「뽐뻬이 유적」에서는 〈얄궂은 동성연애/ 극치에 다다르고// 포악한 네로황제/ 기독교도 탄압하니// 방탕한/ 이만오천 명/ 화석으로 남겼다네.〉와 같은 결구에서 인간의 도덕성을 비판적 안목으로 되새기기도 한다.

돈이면 그만이다
돈을 보고 결혼하고

40대 남자들이
장가 못 가 애태우며

밥, 요리
손빨래까지
남자 몫 하며 사네.

—「중국 바람」 일부

역사적 유적에 대한 비판의식은 현재의 삶에도 적용된다. 중국의 현실을 둘러본 시인은 그의 시각에 포착된 일부 중국인들의 생활상이 클로즈업되고, 이로 말미암아 시조 작품은 생성된다.

이처럼 현실을 직시한 작품에 「鄒城」이 있다. 맹자가 태어난 조그만 농촌 도시, 비포장 도로에는 황토먼지가 뒤덮이고, 현지의 서민들은 우리 나라 50년대 생활상을 닮아 있다는 것이다. 〈市街地 한복판을/ 粉炭 塊炭 화물차가// 덮개도 안 씌우고/ 질주하며 지나가면// 기다린 주민들마다 뛰어들어 주워가네〉에서 우리 나라 민족동란 후의 생활상을 시인은 연상한 듯하다. 「孟子廟」에서는 수많은 해오라기들이〈밀려든 구경꾼에/ 소리치며 날아돌〉면서 대대로 이어온 삶의 터전에서 요란하게 외쳐댄다는 것이다. 이것은 역사적 유적과 자연, 그리고 인간과의 조화가 깨어진다는 시인의 우려를 입증하는 것이다. 그렇지만 안타까운 비판의식은 우리나라의 분단현실에 대한 작품에서 심각하게 드러난다.

반세기 풀지 못한 망향한을 달래려고

강 건너 북한 땅이
마주뵈는 강 언덕에

하늘만 바라보면서
피눈물을 뿌려댄다.

—「동화경모공원(同和敬慕公園)」 일부

남북으로 갈라진 지 반세기가 지난 현실, 오두산 통일전망대 옆에 있는 무덤을 통하여 시인은 분단의 아픔을 절절하게 노래하고 있다. 민족전쟁시에 간신히 월남하여 온갖 고생을 하면서 살 만해지자, 두고 온 고향을 그리워하다가 죽게 되고, 죽어서라도 고향 가까이 묻히고자하는 염원으로 휴전선 근처에 묻혔다. 그러한 원혼을 떠올리며 시인은 안타깝고 애절한 정서에 휩싸여 이와 같은 작품을 창작한 것이다.

「월정리역(月精里驛)」도 같은 맥락의 작품이다.〈먼 옛날 철길 따라/ 금강산 가던 길목// 이제는 더 갈 수 없는/ 한이 서린 종착역.〉에는 포탄 맞은 기관차가 눈비 맞고 드러누워 있는데, 이 기관차 역시 무덤 속 주인공과 같이 북으로 가고 싶다는 것이다. 이와 같은 작품은 그의 시조집에서 산견되는데, 역사 및 현실에 대한 비판의식에 기인하는 것이다.

4.

김재수 시인의 기행시조에는 여로에서 감득(感得)한 여러 요소들이 내재되어 있다. 그 중에서 우리 문화에 대한 작품도 뚜렷한 줄기를 이루고 있다. 이것은 문화 현장을 답사한 시인이 그 견문에 의하여 새로움과 놀라움, 그리고 남다른 자긍심을 갖게 되는데, 이를 시조로 빚은 것이다.

본존불(本尊佛) 양쪽으로
관음나한(觀音羅漢) 거느리고

극치(極致)의 여래좌상(如來坐像)
탄성(歎聲) 속에 합장(合掌)하고

천 년전 신라 예술품

자랑스레 돋보인다.

— 「석굴암(石窟庵)」 일부

우리 예술품에 대한 경이의 찬탄을 작품화한 것이다. 시인은 토함산 자락을 구비구비 돌아 동해의 세찬 바람을 버겁게 마셔가며 잡목 숲을 따라 석굴암에 이른다. 그 자리에서 바라본 정경이 바로 인용한 부분이다. 이어서 낯선 외국인들이 줄지어 찾아 '원더풀' 외치는 감탄을 목격하게 되고, 그로 인해 신명난 발걸음이 지칠 줄을 모른다는 것이다. 우리의 문화재에 대한 경이와 자긍심이 완연하게 드러난 작품이다.

「불국사(佛國寺)」도 같은 맥락이다. 〈이끼 쩐 오랜 세월/ 아름다운 다보탑(多寶塔)은// 비바람 씻겨져서/ 선조(先祖) 솜씨 돋보이며 // 육중한 석각 솜씨〉에 머리 숙여 우러른다는 시인의 정서적 울림이 들어 있다. 이러한 정서적 울림은 문화재에만 국한된 것이 아니다. 국토에 산재한 자연풍광과 삶을 영위하고 있는 사람들에게서도 시인의 감성은 예민하게 반응한다.

경계선 차곡차곡
돌담으로 쌓아 두고

수호신(守護神) 돌하르방
밤낮으로 지켜보며

삼다도 풍물 구경은
속세 떠난 장관(壯觀)이네.

물허벅 등에 지고
아기구덕 곁에 놓고

집채 같은 파도 너머
외딴 섬 임을 그려

한많은 시집살이에
둥그레 당실 둥그레 당.

—「삼다도(三多島) 풍물(風物)」 일부

제주도민 생활의 특정한 면을 시조로 빚은 작품이다. 앞부분에서는 세찬 바람에 지붕을 촘촘하게 동아줄로 동여맨 풍광과 조랑말이 딸랑거리며 자갈밭을 일구는 장면도 나와 있다. 이 작품은 제주도의 여러 풍물 중에서 몇몇 요소들만을 선택하였는데, 그것이 바로 시인의 내면에 생명감 넘치는 감동을 준 것들이다. 단형의 시조를 통하여 시인은 제주도 삶의 여러 요소들을 집약해 보여 주고 있는데, 이것이 바로 김재수 시인이 갖고 있는 창작 능력이다.

「완도(莞島)에서」는 어부 내외가 근면하게 살아가는 모습을 시조로 보여주고 있다.〈새벽 같이 바다에 와// 이른 아침 해 뜨기 전/ 힘을 합해 일을 하며// 착하게 억척스럽게/ 끌고 당겨 살〉아 가는 부부의 모습이 여로에 있는 시인에게는 새로운 감동을 주었음직하다. 이러한 감동은 전설 속의 여행지에서도 드러난다.「춘향이 고개를 넘으며」의 〈춘향이 고개 넘어/ 오리정에 멈춰 쉬고// 한많게 이별을 한/ 설움덩이 고개인데// 푸르른/ 소나무숲이/ 한겨울도 푸르구나〉는 애절한 슬픔과 대비되는 〈푸르른 소나무〉로 인하여 역설적인 감동을 준다. 이는 고사(故事)의 맥수지탄(麥秀之嘆)의 경우와도 상통하는데, 시인의 남다른 정감을 돌아볼 수 있는 작품이다. 시인은 우리 것에 대한 자긍심을 도심에서도 찾고 있다.

저자가 자기 책을
자람삼아 소개하고

비둘이 떼를 지어
먹이 찾아 날아드니

몽마르트
스페인 광장
이 곳에다 비할까

— 「마로니에 광장」 일부

이 작품에 나타난 시인의 의식을 살펴보며, 우리 것에 대한 약간은 과장스런 자긍심을 엿볼 수 있다. 그러나 '몽마르트 언덕'이나 '스페인 광장' 등의 풍물과 일면 상통하는 장면을 보며, 시인은 우리 것도 소중하다는 것, 우리도 외국과 같이 가꾸고 펼치면 그에 못지않다는 것을 작품으로 웅변하는 것이다. 이렇듯 김재수 시인은 우리 것에 대한 남다른 사랑과 자긍심을 작품으로 승화시키고 있다. 민족 고유의 시조시를 고집하는 연유도 이에 있는 것으로 보인다.

5.

김재수 시조 시인은 삶의 다양함만큼이나 다양한 시를 창작하고 있다. 그러나 서두에서 말한 것처럼 기행시 성격의 작품이 주조를 이루고 있다. 그의 기행시를 몇몇 줄기를 따라 살펴보았지만, 이것은 구우일모(九牛一毛)적 성격을 지닌다.

그는 평생을 교단에 바친 교육자이다. 〈한평생 보수가 적어도 적다는 불평없이 콩깨묵, 겉보리를 봉급으로 주어도 아이들 가르치는 일〉이 즐겁고 보람으로 느껴져서 교육자로 일생을 바쳤다. 그는 퇴직한 교육자로서 〈스승이 제자를 사랑하고, 제자가 스승을 따르며 사회가 교육자를 존중하고 박수할 때 신바람〉(『허깨비 장난』의 서문)나는 교직이 되기를 염원한다. 그래서 그는 여로에서도 교육자임을 잊지 않는다.

> 한 팔로 손을 잡고
> 한 팔은 등에 대고
>
> 한아름 소나무가
> 늘어져서 푸르른데
>
> 교성(敎聖)이
> 박애를 쏟아
> 쌓인 눈도 녹여낸다.
>
> —「페스탈로치 동상 앞에서」 일부

이런 작품을 창작하는 김재수 시인은 앞으로도 여로(旅路)에서 감득(感得)한 바를 작품으로 승화시킬 것이다. 새로움과 경이로움의 찬탄도 아끼지 않을 것이고, 비판적 안목에 의한 예리한 시각도 견지할 것이며, 우리 것에 대한 사랑과 자긍심도 잊지 않을 것이다. 동시에 교육자로서의 자세 또한 평생을 유지할 것이다. 앞으로 그의 작품 세계가 더욱 아름답게 빛나리라는 믿음, 남은 생애도 시조 창작에 전념하여 더욱 훌륭한 문화유산을 남기리라는 확신으로 정리를 마친다.

— 2002 시조집『단청 쌍곡선』해설

— 2008『예향대전』3월호 재수록

◇ 김창현 시조집 『불당골 메아리』 평설

법화(法華)의 시학적(詩學的) 경지(境地)

1.

김창현(金昌鉉) 시인은 충남 서천에서 출생하여 군산사범학교를 졸업하고 국가의 백년대계를 위해 초등교육에 평생을 헌신한 교육자이다. 초등학교에 봉직하여 어린이들을 지도하는 틈틈이 시조와 수필을 창작하여 수준 높은 창작의 경지를 보이고 있다.

수필집 『개구리도 배꼽이 있나』 『말더듬이의 하소연』을 발간하여 교육자의 참모습을 보이고, 시조집 『가슴 냇가에 흐르는 사랑』 『이승과 저승 사이』 『세월의 길목』 등을 발간하여 시조문학의 발전에도 기여한 바 크다. 그러던 중 어린이들에게 민족시(시조)를 가르쳐야겠다는 신념으로 동시조 짓기에 전념하여 동시조집 『바람이 밀어 주는 그네』를 발간하고, 지속적으로 동시조 창작운동을 펼치고 있다.

이런 공로로 민족동시조문학상을 받은 그는 시조에 대한 끝없는 사랑을 창작으로 웅변하고 있다. 그의 『불당골 메아리』는 제목에서 보이는 바처럼 '불당(佛堂)'과 관련한 시조작품을 묶은 것이다. 이 시집의 작품들은 두 가지 큰 특성을 갖고 있다. 첫째는 불교적 신심과 서정의 반영이고, 둘째는 시조라는 문학 장르의 특성이다.

2.

김창현의 불사(佛寺)·불당(佛堂)·불탑(佛塔)과 관련한 시조를 읽으면서 『법화경(法華經)』을〈견보탑품(見寶塔品)〉이 빛살처럼 연상되었다. 주지하고 있는 바이지만, 그 내용을 간추리면 다음과 같다.〈부처님이 설하시는데 칠보의 탑이 공중 높이 솟아 올랐다. 갖가지 보물로 장식되었고 향기로 충만하였다. 삼십삼천의 천인들은 하늘의 만다라꽃을 뿌려서 보탑을 공양하고 그 밖의 사람들은 일체의 꽃과 향과 영락과 산개와 기악으로써 보탑을 공양하고 찬탄하였다.〉〈그때 보탑 속에서 '훌륭한 일이다. 훌륭한 일이다.' 찬탄하는 큰 음성이 났다.〉고 기록되어 있다.

법화경의 인용한 부분의 핵심은 불탑에 대한 사부대중의 공경심을 유도하기 위한 것으로 해석된다. 또한 사부대중이 일심으로 불탑을 통해 신심(信心)을 기르며, 나아가 불탑을 건립하려는 발심(發心)을 부추기는 묵시적 권고로 해석된다. 보탑에서 들리는 음성은 모든 사람이 듣는 것이 아니라, 들리는 사람만 듣는다는 것인데, 이는 '들을 귀 있는 자만 들으라'는 기독교의 성경 말씀과도 상통하는 것이다.

결국 김창현의 시조를 읽으면서 『법화경』의 이 말씀이 연상된 것은, 부처님을 모신 사암(寺庵)과 불탑(佛塔) 등에서 시인 김창현은 부처님의 말씀을 듣는다는 것이다. 그 부처님의 말씀이 시인 김창현의 영감(靈感) · 신심(信心) · 서정(抒情)을 매체로 하여 시조작품으로 형상화되었다는 것이다.

세월이 잠든 곳에
탑돌이로 삭이다가
보살님 입가에서
여백을 배우는데
인연이 또 절망처럼
푸른 넋을 달랜다.

허욕 깃든 넋뿌리도
소리결을 다듬다가
마음 절로 아로새길
낯설어진 기도일 뿐
길들여 치달리고 싶은
자비 얹고 싶은 마음.

— 「낙산사 원통보전(洛山寺 圓通寶殿)」 전문

이 작품은 서기 676년 신라 혜공왕 3년에 의상대사가 창건하고, 1950년 동란으로 전소되었으나 1953년 중건한 낙산사 원통보전에서 느낀 시인의 내면적 그림이다. 특별히 덧붙여 해석하지 않아도 이해할 수 있는 작품이지만, 불교 관련 시조의 대표성을 띠고 있다고 볼 수 있어, 간략하게 첨가하면 다음과 같다.

〈세월이 잠든 곳에/ 탑돌이로 삭이다가〉는 그야말로 천년의 시공을 뛰어넘어 인간의 유한성을 탑돌이로 극복하는 것이고,〈보살님 입가에서/ 여백을 배우는데〉는 염화시중의 미소와 다름이 없다. 또한〈인연이 또 절망처럼/ 푸른 넋을 달랜다〉에서는 반야심경의 색즉시공(色卽是空)·공즉시색(空卽是色)의 경지를 표현한 것에 다름 아니다.

〈허욕 깃든 넋뿌리도/ 소리결을 다듬다가〉는 앞에서 말한 바, 법화경의 바로 그 경지라고 보면 될 듯싶고,〈마음 절로 아로새긴/ 낯설어진 기도일 뿐〉은 내면의 진실을 겸손하게 투영한 것이다. 또한〈길들여 치달리고 싶은/ 자비 얹고 싶은 마음〉은 바로 앞의 내면적 진실과 연계되는데, 부처님의 말씀에 길들여진 상태로 그 말씀을 시인의 마음에 얹고 치달리고 싶은 것이다.

그렇다면 이 작품은 낙산사 원통보전을 바라보면서 시인이 간직하고 있는 불성(佛性)의 경지를 자연스럽게 작품으로 빚어낸 것이다. 이런 작품처럼 김창현 시인은 부처님을 찬탄하기 위해 세운 사찰이나 불탑에서 부처님의 말씀을 스스로 듣고 시인의 내면에서 들리는 울림을 작품으로 승화시키고 있다.

합장한 열반 위에
극락길 걷는 이 맘
부처님 앞 남긴 시름
아문 침묵 고이 안고
눈부신 법열(法悅)의 고통
목이 타는 내 영혼.
말없이 불두화는

섬돌 아래 봄을 담고
이승 길 숨찬 고개
머나먼 지친 고행
손 모아 염주 또 헤면
자비스런 보리심.

—「정림사 오층석탑(定林寺 五層石塔)」 전문

이 작품의 제재인 오층석탑은 충남 부여군 부여읍에 있는데, 나당 연합군에 의해 백제가 멸망할 때 사찰은 불타고 그 절터에 남은 탑이다. 이 탑을 보면서 시인은 부처님에 대한 지극한 사랑으로 법열의 경지를 맛보고 있다. 그러면서 또한 망한 나라, 불타버린 사찰에 대한 심적 고통을 형상화하고 있다.

이 작품을 통해 김창현 시인의 시조가 갖고 있는 시적 표현으로 팽팽한 시적 긴장을 확인할 수 있다. 특히 〈법열의 고통〉은 이 작품의 핵심이라 할 수 있는 바, 역설적 기법 · 반어적 은유에 의한 긴장미를 갖추고 있다. '합장한 열반'과 '시름으로 목이 타는 영혼'은 상반된 이미지로 팽팽한 긴장을 생성해내고 있다. 또한 시인의 내적 투영으로서 '불두화'는 말없이 섬돌 아래 봄을 담고 있다는 것이다. 이런 형상화는 맥수지탄(麥秀之嘆)의 '무성한 보리'와 유사한 맥락으로 보인다. 나당 연합군과 백제군이 전쟁을 한 이승 길은 숨찬 고개이며 동시에 머나먼 고행이지만, 이제 현실에서 시인이 손 모아 염주를 헤면 자비스런 보리심이 된다는 것이다.

이런 형상화는 「덕숭산 만공탑」에서도 그대로 드러난다. 〈텅 빈 것 가득 차면/ 세상이 만공인가/ 빈 하늘 태허가/ 가득 찬 만공인가/

돌고 돈 우주 만상이/ 인생살이 험한 길〉에서 보이는 것이 바로 상반된 이미지의 결합이고, 이로 인해 시적 긴장이 살아나는 것이다.

산바람 이른 새벽
산새들 합창하고
다가서는 여명 앞에
다시 돋는 햇살 자락
풍경이 율 고르는 뜻
부처님은 아실까

—「월명산 성불사(月明山 成佛寺)」 일부

평이하게 보이는 작품 중의 하나이다. 평이한 행간에 많은 이야기를 담고, 표현 또한 멋스럽다. 인용한 부분은 둘째 수인데, 종장의 〈풍경이 율 고르는 뜻/ 부처님은 아실까〉는 시조의 멋과 맛을 유감없이 보여주는 가편(佳篇)이다.

이와는 약간 다르지만 비유적으로 삶의 의미를 천착(穿鑿)하는 작품도 여러 편 선보이고 있다. 〈세상살이 굴러가는/ 보이지 않는 굴렁쇠// 쓰러질 듯 넘어질 듯/ 엎어질 듯 흔들대도// 인생은/ 제자리걸음/ 맡긴 대로 사는 법〉이라 노래한 「계룡사 학림사」는 시인의 불교적 인생관이 농익은 작품이다. 김창현 시인은 처처불심(處處佛心)이란 말처럼 모든 불교적 사물에서 바로 불심과 서정을 찾아 작품에 담아내고 있다. 그런 만큼 언뜻 보면 모두 비슷한 작품 같지만, 자세히 확인하면 작품마다 독특한 개성을 담고 있음이 확인된다.

보살 여래 손짓하는
여운 띤 바람결
내 마음 독경 섶에
살아 있는 자비의 꿈
차라리 잊으려 하면
물결 이는 이 법열.

산문(山門)을 다스리다
내 곁에 머문 고요
꼬리 물던 이 저 생각
보살님 눈에 들면
온갖 정 끊고 사루어
속삭이는 삼귀의.

—「괴정산 청우사(槐亭山 聽雨寺)」 전문

시인의 불심이 법열의 경지에 들었다는 깨달음을 시로 빚어낸 것이다. 그런 경지를 그는 소망하고 있고, 삼귀의(三歸依)에 들어 삶의 궁극적 진리를 찾고자 하는 내면을 언어로 그려낸 그림이다.

3.

김창현 시인의 불교 시집 『불당(佛堂)골 메아리』는 그의 신심에 따른 사찰 순례(巡禮)의 신앙적 고백록이다. 이와 관련한 작품은 양적으로도 놀라울 만큼 많지만, 질적으로도 높은 경지를 선보이고 있는데, 그의 신심과 문학이 결합했기 때문으로 보인다. 그가 창작 초기에 갖고 있었던 일부 직설적인 표현, 안이한 비유, 시조의 율격에만 얽매였던 점 등이 완전히 불식되고, 시조시인으로서의 일신된 면모를 보여주는 계기가 되었다고 해도 과언이 아니다.

이런 결과는 지극한 불심 속에서 작품 창작에 전념했기 때문으로 보인다. 그는 넘쳐나는 욕심 속에서 태허의 진리를 발견했고, 아무것도 가진 것 없는 비움 속에서 충만한 법열을 찾을 수 있는 시심을 갖고 있다. 그 시심 속에서 그는 작품 창작의 새로움을 더하고 있다.

동백꽃은 노란 꽃술
알 수 없는 미궁처럼
솔바람 염불 타고
여백만 흔들더니
그리움 흘러 할 말 없는
불경 읽던 동박새.

꽃잎 안고 놀던 바람
천수경을 몰고 와서
외진 독방 귀양살이
가슴 한 켠 커진 욕심
기도 끝 손마디 뼈 속
파도 일던 불심가.

— 「첨찰산 쌍계사(尖察山 雙溪寺)」 전문

이 작품은 김창현 시인의 시적 감수성을 귀납한 대표작으로 보인다. 의미와 서정이 어우러져 합일(合一)의 시정신을 보이고 있으며, 시인 자신이 동박새가 되어 물심일여(物心一如)의 경지를 빚어내고 있다. 이같이 수준 높은 작품 창작에 기대를 걸며 김창현 시인의 작품 기행(紀行)을 간략하게 마친다.

— 2000 시조집 『불당골 메아리』 해설

◇ 최진섭 시조 평설

현대시조의 특성, 새롭게 거듭나기

1.

최진섭의 작품은 현대시의 감각적 이미지와 민족의 전통 율격이 융합하여 문학적 상승 효과를 거둔다. 참으로 놀라운 일은 그의 작품을 일견(一見)하면서, 로버트 프로스트의 문학적 견해와 몇몇 작품의 시행(詩行)이 연상된다는 것이다.

로버트 프로스트는 체질이나 심성이 작품과 동일시되는 시인으로 알려져 있다.〈시는 기쁨에서 시작하여 지혜로 끝난다. 사랑이 그런 것과 마찬가지이다.〉(『Literary Criticism in America』)라는 고전주의적 발상을 보면서, 최진섭 시인의 경우와 상통(相通)함을 본다.

또한〈두 갈래 길이 숲 속에 나 있었다/ 나는 사람이 덜 다닌 길을 택했고/ 그것이 내 운명을 바꾸었다.〉(「THE ROAD NOT TAKEN」 끝 부분)고 한 로버트 프로스트와 같이 최진섭 시인 역시 많은 사람이 가는 현대시의 길보다는 소수가 정진하고 있는 시조의 길을 택한다. 시조는 현대시에 비해 빈약하다 못해 쇠잔한 것이 현실이다. 이는 부정할 수 없는 사실이다.

그러나 그는 우리 고유의 문학 장르로써, 세계에 내놓을 수 있는 거의 유일한 문학 형태로써 시조의 창작에 전념한다. 우리 시의 전통적 맥락을 지켜야겠다는 사명감으로 시조 창작에 전심전력을 투구한다. 〈세상은 사랑하기에 알맞는 곳/ 이 세상보다 더 나은 곳을 나는 모른다/ 나는 자작나무를 오르듯 살아가고 싶다〉(「BERCHES」 일부)는 프로스트처럼 최진섭 시인은 생을 바쳐 문학의 길을 가고자 한다.

혹자는 이러한 견해를 견강부회(牽强附會)라고 할지도 모른다. 연상에 있어 너무나 비약이 심하다고 할지도 모른다. 그러나 최진섭 시인의 작품을 통독(通讀)하면서 프로스트의 작품이 연상되는 것을 지울 수가 없다. 이는 최진섭 시인이 젊은 시절 프로스트의 작품을 독파하여 완전히 소화한 다음, 작품으로 승화했을 수도 있다. 아니면 삶의 자세와 인생관이 자연발생적 유사성을 지녔을 수도 있다.

사람들이 많이 가지 않는 오솔길을 선택하여, 오로지 그 길만을 가는 외로운 시인으로서의 인상을 바탕으로 최진섭 시인의 시조 세계를 기행하고자 한다.

2.

최진섭 시인은 1991년도 ≪충청일보≫ 신춘문예에 시조 「오미실 가는 길」이 당선되고, 이어 ≪현대시조≫ 신인상에 「竹杖」이 당선되어 시인의 길에 나선다. 문학성 높은 작품의 창작에 전념하여 1995년 제15회 '동백문학상'을 수상한다. 이후 더욱 확장된 시야로 작품의 창작에 몰두하여 시조집 『콩새 단풍 숲에 드는 까닭은』의 발간에 이른다.

그의 등단 작품인 「오미실 가는 길」은 한국의 토속적 서정과 시어의 정교함으로 현대시조의 전범으로 평가되기도 한다. 현대시처럼 장(章)을 몇 행으로 나누어 호흡이 긴 작품이어서 편의상 장별 연시조 형식으로 다시 정리하여 예거(例擧)한다. 시적 여운에서 약간의 차이가 있을 수 있으나 시정신의 기본적 천착(穿鑿)이라는 점에서는 크게 무리하지 않으리라는 판단에서다.

첫 새벽/ 달려나온/ 오미실 가는 길은
키 큰/ 미루나무/ 마을을 비질하고
木花香/ 손짓을 하는/ 어머님의 별 고향

흐르는/ 실개천에/ 버들잎 하나 되어
사시장철/ 모진 바람/ 잠겨 있는 눈뜬 부초
되 보면/ 뿌우연 먼지/ 먼지 같은 초려 한 칸

떡버들/ 등에 업힌/ 빛 고운 청개구리
굽어보면/ 깊은 강물/ 흰 머리칼 갈대숲에
곱 닿게/ 화장을 하고/ 숨어버린 낮달이여

—「오미실 가는 길」 전문

시인은 첫새벽에 '오미실'로 향한다. 이곳이 시인의 현실적 고향인지, 어머니의 고향인지, 그것도 아니라면 시인이 지향하는 이상향인지 작품만으로는 확인할 길이 없다. 그러나 '오미실'은 '어머니'와 같이 시인의 마음에 아름다운 서정의 원천으로 작용한다. 그 '오미실'을 찾아가면서 시인은 눈에 보이는 사물 · 정경을 묘사한다. 그 서경은 서경으로 끝나는 것이 아니라 시인만이 갖고 있는 개성적 서정을 담아 독특한 세계를 창조한다. 그래서 이 작품을 읽게 되면, 누구나 시인이 지향하는 '오미실'을 찾아가고 싶은 충동에 휩싸이게 된다.

이 작품 첫 수 초장(初章)의 '오미실'은 종장(終章)의 '어머님'과 연계된다. 이 '어머님'은 둘째 수의 '초려'와 셋째 수의 '낮달'과 유기적으로 기능하여 작품의 중심축을 이룬다. 결국 오미실을 가는 길은 어머님을 찾는 길이고, 그 길에서 초가집과 낮달을 찾아내는데, 모두 어머님의 분화된 이미지로 기능한다.

신춘문예 심사평에서 리태극 시인은〈매 장의 맺음이 '어머니의 별고향' '먼지 같은 초려 한 칸' '숨어버린 낮달이여'로 되어 매우 자연〉스럽다고 평한다. 또한 이는 수련의 결과이며, 순박스럽고 향토색이 짙은 굵은 색깔을 느끼게 하여 당선시켰다고 평한다. 신춘문예 당선 소감에서 시인은 어머니의 묘소가 있는 오미실로 달려가 기쁜 소식을 전하고 싶다고 술회한다. 필자 또한 최진섭 시인이 돌아가신 어머니의 사진을 지갑에 넣어 늘 가슴에 품고 다니는 것을 여러 번 목격한 바 있다. 그래서 이 작품은 돌아가신 어머니의 묘소가 있는 오미실로 첫새벽부터 찾아가는 시인의 효심을 바탕으로 한다.

이러한 바탕에 표현의 멋이 곁들여져 시조의 품격(品格)을 높인다. 시인은 오미실 가는 길에 키가 큰 미루나무를 본다. 빗자루처럼 긴 미루나무가 내 마음을 쓸어주는 어머니 손길과 같이 정겹다. 그 길에 목화꽃을 본다. 목화는 한국 여성들의 애환이 서려 있는 꽃으로 인식된다. 그 목화꽃에서 시인은 향기를 찾게 되고, 그 향기는 닿을 수 없는 어머님에 대한 그리움으로 기능한다.

오미실 가는 길에 실개천을 건너게 되고, 그 실개천에서 추억을 되살리는 버들잎에 감정을 이입(移入)한다. 그러면서 언제나 바람에 잠겨 있는 시냇물의 부초, 물에 잠겨서도 눈뜨고 있는 부초를 보면서 시인은 저승에서도 자식 걱정에 눈감을 수 없다던 어머니의 사랑을 떠올린다. 다시 현실에 돌아오니, 세상은 뿌우연 먼지로 덮여 있고, 그 먼지처럼 초가 한 채가 눈에 띤다. 그 초가는 사실 보잘것없는 사물에 불과하지만, 시인에게는 어머니의 이미지와 겹쳐 특별한 의미가 된다.

그러면서 시인은 떡버들에 올라 있는 청개구리를 본다. 기실 청개구리가 버드나무에 올랐을 뿐이지만, 시인은 버들이 개구리를 업고 있다고 생각한다. 이것은 어머니가 자신을 업어 길렀던 추억과 어머니의 등에서 느꼈던 사랑의 정감이 빚어낸 그야말로 가치로운 표현이다. 굽어보면 흰 머리칼을 날리는 갈대숲이 있고, 갈대숲 사이사이 낮달이 비춘다. 곱닿게 화장을 하고 강물 속에 비춘 낮달은 바로 어머니의 표상에 다름 아니다.

이렇게 하여 시인은 돌아가신 어머니를 직접 대면할 수는 없지만, 어머니로 표상되는 몇몇 보조관념에 의해 사친(思親)의 애절함을 구체화하는데 성공한다.

최진섭 시인은 같은 시기에 ≪현대시조≫의 신인상에 「죽장(竹杖)」이 당선한다. 이 작품도 앞의 「오미실 가는 길」과 서정의 질감이 유사하다. 부제가 '어느 분묘 앞에서'인 것만 보아도 어머니의 묘를 찾아가는 「오미실 가는 길」과 비견된다.

마흔 하고/ 아홉 번을/ 수(繡)를 놓던 먼 무지개
오늘은/ 긴 그림자/ 발칵 뒤집어 놓고
방짜의/ 속울음 울며/ 흰 혼불의 아낙이 간다

저 푸른/ 저승의 문/ 초록의 빛살도 깨고
성상 앞에/ 신발 끈만/ 남겨 둔 곧은 생애
겨우내/ 못 벗은 껍질/ 죽장(竹杖)으로 꽂혀 있다

—「죽장(竹杖)」 전문

이 작품에 드러난 기표적 의미는 마흔아홉에 타계한 여인의 묘소 앞에서〈곧은 생애〉를 추모함이다.

이처럼 단순한 구조이지만, 마흔아홉 살의 연륜을〈수를 놓던 먼 무지개〉로 표현한다든가, 그 여인의 타계에 의한 애절한 심정을〈긴 그림자 발칵 뒤집어 놓〉는다고 표현한 것은 놀랄 만한 시적 성취이다. 또한 '방짜'와 연결된 '속울음'은 아무나 찾아낼 수 있는 표현이 아니다. 유기 중에 망치로 두드리고 집게로 잡아 늘여서 만드는 그릇이나 악기를 방짜라고 한다. 그 그릇이나 악기가 내는 소리와 속울음을 연계시킨 시인의 발상은 놀라운 것이기 때문이다. 더구나 타계한 인물을 일컬어〈흰 혼불의 아낙〉으로 형상화한 것은 간명하면서도 곡진한 이미지일 터이다.

시인에게 있어 '푸른 저승의 문'이 이 세상의 '초록'을 깨는 것은 그야말로 호천망극(昊天罔極)의 일에 해당한다. 시인은 그 슬픔 속에서 '신발 끈'만 남기고 떠난 그 여인의 '곧은 생애'를 조감한다. 그러면서 그 여인을 추모하기 위해 상주가 짚고 왔을 대나무 지팡이 하나를 본다. 묘소에 꽂혀 있는 그 죽장의 이미지와 '곧은 생애'의 이미지가 융합하여 새롭고 승화된 이미지를 생성한다.

이 작품을 일견하면서 이 여인이 「오미실 가는 길」의 '어머니'가 아닌가 짐작한다. 작품의 창작 시기도 일치하고, 작품 속에 흐르는 애끓는 정서도 동질적이기 때문이다. 혹여 이러한 짐작이 판단의 오류라고 하더라도 최진섭 시인의 작품에 나타난 문학성은 변함이 없다. 사실 여부와 상관없이 그가 빚어낸 바, 토속적이면서 한국 전통적 서정이 아우르는 문학성은 더욱 빛을 발할 것이기 때문이다. 애상적 작품은 이외에도 산견되지만 분석을 약(略)한다.

3.

최진섭 시인이 시조를 창작하게 된 바탕은 어머니의 별세에 기인한 듯하다. 이에 따른 폭발적 정서를 안으로만 새기다가 한국 전통적인 시 형태에 의탁하여 풀어내고자 한 듯하다. 그러나 시인의 아픈 가슴도 세월이 가면서 점차 가시게 되고, 그로 말미암아 생활 속의 일상사(日常事)에도 시적 프리즘이 작용한다. 세상은 외롭고 슬픈 것만이 아니고, 때로는 즐겁고 신나는 일들도 있어서, 시인의 예리한 감성에 불을 붙이기 때문이다.

시인의 어둔 바탕에 밝은 색칠을 한 작품은 여러 편이다. 그 중 특별하게 기능하는 몇 편을 찾아 작품의 진실에 접근하고자 한다.

쌍무지개/ 수(繡)를 놓는/ 초야의 풀잎 소리
손끝에/ 맞닿은 음율/ 강물로 흐르는 숲
그 상처/ 뚝살로 묻어/ 가슴표를 찍었다

안개 소리/ 잠을 깨워/ 황홀을 잠재우는
내 님의 얼굴/ 내 님의 향기/ 홍건한 옥구슬은
긴긴밤/ 단꿈에 젖어/ 겹꽃으로 피고 있다

— 「초야」 전문

「이슬소리」 연작 중의 「초야」 전문이다. 결혼 첫날밤이 어느 누군들 행복하지 않으랴. 결혼 초야에 어느 누군들 황홀하지 않으랴만, 최진섭 시인은 그 자체를 노래하기보다, 문학적으로 승화(昇華)시키고 있다. '쌍무지개'는 당연히 신랑신부일 것이고, 이들이 수를 놓는 것은 사랑의 관능을 말함일 터이다. 그 사랑의 행위는〈초야의 풀잎 소리〉 과정을 거쳐,〈손끝에 맞닿은 음율〉을 만들고, 숲에 흐르는 강물이 된다. 첫 경험은 가슴에 상처로 남아 오래도록 강물로 흐르게 된다.

둘째 수에서 시인이 말하는 것은, 두 사람이 첫날밤 사랑을 나누고 잠을 자다가 깨게 되는데, 잠을 깨우는 것이 '안개 소리'라는 것이다. 사실 '안개 소리'는 귀에 들리지도 않는다는 것을 감안한다면, 이것은 바로 아주 작은 울림에도 다시 사랑이 불붙을 수 있다는 것에 다름 아니다.〈내 님의 얼굴〉〈내 님의 향기〉〈홍건한 옥구슬〉은 바로 사랑하는 님의 관능적 표현이다. 그 옥구슬이 단꿈에 젖어 겹꽃으로 피고 있다는 것이다. 여기에서 '겹꽃'은 중의성에 의해 미묘한 파장(波長)을 일으키게 된다. 두 사람이 하나로 되었으니 '겹꽃'이라 할 수도 있다. 그러나 앞의 '홍건한 옥구슬'과 '겹꽃'의 이미지를 교집합으로 연결하면, 즉 이미지를 오버랩시키면, 그야말로 묘한 이미지가 생성된다.

그러나 이 작품은 사랑하는 사람들이 겪는 결혼 초야의 표층적 의미와 심층적 이미지의 다층성으로 인해 시인만이 갖고 있는 독특한 개성을 드러낸다. 「이슬 소리」 연작 중 「정」에서는〈곱디고운/ 보름달/ 긴긴 밤 매어놓고// 이슬로/ 목욕하고/ 꽃잎으로 몸을 사뤄// 금(金)과 은(銀)/ 풋대를 세워/ 청(靑) 홍(紅)으로 엮었다〉라고 하는데, 예를 든 작품과 거의 일관된 흐름을 보인다. 사람에게 결혼 초야가 인생의 시작이라면, 자연에서는 봄이 새로운 시작이 된다.

그리운 님/ 오실 듯이/ 부끄러운 설산(雪山)에는
지난 가을/ 뻐꾹새가/ 둥지를 떠난 후에
눈보라/ 뼈 속 저리는/ 홍살문을 세웠다

산수유/ 절기 들어/ 산월(産月)을 맞는 아침
지심(地心)/ 깊숙한 곳/ 혼백들을 불러모아
하늘과/ 땅의 합창 소리/ 봄을 여는 초혼(草魂)들

—「立春 무렵」 전문

시인은 겨울을 지나 봄의 문턱에서 시심을 가다듬는다. 그리운 님이 오실 듯 부끄러워서 설산이 조금씩 녹는다는 것, 다시 말하면, 부끄러워 얼굴이 화끈거리게 되고, 그 화끈거리는 열꽃으로 설산(雪

山)이 녹는다는 발상은 그야말로 놀라운 바가 있다. 특히 지난 가을에 뻐꾹새가 둥지를 떠나고, 그 떠난 자리에 홍살문을 세운다는 발상은 발상 그 자체로만으로도 신선한 충격으로 다가온다. 홍살문은 열녀나 효자, 혹은 특별한 공로를 세운 사람을 추모하기 위해 세운다. 그렇다면, 시인은 겨울을 보내며 봄을 맞는 것을 홍살문 세우는 것만큼 가치롭게 판단하고 있다는 것에 다름 아니다.

또한 시인은 봄이 시작되자마자 노랗게 피우는 산수유 꽃을 보며, 산월(產月)을 추출(抽出)한다. 땅속 깊숙한 곳에 있는 만물의 혼백들을 불러모아 하늘과 땅의 합창소리를 듣는다. 바로 풀(草)들의 혼(魂)이 봄을 여는 소리로 시인은 듣는다.

이 작품에서 시인은 입춘 무렵의 여러 사물을 유기적으로 조직하여 초봄의 이미지를 형성한다. 그 형상화의 발상, 소재, 표현이 생략과 비약을 통해 이루어지기 때문에 독자들이 시의 맥락을 확실하게 파악하지 못할 수도 있으나, 그것이 시인의 죄는 아니다.

시인은 생명을 생성하는 자연의 경이로움을 노래하기도 하고, 사랑과 그리움을 잉태하는 자연의 넉넉함을 노래하기도 한다.

「비 오는 날의 아침」에서 시인은〈보슬비/ 내리는/ 촉촉한 이른 아침〉을 맞는다. 처음에는〈썰렁하게/ 젖은 날씨〉로 우울함을 느끼기도 한다. 그러나 빗소리를 들으면서 감정은 차분하게 가라앉는다. 이러한 현상에서 감정의 미묘함을 경험한다. 침착함과 함께 무거운 쇳덩이마저 지탱해준 두 다리, 그 두다리만큼 외로운 자신을 확인한다. 그래서 그는〈혼자뿐인/ 외로운 나〉를 찾는다. 그러나 시인은〈솔베지/ 사랑 그리고 그리움/ 커피 한잔의 따스함〉을 찾는다. 비

오는 날의 서정을 통하여 시인은 들뜬 일상에서 벗어나, 새로운 정서를 생성한다는 것이다. 이것이 바로 최진섭 시조가 갖고 있는 매력이기도 하다.

4.

최진섭 시인은 로버트 프로스트의〈사람이 덜 다닌 길〉을 선택한 보기 드문 사람이다. 현대시를 선택하기보다 시조를 선택한 것이 그러하고, 시조 중에서도 다른 시조시인들이 선택하지 않는 엇시조를 여러 편 선보이는 것이 그러하다. 그는「나는 시조를 이렇게 쓴다」(≪시 · 시조 비평≫1998 겨울호)에서〈본인은 통한의 애절함만큼 短 · 中 · 長型의 평 · 엇 · 사설시조를 현대적 언어 표현으로 구워 한 편의 시조를 탄생시키는 쾌감으로 시를 쓸 것〉이라고 밝힌 바 있다.

이중 평시조나 사설시조는 현대시조시인들이 즐겨 찾는 시형이다. 그러나 엇시조는 시조 역사에도 크게 드러나지도 않으며, 현대시조시인들이 선택하는 경우는 매우 드물다. 그런데도 최진섭 시인은 엇시조를 여러 편 빚어내기도 하고, 시조의 율격을 파괴하기도 하며, 음절의 위치를 개성적으로 조립하기도 하여 시조의 새로운 형태를 보이고자 진력한다.

아담한/ 정원을
정성으로 손질하여

찔레꽃 장미꽃
가시꽃도 심어 보고

백합과 라일락
진 향내에 취하면서

내 영혼/ 금낭화(錦囊花) 되어
단꿈에 젖고 싶다

—「꿈」 전문

일상적인 제재를 시조로 빚은 작품이다. 시인은 아담한 정원을 손수 손질하여 가꾸고자 한다. 여러 꽃을 심고 가꾸면서 꽃향에 취하고자 한다. 그렇게 꽃과 함께 지내며, 시인의 영혼은 금낭화(錦囊花)가 되어 단꿈에 젖고자 한다. 많은 사람들이 보편적으로 꿈꾸고 있는 것을 시조로 형상화하여, 시인은 그 꿈이 이루어지기를 소망한다.

여기에서는 이런 제재나 주제에 대해 논의하자는 것은 아니다. 이 시조의 초장과 종장은 평시조의 형식을 취하는데, 중장(中章)은 엇시조의 형식을 취한다. 평시조에서 볼 때 이와 같은 파격은 제한적 율조에 대한 반발로 생각한다. 하고 싶은 이야기가 많은데, 평시조의 기본 율조를 지키면 다 표현할 수가 없다는 것이다. 다만 이런 파격이 깊어질 때, 현대 자유시와의 변별적 요소가 문제점으로 대두되기도 한다.

최진섭 시인은 이 작품에서 초장과 종장을 연결하는 중장에서 여러 꽃들을 예로 들기 위해 엇시조 형태를 취한 듯하다. 이런 형식을 갖춘 작품으로는 「미완성」 「분재」의 둘째 수, 「종점」의 세 수 전체, 「송이버섯」 세 수 전체 등에서 산견된다.

최진섭 시인이 평시조의 파격으로 활용하는 것이 율조의 변형이다. 음절을 행으로 독립시키기도 하고, 앞뒤로 위치를 변경시키기도 한다.

라
일
락
꽃향기
그윽한 정원에서
천상(天上)의
여인과
손을 잡던 옛 몽정(夢精)
삶이란
우주의 이치
천상의 뜻인걸

—「해질 무렵」 첫 수(두 수 중)

이 작품에서 시인이 하고 싶은 말은〈삶이란 우주의 이치〉〈천상의 뜻〉에 함축된다. 시인은 라일락 꽃향기 그윽한 정원에서 선녀와 같이 아리따운 여인의 손을 잡고 사랑을 나누지만, 그것은 꿈에서 나눈 사랑에 의해 사정된 몽정일 뿐이다. 삶이란 이와 같이 우주의 이치를 띠고 있다는 것이다. 둘째 수에서는〈봄이면/ 꽃이 피고/ 겨울이면 눈〉 쌓이는 자연 현상을 예로 들며 우주의 이치에 대한 구체화를 반복한다. 현실은〈황사바람/ 모퉁이/ 안개 자욱한 거리〉이고, 이 현실을 냉정하게 인식한 그날은 여자 면도사에게 턱수염 면도를 맡긴다는 것이다. 아마도 시인은 평소에 여자 면도사에게 턱수염을 맡기지 않았던 모양이다. 그것은 세속적으로 인식되고 있는 여자 면도사에 대한 거부감, 그 거부감에 의한 순수 지향이 그의 행보(行步)를 단순화시킨 듯싶다.

이 작품에서도〈삶이란 우주의 이치〉라는 주제에 접근하기 위해, 초장의 첫구를 한 음절씩 나누어 라일락 꽃향기가 아래로 퍼져나가는 것을 형상(形象)한다. 이렇게 하는 것이 지고지선(至高至善)의 방법인가는 차치(且置)하고, 이러한 시도를 했다는 것이 의미를 갖는다. 대체로 시조를 창작하는 사람들이 스스로 얽매는 굴레에서 벗어날 수 있기 때문이다.

이러한 파격과 엇시조 형식이 「생쥐와 멸치」에 이르면 더욱 심화된다. 시조라 해야 할까, 현대 자유시라 해야 할까, 평자도 혼란에 빠지게 된다. 그러나 종장의 형식을 갖춘 점, 시인이 시조라고 하는 점, 전통 율조를 지킨 점 등에서 시조임에 분명하다. 이러한 시도는 「붉은 신호등」, 「미장원 풍경」, 「귀앓이」에서도 그대로 적용된다. 그러다가 「무죄?」에 이르면 시조는 시조이되, 새로운 형식을 창조한다. 이러한 형식이 더욱 발전하여 「콩새 단풍 숲을 찾는 오묘한 까닭」에 이르면 사설시조를 벗어나 희극적 요소까지 첨부된다.

이와 같이 다양한 형식을 시도하는 것은 시조의 특성, 즉 전통에 얽매인 보수성을 극복하고자 하는 시인의 치열한 자유혼 · 창작혼에 기인한다. 단형시조도 몇 편 보이지만, 한결같이 삼장 육구 형태를 벗어나게 표현한 최진섭 시인은 앞으로도 시조의 새로운 형식을 창조하기 위해 부단히 노력할 듯하다.

5.

최진섭 시인은 등단한 연치(年齒)에 비해 작품이 많지 않다. 이렇게 과작(寡作)인 것은 작품마다 유의미한 새로움을 동반하고자 하는 심모원려(深謀遠慮)에 바탕한다. 일반적으로 시조는 형식에 시상을 대입하여 개성이 드러나기 힘들었던 것이 사실이다. 그러나 최진섭 시인이 추구하는 다양한 시도는 작품의 성공 여부와는 별도로 신선한 충동을 내재한다.

언제 난/ 강도 산도 아닌
옹달샘 하나 될까

언제 난/ 강도 산도 아닌
맷방석 하나 될까

— 「소망(所望)」 1수 · 2수 각 종장

시인은 세월의 수레바퀴를 조감하면서 생의 몇 겹을 갈고 닦아야 맑은 이슬이 맺힌다는 것을 깨닫는다. 그 이슬처럼 영롱한 옹달샘이 되고자 한다. 또한 유한한 존재로서의 시인은 첩첩 산중에 있는 노송의 그늘도 알 수 없고, 실개천 흘러 강물이 되는 자연의 이치에도 막막함을 느낀다. 그렇게 막막한 가운데 시인은 노송의 그늘에서 사람들이 앉아 쉴 수 있는 맷방석이 되고자 한다.

로버트 프로스트의 말처럼 〈세상은 사랑하기에 알맞는 곳/ 자작나무를 오르듯 살아가고 싶〉은 시인은 어마어마한 것을 원하는 것이 아니다. 산이나 강을 원하는 것이 아니라 작은 옹달샘 하나가 되고자 원한다. 남을 위해 소나무 그늘 아래 희생하는 맷방석이 되고자 원한다. 이것이 바로 최진섭 시인이 지향이요 소망이다.

이는 중의적 의미, 상징적 의미에 의해 다양한 해석이 가능하다. 그러나 그가 지향하는 바, 순수성과 이타적 희생이 그의 작품으로 새롭게 거듭나리라 믿으며 맺는다.

— 2000『문학과 생활』13집

◇ 장춘득 시조집 『창가에 머문 달빛』 평설

시조 문단(文壇)의 영원한 자유혼(自由魂)

— 장춘득 시조집 『창가에 머문 달빛』 작품세계

1.

장춘득 시인의 시조 창작에 대한 의지는 굳건합니다. 하지만, 어느 하나에 얽매이지 않는 불기(不羈)의 정신, 예술인다운 자유혼(自由魂)을 지향하는 것 같습니다. 시인은 오랜 기간 어느 하나에 정착하지 못한 채 방랑의 길을 걷습니다. 세상의 잣대로는 이해하기 어려울 정도로 나그네 생활을 영위해 온 분입니다.

장춘득 시인은 1938년 7월 21일에 충북 진천에서 출생합니다. 선생의 부친은 옹기를 빚고, 옹기공장을 운영한 분입니다. 또한 기와공장까지 확장하여 운영하였고, 생산품을 전국에 판매하여 경제적으로 넉넉하였다고 합니다. 이러한 가정의 장남으로 태어난 시인은 유복하게 성장합니다. 옹기를 굽고 판매하는 가업은 조선시대부터 이어져 온 종교와 닿아 있습니다. 가톨릭 신자들은 종교적 박해를 피하기 위해 토기(옹기와 도기)를 빚어 피난살이를 하였는데, 장춘득 선생의 부친도 그러한 경우에 해당합니다.

'創人學園' 법학과 재학 중 대전에서 발행하는 ≪중도일보≫ 기자로 입사합니다. 그러나 회사에서 근무하는 것보다, 특파원으로 전국을 취재하며 주유(周遊)하기를 선호합니다. 또한 보건사회에 대한 관심으로 ≪보사공론≫의 취재 특파원으로 근무하기도 합니다. 지천명(知天命)에 이르러, 제약회사 대리점을 운영하다가, 다시 신문사에 재입사하였다가, 다시 퇴사하면서 전국을 방랑하게 되었고, 이때부터 시조(時調) 창작에 나섭니다.

물 찾아 山 찾아 세월 낚는 詩人아!
三千甲子 東方朔도 가는 해 못 잡았고
李太白 詩聖 호걸도 지는 달은 못 잡았네.

李白은 洞庭湖에 달을 안고 놀았는데
鏡浦台 四鏡月을 外面하고 가려는가
湖水에 배 띄워 놓고 詩興에 취해보면…

하늘에 걸린 달 바다에 춤추는 달
하아얀 젖무덤 풀고 손짓하는 湖水에 뜬 달
입술로 불태우는 사랑인가 술잔 속에 애타는 달.

—「강릉 경포대」 전문

1971년 8월에 '민속취재'를 위해 강릉 경포대를 돌아보고 쓴 시조로 ≪자유신보≫에 수록되어 있는 작품입니다. 이때 쓴 시조 1편 「영랑 속의 낙서장」이 함께 남아 있습니다. 선생은 그 동안 창작한 작품들을 모아 1972년에 시조집 『등잔불』을 편집합니다. 당시 언론사 특파원으로 정부정책을 비판하는 기사를 자주 썼기 때문에, 시조 역시 그러려니 판단한 당국의 집요한 압력으로 시조집 제판(製版)의

활자(活字)를 파기합니다. 이러한 해판(解版, 판의 활자를 해체하는 일)으로 인해 시인의 첫 시조집은 세상에 태어날 수 없었고, 당시의 작품도 거의 망실(亡失)되었지만, 신문에 발표한 두 수 「강릉 경포대」와 「영랑 속의 낙서장」은 살아남습니다.

이러한 시련 속에서도 선생은 간헐적으로 시조를 창작합니다. 1997년에 대전에서 발간하는 『가람문학』에 참여하여 시조 창작의 삽날을 벼립니다. 이어 1999년 미래문학회를 창립하여, 1대 회장으로 동인지 『미래문학』을 발간하였고, 후일 계간 문학지로 성장시키면서 꾸준히 시조를 빚습니다. 2017년 현재 『미래문학』 29호(겨울호)를 발간하면서 문학의 텃밭을 경작하고 있습니다.

이 『미래문학』은 '국제교류문단'을 지향하여 해외 교포문인들의 메카(Mecca, 특정 분야의 중심지)로 인정받아 여러 나라의 교포들이 참여합니다. 기억할 만한 분들의 성명만 기록해도 수궁이 될 터입니다. 미국에서는 고원 김호길 배정웅 기영주 김동찬 이정기 정용진 김한옥 최효섭 등이 참여하였고, 카나다에서는 반병섭 엔킴 박능재 박영미 등이 적극적이었습니다. 아르헨티나에서는 임동각 박형영, 러시아에서는 이리나 박미하일, 일본에서는 왕수영, 스페인에서는 오수애, 호주에서는 이효정 등이 고국의 『미래문학』에서 상을 받거나, 작품을 발표해 왔습니다.

장춘득 시인이 시조 창작에 입문하여 『미래문학』의 발행인으로 나서기 전까지 발표한 작품은 많이 남아 있지 않습니다. 「강릉 경포대」(1971), 「영랑 속의 낙서장」(1971), 「어느 겨울밤」(1973), 「시골뜨기 일기」(1974), 「백마고지」(1975), 「나그네」(1975), 「진고개를 넘으며」(1978), 「옛 성터」(1980) 등입니다.

시조집 1권 분량의 작품을 해판한 후, 시 창작에 대한 의욕이 사라졌고, 시보다 의례적인 산문을 집필하게 됩니다. 이런 과정에서도 창작을 쉬지 않았고, 빚어진 시조를 모아 2017년에 첫 시조집 『창가에 머문 달빛』를 발간합니다. 대전문화재단에서 등단 30년 이상, 연령 65세 이상의 원로들에게 특별한 기회를 마련하여 발간하는 시조집입니다.

2.

장춘득 시인이 문학창작에 전념하고, 대전광역시에 정착한 것은 놀라운 변화입니다. 전국을 무대로 떠돌던 그가 한 곳에서 '할일'이 생긴 것입니다. 그 첫 번째는 1997년 『가람문학』에 참여하여 시조 창작의 이웃을 만난 일입니다. 두 번째는 1999년에 창간한 『미래문학』의 성장을 위해 신명을 바쳐 추진해야 할 일입니다. 세 번째는 2001년 『오늘의문학』 겨울호 '신작특집'에 시작노트와 함께 시조 6편이 수록되면서 대전문인협회에 입회를 한 일입니다.

선생이 한권의 문학지에 6편을 발표한 것은 처음 있는 일입니다. 『오늘의문학』 2001년 겨울호에 수록된 '시작노트'에 선생은 연시조 「위선자」를 앞에 예거(例擧)한 후 풍자적인 어조로 설명합니다. 그리고 작품 6편을 수록하였는데, 「뜬구름 따라서」「여정에 핀 인연」「시골뜨기 일기」「하나만 아는 바보」「잊혀진 얼굴」「어느 겨울밤」 등 서정적 작품들입니다. 이들 중 1편을 감상해봅니다.

삼십년 긴긴 세월
추억은 아득한데

현해탄 넘나드는
가슴 시린 은빛 날개

이국에
맺어진 인연
장벽만이 높았네.

나고야 피던 장미
유리창에 그려 보며

눈물진 이슬방울
추억 한 줌 망각 한 줌

허공에
뿌린 그리움
시가 되어 내리네.

— 「하나만 아는 바보」 전문

평생 독신으로 살았다는 선생도 아름다운 사랑에 빠졌던가 봅니다. 그 사람과 헤어진 지 30여 년이 되어가는 것 같습니다. 그리하여 〈나고야 피던 장미/ 유리창에 그려 보며// 눈물진 이슬방울/ 추억 한 줌 망각 한 줌〉으로 남습니다.

이 작품은 이와 같은 그리움의 정서를 노래하면서도, 우리 겨레가 일본의 압제에서 울며 지낸 30여 년을 연상하게 하고,〈현해탄 넘나드는/ 가슴 시린 은빛 날개〉에서는 태평양 전쟁을 마감하는 원자폭탄 투하를 위해 날아온 폭격기가 연상됩니다. 특히 '은빛 날개'에서 유추할 수 있는 것은 원자폭탄이 터진 후에 자행한 일본인들의 잔혹성이며, 영원히 잊지 말아야 할 통증입니다. 똑같은 원폭 피해자지만, 일본인과 한국인의 차별이 '장벽'으로 존재한다는 역사적 의미도 담고 있습니다.

어떻든 이 작품은 우리 겨레의 역사와 시인의 정서가 융합되어 빚어진 작품으로 찬탄 받아 마땅합니다. 한 곳에 정착하기를 꺼리고, 하나에 집중하기를 피하려는 선생은 시조 창작에서도 이러한 성향이 나타납니다. 시조의 율격을 지키면서도 때로는 작품에 새로운 감동을 생성하기 위하여 파격(破格)의 미(美)를 원용(援用)합니다.

참새
멧새
원앙
제비
검수리
기러기
무리들
꿈을 찾아
창공을 간다

참새는 방앗간을 찾고
멧새는 덤불을 간다

원앙은 蓮堂에 제비는 江南을 가고
검수리 동행하던
길 잃은 기러기
옛 들녘
찾은 因緣 따라 달빛 아래 날고 있다

— 「동행(同行) 2」 전문

이 시조는 2수로 빚어진 작품입니다. 첫 수에서는 하늘을 나는 기러기의 질서정연한 비상에서 유추된 형상화입니다. 기러기뿐만 아니라, 참새 멧새 원앙 제비 검수리 등도 함께 어울려 일정한 방향으로 날아가고 있는 모습을 '언어의 그림'으로 표현하여 정서 공유에 큰 효과를 보고 있습니다. 서로 다른 삶이지만, 하늘을 날며 살아가는 '더불어 삶'의 의미를 담아내기도 합니다. 둘째 수는 좀 더 간략하게 그려내고 있습니다. 초장을 1장으로, 중장은 2구 중첩으로, 종장은 첫 구를 독립시키고, 남은 부분을 1장과 같이 길게 배열하여 '시조 율격의 변화'를 추구하고 있습니다.

이는 첫 수에서 시조의 정형서보다 자유분방함을 형상화하였다면, 둘째 수에서는 좀 더 정제된 정서를 표현하고자 변화를 수렴합니다. 이렇듯이 장춘득 시인은 어느 한 유형에 집착하지 않고, 변화하는 세상을 작품에 수용하고 관조하여, 내면적 정서를 작품에 풀어내고 있습니다.

3.

장춘득 시인은 언론계에서 생활하며 필화(筆禍)를 자주 경험한 분입니다. 본인의 주장처럼 "개인에 대한 폭로 기사가 아니라, 정치와 사회에 대한 비판을 시원하게 직설적으로 표현"하다가 그리되었을 터입니다. 혹독한 아픔을 겪다가 붓을 돌린 언론인들을 우리는 많이 보아왔습니다. 그러나 자신의 안위보다 우리 사회, 우리나라 역사에 대하여 바른 시각으로 보도하는 자세는 언론인의 사명일 터입니다. 단시조에 사상과 정서를 융합하여 정리한 작품 「문민정부」가 많은 생각을 하게 합니다.

어부지리 찾은 광복
허리 자른 철조망

적화통일 멸공통일
총부리 마주대고

오늘도
슬픈 민족은
붉은 음모에 통곡한다.

— 「문민정부」 전문

선생은 일본의 압제에서 벗어난 우리의 '광복'은 우리 힘으로 쟁취한 것이 아니어서 그야말로 '어부지리'라고 생각합니다. 이러한 생각은 우리 겨레 대부분이 인지하고 있는 역사이기는 하지만, 광복을 위해 준비하고 실행하였던 독립투사와 임시정부 요인들, 해외에서 목숨 걸고 독립자금을 모아 독립군에게 전달한 분들에게는 좀 섭섭한 표현일 터입니다. 또한 미국과 소련이 우리나라의 허리를 자의적으로 자른 일도 부끄러운 역사일 터입니다.

중장에서는 오늘날의 현실을 고발합니다. 북쪽에서는 '적화통일'을 부르짖고, 남쪽에서는 '멸공통일'을 외칩니다. 양측이 동족의 가슴에 총부리를 겨누고 있습니다. 이런 현실이 부끄럽고, 슬퍼 시인은 통곡할 수밖에 없습니다. 이제 산수(傘壽, 80세)를 넘긴 시인에게는 글로 표현할 수 있을 뿐, 몸으로 애국을 실천할 수 없어 더욱 슬픈 나날일 터입니다. 생명을 걸고 지켜야할 조국에 대한 뜨거운 사랑을 간직하고 있지만, 이를 실천할 수 없음에 통증은 더욱 심해질 뿐입니다. 그러기에 선생은 마음을 허정하게 비웁니다.

시어가 어떠하고
은유가 어떻고

삼장 육구 짜 맞추는
음보 조각 미사여구

흑발의
푸르던 꿈은
백설에 지는 허무.

—「공허(空虛)」 전문

조국에 대한 안타까운 정서만큼, 시조를 창작하는 데에서도 이제 허허로워집니다. 시조를 빚는 시어가 어떠하며, 표현의 비유와 상징이 어떠하며, 형식의 삼장 육구가 어떠하며, 작품을 분해하여 주장하는 음보와 문장의 미사여구가 어떠하며, 등으로 시조 작품을 해석하고 평가합니다. 그러나 선생은 이러한 제약들로부터 벗어나고자 합니다.

좋은 작품을 빚으려던 시기의 '푸르던 꿈'은 흰머리(백설)에 떨어지는 '허상(허무)'일 뿐입니다. 이제 선생의 몸도 예전과 다릅니다. 작고 큰 병마(病魔)들이 선생을 괴롭힙니다. 그리하여 선생은 "1972년에 발간하려던 시조집을 해판한 후, 때로는 Bohemian처럼 방랑하였는데, 이제 처음이자 마지막으로 시조집을 발간하여 정착의 열매를 얻습니다."라며 안도하는 내면을 밝힙니다. 오랜 방랑을 마치고, 고향에 돌아온 Stranger처럼 고단한 삶을 돌아보는 선생의 눈빛이 서늘해 보입니다.

그러나 장춘득 시인은 펜을 들 수 있을 정도의 힘만 있어도 문학의 밭을 경작할 터입니다. 컴퓨터 자판을 두드릴 수만 있어도 시조를 빚을 선생이기에, 우리는 앞으로 더 큰 공감대를 생성하는 작품을 빚으리라 믿고 기대합니다. 연년익수(年年益壽)를 기억하십시오. 산수(傘壽)는 새로운 삶의 시작일 수 있습니다.

— 2017 시조집 『창가에 머문 달빛』 추천사

3장

시조를 경작하는 숨결

서영자 — 불심(佛心)을 통한 구도(求道)의 시학
홍윤표 — 시조에 담은 겨레의 얼과 정서
김동민 — 불심(佛心)과 사모(思母)의 노래
전종선 — 시조의 멋 빚은 생명의 향기
우제선 — 시조로 빚은 불심과 관조적 삶
경홍수 — 시조에 담은 서정과 영혼의 울림
윤황한 — 잔광(殘光)과 서정(抒情)의 변주(變奏)
한영필 — 그림과 시조를 통한 예술가의 진정성
박순희 — 시련을 극복한 침선(針線)의 서정미학

◇ 서영자 시조집 『물소리에 귀를 열고』 평설

불심(佛心)을 통한 구도(求道)의 시학

1.

서영자 시인은 불심을 표현하는 문학 도구로서 시조를 선택하고 있다. 물론 그가 시조로 표현하는 바, 모든 작품이 불심을 담고 있는 것은 아니다. 그러나 그의 대부분 작품에서 보이고 있는 서정(抒情)이나 의지(意志)의 형상화에 불교적 색채가 농후한 것은 사실이다.

서영자 시인의 시조를 여러 번 탐독할 때마다 원각경의 특정 부분이 지속적으로 연상되었다. 이것은 아무래도 보이지 않는 인연으로 매듭되어 존재하기 때문일 것이다. 〈공실무화(空實無華) 병자망집(病者妄執) 유망집고(由妄執故) 비유혹차허공자성(非唯惑此虛空自性) 역부미피실화생처(亦復迷彼實華生處) 유차망유윤전생사(由此妄有輪轉生死) 고명무명(故名無明)〉 이렇게 설하신 부처님의 말씀은 문수사리보살의 간청에 의한 법문이다.

이 법문의 핵심은 망집(妄執)에 의해 자성(自性)이 미혹(迷惑)에 빠지게 되며 이는 곧 무명(無明)이라는 것이다. 서영자 시인은 무명

(無明)에서 벗어나기 위해 스스로 망집(妄執)을 버리고자 한다. 이는 자성(自性)을 찾고자 하는 구도의 과정에 다름 아니다. 그가 불심을 통하여 이루고자 하는 지향점은 특별한 것이 아니라, 일상에서 흔히 보고 들을 수 있는 평범성에 근거하고 있다. 그는 생활 속에서 불교적 진리를 터득하고, 이로 말미암아 스스로의 존재 의의(意義)를 확인하고 있다.

오는 사람 막지 말며
가는 사람 잡지 말라

인연 따라 오고 감이 인간사 순리인걸

흐르는 바람 속에서
무엇에 매달리랴.

밀물 썰물 생김도
음양의 흐름이요

맑은 하늘 소낙비도 자연의 조화인걸

덧없는 세월 속에서
그 무엇을 잡으랴

―「인연(因緣)에게 1 · 1」 전문

이 작품은 인간과 자연에 대한 망집에서 벗어나고자하는 심리적 일단을 보여주고 있다. 특히 〈흐르는 바람 속에서/ 무엇에 매달리랴〉와 〈덧없는 세월 속에서/ 그 무엇을 잡으랴〉에서 완곡하게 표현하는 것은 바로 시인의 해탈의지(解脫意志)로 볼 수 있다. 그렇다면 서영자 시인이 풀어야 할 인연(因緣)의 그물에 담겨 있는 대상은 무엇인가?

2.

일차적으로 부모형제 등 가족에 대한 사랑을 들 수 있다. 「아버지 · 1」의 〈산전수전 겪은 시련/ 이랑마다 다져 놓고// 침묵으로 추스린/ 칠십 년의 긴긴 세월// 땀 절은/ 빈 지게 끝에/ 불 밝히는 촛불이여!〉에서 시인의 심리적 일단을 확인할 수 있다. 즉, 아버지의 고통스런 세월과 아버지의 희생(촛불)적 사랑이 시인의 감성에 불을 붙이고 있다. 이런 사랑의 감성은 「어머니 · 1」의 작품에도 찬탄의 성격으로 드러나고 있다. 〈자비와 사랑으로/ 온갖 풍상 안아 넘겨/ 한 생애 지은 공덕/ 하늘에 닿음인가// 인고의/ 세월 끝에 핀/ 향기로운 꽃이여.〉에서 확인할 수 있다. 또한 부모와 동질적 대상으로 바로 고향을 인식하고 있다.

> 가슴 속 파고드는
> 강바람에 몸을 씻고
>
> 번져오는 고향 냄새
> 옷섶에 배어 들면
>
> 섬진강

모래톱 위엔
옛이야기 흐른다.

별무리 속삭임이
엮어 낸 은빛 구슬

수면 위 내려앉아
물기둥 심어 놓고

긴 어둠
그림자 사르며
귀향길을 밝힌다.

—「고향 가는 길」 전문

고향은 그리움을 내재한다. 이 그리움은 고향의 〈섬진강/ 모래톱〉에 옛이야기를 통하여 형상화되고 있다. 말하자면 시인은 고향을 통하여 추억을 반추해내고, 그 추억 속에서 〈별무리 속삭임〉과 같은 아름다운 사연을 직조하는 것이다. 「섬진강 추억 · 1」에서 시인은 〈칠백리 굽이 돌아/ 남해를 이룬 핏줄// 산그늘/ 내려앉아서/ 감싸주는 고향 뜰〉이라고 노래하고 있는데, 여기서 고향의 속성이 적시되고 있다. 말하자면 고향의 산그늘이 힘들고 지친 서정적 자아를 감싸준다는 것이다.

그러나 고향이 서정적 자아를 감싸주는 푸근한 대상만은 아니다. 「섬진강 추억 · 2」에서 보는 바와 같이 〈깊어진 하늘이/ 수면에 잠기면/ 푸르름은 부서져/ 은빛으로 일어서고/ 세월로 엮은 그물에/

앉아 있는 아픔 한 점〉으로 고향이 남아 있기도 하다. 이는 바로 「시골역」의 〈남모를/ 가슴앓이로/ 고향 지킨 간이역〉에서 보여주고 있는 형상화와 같은 것이다. 그러나 이런 형상화는 시인의 따뜻한 시선 속에서 찾아진 아픔의 일부분일 뿐이다. 원초적으로 시인의 가슴 속에 있는 고향은 언제나 사랑의 대상으로 자리하고 있다.

부모, 고향과 같이 서정의 근원을 이루는 또 다른 하나는 바로 만남이다. 여러 만남 속에서 시인의 내면에 각인된 인물은 삶의 방향을 제시하는 스승상으로 나타나고 있다.

세상의 백팔 번뇌
쓸어안은 아픔도

은하계 뒤로하고
홀로 선 외로움도

한 자락
긴 장삼 끝에
말없이 감췄네

―「원광(圓光) 선사(禪師)」 일부

무명을 사르는
향촛대의 불꽃은
이승을 넘나드는 길목을 밝히고
합장한 스님 손끝엔 성불도가 열린다

―「쌍계사」 일부

앞의 작품은 존경하는 선사에 대한 찬양의 글이다. 그 선사는 영겁을 찾던 꿈도 초연히 감추고 학처럼 살아가는 분이다. 그래서 시인은 그 분을 추앙하게 되고, 그러한 심리적 추이를 시로 형상화한 것이다. 뒤의 작품은 쌍계사라는 사찰에 대한 시조이지만, 즉물시의 범주를 벗어나 시인의 내면이 오롯이 배어 있다. 모란과 연꽃이 어우러져 있는 그 절에는 법고(法鼓) 소리가 은은하게 중생의 번뇌를 사르고 있다. 또한 이끼가 파랗게 돋아나 있는 지붕의 기왓장 위엔 세월의 흔적이 남아 있다는 것이다. 그러면서도 이 작품에서는 〈불명산 걸린 낙조는 그리움을 태운다.〉라고하여 서정적 자아의 내면을 잘 드러내고 있다. 동시에 〈합장한 스님 손끝엔 성불도가 열린다.〉라는 표현은 신선한 충격을 주고 있는데, 이는 서영자 시인만이 갖고 있는 시적 재질을 유감없이 발휘한 것이다. 동시에 서영자 시조의 진수를 보여주는 뛰어난 형상화이다.

3.

시의 본질을 구명함에 있어서, 시인의 서정에 작용하는 외적 대상보다는 사실 시인의 내면이 더욱 중요한 것이다. 시인의 사상과 감정이 어떤 형상화 과정을 거쳐서 구체적 작품으로 승화되었느냐 하는 것이 중요하기 때문이다. 서영자 시인은 내면의 울림을 사물에 의탁하여 표현한 작품이 많다. 말하자면 감정이입에 의한 소재 선택을 다용(多用)하고 있다는 것이다.

고독이 뭉쳐서
터져 버린 상처인가
긴 세월 엉긴 상흔
혼자 벗기 어려워
세속의
풍진 끌어안고
절규하는 저 모습

—「태풍」 일부

울부짖는 저 소리
당신의 절규인가
임 찾아 헤맨 세월
한 줄기 바람 되어
가슴을
치고 울리는
서러운 몸짓인가

—「비바람」 일부

이 두 작품은 유사한 소재에, 시상마저 동질적이다. 또한 자연 현상을 노래하면서도 상징적 의미로 확산되는 것 또한 동질적이다. 시인은 고독으로 내면의 상처를 입고 있다. 그 고독은 임을 갈구하는 사람에게 있어 피할 수 없는 명제로 보이는데, 그 근원적 대상은 비유와 상징에 의하여 다원화되어 있다. 서영자 시인에게 있어 임은 고독을 안기고 있는 대상으로서 존재한다. 그러나 시인의 고독은 님에 의해 생성되었다기보다는 내면의 정서적 반향(反響)으로 보는 것이 타당하리라 본다.

이와 같이 시인의 내면에 작용하는 정서적 반향(反響)이 두드러진 작품에 「봄소식」이 있다. 〈빗속을 달려온 네 더운 숨결인가// 겨우내 시린 발등/ 소리 없이 녹아 내려// 어둡던/ 가슴 속에도/ 불빛이 이는구나.// 핏줄을 타고 도는 네 음성 정겨워// 쌓였던 외로움/ 빗물 되어 흐르고// 사랑은/ 회오리 되어/ 내 마음을 감는다.〉 이 작품은 봄의 의인화와 함께 시인의 정서가 생동하는 느낌을 주고 있다. 이는 「봄이 오는 소리」의 〈끝없이 침몰해 간/ 나목의 절규도// 한 줄기 훈풍 몰아/ 빈 가지 스쳐내면// 저몄던 옷깃 풀어서/ 언 가슴을 녹인다.〉라는 표현과도 일치하고 있다. 이렇듯이 시인의 내면을 산에 의탁하여 감동을 주는 작품이 「산행(山行)」이다.

녹음 방초 헤치고
한 세상 돌아드니

삼생(三生)을 살아 온
적송(赤松)의 가지 끝에

비바람
모여 앉아서
헐떡인 숨 토한다.

물안개 허리 둘러
슬며시 내민 가슴

이승의 아픔 안아

산 이슬로 씻으려나

천지를
감싸고 도는
드넓은 사랑의 힘.

— 「산행(山行)」 전문

시인의 인생관을 산행에 비유하여 승화시키고 있다. 첫 수의 종장에서 말하는 바, 비바람 모여 앉아서 헐떡이는 숨을 토하는 것도 바로 시인이고, 둘째 수의 종장에서 말하는 바, 천지를 감싸고 도는 사랑의 힘도 시인의 사랑이다.

시인은 외적 사물을 통하여 다양한 노래를 하고 있지만, 결국은 자신의 내면을 사물에 의탁하여 작품으로 보여주는 것에 다름 아니다. 문제는 시인의 내면에 그려져 있는 무늬의 모습과 색깔이다. 얼마나 개성적인 무늬이며, 얼마나 아름다운 색깔인가 하는 것이 시의 작품성을 좌우하기 때문이다. 그는 삶의 희노애락을 비유와 상징으로 차원 높은 시조의 경지를 열고 있다.

4.

서영자 시인의 시를 통독하면서, 그가 도달한 깨달음의 깊이가 참으로 넓고 깊음을 알게 되었다. 자화자찬(自畵自讚)은 없지만, 작품 속에 녹아 있는 내면의 반향(反響)으로 짐작할 수도 있으며, 직접적으로 설파하고 있지는 않지만, 불교적 형상화를 통해서도 확인되고 있다. 아마도 그의 대표작이라 할 수 있는 「물소리에 귀를 열고」는 능히 이에 값하리라 본다.

산그늘 내려 앉아
독경에 귀 기울이고

구름도 바람 따라
고개 숙여 모여드니

이천 년 지켜 온 가람
무지갯빛 둘렀구나

바위 굴 정좌한
관음불 친견하니

마음도 몸도 없어
공(空)이요 허(虛)로다

방울져 흐르는 물소리
삼라만상 깨운다.

— 「물소리에 귀를 열고」 전문

이 작품을 읽으며, 원각경(圓覺經)에 있는 바, 보안보살의 물음에 답한 세존의 말씀을 연상하게 되었다. 〈각원명고(覺圓明故) 현심청정(縣心淸淨), 심청정고(心淸淨故) 견진청정(見塵淸淨), 견청정고(見淸淨故) 안근청정(眼根淸淨), 근청정고(根淸淨故) 안식청정(眼識淸淨), 식청정고(識淸淨故) 문진청정(聞塵淸淨), 문청정고(聞淸淨故) 이근청정(耳根淸淨), 근청정고(根淸淨故 이식청정(耳識淸淨), 식청정고(識淸淨故) 각진청정(覺塵淸淨)〉

이 법문은 표현상 연쇄법(連鎖法)에 의하여 진리의 깨달음을 설하신 것으로 보인다. 즉 깨달음이 밝으므로, 마음이 깨끗하고, 마음이 깨끗하여 보는 티끌이 깨끗하고, 보는 티끌이 깨끗하여 안근(眼根)이 깨끗하고, 안근(眼根)이 깨끗하여 안식(眼識)이 깨끗하고, 안식(眼識)이 깨끗하여 듣는 티끌이 깨끗하고, 듣는 티끌이 깨끗하여 이근(耳根)이 깨끗하고, 이근(耳根)이 깨끗하여 이식(耳識)이 깨끗하고, 이식(耳識)이 깨끗하여 깨달음의 티끌이 깨끗해진다는 것이다. 이로 인하여 몸과 마음이 깨끗해진다는 것이다. 이는 깨끗해지는 점차(漸次)를 설(說)한 것이다.

또한 이어서 근청정고(根淸淨故) 색진청정(色塵淸淨), 색청정고(色淸淨故) 성진청정(聲塵淸淨), 향미촉법(香味觸法) 역부여시(亦復如是)라고 하여 색(色) · 성(聲) · 향(香) · 미(味) · 촉(觸) · 법(法) 등 육진(六塵)의 순서로 깨끗해지는 점차(漸次)를 보이고 있다. 서영자 시인의 「물소리에 귀를 열고」는 육진(六塵) 중에서 색(色)과 성(聲)의 청정(淸淨)을 통하여 깨달음의 경지를 보여 주는 작품이다.

서영자 시인의 작품을 특정 분야 중심으로 간략히 정리해 보았다. 그러나 이는 정리의 실마리를 제공하는데 그쳤음을 밝히는 바이다. 종교의 깊고 넓음, 또한 시심의 다양성을 통해, 앞으로도 내면의 반향(反響)이 거울처럼 드러나는 작품 창작을 기대하면서 맺는다.

— 1998 시조집 『물소리에 귀를 열고』 해설

◇ 홍윤표 시조집『어머니의 밥』평설

시조에 담은 겨레의 얼과 정서

1.

홍윤표 시인은 1990년에 시로 등단한 후 10권의 시집을 발간한다.『겨울나기』(1990),『학마을』(1991),『그대 있는 곳에 내가 있다고』(1992),『바람처럼 이슬처럼』(1992),『학마을 꽃피우기』(1993),『별들은 왜 밤에만 꿈을 꾸는가』(1996),『소금꽃』(1997),『꿈꾸는 서해대교』(2003),『삼청동 까치집』(2006),『가슴으로 전하는 말』(2010) 등에서 향토서정과 역사의식을 승화하고 있다.

그는 또한 1993년에 [시조문학]의 추천을 받아 시조시인으로 등단하고 1996년에 첫 시조집『아미산 진달래야』를 발간한다. 이후 시조 창작에 매진하여 두 번째 시조집『어머니의 밥』을 발간하기에 이른다. 이 시집에 수록된 작품을 감상하면서, 가슴 먹먹한 감동을 체험하게 된다. 이와 함께 우리 겨레시의 발전을 추구하는 탁견(卓見)에 감탄하게 된다. 표제 시「어머니의 밥」에서도 감동의 회오리가 밀려온다.

엄니가
키우신 밥
사랑의 보리밥아

쌀밥보다
몸 난다고
다듬던 보리밥알

나이 든
날 바라볼 때
그 시절이
그립다

—「어머니의 밥」 전문

1950년대에 출생하여, 6.25 남침으로 인한 시련기에 자란 세대는 끼니를 거르기가 일상이었고, 보리밥이라도 먹으면 다행이었을 것이다. 보리밥을 짓기 위해서는 씨를 뿌리고, 거름 주어 가꾸고, 보리를 베어 타작을 하고, 방앗간에서 보리쌀로 만들어 내야 한다. 새벽이면 그 보리쌀을 절구에 넣고 물을 축이면서 찧은 다음, 솥에 넣고 끓여 보리밥을 짓는다. 그 마지막 과정이 바로 어머니의〈사랑〉과 닿아 있다.

이렇게 하여 밥을 짓지만, 자녀들은 보리밥 먹기를 싫어한다. 그래서 어머니는〈보리밥 먹으면 몸 난다〉고 설득하며 먹기를 권한다. 그 정경을 추억하는 시인도 어느새 어머니 나이를 넘어서게 되고, 그 당시를 떠올리면서 어머니를 그리워한다. 이러한 정황은「인생」

의 종장(終章)〈등 돌려/ 꾸짖는 삶에/ 마중물은/ 깊었다〉의 은유적 발상과도 통한다.

2.

홍윤표 시인은 충청남도 당진시에서 태어나고 성장하여, 고향을 지키며 이순(耳順)을 넘긴 터줏대감이다. 그의 고향은 소설『상록수』를 집필한 심훈 선생의 필경사가 있어 자존의식이 높은 지역이다. 또한 현대시의 높은 지경을 노래한 윤곤강 선생의 시혼이 아미산 진달래꽃으로 환생한 지역이기도하다. 특히 오랜 전통을 자랑하는 두견주(杜鵑酒)와 진달래 화전(花煎)으로 명성이 자자한 곳이다.

그래서 당진의 시인과 작가들은 아미산 진달래를 제재로 한 작품을 빚어내게 마련이다. 홍윤표 시인도 여러 편의 시와 시조로 아미산 진달래를 노래한 바 있다. 두 번째 시조집『어머니의 밥』에 수록된「진달래꽃」도 그만이 빚어낼 수 있는 절창(絶唱)이다.

꽃소식 아름 안고
한 겨울
달려온 산

눈꽃 반 겨울비 반
봄 산을
다독이면

아미산
햇살 받으며

트림하는 진달래.

분홍꽃 물든 숲에
온 몸을
달군다면

눈물 반 꽃소식 반
산새가
울먹일 때

아미산
삼봉 어깨에
만발한 꽃 진달래

—「진달래」 전문

당진의 아미산 봄소식은〈눈꽃 반 겨울비 반〉일 때부터 시작된다. 겨울이 머뭇거릴 때 햇살을 받은 아미산 진달래는 트림을 하며 기지개를 켠다. 또한〈눈물 반 꽃소식 반〉으로 산새가 울먹이면 아미산 삼불봉의 진달래가 만발한다. 그럴 때 당진시에서는「진달래 꽃 축제」를 열어 두견주와 화전을 중심으로 전통을 되살린다. 만발한 진달래꽃을 시인은〈참꽃을 한 짐 지고/ 살아가는 아미산〉으로 활유(活喩)한다. 이를 바탕으로 한마당 꽃 축제로〈잊혀진/ 전설 한 다발/ 엮어낼 수/ 있었다.〉고 노래한다.

이처럼 특정한 사물에서 역사적 의미를 찾아내는 일은 소중한 일이다. 이는 시인들에게 부여된 특별한 소명(召命)이기도 하다.「궁남지 연꽃」에서〈빛바랜 궁남지에/ 연꽃이 환생하니// 길 잃은 서동 왕자/ 꿈길에 벗이로다/ 포룡정/ 속 깊은 기상/ 넘쳐나는/ 옛사랑〉 역시 그러하다.

3.

홍윤표 시인은 '일광(日光)에 바라면 역사가 되고, 월광(月光)에 물들면 신화가 된다.'는 이병주 선생의 소설「산하」의 구절을 떠오르게 하는 작품 성향을 띤다. 역사적으로나 심정적으로나 우리 영토에 틀림없는 '독도'에 대한 사랑을 시조로 빚는다. 독도를 노래하기에 앞서, 울릉도와 독도를 동일 선상에 두고 한없는 사랑을 노래하기도 한다.

그는「울릉도와 독도」에서 질정 없는 사랑을 노래한다.〈비나리/ 기원하듯/ 섬겨온 울릉도원// 고향집 찾아온 듯/ 섬사람들 인정 곱다// 한 민족/ 섬겨온 아들/ 울릉도와 독도여〉 가슴 끓는 고백이 절실하다.「울릉도의 밤」에서도 이와 동질적인 형상화를 보인다.〈둘레길 옹기종기 한반도 등길 모아/ 성인봉 오른 날에 비 긏던 울릉야경/ 동대불/ 이마에 닿으니/ 독도 땅을 부른다.〉에서 서정의 간절함을 구체화하고 있다.

동해로 열린 길에
우뚝 선
돌섬 한 쌍
사나운 노도 곁에
장승이 되었으랴

영혼이
서린 한국 땅
섬김으로
지키리

—「독도」 둘째 수

시인의 다짐인〈영혼이/ 서린 한국 땅/ 섬김으로/ 지키리〉에서 최근 일본의 '떼거지'가 유추된다. 역사적으로나 신화적으로나 우리 땅이 분명한데, 이를 일본 땅이라고 억지 쓰는 일본의 '아베'에게 우리의 이런 다짐을 들려주고 싶은 내면의 진술로 보아도 무방하다.

이러한 역사의식은 겨레의식으로 승화된다. 우리 고유의 관악기 「대금」을 통하여 겨레의 예술적 경지를 추구한다.〈한없는 오선 위에 절규로 타오르는/ 죽순의 어린 맘을/ 그 누가 알랴마는// 매디 끝/ 열리는 음향/ 희노애락/ 열매여〉에서 우리 겨레의 음계(音階)인 '궁상각치우'를 대입한다. 「북소리」에서도 우렁찬 대북소리에 온 가슴을 쪼아대고 희망찬 그 소리에서 온 나라가 힘을 얻는다고 노래한다. 이는 심훈 선생이 노래한 시 「그 날이 오면」과도 상통한다. 특히 북소리를〈한 민족/ 기적의 명량/ 백의민족/ 소리다〉라면서 성웅 이순신 장군의 승전을 도입한 것도 뛰어난 형상화다.

4.

우리의 기본적인 시조 형식은 3장6구로 되어 있다. 초장(初章) 중장(中章) 종장(終章)으로 구성된 장별 배행 단시조 형식이 전통이다. 그러나 정형성의 단순성을 극복하기 위해 도입한 것이 구별배행이다. 각각의 장을 반으로 나누어 시조의 정형성에 약간의 변화를 준 형식이다. 최근에는 음수율이나 음보율을 지키면서 행 배열의 자유로움을 추구하는 방향으로 바뀌고 있다. 일부 작품에서는 형식상 시와 시조를 구별할 수 없을 정도로 자유롭기까지 하다.

홍윤표 시인도 최근의 시조 작품에서 이와 같은 형식을 다용(多用)하고 있다. 그러나 기본적인 시조의 율격을 지키면서 문학성을 추구하는 것은 그가 시조의 전통적 특성을 소중하게 여긴다는 방증(傍證)이다.

한 번쯤 와 준다면
미친 듯 뒤 돌아볼

바람 속 소용돌이
조령을 넘다보니

인생은
굴렁쇠런가
속절없이
달
렸
네

—「조령을 넘으며」 전문

이 작품은 초장과 중장을 2구로 구성하고 있다. 그러나 종장은 3-5-4-3의 전통성을 살리면서 6행으로 나누고 있다. 특히 말미의 3음절을 각각 1음절씩 독립시켜서 여운(餘韻)을 생성하고 있다. 이 작품의 형식을 보면서, 혹자는 시조의 정형성을 너무 파괴하고 있는 것 아니냐는 염려를 할 수도 있다. 그러나 시조의 기본적 율격을 지키면서 새로움을 추구하는 정신이 신선하다.

이렇듯이 홍윤표 시인은 시조의 기본 율격을 지키면서, 장과 구의 배열에서 자유로움을 취한다. 「단감」과 「고구마」는 두 편 모두 단시조 형식이다. 그러나 초장과 중장에서 서로 다른 형식으로 변화를 추구한다. 「월미포구」와 「분꽃의 길」은 모두 2연 시조인데, 초장의 변화와 함께 종장의 변화까지 추구하면서 작품성을 높이려는 시 정신을 투영한다. 이와 같은 자율적 선택이 대한민국의 시조 발전에 일정 부분 기여하리라 믿으며, 작품 기행의 감상을 맺는다.

— 전자시집 eBook 『어머니의 밥』 해설

◇ 김동민 시조 평설

불심(佛心)과 사모(思母)의 노래

- 김동민 시조집 『산으로 간 바다』를 읽고

1. 김동민 시인에 대하여

김동민 시인은 1940년 충남 부여군 외산면 가덕리 222번지에서 출생하고 성장한다. 당시는 일본의 압제 아래 있었고, 농촌에서 살고 있는 사람들 대부분이 형언할 수 없이 가난하던 시절이었다. 우리 겨레 대부분이 힘든 시기였고, 김동민 시인도 고난의 삶을 스스로 극복할 수밖에 없었다.

지천명(知天命)과 이순(耳順)을 거치면서 학문에 대한 열정이 살아나서 몇몇 분야에 입문하여 배움의 갈급함을 해소하며 소기의 성과를 얻는다. 첫 번째는 불교에 귀의하여 학습과정의 거쳐 법사(法師)와 재가승려(在家僧侶)가 된 일이다. 둘째는 서예와 문인화에 입문하여 신춘휘호와 한국서화작가협회 공모전에서 입상한 일이다. 세 번째는 우리 겨레와 함께 역사를 지닌 시조(時調) 창작에 입문하여 등단하고 시조집을 발간한 일이다. 넷째는 풍수지리에 대한 탐구에 전념하여 한국정통풍수지리학회 회장에까지 오른 일이다.

이와 같은 탐구와 성취의 바탕에는 어머니에 대한 사모(思慕)가 존재한다. 작은 사물이나 깊이 있는 사색에도 어머니가 오버랩되는 것이 특징이다.

하염없이 들리는
울림의 그 속내
아프도록 뚝뚝뚝
그리움이 번집니다.
번져서 자꾸 진달래
피눈물로 붉습니다.

—「진달래 아리랑」 둘째 수

첫 시조집 『진달래 아리랑』의 표제(表題) 작품이기도 한 이 시조에서, 그는 진달래를 통해 작고하신 어머니에 대한 절절한 사랑을 노래한다. 어머니를 여읜 시인은 '한 마리 두견'이가 되어 허공을 떠돈다. 이는 진달래가 피는 3월 15일에 작고하신 어머니를 그리워하며 잠을 이루지 못하는 자신, 그리고 새벽에 우는 두견새, 양자의 정서적 합일이 이루어낸 대표적 작품이다. 피를 토하는 듯한 두견새의 울음소리와 시인의 눈물어린 그리움, 이와 함께 피와도 같은 색감의 진달래 이미지가 겹쳐져서 시인은 절실한 슬픔을 시조를 창작함으로써 표출한다.

이러한 정서는 여러 작품에서 산견(散見)된다. 작품 「뒷동산」에서도 시인은 어머니를 여읜 자신의 심정을 뒷동산에 의탁하여 노래한다. 그 뒷동산은 생전의 어머니께서 〈지팡이 앞세우고/ 자주 자주 오르시던/ 정겹던〉 곳이었기 때문에 시인에게는 '어머니 다순 가슴'

과도 같다. 그 뒷동산은〈늘 거기 반겨 맞아줘/ 변함없는 벗〉이었는데, 어머니께서 별세함으로 인해〈요령 소리 무너져서/ 골을 메워 섧던 날〉을 맞게 되고, 이에 따라〈나뭇잎도 숨을 죽여/ 바람마저 멈〉추어서는 것 같이 느낀다. 이런 내면을 반영하듯이 뒷동산도 슬픔을 이기지 못한 채, 돌아앉아서 허공만 바라보는 것으로 노래한다. 이러한 절실함을 바탕으로 시조를 빚는데, 이러한 정서가 첫 시조집에 흐르는 중심적 심상이다.

김동민 시인은 오랜 기간 각고면려(刻苦勉勵)의 과정을 거쳐 두 번째 시조집『산으로 간 바다』를 발간한다. 이 시조집에 수록된 작품을 독자보다 먼저 읽고 간략하게 정리하는 것이 본고의 목적이다.

2. 사모(思母)의 비원(悲願)

김동민 시인의 사모곡(思母曲)은 특별하다. 작고한 어머니에 대한 그리움은 누구에게나 특별할 것이지만, 막내아들로서 지극한 사랑을 받고 살아온 터여서, 그의 사모곡은 남달리 극진한 바가 있다.

어머니에 대한 그리움의 바탕은 할머니와 외가로 열려 있다.〈나는 몰랐었네 할머니의 슬픈 세월/ 등에 업혀 잠들던 새야새야 파랑새야/ 할머니 가슴 녹이던 피눈물의 노래를.〉(「할머니의 노래」)에서 며느리를 여의고 홀로 된 아들(시인의 아버지)을 걱정하여야 하는 할머니의 한 많은 세월을 이해하게 된다. 또한 어머니를 따라 외가에 가면서〈새끼줄/ 오색 끄나풀/ 펄럭이는 귀신나무〉와〈외가는/ 예로 정겨워/ 밤에 자주 보는 노송〉을 떠올린다.

그해 봄 진달래는 유난히 붉었다고

방긋방긋 웃음꽃이 잉걸불 재가 되어
앞산 숲 자갈 무더기 울어대던 뻐꾸기

지극정성 떠 올리는 장독대 정화수
칠성님 입 다물고 끝끝내 돌아앉아
아기별 차례차례로 구름 속에 잠이 들고

눈에 넣어도 아프잖을 일곱을 가슴에 묻고
비루먹은 그 하나 뒤바뀐 막내자식
꺼질까 불어 날을까 가슴 졸인 구십오 년

너마저 없었다면 내가 어찌 살았으랴
너 있어 괜찮다며 감추어온 눈물바다
그 깊고 안온한 바다 산으로 간 내 바다여.

— 「산으로 간 바다」 전문

4수로 된 이 작품을 간략하게 정리하면 이러하다. 시인의 어머니는 여러 자녀를 두었으나, 의료 혜택이 전혀 없던 일제 시대여서 7남매를 잃는다. 그런 연유로 막내였던 김동민 시인을 지극한 정성으로 양육하였을 것이다. 그 고마운 은공을 기억하는 시인은 서사적 구조를 원용하여 노래하는데, 이러한 노래는 독자들에게도 동일한 감동을 생성(生成)하게 마련이다.

어머니가 첫 번째 자식을 여의었을 때는 초봄이었던 듯하다. 진달래가 유난히 붉던 어느 날, 방긋거리며 웃던 아기가 운명한다. 그 때의 어머니 가슴을, 시인은 활짝 타오르는 숯불(잉걸불) 같았다가, 그 뜨거움이 식어서 절망적인 상태의 '재'로 그려낸다. 어머니의 슬픈 마음을 앞산에서 울어대는 뻐꾸기에 의탁하여 표현한다. 시인 자신이 경험한 것은 아닐 터이지만, 시인의 예리한 감성이 빚은 절창 중의 절창이다.

이후 어머니는 장독대의 정화수를 길어 놓고 칠성님께 기도를 하지만, 아기는 차례차례로〈구름 속에 잠〉이 든다. 이렇게 7명을 먼저 보내고 막내아들(김동민 시인)을 사랑으로 기른다. 물론 위로 형이 있고, 누나도 있지만, 막내아들에 대한 사랑은 특별히 애틋하였던 듯하다. 평생 그 막내아들을 돌보며 95세에 별세하신다. 그로 인하여 시인은〈감추어온 눈물바다〉처럼 한없이 울음을 울게 되고, 격랑의 정서에서 어머니로 비유되는〈안온한 바다〉를 찾아 그리움을 태운다.

김동민의 작품에서 가장 절실한 노래는 어머니에 대한 직접적 회상이거나 간접적이라도 어머니와 연결되었을 때이다. 그것은 아내와 함께 있으면서도 그러하다.〈아내와 마주앉은/ 창밖에 눈이 오네/ 잎 떨군 은행나무 가지 위로 내리네/ 쪼르르/ 둥글레 향이/ 내 가슴을 적시네.〉(「인연의 길섶에서」)라고 노래한다. 그러나 가슴을 적시는〈앙상한 가지에 꽃〉처럼 피어나는 눈은 어머니에 대한 사랑으로 환치된다. 그리하여 돌아가신 어머니를〈또 다시/ 만나려 해도/ 만나질까 모르네.〉라고 괴로워한다. 이러한 정서는 다음 작품에서도 폭발적인 형상화를 보인다.

> 설레는 밤은 길어
> 십년 턱 애가 타서
> 전조등 앞세워 여명을 비질한다.

조급한
마음은 벌써
임 곁에 당도하고.

아득한 십삼 년이
어제 같은 이 순간
웃자란 그리움이 목울대 차오르고
굴삭기
산을 흔들며
저승 문을 뜯어낸다.

그리도 곱던 모습
무엇에 다 앗기고
눈빛마저 잃으신 채 앙상히 누우셨나.
되돌려
못 드린 정이
가슴에 못질 한다.

—「어머니 이장을 하며」 전문

어머니가 작고하신 지 13년째에 가족 묘원을 조성하기 위해 이장을 하게 된다. 선조를 먼저 모시고, 아버지와 어머니를 모시는 날 새벽에 시인은 여명을 밝히며 어머니 산소에 이른다. 산소에 이르자 막혔던 듯 서러움이 다시금 몰려와 목울대까지 차오르는 애상을 겪는다. 굴삭기는 저승 문(어머니의 묘)을 뜯어낸다. 드디어 나타난 어머니의 모습에 시인은 경악할 정도의 정서적 충격을 받게 되고, 그리하여 생전에 다하지 못한 효도 때문에 가슴에 못질을 할 정도가 된다.

그에게는 「호박범벅」을 먹으면서도 〈오남매/ 차례로 빨던/ 울 엄니 젖가슴〉을 떠올린다. 〈한나절 푹 끓여서/ 무르익은 가을빛/ 아내와 마주하는 달콤한 호박범벅〉도 〈어머니/ 물려주신 맛〉이어서 그리움을 삼킨다고 노래한다. 특히 「아내에게 바치는 노래」에서도 〈당신은 나의 반쪽 뗄 수 없는 그림자/ 남남으로 만나서 함께한 사십여 년〉을 고마워하지만, 결국에는 어머니로 귀착하여 〈아흔다섯 시어머니 웃음꽃〉을 피워놓아 고맙다는 것이다.

이렇듯이 김동민 시인의 서정적 바다에는 어머니가 가장 큰 무지개로 서 있다. 그 무지개를 바라면서 행복하기도 하고, 쓸쓸하기도 하며, 때로는 절망하기도 한다. 이러한 정서들이 그를 훌륭한 시인으로 거듭나게 하는 바탕이다.

3. 불심(佛心)은 깨달음이다

김동민 시인은 무공(无空)을 법명(法名)으로 받은 법사(法師)이다. 그는 다른 글에서 어렸을 때부터, 어머니의 영향으로 불교에 입문하였으며, 어머니의 명복을 빌기 위해 불교 승려가 되기로 하였다고 밝힌 바 있다. 어머니의 묘 앞에 절을 짓고 평생 종교적 시묘(侍墓)를 하고 싶었다는 소회를 밝히기도 하였다. 작고한 어머니에 대한 사랑이 절실하여 불교 신앙의 깊이도 그러하다.

바람에 닦이면
쇠울음을 내는가
법보전 수다라전 창문을 나선 바람

땡그랑
해인사 처마
중생의 귀를 연다.

법음 먹은 노송 숲에
흐르는 물도 맑아
주야로 닦인 돌들 동글동글 저리 원만
뽀오얀
돌 옆에 앉아
나도 발을 담가 본다.

—「소망」 전문

시인은 해인사 법보전 앞에 서 있다. 통풍이 잘 되도록 과학적으로 만든 수다라전의 창문을 통해 나온 바람이 풍경을 울린다고 생각한다. 풍경소리를 통하여 그는 중생으로서의 귀를 열어 부처님의 법음(法音)을 듣는다. 그가 들은 소리는 노송 숲을 지나 시내의 돌에게로 열린다. 닳고 닳아 둥글게 깎인 돌을 보면서, 자신도 원융(圓融)의 경지에 들기를 소망한다.

또 다른 작품 「풍경(風磬)」에서 시인은〈허공에 매달려야 그나마 사는 운명/ 바람으로 살다 죽는 한 많은 저 고행길/ 땡그랑 사무친 울림 빈 가슴을 때린다.// 도량에 몸을 담고 염불로 날 밝혀도/ 업장을 못 녹이고 저토록 목 쉬는데/ 아직도 일주문 밖에 서성여 어쩔건가.〉라며 불교에 몰입(沒入)하지 못하는 자신을 경계하기도 한다.

그러나 작품 「만남」에서는〈뎅그렁 가슴에서/ 출렁이는 한 줄기 빛〉으로 해탈의 시원(始原)을 삼는다. 신앙의 길에 깊이 들어서면서

〈눈보라 가시덤불/ 팍팍하던 나의 길/ 별빛마저 사라져 막막하던 밤의 세상〉에서에서 벗어나 화평의 길에 들게 되고, 그로 인하여 종교적 위안을 받는다. 그리하여 부처님이 태어나신 날이 되면 부처님을 위하여 연등에 불을 켜겠다고 다짐한다. 이러한 다짐은 연(蓮)을 통하여 구체화된다.

안개 주렴
살짝 걷고
사뿐 나선 외씨버선
또르르 마니구슬 영(靈) 맑혀 극락정토
아침 해
빛살 무지개
속(俗)을 벗어 내가 섰네.

햇살들
기름져
못 물은 윤이 나고
파란 바람 등에 업혀 물에 잠긴 조각구름
살포시
밟고 서셨네.
지등 밝혀 드리네.

—「연(蓮)」 전문

시인은 연(蓮)을 바라보고 있다. 주체와 객체와의 관계는 정서적 의미망이 형성되기 전까지는 객관적 관계이지만, 시인의 내면이 연에 의탁하여 새로운 의미망을 형성할 때, 정서적 합일(合一)의 경지에 이르고 새로운 세계가 열린다. 아침 해에 반짝이는 이슬, 그 이슬을 굴리면서 깨끗이 씻긴 연잎처럼 순수해지기를 소망한다.

이러한 소망은 지하철을 타고 가면서 만난 시각 장애인을 통해 더욱 절실해진다. 시각 장애 여성은〈지그시 눈을 감고/ 묵주 알만 헤일 뿐〉이다. 그러나〈어여쁜 손끝으로/ 돌리는 물주 알〉에서 그녀의 간절한 소망을 발견한다. 이 작품의 백미(白眉)는 세 번째 수라 하겠다. 첫 수와 둘째 수에서는 눈을 감고 돌리는 여인이 시각 장애자인 줄을 모르는 상태였다. 그러다가 셋째 수에서 반전 구성을 보인다. 시청역을 안내하는 방송을 듣고 여인이 일어서서〈의자 밑 흰 지팡이/ 앞세우고 내린다.〉에서 서사적 상황은 구체화되고, 그로 인해 시인은 사람들이 지고 사는 '업'을 묵상하며 안타까워한다.

이러한 상황에 따른 묵상은 깨달음으로 인도하는데, 그의 불교적 깨달음은 무위자연(無爲自然)과 닿아 있다.〈산은 산이 좋아서/ 산에서 모여 살고// 물은 물이 그리워/ 천릿길 재촉〉(「짝사랑」)하듯이 본성을 찾아 올곧게 살아야겠다는 삶의 자세를 보인다.

4. 서정과 의지의 조화

김동민 시인은 종교적 사색과 어머니에 대한 절절한 서정을 중심으로 노래하지만, 이와 함께 서정의 아름다움이 새겨진 작품도 멋있게 빚어내고, 자신의 철학과 분명한 견해를 작품에 담아 밝히기도 한다. 시는 뜻을 담는 그릇이지만, 그 뜻을 강조하면 도덕 교과서나 철학 서적과도 같아지기 때문에, 뜻을 언어의 서정으로 감싸야 아름다운 감동을 생성하게 된다.

그의 「묵정밭」은 한때 생업(生業)의 현장이었을 터이지만, 현재는 농사를 짓지 않아 폐허처럼 변한 곳이어서 노년의 독자들에게 쓸쓸한 서정을 환기하는 작품이다. 젊은 세대들이 수용하기 힘든 내용도 있을 터이지만, 문학을 비롯한 예술 작품이 모든 사람의 이해와 사랑을 받아야 하는 것은 아니다. '묵정밭'에서 시인은〈뻐꾸기 마구 울어/ 더 적막한 골짜기〉라는 역설적 시상을 전개한다. 그 곳은〈가난, 그만큼이나 끈질기던 망초 대〉가 수북하게 자라 안타까운 정서를 환기한다.〈허기를 갈아엎던/ 쟁기 보습 유배 가고〉 새벽닭 울음소리도 사라져서 산촌은 밤에 머무는 느낌이다.〈봄 가품 쑥버무리/ 빈 채반 설움〉을 안고 묵정밭은 하얀 꽃을 피운다.

이러한 정서는 작품 「고향의 봄」에서도 드러난다. 둘째 수에서 보면〈민들레/ 고운 둑방/ 실개천 조잘대고// 밭갈이 '이랴쩌쩌' / 정겨운 산골 마을〉을 회상한다. 이와 같은 작품은 시인의 기억에서 비롯되는데, 김동민 시인은 추억어린 향수에 머물지 않고, 자신의 내면을 시에 담아내어 감동을 짓는다.

겁나게 시퍼러면
산하는 유월이다.
천둥이 몸살 나 허공을 찢어대고
철망에
걸린 바람도
퍼어렇게 목이 쉰다.

억세게 울어대는

빼꾸기 퍼런 목청
장렬히 드러누운 그때 그 하늘 빛
진혼곡
가슴을 찢어
짓무르는 유월 산하.

—「퍼런 목청」 전문

그의 회고에 의하면, 초등학교를 졸업하고 시골에서 농사를 짓던 시기에 6.25 민족 전쟁이 발발한다. 산촌에도 포탄소리가 들려오고, 밤마다 모여서 북한 공산주의에 대한 학습을 하고, 내용도 알 수 없는 노래를 밤새워 부르고, 불을 켜지 못하게 하여 캄캄한 밤을 무섭게 보냈다고 한다. 마을 사람들이 우익과 좌익으로 갈라져 서로 죽이고, 그로 인하여 지금까지도 원수처럼 지내는 아픔을 경험한 시인은 6월을 회상하는 것만으로도 괴롭다. 그 괴로운 마음을 문학적으로 표현하여 새로운 생명을 부여한다.

그러나 세월이 흘러 과거의 아픔이 조금씩 씻겨져, 이제 6월이 되어도 아픔보다 새로운 희망으로 노래하기에 이른다. 「신록의 계절」에서 그는〈햇살도 부시는 이 아침은 유월이다〉라는 명제에 도달하여〈햇살에 눈을 뜨는 마알간 저 영혼들〉도 찾아내고 바람의 손짓에 흙내음 짙은 풀 향기도 새롭게 인식한다. 또한 「오후 한때」에서는〈후두둑 창문을/ 세차게 노크하면/ 녹색물결 유월동산 아우성〉이 휘감기는 녹색 세상을 노래한다.〈꾀꼬리 고운 가락 녹음 끝에 낭창대니/ 시름도/ 행복에 겨워/ 풀물 드는 오후 한때〉의 아름다운 세상을 노래하여 6.25의 아픔을 극복한다.

그렇지만, 간헐적으로 도발하는 일본의 독도 침탈 야욕은 시인으로 하여금 다시 격분하게 하고, 그리하여 일본에 대한 철저한 경계를 주문한다.

잠잠하다 하면 또 불어오는 몹쓸 바람
저만치 수평선에 빗장을 걸어놓고
그 못된 여우바람과
마주 선 우리의 섬.

하찮게 여기다가
뒤통수 얻어맞아
내력이 도막나고 자존이 꺾이는데
억겁이 흐른다 한들
그 치욕을 잊으랴.

제 버릇 개 못 주고 본성이 되살아나
송곳니 감추고
딴전 피는 여우바람
그 심보
알고도 남아
큰 기침에 깨는 독도.

—「동해의 기침소리」 전문

우리의 것을 지키기 위해 언제나 깨어 있어야 함을 절실하게 주문하는 작품이다. 이러한 의지를 되새기는 작업으로 우리 글에 대한 사랑도 중요한 요소로 기능한다.「한글날에」를 통하여 그는 나랏님의 높은 뜻으로 펴내신 우리 말글에 의하여〈눈귀가 훤히 밝아져 으뜸의 길〉을 찾을 수 있다고 밝힌다.〈어디에 내 놓아도 자랑스런 님의 말씀〉처럼 더욱 빛나도록 갈고 닦아〈우리들 아침의 나라〉를 세계만방에 빛내자고 주장한다.

또한「내포에서」를 통하여 밝힌 것처럼〈주인의 아들이/ 주인답지 못한 죄로/ 그 뜨거운 바람을 마시며 토해내는/ 응어리〉를 다시 겪지 않기 위해 오늘에 충실해야 함도 주장한다. 이러한 염려와 지향이 김동민 시인의 작품 세계를 관류(貫流)하고 있다.

5. 김동민 시인의 지향

김동민 시인은 문학 창작의 아름다운 성취를 위하여 각고면려(刻苦勉勵)한다. 회갑이 넘어서 시작한 늦깎이의 어려움을 성실과 열성으로 만회하려 노력한다. 그는 어둠의 장막과 같은 작품 창작의 막막함에서 탈출구를 찾고자 하지만, 마음과 달리〈한없이 풀어내는 미혹의 끄나풀〉에 휩쓸려 고뇌한다. 그리하여〈안 풀리는 갈증에 식어가는 담금질〉에〈마지막 고삐를 당겨 부싯돌〉(「어둠의 뜨락에서」)을 그으며 창작의 불씨를 살리고자 한다.

나서는 발걸음은
언제나 설렘이다.
큼직한 금강석에 명패 하나 새겨질까
앞선 맘
나래를 펴고

무지개 올라탄다.
숱한 날 새까맣던
내 안의 백사장
한 번쯤 그 어디서 큰 소리로 눈부실까
사념은 네 굽을 놓아
모래밭을 달린다.

끈질기게 매달려도
안 열리는 나의 바다
그리움은 하얀 밤 풀무질을 계속하고
나는 또
몽당연필에
칼질을 해댄다.

—「내 안의 백사장」 전문

그는 무명의 세계에서 벗어나〈큼직한 금강석에 명패 하나〉 새기기를 소망한다. 작품 창작에 끈질기게 매달려도 열리지 않는 바다에서 그는 그리움으로 풀무질을 계속한다. 글을 쓰기 위해 몽당연필에 칼질을 하면서 멋진 작품 창작을 시도한다.

이는 「길」로 이어지는데, 그의 길은 지금까지 '밤'이며, '열리지 않는 바다'였으며, '새까맣던 백사장'이었기 때문에 비관적일 수밖에 없었다. 그러나 그는〈숱하게 헛디뎌 허물어진 별 무더기〉를 가슴에 안고〈길 위에서 길〉을 물어 자신의 지향을 찾는다. 천강(千江)에 달이 떠오를 때를 기다리며 무릎이 벗겨질 때까지 '삼천 배'를 하면서 자신이 나아가야 할 길을 탐구한다. 그리하여 자기가 찾는 길에 대한 답으로 '어머니'와 '불심'이라는 화두(話頭)를 얻는데, 그가 생명이 다하는 날까지 추구해야 할 삶의 의미가 된다.

자신의 지향에 이르기 위하여 혼신(魂神)을 바쳐 추구하는 시인이기 때문에, 그는 노익장(老益壯)에 안주하지 않을 것이다. 창작하는 시조 작품의 수준을 높이기 위해 절차탁마(切磋琢磨)에 최선을 다하리라 확신한다. 그리하여 혼돈의 세계에 지고지순(至高至純)의 연꽃을 피우리라는 믿음으로 김동민 시인의 작품 감상을 마친다.

— 2009 시조집 『산으로 간 바다』 해설
— 2009 『예향대전』 5월호 재수록

◇ 전종선 시조집 『비단강 바람 향기』 평설

시조의 멋으로 빚은 생명의 향기

1. 전종선 시인을 찾아서

전종선 시인은 1937년 충남 청양에서 태어난다. 그는 고향을 떠나 서울에서 수학하는데, 대경상업고등학교를 졸업하고, 서울문리사범대학 국어과를 졸업한다. 이어 부산동아대학교 국어과 중등과정 2년을 수료하면서, 평생 직업으로서의 중등교육에 헌신하게 된다.

초등학교 교사, 중등학교 교사, 중등학교 교감, 장학사, 중등학교 교장을 역임하면서 교육입국에 이바지하던 중 정년을 맞게 되고, 이 때쯤 시조 창작에 관심을 갖게 된다. 물론 국어를 지도하면서 시조 또한 지도하였을 터이고, 시조가 우리 겨레의 숨결을 연면하게 담아온 대표적 문학 장르라는 자각에 바탕한 듯하다.

그는 1996년 교육부 발행 [교육월보] 문예부문 시조작품을 추천받은 뒤, 본격적으로 작품 창작에 힘써 [한국공무원문학] 신인상, [한국시조] 신인상을 수상하면서 본격 시조시인으로 태어난다. 늦은 출발임을 자각하여 작품 창작에 매진하여, 시조집 [바람 따라 가거들랑]

[산 따라 바람 따라] 등을 이어서 출간하여 시조 문단에 새바람을 일으킨다.

10년이 채 되지 않은 기간에 다시 세 번째 시조집을 발간하여 세상을 놀라게 한다. 지치지 않은 창작열과 함께 삶의 관조가 승화된 예술성을 겸비하고 있기 때문이다.

붉은 얼굴
가을 허리
힘겹게
걸머지고

노란 가슴
가만 열어
암향으로
빚는 고요

산사(山寺)의
처마 끝으로
쏟아지는
하얀 달빛

—「산사(山寺)의 달빛」 전문

전종선 시인은 불교적 소재에 관조적 시심을 담아내어 시조의 품격을 높인다. 이 작품에서는 '붉은' '노란' '하얀' 등의 색채 시어들이 장별로 배치된다. 잘못 사용하면 유치해질 수도 있지만, 시상의 독자성에 의해 이러한 기우를 극복하고, 시조의 멋을 창조하기에 이른다. 〈가을 허리/ 힘겹게/ 걸머지고〉 〈가슴/ 가만 열어/ 암향으로/ 빛는 고요〉 등에 이르면, 직관 · 비유 · 상징에 의한 시인의 선적(禪的) 경지를 가늠하게 한다.

이처럼 문학적 향기가 짙은 작품을 창작하는 그는 시조의 보급 활동에도 전력을 다한다. 대전시조시인협회 회장으로 해마다 전국 최대 시조백일장을 개최하기도 하고, [한밭시조문학]을 발간하여 시조의 창작 활동에도 힘쓰고, 학교와 직장을 찾아다니며 시조 창작 강의에도 열성을 보인다.

그는 한국시조시인협회 대전지회장과 이사를 맡아 전국적 시조 활성화에도 앞선 바 있다. 한국공무원문인협회 부회장을 맡아 공무원들의 창작 지원에도 힘쓰고, '한말글한밭모임에도' 참여하여 우리 말글의 발전에 기여하기도 한다.

이렇듯 우리 겨레의 숨결이 살아 있는 시조 창작, 시조의 보급 및 창작 활성화, 우리 말글에 대한 사랑을 가슴에 담고 있는 전종선 시인의 시조 세계를 기행하고 간략하게 정리하고자 한다.

2. 생명의 향기를 찾아서

시인의 상상력은 무변(無邊) 광대(廣大)하다. 시인이 되기 전, 상상력이 풍부한 어린이들도 가장 자주 사용하는 상상력은 무생물에 대한 생명력 부여라 하겠다. 일면 비유법에 속하는 활유법과 의인법인데, 세상 만물에 사람의 속성을 투사하는 것이다. 이러한 기법이 상투적일 때 독자들의 감동은 줄어들게 되지만, 시인만의 새로움으로 창조할 때 수준 높은 평가를 받게 된다.

전종선 시인도 섬세한 감수성에 힘입어 무생물에 생명을 부여하거나, 사람과 동일한 감정을 이입한다. 특히 불교적 시심이 작품 속에 용해되어 새로운 감동을 생성한다.

별빛도
시리도록
시들픈 골진 이승
자비의
불빛 자락
연꽃잎 받쳐 이고
끈질긴
억겁의 탯줄
불꽃 같은 피울음.

피안으로
드는 자비
우주를 삼켜두고
보리의
불립문자
숙성된 무량으로
뜨거운
사랑의 열량
순간으로 넘친다.

— 「석등(石燈)」 전문

시인은 석등에서 인간의 희로애락을 찾아낸다. 더불어 불교적 세계관을 오롯하게 담아낸다.

첫 수의 초장에서는 '이승'에 대한 관점이 들어 있다. 별빛이 시릴 정도로 이승은 부정적 심상을 드러낸다. 또한 '시들픈'이란 시어의 창의적 개발은 특별한 의미를 갖는다. 깨끗하고 삼삼한 상황을 깨삼하다고 한다든지, 시들하고 슬픈 상황을 시들픈이라고 하는 표현은 독자성을 갖는다. 언중(言衆)들이 이러한 창의력에 박수를 보내어 국어의 일반성을 획득하는 것이 과제로 남지만, 시인의 창의적 태도는 상찬받기에 부족함이 없다. 중장은〈연꽃잎 받쳐 이고〉 있는 석등의 표면적 묘사이기 때문에 쉽게 이해가 되겠지만, 그 다음의 핵심에 해당하는 종장의 '불꽃같은 피울음'에 이르면 약간의 난해성에 빠질 수도 있다. 석등의 역사성을 '억겁의 탯줄'로 상징하고 있다면, '불꽃 같은 피울음'은 유한한 인간의 간절한 욕망으로 보아도 무방할 것이다.

둘째 수의 초장에서 '피안으로 드는 자비'를 찾아낸다. 이승의 자비와 사랑이 중요하고, 그렇게 시인도 인식하고 있기 때문에, 이승에서의 결핍은 시인을 곧바로 피안으로 인도한다. 그래서 시인은 피안에서 자신의 '우주'를 확인하고, 염화시중과 같은 '보리의 불립문자'를 찾아내기에 이른다. 이러한 과정은 다시 무량(無量)으로 넘쳐나는데, 시인의 가슴에 넘치는 뜨거운 사랑이 석등에 얹혀진다. 그러므로 무생물로서의 차가운 석등이지만, 그 석등은 시인의 뜨거운 사랑이 순간적으로 넘치는 존재로 거듭난다.

100음절도 되지 않는 짧은 시행에 이와 같은 철학을 담아낼 줄 하는 시인은 귀하다. 불교적 진리가 숨쉬고 있기에 일견 어려워 보이지만, 역지사지하게 되면 시인의 가슴에서 울리는 맥박소리를 정확하게 들을 수 있게 마련이다.

푸른 꿈
짧어지고
시린 갯벌
겨운 톱질

피멍든
생채기는
가슴깊이
수장하고

설움도
부끄러워라
파도 베고
눕는 노을.

—「여흔(餘痕」 전문

사전에 의하면, 이 작품의 제목인 「여흔(餘痕)」은 '남아 있는 자국'이다. 그러나 이 작품에서는 이러한 일반성 이외에 특수 집단의 언어에까지 시선이 미쳐야 한다. 수석 채집가들이 말하는 바, '돌 속에 새겨진 하얀 무늬'라는 의미까지 알아야 선명하게 이해된다. 이 작품 역시 돌에 생명을 불어 넣고 있다. 파도가 들고 나는 것을 '시린 갯벌/ 겨운 톱질'이라 표현한 것은 그야말로 놀라운 경지라 하겠다. 갯벌에 있는 돌들의 '피멍든/ 생채기'까지 염려하는 시인에게 있어 '

파도 베고 눕는 노을'은 서러울 정도로 부끄러운 '자아 인식'을 불러오게 한다.

이러한 작품 성향을 여러 작품에서 보이고 있어 전종선 시인의 개성으로 자리한다. 〈순정으로/ 담긴 넋이/ 불을 지른/ 다락 한 켠〉(광한루), 〈내 사랑/ 묻어 놓고/ 까맣게 태운 세월/ 갈매기도/ 서러움에/ 토해내는 저 피울음/ 삼학도/ 자락을 끌며/ 파도 따라 웁니다.〉(유달산), 〈내밀히/ 수줍은 태로/ 함초롬히 수인사〉(코스모스), 〈옛 손님 옷깃 잡던/ 진한 미소 걸어 두고/ 저녁 놀 솔 그림자들/ 함께 내려 목욕한다〉(적벽강) 등에 이르게 되면, 무생물에 생명을 부여하는 따뜻한 시심을 엿보게 된다.

3. 모성적 근원을 찾아서

전종선 시인은 어려서 어머니의 여윈 듯하다. 작품 「낙화(落花)」를 토대로 할 때, 시인의 어머니께서는 음력으로 4월 8일, 즉 석탄절이라 일컫는 초파일에 돌아가신다. 〈초파일/ 석탄일에/ 한 떨기/ 꽃이 지다〉에서 확인되고, 〈둥지 잃은/ 어린 제비/ 무너지던/ 푸른 하늘〉에서 어린 시절의 감당할 수 없는 슬픔을 형상화한다. 그래서 생모에게는 효도할 기회를 놓치게 되고, 〈통한의/ 불효 이 자식/ 꿈에라도/ 뵙고 싶소〉라 간절히 노래하기에 이른다.

그러던 중, 어지신 계모(새 어머니)를 맞아 시인의 어린 시절은 안락하고 행복하게 지낸 듯하다. 어머니를 여의고〈복살 머리/ 없는 자식〉(햇살)이라는 절망에 빠져 있을 때, 〈어지신/ 새 어머니/ 새 둥지〉를 통해〈퍼렇게/ 피멍든 가슴/ 돋아오던/ 밝은 햇살〉을 찾기에 이른다. 그러나 생모에 대한 그리움은 고희(古稀)에 이르도록 더욱 애틋하다.

고운 태도
벗기 전에
날아가신
비익조여

하늘도
서러움에
무지개도
꿈을 접고

부엉이
어린 새끼들
어미 그려
울던 밤

—「사모곡 1」 전문

청상의 '어머니'를 상징하는 '고운 태도 벗기 전에 날아가신 비익조'와 어머니를 여윈 형제들을 상징하는 '부엉이 어린 새끼들'에 의해 시인의 슬픔은 더욱 절실하게 다가온다. 그 슬픔이 지극지통(至極至痛)하여 '하늘' '무지개'도 꿈을 접었다고 통한(痛恨)한다.

「사모곡 2」에서는 새 어머니로 인해 '피멍 머물던 자리'에 '새살'이 돋아온다고 하여, 세월에 따라 아픔도 가시어짐을 구체화한다. 그러나,「사모곡 3」에서 보이듯이 '천추에 맺힌 그 한'은 도저히 씻을 길이 없다. 그래서 시인은 '고희자락'에 이르러서 더욱 그리운 어머니를 부르게 된다. 「사모곡 4」에서 시인은 어머니의 '그 모습 상상하며 시린 가슴 맴돈 세월'을 회고하기도 한다.

어머니에 대한 애틋함은 「벌초」로 이어지게 된다. 시인은 벌초를 하며〈침묵의 고향 앞에서 목에 메여 웁니다〉〈마지막 귀 기울여도 말씀 영영 없던 당신〉〈남기신 삶의 푯대 가슴속 깊이 간직〉하여 바르게 살아가겠다고 다짐을 하기도 한다.

어머니의 부재는 고향이라도 타향과 같이 정을 붙이지 못하게 된다. 「대답 없는 고향」에서 시인은〈목메어/ 불러 봐도/ 대답 없는 잠든 고향/ 소쩍새/ 피울음에/ 산울림도 절며 가던/ 고애자/ 코스모스 길/ 흘리면서 갑니다.〉에서 보는 것처럼 코스모스 싱그럽게 핀 가을길도 어머니가 계시지 않아(고애자)서 '피울음'을 토하고, 산울림도 다리를 절며 가는 것으로 인식된다. 이런 시상의 전개에서 보이는 섬세한 감성을 확인할 때, 그는 만들어진 시인이 아니고 천성적으로 타고난 시인임을 가늠할 수 있다.

시린 하늘 보릿고개
맨발로 뛰어 넘어
주린 속살 달래려고
헤매던 유년의 강
고희의 언덕에 서서
돌아보는 그 세월.

둥지를 탈출하여

황야를 헤매 돌며
고갱이 구세주로
타오르던 청운의 꿈
찬란한 슬픔의 뒤안길
자막으로 노을 지네.

―「찬란한 슬픔」 2~3수

전종선 시인은 이순(耳順)을 넘겨 고희를 향하는 연치(年齒)에 이른다. 이 작품의 첫수에서 그는〈여우도 임종시엔/ 제 집으로 머리 두듯/ 긴 터널 이순 고개/ 힘겹게 돌아서서/ 힘겨운 죽지를 챙겨/ 둥지 찾는 날갯짓〉을 하기에 이른다. 이렇듯 신체적 노년기에 들어서면 정신도 따라가는 듯싶다. 앞으로 나가고 싶은 마음과는 달리〈돌아보는 그 세월〉에서 그는 유년의 추억에 젖기도 한다.〈타오르던 청운의 꿈〉을 접고〈찬란한 슬픔의 뒤안길〉을 확인하면서, 노을에 지는 고운 서정에 빠진다.

이와 같은 서정은 전종선 시인만의 것은 아닐 것이다. 그럼에도 불구하고, 이러한 계열의 작품에서 그가 보이는 특별한 시 정신을 맛보게 된다. 노년기에 이르러 평범한 시어를 찾아 알맞게 구성하는 일상적 매너리즘에서 벗어나, 그는 치열할 정도로 시어의 천착에 매진한다. 시 정신에 따른 시어를 찾고, 고도의 은유와 상징으로 작품에 새로운 생명을 부여한다. 이러한 치열성으로 인해 그의 작품은 대부분 긴장을 늦추지 않는다. 그만의 독창성을 띤 작품이어서 박수를 받게 된다.

4. 서정의 진수(眞髓)를 찾아서

전종선 시인은 기행에 따른 시조 작품도 여러 편 발표한다. 그의 기행 시조는 일반적 기행시의 약점을 극복하고 있다. 일반적 기행시의 특징은 '여정을 통한 지역 안내' '특정 사물에 대한 설명' '기후와 일정의 나열'이라는 단순성으로 인해, 작품으로 인정받지 못할 정도의 작품을 만나기도 한다.

그러나 전종선 시인은 이러한 기우를 말끔히 씻어내기에 부족함이 없다. 그는 일부 작품에서 기행시의 단점이 드러나기도 하지만, 대부분의 작품에서는 자신만의 서정을 노래하여 기행시의 매너리즘을 극복하고 있다.

상큼한 치맛자락 깔삼한 고운 맵시
햇살도 꽃방석에 한나절 뒹굴다가
저녁놀 붉은 치마 속 살짝 숨어 버린다.

— 「적상산(赤裳山)」 1수 '산(山)' 전문

안국사 무릎 아래 동 성이 뻗고 누워
아슴히 낙엽 밟고 거닐던 임의 소리
돌이끼 향기 씹으며 귀를 세워 듣는다.

— 「적상산(赤裳山)」 2수 '성(城)' 전문

잔잔한 은빛 물결 타고 노는 산들바람
쫓겨난 임의 자취 톺아 보는 산 그림자
겨레의 그리운 혼줄 볼수록 아린 맘.

— 「적상산(赤裳山)」 3수 '호(湖)' 전문

이 작품을 보면서 전종선 시인의 시적 자질을 확인하게 된다. 적상산으로 가는 여정이 나올 법도 하건만, 단 한 줄도 보이지 않는다. 적상산의 모습을 묘사할 법도 하건만, 그대로의 묘사는 단 한 줄도 드러나지 않는다. 적상산에 대한 찬미가 터질 법도 하건만, 직접적인 찬탄은 단 한 줄도 보이지 않는다. 그러면서도 적상산이 얼마나 아름다운 자연을 간직하고 있으며, 그 속에서 시인의 가슴에 남아 있는 수려한 이미지를 분명하게 빚어낸다. 이것이 바로 그만이 갖고 있는 시창작의 비결이고, 시조의 격을 높이는 요체라 하겠다.

그러면서도 부분적 묘사와 이미지 형성으로 다른 산과의 차별성을 유지하고 있다. 「적상산(赤裳山)」의 2수에서〈안국사 무릎 아래 돌 성이 뻗고 누워/ 아슴히 낙엽 밟고 거닐던 임의 소리/ 돌이끼 향기 씹으며 귀를 세워 듣는다.〉라고 노래한 부분에서 단순성을 벗어난 독자적 표현의 멋스러움을 감상할 수 있다.

이와 같은 형상화는 이국문물에 대한 작품에서도 그대로 반영된다. 「그랜드 캐넌」의〈심술궂게 핥아 내려/ 살진 가슴 만든 뚝심/ 수정처럼 살결 고운/ 콜로라도 강 푸른 젖줄/ 실개천 짝짓기 하여/ 가슴 치는 저 현장〉에 이르면, 협곡의 묘사로 인해 현대시조의 멋에 감탄하게 된다.

이러한 표현은 섬세한 감수성이 기인한다. 그리고 섬세한 감수성은 어머니를 일찍 여의었기 때문에 형성된 어릴 시절의 외로움과 고달픔에 닿아 있는 듯싶다. 그래서 사물에 자신의 정서를 이입하는 기질이 형성되었을 터이고, 자신을 돌아보는 시간이 많아진 만큼 상대방에 대한 배려로 역지사지(易地思之)하게 되었을 터이다. 그리하여 시적 대상의 입장에서 작품을 빚었을 터이고, 그로 인한 공감대가 확대되어 감동의 폭도 넓어졌으리라 본다.

태산보다 높은 무게
승복에 감긴 육신
몸부림 치는 명줄
변죽만 치고 돌아
너무도 깊고 깊은 반야
짊어지기 겨운 세월.

내밀한 유혹의 늪
법열도 순간인가
현실과 보리 사이
너무도 깊고 먼 길
무시로 스며드는 욕해
뒤척이는 동자 승.

—「동자 승(僧)」 전문

동자승이 겪은 세월과 처한 상황을 노래했지만, 이 작품은 시인의 서정이 동자승에 용해되어 드러난다. 동자승이〈짊어지기 겨운 세월〉은 시인의 유년에 대한 비유와 상징으로 보아도 무리가 없다. 또한〈현실과 보리(菩提) 사이〉에서 느끼는〈너무도 깊고 먼 길〉도 시인의 정서적 공간 개념으로 보아도 될 것이다. 그런 점에서 이 작품은 동자승을 제재로 하여, 시인의 내면을 담아낸 듯하다.〈무시로 스며드는 욕해/ 뒤척이는 동자 승〉에 이르면, 동자승보다는 자신의 내면을 그려낸 것으로 보인다.

전종선 시인은 섬세한 서정으로 작품을 빚고, 그 작품 속에 연연한 그리움을 담아낸다. 그러한 그리움과 절절한 정서는 사물에 따뜻한 인격을 부여하게 된다. 그리하여 작품 표면상의 내용으로도 결이 고운 시조가 되고, 비유와 상징에 의해 깊이 있는 시조를 빚게 된다. 이러한 시심을 견지하는 한, 그는 한국 시조 역사에 새로운 빛으로 기억될 것으로 믿는다.

— 2004 시조집 『비단강 바람 향기』 해설

◇ 우제선 시조집 『솔바람 푸른 소리』 평설

시조로 빚은 불심과 관조적 삶

1. 우제선 알아보기

우제선 시인은 1932년 충남 청양에서 출생한다. 아호가 노향(蘆香)인 시인은 논산의 대건고등학교를 졸업하고, 서울문리사범대학 국어과를 졸업한 후, 중등학교 교사로 40여 년 봉직하고 정년퇴임한다.

평소에 문학에 대한 관심이 많고, 후학에게 국어와 문학을 지도하면서 틈틈이 창작한 시와 수필을 모아 정년퇴임 기념문집 『노향유필』을 발간한다. 정년 퇴임 이후, 그는 문학 창작에 전념하여 『시조문학』 신인상을 수상하여 등단하고, 대전시조시인협회 회원, 사단법인 문학사랑협의회 회원으로 활동하고 있다.

숭조(崇祖) 사상에 바탕한 연유이겠지만, 그는 고려말의 성리학자 우탁(禹倬)에 대한 자긍심이 남다르다. 그리하여 그는 우탁 선생이 주장한 '지삼의(知三宜)'를 교육 현장에서 실천하고자 한 듯하다. '지삼의'란 우탁이 안동군 예안에서 후학을 훈육할 때 그의 가르침과 본받을 점 세 가지 덕목인 도학(道學) 예의(禮儀) 절조(節操)라는 삼대덕(三大德)을 찬양하여 그의 퇴거지명(退去地名)을 '지삼의'라 불러 온 데에 연유한다.

가르치신 성(誠)과 경(敬)은
마음의 근본이요

추앙 받는 지삼의(知三宜)는
세인(世人)의 사범(師範)이니

우러러 천추(千秋)에 사모할
온 겨레의 스승이라.

할 일은 하도 많은데
세월은 못 붙들어

읊조린 탄로가(嘆老歌)는
영원한 애송시(愛誦詩)라

나 또한 당신의 후예
추원(追遠)하여 기리리.

— 「역동서원(易東書院)을 찾아서」 일부

역동(易東)은 우탁의 호(號)인데, 이 호를 따라 서원 이름을 붙인 것이 '역동서원'이다. 이 호의 유래는 우탁이 역경을 외워서 동방에 옮겼다 하여 붙인 것이며, 특히 조선 초기 정치적 혼란기에 상왕에게 비판적 상소를 하여 좌우 신료와 상왕을 감동시킨 일화는 유명하다. 또한 노년기에 지은 「탄로가」는 우리 국문학사에 오래 기록될 작품이기도 하다.

우제선 시인은 조상으로서의 우탁을 흠모하고 기리는데, 이는 자신도 그와 같은 경지에 오르고자 하는 내면의 지향으로 보인다. 그런즉, 그는 후학 지도와 바른 생활자세를 지켜왔으며, 이를 바탕으로 세세유전(世世遺傳)될 작품을 남기고자 땀 흘려 시조 창작의 밭을 경작하고 있다.

2. 우제선의 시조 세계

2.1 우제선은 청소년기에 가톨릭 학교인 논산의 '대건고등학교'에서 수학하며 성장하지만, 불교 재단인 '보문중학교'에 교사로 근무하면서 불교에 귀의한 듯하다. 그가 빚은 작품에는 시심이 직·간접으로 드러난다. 이러한 시심은 관조(觀照)와 허정(虛靜)의 세계와도 상통하는데, 삶에 대한 진실을, 욕심 없이 바라본다는 점에서 그러하다.

별빛이/ 쏟아지는
밤하늘의 가장자리

어둠의/ 늪을 건너
침묵이 깔렸는데
오온(五蘊)의/ 번뇌에 싸여
스며드는 적멸(寂滅)이여.

바람도/ 잠에 들고
물소리 가냘퍼라.

산사(山寺)의/ 종소리가
고요를 꿰뚫는데

영혼은/ 허공을 타고
미리내(銀河水)를 건넌다.

— 「진공(眞空)」 전문

이 글의 '오온(五蘊)'은 일체의 번뇌를 섭취하는 다섯 가지 요소를 말한다. 지상의 모든 중생에게 미치는 심신의 작용인데, 이 오온은 육체로서의 색, 감각으로서의 수, 상상으로서의 상, 마음의 작용인 행, 의식으로서의 식 등이다.

이 '오온'의 번뇌에서 벗어나 '적멸'의 경지에 들고자 수행하지만, 그것이 쉽게 이루어지는 것은 아니다. 그러나 '산사'에서 울리는 범종 소리에 삼천대천 세계의 만상을 깨우치듯이, 시인의 영혼은 종소리에 의해 피안의 세계를 지향하게 되고, 이로 말미암아 '미리내'를 건너게 되는 것이다.

이러한 상태가 '진공(眞空)'인지에 대해서는 이론(異論)이 성립할 수 있다. 버리고자 하는 마음까지도 버려야 '진공'에 들 수 있다는 법문을 상기할 때, 그 경지는 아무나 도달할 수 있는 것이 아니기 때문이다. 그러나 시인이 감각한 상태를 '진공'이라고 노래하면, 그것은 바로 그러한 의미를 지닌다. 시인의 감수성은 해석의 평범성을 뛰어넘기 때문이다.

그는 '진공'에 들기 위해 고행과 기원을 병행한다. 「탑」의 3수에서 〈엎드려 귀의코자/ 공덕을 비옵더니// 사바의 희비애환/ 한 몸에 거두시고// 중생의 속 깊은 사연/ 어여삐 여기소서〉라는 기원은 바로 '진공' '진여'에 들기 위한 시인의 간절함이다.

이 작품의 제목이면서 중심 제재인 '탑'은 인생으로 비유되기도 한다. 「인생」의 4수 중 마지막 수에서 시인은 이렇게 노래한다. 〈인생은 돌을 모아/ 쌓올리는 탑(塔)이어라.// 기쁨도 괴로움도/ 마음 빛 깔뿐인 것을// 헛되이 사고(四苦)에 매어/ 어둔 밤을 헤맨다.〉고 인생을 관조한다. 즉 탑은 종교적 상징물인 동시에 세속에서 바라보는 인생의 상징물이기도 한데, 양자(兩者) 모두 사고(四苦)에서 벗어나 해탈을 소망한다는 측면에서 동질성을 띤다.

2.2 해탈을 염원하는 시심, '적멸'을 지향하는 시심, 그리하여 '진공' '진여'의 경지에 이르고자 하는 시심은 바로 '버림'의 수사학에 바탕한다. 가지고 있는 것을 버릴 수 있는 마음, 현실적으로 놓고 싶지 않지만 해탈을 위해 버릴 수 있는 마음, 버리려는 그 마음까지도 버릴 수 있는 경지, 시인은 이런 경지를 작품으로 승화하고자 한다.

이러한 시심은 현실에 적응하지 못할 수도 있다. 그래서 시인은 현실 파악에 있어 부정적이기 쉽다. 그는 우리 삶의 현장을 '콘크리트'로 집약하기도 하며, 이로 비유되는 현대물질 문명에 거부감을 보이기도 한다. 그러나 시인은 이러한 상황에 부정적으로 반발하기보다는 오히려 연민의 시선을 유지한다. 그리하여 시인은 현실에 적응하지 못하고 소외된 채 살아가는 삶을 통해 특별한 의미를 생성한다. 현실에서는 박수를 받지 못한다고 하더라도, 생명 그 이상의 의미로 다가서는 제재를 통해 시인은 새로운 서정을 일군다.

콘크리트 틈바구니
비집고 뿌리내려

끈질긴 생명 줄을
사시철 고이 이어

애태워 피는 꽃송이
눈물겨워 웃는다.

— 「민들레」 3수 중 1수

시인이 바라본 민들레는 원래 있어야 할 제자리에 아름답고 행복하게 피어 있는 꽃이 아니다. 시골의 산기슭이나 들녘에 함초롬히 피어 있는 민들레가 아니다. 도심의 콘크리트 사이에서 간신히 생명을 유지하고 있는 가련한 꽃이다. 그래서 시인은〈오가는 골목 사람/ 잔인한 발길에 차여// 꺾이고 짓눌려도/ 쓰라림 속에 묻고// 노오란 꽃을 피우려/ 밤이슬을 마신다〉고 애잔하게 노래한다.

이러한 인식은 「연꽃」에서도 드러난다.〈시궁창에 뿌리 내려/ 청정한 줄기 돋아// 무덤 같이 어둔 물 속/ 곱게 가린 둥근 연잎// 그 위에 피어난 꽃송이/ 함초롬히 벌었네〉하고 노래하여 연꽃의 종교적 속성을 부각시킨다. 어려운 상황을 극복하고 아름답게 벌은 꽃이기에 그는〈아련한 이심전심(以心傳心)에/ 불심(佛心) 가득 미소로고〉 찬양하기에 이른다.

현실의 어려움을 극복하고 아름다운 꽃을 피워 올리는 '민들레'와 '연꽃'에 시인은 독자적 의미를 부여한다. 이는 뛰어난 감수성과 불교적 내면이 자연스레 융합하여 발현된 것으로, 이러한 형상화는 시인의 지향을 가늠하는 요소로 기능한다.

2.3 사물에 대한 연민의 정서는 가족으로 전이되기도 한다. 그 중에서도 슬픔의 정서가 작품으로 용해되어 나타날 때 잔잔한 감동을 잉태한다. 희노애락이 모두 가슴에 맺히는 정서이겠지만, 어쩌면 '애(哀)'를 통한 공감대 형성은 인류에게 부여된 보편성인 듯하다.

앙상한/ 무릎 걷고
모시 삼던 그 모습이

문득 문득/ 눈에 밟혀
그리움 사무치니

죽도록/ 지울 수 없는
한이 되어 웁니다.

시름 많은/ 모진 세월
눈물 속에 고이 묻고

소원 다/ 못 이루시고
서러워 가셨으니

가슴에/ 못이 된 자식
밤을 새워 웁니다.

— 「어머니」 4수 중 3~4수

사랑 중에서 육친의 사랑보다 더 큰 사랑은 없다고 한다. 그 중에서도 어머니의 자애(慈愛)야말로 생명의 원천이며 본향이다. 그런 모성의 상실은 태산이 무너지는 아픔으로 비유되는데, 이 작품 역시 그런 맥락으로 이해된다. 시인에게 있어 어머니는 그리움의 중심에서 있다. 그런 모성의 상실은〈죽도록 지울 수 없는 한〉으로 남게 되고, 그 '한'은 다시〈가슴에 못〉이 되어서 통곡에 이른다.

이러한 사랑과 그리움은 비단 어머니에 한정되지 않는다. 시인은 제하(濟河) 누님의 제삿날에, 누님의 명복을 비는 시조를 통해서도, 이와 같이 애잔한 정서를 표출한다. 「인연」 4수 중 1수에서 시인은〈노을 진 장독대에 손 모아 촛불 밝혀/ 엎드려 칠성님께 날 새워 비는 정성/ 지금은 고인(故人)이 되어 하늘에서 비시나〉라고 누님의 정성스럽던 모습을 회고하기도 한다.

슬픈 서정을 담고 있는 시인의 눈에는 어떤 사물이거나 자신과 동일시를 이루는데, 「새 한 마리」에서 절정에 달한다.〈짝 잃은/ 새 한 마리// 절구 위에/ 사뿐 앉아// 우는 설움/ 알고파서// 눈길을/ 던졌더니// 말없이/ 떠나는 속내를// 가슴 속에/ 묻고 가네〉를 통해 보이는 애상적 정서는 자신의 슬픔에서 비롯된 것이며, 이 정서를 새에 의탁한 것으로 보인다.

2.4 우제선 시인의 대표작이기도 한 「철탑 위의 까치집」은 풍자

적 기법의 전범으로 보인다. 시인이나 묵객들이 풍자를 다용하는 것은 표현의 멋스러움과 은은하게 비치는 운치 때문이다. 직접 고발하거나 비판하는 것은 아니지만, 비유와 상징을 통해 간접적으로 비판하거나 교훈성을 띠기 때문에, 풍자는 촌철살인(寸鐵殺人)의 힘을 갖는다.

뙤약볕 가리워 줄
나뭇잎 하나 없고

눈 서리 시린 바람
막아낼 가지도 없이

구태여 높은 철탑에
속살을 드러내나.

멧새가 들에 살고
들새가 산에 산들

뭐 그리 탓할 건가
제멋대로 사는 세상

길 잃고 사는 사람들
까치보고 웃지 말게.

—「철탑 위의 까치집」 전문

시인은 까치를 통해 인간을 비판한다. 2수 중 둘째 수에서 보이는

〈제멋대로 사는 세상〉은 멧새에 대한 이야기도 아니고, 산새에 대한 이야기도 아니다. 그것은 바로 사람들의 행동양식에 대한 준열한 비판이다. 그리하여 말미에〈길 잃고 사는 사람들〉이 등장하게 되며, 이 사람들에게 철탑 위에 둥지를 꾸민〈까치보고 웃지 말게.〉라고 당부하기에 이른다.

이렇듯 인생을 풍자적으로 비판하기도 하지만, 때에 따라서는 아름다운 본질을 찾아내어 노래하는 따뜻한 일면을 보이기도 한다. 자연에서 아름다움을 찾기도 하고, 사람과 사람 사이에서도 찾는다. 뉴질랜드「로투루아 호수에서」그는〈흐르는/ 순풍에 밀려/ 흔들리는 범선(帆船) 너머// 드리운/ 저녁놀 빛이/ 술잔 위에 물들어.〉라고 찬양하는데, 이는 자신과 자연이 동화된 시심의 경지에 해당한다.

「송무백열(松茂栢悅)」의 첫째 수에서〈비단강 굽이치는/ 물결 위에 세월 싣고// 올곧은 인생역정/ 굽게도 엮으시니// 고매한 선비의 기품/ 청사 위에 빛나리.〉라고 존경하는 인물에 대한 찬사도 아끼지 않는다. 이렇듯이 시인은 사물에 따라, 진행되는 사안에 따라, 시시비비(是是非非)를 정확하게 인식하여 풍자적으로 비판하기도 하고, 자연을 노래하며 동화되기도 하고, 인간의 아름다움을 상찬하기도 한다.

3. 우제선 다시 보기

일부 작품을 독서하며, 우제선 시인의 서정적 실체를 간략하게 분석하고 정리해 보았다. 한 시인의 평생이 녹아 있는 작품들을 몇몇으로 분류하여 간략하게 기술한다는 것은 무리임에 틀림없다. 그럼에도 불구하고 먼저 독서했다는 점에서, 주관적 객관성을 내세워 간략하게 덧붙였음을 고백한다.

이와 함께 우제선 시인이 지향하는 삶, 그가 주장하는 삶의 자세가 응축된 작품을 소개하여, 이 작품을 읽은 독자들로 하여금, 자성의 기회를 삼고, 동시에 사회의 소금과 목탁이 되는 계기가 되기를 바란다.

반평생을 가꾸어 온
초라한 삶의 역정

영글지 못한 나날
좁은 가슴 조이면서

향일화(向日花) 그림자처럼
전전긍긍 살았네.

얄팍한 잔꾀보다
부끄럼 없는 장인(匠人)처럼

슬기와 지성 실어
올곧은 사람으로,
마지막 전하고픈 말
내 몸처럼 베풀어라.

—「내 몸처럼 베풀어라」 전문

그는 70여 평생 동안 이와 같이 살아 왔을 터이다. 그리고 이제 남은 삶을 바쳐 촛불을 밝히면서 이웃에게〈내 몸처럼〉 베풀며 여생을 보낼 것이다. 그러면서 늦게 시작한 시조 창작에 남다른 열정을 보일 것이다.

이러한 확신은 그의 시조집 '책머리'에 근거한다.〈우리 문화 속에 크게 자리잡고 있는 고유의 문학 형식 중 으뜸으로 삼는 시조문학은 우리 겨레 대대로 살아온 삶 속에서 자연 발생적으로 형성되어 물려받은 소중한 유산이요 민족문학이다. 이 훌륭한 옷에 나의 삶과 숨결을 담아 보고 싶은 생각〉을 갖고 있다고 밝힌 데에 연유한다.

이러한 갈망이 지속되는 한, 혹은 시조 창작에 대한 열정을 불태우는 한, 우제선 시인은 시조의 멋과 운치로 관조적 삶을 승화시킬 것이다. 이런 믿음으로, 더불어 그의 소망이 모두 이루어지기를 기원하는 마음으로, 간략하게 맺는다.

— 2003 시조집『갈대의 향기』해설

◇ 경홍수 시조집 『솔바람의 향기』 평설

시조에 담은 서정과 영혼의 울림

1. 경홍수 시인에 대하여

경홍수 시조시인은 1936년 음력 1월 1일, 충청남도 서천군 서천읍 화성리 405번지에서 출생한다. 그의 고향은 전형적인 농촌 마을이었으며, 농사를 짓는 부모 아래, 1남 3녀 중의 외아들로 성장한다. 서천초등학교를 졸업하고, 서천중학교에 입학한 1학년 때, 갑작스런 부친의 별세는 그의 인생에 굴곡의 그림자를 드리우기 시작한다.

모친 혼자 농사를 전담하기에 벅차다는 현실을 깨달은 그는 중학교를 자퇴하기에 이른다. 어머니를 도우면서 보낸 2년간 내면적 갈등과 고통을 극복하고, 배워야겠다는 의지로 복학을 하여 성실하게 공부한다. 2년 후배들과 함께 공부를 하면서 여러 갈래의 고뇌도 있었지만, 어머니에 대한 사랑과 연민으로 이를 극복한다. 그리하여 당시 수재들이 입학하던 공주사범학교에 진학하여 초등학교 교사로서의 자질을 연마한다.

군 입대와 제대, 그리고 교직에 들어선 이후 교사에서 교감으로,

교감에서 장학사로, 장학사에서 교장으로 승진한다. 그 과정에 많은 상을 받게 되는데, 한국일보사에서 제정한 '한국교육자 대상'을 받아 국무총리 표창을 받을 정도로 뛰어난 업적을 쌓는다. 교육 연찬에도 힘써 교육대학원에서 교육학을 전공하고, 초등교육과 관련한 연구 논문을 다수 발표하여 교육계의 지도자로 자리매김을 한다.

그는 초등학교 학생들에게 시조 짓기를 지도한다. 우리 겨레의 대표적 문학 장르인 시조의 부흥을 위하여 성심을 다하여 지도한 결과, 학생들이 좋은 작품을 많이 창작하여 교육감 표창장을 받기에 이른다. 그러나 여러 상황에 의하여 자신의 시조 창작은 휴화산(休火山)으로 남겨 놓게 된다. 시조에 대한 사랑은 정년퇴임 후에 다시 불이 붙는다. 그리하여 한밭시조백일장에서 대상(문광부장관상)을 받고, [문학사랑] 신인작품상에 당선되어 시조시인으로 등단한다.

내 삶의 신선한
글 꾸러미 맛깔지다.
참 좋은 형식으로 읊어낸 3장 6구
기승(起承)을
바꿔서 맺음이 멋스러운 묘미다.

긴 세월 갉아서
물어내는 마음이고
새로운 뜻을 담아 뭉쳐낸 이야기며
그 속에
남겨줄 말들이 가득 담겨 웃는다.

내용의 고차원은
함축에 묻어 있고
언제나 아름다운 운율이 숨을 쉬며
물려줄
내 문화유산을 보물답게 엮는다.

―「나의 문화유산」 전문

경홍수 시인은 시조 작품을 통하여 자신의 내면을 고스란히 담아낸다. 특별한 주제에 얽매지 않고 삶의 과정에서 만나는 모든 제재들을 작품으로 빚는다. 자신의 삶을 맛깔스럽게 표출할 수 있는 통로로 그는 시조를 선택하는데,〈참 좋은 형식〉의 문학 장르이기 때문이다. 시조는 3장 6구 45자 내외의 간결한 형식에 자신의 삶을 투영할 수 있다. 특히 시조의 기승(起承)에서 변화를 찾아낸다든지, 결말에서 멋스러운 묘미를 구사하는 것을 중요하게 여기는 것이 시조 창작의 장점이어서 선택한다. 시조는〈긴 세월 갉아서/ 묻어내는 마음이고/ 새로운 뜻을 담아 뭉쳐낸 이야기〉라는 데에 이르면, 법고창신(法古創新)의 경지에 이르게 된다.

법고창신(法古創新)은 연암 박지원이 32세 되던 1768년, 제자 박제가의 문집 초정집(楚亭集)에 써 준 서문에 나오는 말이다. [법고이지변(法古而知變), 옛 것을 모범으로 삼되 변통할 줄 알고], [창신이능전(創新而能典), 새것을 만들어 내되 법도가 있게 한다.]는 것으로, '실사구시'를 주창한 실학파 학자인 '연암의 문학론'이다. 전통의 원칙을 형편과 상황에 맞게 재창조하며, 그 재창조에 깊이와 충실함을 더하는 변증법적 글쓰기 이론인 법고창신(法古創新)은 전통을 중시하는 예술과 문화 창조에서 아주 유용한 원리로 자리하고 있다.

2. 시조에 담은 서정과 영혼의 울림

경홍수 시인은 생활 속에서 제재를 찾기 때문에 대부분의 작품이 일상성을 띤다. 그렇지만, 여러 제재 중에서 특별한 울림으로 다가서는 사물에 시인의 감수성은 예민하게 반응하고, 그 안테나에 잡힌 울림이 시조의 정형성과 만나 겨레시의 진수(眞髓)를 보인다.

시인은 봄에 나들이를 떠난다. 과거에 근무하던 학교였을까, 산촌에 소재한 폐교를 찾게 되고, 그 교정에서 시인의 안테나에 여러 이미지가 포착된다. 이와 같은 폐교의 이미지들이 시인의 정서와 융합하여 새로운 의미를 생성한다. 폐교는 시인의 서정적 안테나에 예민하게 반응하는 제재이며, 이를 통하여 시인은 안타까운 정서를 폭발적으로 표출하게 된다.

별처럼 빛난 얼굴 떠나버린 교정이다.
지워진 웃음소리 봄을 따라 찾아오면
교문을 열고 달리는 눈망울이 그립다.

흔들리는 꽃잎 마음 아쉬운 손짓이다.
희망이 나간 골에 비워둔 설움에도
새싹은 고사리 손을 잡고 싶어 찾는다.

꿈들이 쟁쟁하고 울림이 가득했다.
멧새도 아쉬워서 배움터 날아들면

바람도 울고 떠난 정, 못 잊어서 헤맨다.

—「산골 폐교의 설움」 전문

시인은 구체적 사물을 통하여 정서를 환기한다. 〈별처럼 빛난 얼굴 떠나버린 교정〉에는 어린이들의 웃음소리마저 지워졌다. 그렇게 사라진 웃음소리가 봄빛을 따라 찾아오면, 예전에 그랬던 것처럼 어린이들의 눈망울이 교문을 열고 달려오는 것과 같다. 어린이들은 없지만, 봄은 어김없이 폐교를 찾아오고, 새 잎이 돋고 꽃이 핀다.

이는 중국의 옛 시인 두보(杜甫)의 [춘망(春望)]을 연상하게 한다. 오언(五言) 율시(律詩) [춘망(春望)]에서 두보는 나라가 망했는데도 봄이 되니 산천에는 초목이 무성함을 노래하였는데, 그와 유사한 발상이다. 8행 중에서 4행만을 살펴보면 다음과 같다. 國破山河在(국파산하재, 나라는 깨졌으나 산하는 그대로 있고) 城春草木深(성춘초목심, 도성에 봄이 오니 초목이 우거졌네.) 感時花천淚(감시화천루, 어려운 시절을 상심해 꽃을 보아도 눈물이 흐르고) 恨別鳥驚心(한별조경심, 이별이 한스러워 새소리에도 마음이 놀란다.)고 한탄한 바 있다. 특히 '국파산하재'는 사람에 의해 발생하는 수많은 재난에도 불구하고, 자연은 예와 다름이 없이 존재한다는 의미인데, 나라가 망한 안타까움에 대한 절절한 토로이기도 하다. 이와 같은 애잔한 정서는 자신을 돌아보는 계기로 작용하기도 한다.

그릇을 채우려고 젊음을 보냈지만
세월의 뒤안길로 멀어져 흐릿하고
힘들게 살아온 날이 한길 타고 보인다.

가다가 지쳐도 못 쉬고 뛰었으며
그 때를 잊지 못해 지켜준 마음 없고
저 멀리 지나간 날이 덧없이 흘렀다.

빈 잔을 들고 앉아 나 혼자 쳐다보며
모두들 그러려니 마음을 접으면서
아쉬움 하늘에 두고 갈 길 앞에 웃는다.

—「빈 그릇」 전문

경홍수 시인은 자신을 빈 그릇에 비유한다. 젊은 시절에는 그릇을 채우려고 부단히 노력하였을 것이다. 맡은 학생들을 잘 가르치겠다는 교육자의 지향도 있었을 것이고, 가족을 부양하기 위한 경제적인 노력도 있었을 것이며, 공직에서 승진하려는 의욕도 충만하였을 것이다. 그렇게 살아온 세월이 삶의 뒤안길로 멀어지고, 외줄기 외로운 길처럼 가마득하게 펼쳐져 있다. 이렇게 살아오느라 지치고 힘들어도, 그는 쉬지 못하고 열심히 살았을 것이다. 이제 교직에서 정년퇴임을 하고, 인생의 황혼길에서 자신을 돌아보니, 그야말로 빈 잔과 같다. 이러한 인식을 시조로 빚어낸다.

이러한 형상화는 여러 작품에서 산견(散見)되는데, 「늙어가는 기쁨」에서는 흘러간 시간들을〈한 삶을 지켜간 날〉로 수용하며, 〈값지고 보람〉있는 삶으로 여긴다. 「무상의 세월」에서는〈힘겨운 보릿고개/ 새마을로 가꾸면서〉 눈물겨운 삶을 영위하였다는 경험을 구체화한다. 「삶의 건강」에서는〈줄을 타고 가는 노후〉라는 전제, 그리고 현실의 후생복지에 대해 기쁘게 수용하는 시심을 보인다. 「인생은」에서는 어깨가 짓눌려지고 마음까지 무겁다는 깨달음을 형상화 한다.

이와 같은 형상화는 노년기에 창작한 작품의 특성이라 하겠다. 이제 자신도 젊은이들이 '어르신'이라 불리는 위치에 이르렀다. 그렇지만 '어머니'에 대한 그리움은 특별하다.

별무리 깊은 골에 숨어든 쪽배 타고
발걸음 저벅저벅 바람 속을 헤집으며
동구 밖 걸어온 길에 카네이션 피어난다.

희나리 매운 연기에 어렵던 구차함도
풋 고추 얼얼하던 밭머리에 묻어두고
눈부신 하늘 문 열고 그림자로 웃는 얼굴

이고 진 허기를 안고 끌려가던 지난 세월
모두 다 애달파도 미소 짓는 환한 모습
저 넓은 쪽빛 바다를 밟아가며 오신다.

—「어머니 얼굴」 전문

시인은 작고하신 어머니를 간절하게 그리워한다. 현실에서 만날 수 없는 분이어서 어머니는 더욱 그립게 마련이다. 연상과 환상 속에서만 볼 수 있기 때문에 어머니에 대한 그리움은 절실하게 마련이다. 그는 별무리 사이에 숨어든 쪽배를 타고 동구 밖에 오신 어머니를 연상한다. 어머니가 오신 그 길을 따라 카네이션이 아름답게 피어난다. 그렇게 오신 어머니는 그림자처럼 희미하게 웃고 계시다.

이와 함께〈이고 진 허기를 안고 끌려가던 지난 세월〉을 잊은 듯이 환한 모습으로 미소를 짓는 분이다.

이러한 형상화는 망운지정(望雲之情)과 닿아 있다. 이는 당나라 때 유명한 충신 적인걸이 외지에서 어머니를 그리워하면서 흰구름을 바라보았다는 고사(故事)에서 유래된 것이다. '어머니도 저 흰구름 아래 사시겠지.'라고 생각하면서 어머니를 그리워하는 것, 그로 인해 멀리 떨어진 부모님을 그리워하는 마음, 혹은 그와 유사한 관계의 그리움을 일컫는다. 이와 같이 어머니를 그리워하는 마음은 여러 작품에 반영될 정도로 절실한 서정을 표출한다. 「어머니의 교훈」에서는 희망을 주신 분, 바른 길을 인도하신 분으로서의 어머니를 추모한다. 「도시락의 향기」에서는〈엄마의 정/ 서로 넘겨보〉던 추억을 담아낸다.

어머니에 대한 절절한 그리움은 모성 지향의 시심이다. 이러한 시심은 성장기에 몸을 담았던 땅에 대한 사랑으로 전이되어 색다른 울림을 생성하기도 한다.

> 가랑 진 고래실에 쟁기 끌던 어미소
> 송아지 지켜보며 내 딛는 발자국
> 몰아간 희망의 터전
> 한 뙈기 논배미.
>
> 세 보습 트랙터가 일머리 앞세우며
> 논밭을 일구더니 삶터가 거기 있어
> 더 좋게 살아갈 날을

땅에 심어 가꾼다.

저 흙은 거짓 없는 일터의 보람이고
먹거리 하늘 삼아 그 속에 잡힌 목숨
오늘도 땅심을 씹으며
쌀 한 톨을 찾는다.

— 「땅의 진실」 전문

이 작품은 3단 구성으로 된 연시조 형식의 전범이라 하겠다. 기서결(起舒結)이라는 완결된 구조로 작품성을 높이고 있다. 첫 수에서는 과거를 통하여 희망을 가꾸는 땅의 가치를 밝힌다. 둘째 수에서는 시대가 변하고 발전하는 농촌에 보습을 세 개나 붙인 트랙터가 등장하고, 이와 같은 현대화를 통하여〈더 좋게 살아갈 날〉을 소망한다. 셋째 수에서는 땅을〈거짓 없는 일터의 보람〉이라고 비유하고, 하늘같은 먹거리를 생산하는 중심체가 바로 땅이라는 자각을 담아낸다. 이러한 형상화를 절실하게 노래할 수 있는 것은 특별한 경험에 기반한다. 즉 중학교 1학년 때 아버지가 작고한 이후, 홀로 농사를 짓는 어머니의 일손을 돕기 위해 휴학을 하고, 몸소 2년 동안 농사를 지었던 체험의 산물이라 하겠다.

그때의 기억이 되살아나 한 편의 작품으로 승화된 것이다. 이처럼 추억을 통한 서정의 형상화, 그리고 과거에 대한 회고적 정서는 역사기행 시조를 통해서도 드러난다.

어소엔 소나무도 앞뜰로 기울이며
마당의 비각에는

단종이 울고 있고
물 건너 찾는 맘들은 숙연히도 걷는다.

날마다 오간 소리 보고 들은 관음송이
지금도 그 자리를
말없이 지켜주고
막돌을 쌓은 탑에서 오열의 한 들린다.

금표라 이름하고 접근을 막았어도
왕비를 그리면서
망향의 탑을 쌓고
하늘도 슬퍼한 마음 청령포에 서렸다.

—「청령포의 한」 전문

이 작품은 숙부에 의하여 참혹하게 죽음을 당한 단종을 애도하는 시조이다. 단종이 유배된 어소(御所)의 소나무는 앞뜰로 휘어져 있다. 그것을 단종 임금에 대한 예의를 갖춘 것이라고 인식한다. 그렇지만, 실제는 일광을 더 많이 받기 위해 비어 있는 공간으로 가지를 뻗어 자란 것이라 한다. 이와 같은 적소(謫所)에서 관광객은 숙연하게 걷게 된다. 그 곳에서 아름다운 자태로 서 있는 관음송(觀音松)을 만나고, 그 소나무 아래 쌓은 돌탑에서 단종 임금의 울음소리를 듣는다. 실제는 바람소리이거나 상상 속의 소리이겠지만, 그는〈오열의 한〉으로 수용하는 발상을 보인다. 그리하여〈하늘도 슬퍼한 마음〉이 청령포에 서린다고 진술하는데, 이는 자신의 내면에 작용하는 서정의 구체화에 다름 아니다.

그는 여러 편의 기행 시조에서 이같은 주관적인 정서를 노래하여 작품에 절실한 감동(울림)을 담아낸다. 「청남대」는 대통령의 별장이다. 그 별장에 다녀온 뒤에〈강바람 시원하게 나뭇잎 비틀어도/ 휴게 터 막걸리와 반송은 명물〉이었다고 노래한다. 「대금동굴」에서는〈긴 세월 녹아서 쌓이는 하모니〉와 함께〈덕항산 종유석은 할머니 소원〉이라는 발상을 보인다. 「지층 속의 공룡」은 경남 고성군에 있는 공룡 유적을 답사하고,〈눈 못 뜬/ 화석 공룡 알의/ 속울음〉을 찾아낼 정도로 섬세한 서정을 보인다.

3. 경홍수 시조의 형식적 특질

시조는 간결한 형식에 사상과 감정을 담아낼 수 있는 장점 때문에 고려 말부터 조선에 이르기까지 승승장구한 문학 형식이다. 순수한 문학 작품으로 기능하기도 하고, 노래로 불리어지기도 하였으며, 상징성에 의하여 묵시적 소통의 도구로 작용하기도 하였다.

처음에는 단형 시조의 형식을 선호하였는데, 대부분 양반이라는 귀족층에 의하여 창작된 작품들이다. 그러다가 서민들이 작품 창작에 참여하게 되고, 이로 인해 익명성이 가미되어, 구(句)나 장(章)이 길어지게 되었다. 이렇게 형성된 엇시조와 사설시조가 조선 후기를 풍미한 바 있다. 일제시대에 이르러 단형 시조의 장점은 자유시와 비교하여 형식과 내용의 제한성으로 인해 단점으로 부각된다. 그리하여 시조시인들은 단형시조의 반복을 통하여 다양한 이야기를 담고자 하였다. 그리하여 단시조 여러 수(首)를 반복하여 확장한 연시조(聯詩調)가 유행하였는데, 현대 시조시인들은 대부분 이 형식을 선호한다.

경홍수 시인 역시 대부분 연시조 형식을 갖춘다. 단시조도 몇 편 보이지만, 기서결(起舒結) 형식으로 된 3수 연시조를 선호한다. 가끔 수(首)를 더 늘린 연시조도 몇 편 보이지만, 이때는 주로 나열적 구성을 취한다. 시조의 구성에서도 3장 배행 형식을 기본으로 하고, 약간의 변형을 취한다. 변형 중에서 선호하는 형식은 초장을 구별 배행으로 하고, 중장은 장별 배행으로 하며, 종장의 첫 구를 강조하는 형식이다. 때로는 3장 배행 형식에서 중장을 구별 배행으로 한다든지, 초장과 종장을 구별배행으로 하는 형식을 취하기도 하는데, 전체적으로 균형 감각을 중시한다. 단시조는 초장과 중장을 구별 배행으로 하고, 종장의 첫 음보와 둘째 음보를 독립시키고, 3음보와 4음보를 한 행으로 배치하는 구성을 선호한다.

촌로의 주름살로
정성이 담겨진 땅

기름진 논밭에는
농사가 싱그럽고

봄부터
한해를 심고
소망으로 가꾼다.

—「농촌의 향기」 전문

일터의 건강들이
무리 지어 이룬 삶

더듬이 곤두세워
인사도 부지런히

살 일에 매달린 하루
발걸음도 바쁘다.

—「개미의 역사」 전문

두 편의 단형시조에서 경홍수 시인의 건강한 시심을 확인하게 된다. 「농촌의 향기」에서는 사실상 절망적이라 할 수 있는 현실에서도 소망과 보람을 찾아낸다. 젊은이들이 대부분 도시로 진출하게 되면서, 농촌은 노인들이 지키고 있는 상황이다. 이와 같은 상황에서도 그는〈촌로의 주름살로/ 정성이 담겨진 땅〉이라 정리한다. 그리하여 노인들이 경영하는 농사가 싱그러울 뿐만 아니라, 봄부터 소망을 가꾼다는 것이다. 이와 같은 형상화는 땅에 대한 신뢰, 그 땅에서 자라는 농산물에 대한 무궁한 사랑이 바탕을 이루는 것 같다.

「개미의 역사」에서는 개미를 통해 우리의 삶을 유추하는 상징성을 띤다. 일터의 건강들이 무리를 지어서 삶을 이룬다. 이는 개미의 속성이지만, 사람도 무리를 지어 자신이 맡은 일을 성실하게 함으로써 사회를 지탱하는데, 양자는 동질성을 띤다. 개미가 더듬이를 곤두세워 외부의 상황을 확인하는 것과 같이 사람 역시 그러하다. 그렇게 살아가는 일들에 매달린 개미의 삶을 보면서 자신을 견주어 보는 것이 문학 작품의 특질이기도 하다.

경홍수 시인은 반세기 동안 동반자였던 부인을 사별(死別)한다. 이와 관련한 작품이 애절하다. 「결혼 45주년」에서 그는〈하늘의 섭리〉로〈고천문 읽어가며 맺어진 혼인〉이었음을 상기한다.〈두 사람 교육자로 모범을 보이면서/ 동량을 길러내는 세월〉을 함께한 믿음도 노래한다. 그때는 아마 배우자가 병환 중에 있었던 듯하다. 그래서 그는「아내의 병상」에서〈주님의 은총만이 기적의 축복〉이라는 절실함으로 기도한다. 그러나 인간의 삶은 유한(有限)한 것, 종국에는 사별하기에 이른다.

아내의 빈자리를 보면서 오열하던 시인은 이승과 저승의 거리를 좁히지 못한 채, 새로운 동반자를 만난다.「새 삶의 길」에서 그는〈해도 달도/ 늪 속에 잠겨 울〉고 있을 정도로 참담한 내면을 토로하지만,〈수련의 여심처럼 청아한 모습〉의 여인을 만나 새로운 삶을 영위한다. 그리하여〈행운의 무지개가 잡아준 여신〉과 함께〈자투리 인생에도 소망의 끈〉을 잡겠다고 다짐한다. 이 다짐이 '행복한 삶'과 '훌륭한 시조 창작'이라는 두 명제를 아름답게 가꾸기를 축수(祝手)한다.

— 2011 시조집『솔바람의 향기』해설

◇ 윤황한 시조집 『아침을 여는 꽃』 평설

잔광(殘光)과 서정(抒情)의 변주(變奏)

1. 윤황한 시인에 대하여

석천(石泉) 윤황한 시인은 1927년 경상북도 예천군 용궁면에서 태어난다. 용궁보통학교를 다니던 12세 때 부친을 따라 함경북도 성진으로 이주하는데 그 곳에서 어머니가 별세한다. 누이동생과 함께 고생하며 보통학교를 마치고, 성진항의 운송회사에 취직하여 가계를 돕는다. 해방의 기쁨과 함께 타향살이를 거두기로 하고, 1945년 부친을 따라 귀향길에 오른다. 그처럼 어려웠던 시절을 추억하며, 부친에 대한 그리움을 시조로 빚기도 한다.

홀로 된 마흔 나이 재혼도 마다하고
해방된 피난 열차 되풀이한 객지생활
자손들 커가는 모습
낙으로만 여기셨네.

— 「사부곡(思父曲)」 둘째 수

예천으로 귀향하던 도중에 대전에서 살고 있는 친척을 만나 새로운 둥지를 마련하고자 하였으나 여의치 못하여 잠시 고향에 머문다. 그러다가 1946년 다시 대전에 입성하여 평생을 보낸다. 성년이 되었지만 향학열이 식지 않아, 1947년 헤아릴 수 없을 정도로 잡다한 일을 하면서, '호서중학교' 야간에 적을 두고 학업에 열중한다. 당시 대전에는 '계룡의숙' 안에 '호서중학교' '호서민중대학' 등이 설립되어 있었고, 이들 학교에서 민족 교육을 담당하고 있었다.

윤황한 시인은 '호서중학교' 재학 때에 문학적으로 소중한 인연을 만난다. 1930년대에 자오선에 「6월 공」을 발표하여 대전 충남을 대표하는 정훈 시인이 설립자 겸 교장이었다. 박희선 시인, 박용래 시인, 원영한 선생이 교사로 재직하여 그는 문학의 꿈을 가꿀 수 있었고, 향토사학자 최문휘 시인이 동급생이었다. 윤황한 시인은 당시 방송극을 집필하여 활동하기도 하고, '동백 학생시단'에 글을 발표하여 시인의 꿈을 가꾸었다. 특히 '동백 학생시단'에는 「대수(大樹)」「기관차」를 발표하고, '시민관'에서 그 작품을 낭송하여 주목을 받기도 한다.

그 옛날 계룡의숙
만학도를 불러 모아
세우신 호서대학
외치시던 민족정신
옹골진 개혁정신에
다짐했던 새 출발

— 「정훈 선생 시비(詩碑)」 둘째 수

중학교를 졸업한 1949년 봄에 '대전사범학교' 특강반에서 교육을 받고, 그해 9월에 초등학교 교사로 발령이 나서 충남 아산시 염티초등학교에 부임한다. 그러나 1년도 지나지 않아 6.25 민족전쟁으로 인해 고향으로 피난을 가기에 이르고, 전쟁이 끝난 다음에 복귀하여 20년 가까이 초등교사로 봉직한다. 초등학교에 근무하면서 틈틈이 공부하여 1968년 중등학교 준교사 자격고시(국어)에 합격하고, 1970년 대전의 청란여자중고등학교에 부임하여 1992년 정년퇴임할 때까지 중등교육에 헌신한다.

중등학교에서 문학창작 지도, 문집 창간, 연극지도 등을 겸하느라, 정작 자신은 창작의 길에서 멀어질 수밖에 없었다. 정년퇴임을 맞으면서 새롭게 솟아나는 창작의 열정으로 인해, 우리 민족의 전통을 이어받은 '시조'를 짓는다. 작품 창작에 열중하여 2008년에 계간 『아동문예』에서 동시조로 신인상을 받고, 계간 『문학사랑』에서 시조로 신인작품상을 받아 등단한다. 2009년에는 동시집 『허수아비와 아이들』을 발간하고, 2010년에 시조집 『아침을 여는 꽃』을 발간하기에 이른다. 3년 사이에 등단을 하고 2권의 저서를 발간하는 것은 그야말로 놀라운 성과라 아니할 수 없다.

현재는 대전문인협회, 문학사랑협의회, 대전시조시인협회, 가람문학회, 현대동시조문학회 등에서 열성적으로 활동하며, 우리 겨레 시로서의 시조(時調) 창작에 전념하고 있는 노익장이다.

2. 추억의 잔광(殘光)에 대하여

추억은 잔광으로 남아 그리움을 생성한다. '잔광'은 '해가 질 무렵의 약한 햇빛'을 의미하기도 하지만, 물리학에서는 '외부의 에너지 공급이 중단된 뒤에도 방출되는 빛'이라고 한다. 이는 다시 형광과 인광으로 나눈다. 형광(螢光)은 파장의 빛을 흡수하는 물질의 성질을 말한다. 어느 물질을 투사했을 때 투사 광선과는 전혀 다른 고유한 빛깔의 광선을 방사한다. '반딧불'의 속성이다. 인광은 복사선에 노출된 물질이 자극하는 복사 에너지가 사라진 후에도 계속해서 내는 발광을 말한다. '인(燐)'에 의한 불빛의 성질을 갖고 있으며, 민속에서는 '도깨비불'이라고도 한다.

시인에게는 이미 사라져 버린 '현실'일 터인데, 추억 속에서 형광이 일어나기도 하고, 시인의 내면에 강렬하게 주입된 추억은 인광처럼 오랜 기간 지속되기도 한다. 그러한 형광과 인광이 어느 시점에 이르러 밖으로 표출되는데, 시인들이 간직하고 있는 잔광(殘光)은 문학 작품으로 태어나게 된다.

엄마 등 업혀가는
산길 물길 삼십 리

세찬 바람 물소리
겁을 먹은 외아들

동구밖
성황당 장승
반겨 맞는 외갓집.

—「외가 가는 길」 둘째 수

시인의 가슴에서 사라지지 않는 가장 큰 잔광은 '어머니'와 관련된 것이다. 어린 시절에 어머니를 여의고, 홀아버지 그늘에서 여동생과 단출하게 살아온 그에게는 '어머니'에 대한 그리움이 한없는 메아리로 맴돌았을 것이다. 그 어머니가 친정을 가는 길은 바로 나이 어린 시인이 외가(外家)에 가는 길이기도 하다.

이 작품의 시간적 배경은 어머니의 등에 업혀 산길 물길 삼십 리를 가던 어린 시절이다. 그때는 진달래가 한창 피어나던 봄날이었는가 보다. 산을 덮은 진달래꽃으로 인해 고개 이름도 '꽃재'가 된 그 길에서 시인은 '참꽃(진달래)'을 따 먹은 추억을 되새긴다. 이와 같이 아름다운 추억의 한켠에는 '험한 내리막길' '돌다리' '세찬 물소리' '성황당' '장승' 등 평소에 접하지 못하던 사물들에서 오는 두려움이 생기게 마련이다. 어린 소년은 예천에서 문경에 이르는 동안 생경하게 만나는 여러 사물들을 만나 두려움이 생겼을 터이지만, 이 두려움을 씻어주는 곳이 바로 '외가'였을 것이다. 외가에 들어서는 순간 모든 두려움이 사라졌을 터이고, 가족들과의 반가운 해후(邂逅)가 이어졌을 것이다. 어린 시절에 겪은 어머니의 별세로 인해 외가에 대한 추억은 더욱 간절하였을 것이다. 이와 함께 어려서 떠난 고향의 의미도 특별하였을 것이다.

> 낙동강 긴 강줄기 거슬러 오른 자리
> 굽이쳐 흐르는 물 저만치 바라보며
> 용궁(龍宮)터 기이한 지명
> 머리엔 인 큰 동네.

뒷동산 긴 그림자 마을 덮는 대은리(大隱里)
우물가 미나리꽝 날아드는 잠자리떼
동구 밖 정자나무숲
감싸주던 큰 마을

그 옛적 이웃마을 산을 두고 전쟁놀이
쫓고 쫓는 산허리 나제(羅濟)싸움 흉내질
돌팔매 옛 석전놀이
꿈 커가던 소년시절.

—「내 고향」 전문

윤황한 시인은 초등학교 시절에 고향인 예천을 떠났기 때문에 추억도 그 이전으로 한정된다. 당시에는 너무 어려서 이 작품의 지리적 배경과 같은 내용을 잘 몰랐을 수도 있다. 해방이 되어 함북 성진시에서 귀향하여 잠시 머물었을 때에 고향의 이모저모를 확인하였거나, 어느 정도 세월이 흐른 후 수구초심(首丘初心)에 의하여 상세하게 알아보았을 수도 있다.

그가 추억하는 고향은〈낙동강 긴 강줄기 거슬러 오른 자리〉였으며, '용궁면'이어서일까, 〈굽이쳐 흐르는 물〉을 바라볼 수 있는 곳이다.〈뒷동산 긴 그림자가 마을 덮는 대은리〉에 있는 우물가나 미나리꽝에는 잠자리떼가 날아다닌다. 그 뒷산에서 아이들은 전쟁놀이를 하기도 하고,〈쫓고 쫓기는 산허리 나제(羅濟) 싸움 흉내질〉과 석전놀이를 하면서 자란다. 이러한 사물들이 고향의 잔광으로 남아서 작품에 투영된다.

때로는 기행시(紀行詩)에서도 유사한 창작 형태를 보인다. 산이나 강을 찾거나, 명승지를 찾거나, 기행에서는 수많은 사물들과 만나게 마련이다. 그렇지만 시인에게는 특정한 사물만이 잔광처럼 남게 되고, 나머지는 보아도 보이지 않는 사물로 지나치게 마련이다. 시인의 내면에 잔광으로 남아 있는 사물들 중에 일부가 작품에 투영되어 나타난다.

동해 대왕암 자리 바라보는 용담산
우뚝 솟은 삼층석탑 옛 절터 일러주고
부왕의 명복 축원 효심 감은사지 남았네.

죽어서 용이 되어 눈엣가시 왜구 걱정
문무왕 호국정신 이어받은 신문왕
바다 속 동해수호신 살아있는 대왕암

문무대왕 나라사랑 '충'의 뜻 되새기고
신문왕 부왕 은혜 감사하는 '효'정신
'충효'의 정신 깃들여 본받을 감은사지.

— 「감은사지」 전문

신라 문무왕은 삼국을 통일한 후에 일본을 견제하기 위하여 동해 바다에 수중릉을 유언한다. 〈바다 속 문무대왕릉 세계 유일 수중릉〉을 탐방한 시인은〈부처 힘 빌리고자 세우시던 감은사〉와 함께 '충'의 호국정신을 기리고자 한다. 이 감은사는 동해 대왕암을 바라볼 수 있는 용담산 기슭에 지은 절이다. 문무왕의 뒤를 이은 신문왕이 부왕의 명복을 비는 마음으로 세운 이 절은 '효'와 '충'의 정신이 깃들어 오늘에도 본받을 가치를 지닌다. 이런 발상에서 그의 작품은 창작되고, 남북 분단의 현실을 극복할 수 있게 하는 훈기(薰氣)를 발산한다.

이러한 훈기는 역사적 사물에서만 얻어지는 게 아니다. 훌륭한 업적을 남기신 명사(名士)를 통하여 자신을 돌아보기도 하고, 앞으로 추구해야 할 지향을 노래하기도 한다. '무소유'를 주창하고 떠난 법정 스님의 열반에 그는 시조 한 수를 바친다. 〈빈 마음 나그네 길/ 바람 스친 일흔 아홉〉이라하여 세수와 함께 인물의 지향을 비유적으로 노래한다. 〈조촐한 다비식〉과 〈남기고 간 책의 향기〉를 통하여 〈가식 없는 구도자 삶〉을 노래한다. 이와 같은 인품을 지향하는 시인의 내면이 오롯하다.

3. 연작시조의 지향에 대하여

시인이 시를 지을 때는 일물일의(一物一意)에 충실하고자 한다. 그 사물을 노래하기 위해서는 가장 대표적인 의미와 서정을 찾아내어 노래해야 한다는 말이다. 그렇지만, 같은 사물도 시기와 장소에 따라 다른 이미지로 투영되고, 시시각각 자라거나 소멸되어 가는 것이 사물의 속성임을 상기하면, 하나의 사물에 하나의 의미만 존재하는 것이 아니라 다양한 의미망이 형성되어 있다. 특히 유사한 무게로 나열되는 각각의 사물 중에서 합집합(合集合)으로 묶을 수 있는 속성은 연작시가 효과적일 수 있다.

윤황한 시인은 1월부터 12월까지의 특징을 잡아 「달맞이 노래」를 부른다. 1월은 '해오름달'이라고 하여 〈해맞이 반기면서 품어보는 새해 희망/ 소 대한 혹한에도 영그는 새해 꿈/ 으뜸달 새로운 도약 다짐하는 해오름달〉이라고 노래한다. 2월은〈때늦은 자리다툼 속 아쉬워하는 시샘달〉로, 3월은〈봄 씨앗 뿌리고 싶어 기다리는 물오름달〉로, 4월은〈소쩍새 울음소리에 피어나는 잎새달〉로 노래한다.

종달새 울음소리 푸르른 입하 소식
진달래 꽃동산에 화전놀이 좋을시고
오월은 감사와 사랑 은혜로운 푸른달

—「푸른달(5월)」 전문

하지 날 매미소리 제철을 자랑하고
망종 지난 보리밭엔 판을 치는 풀무치
단옷날 온갖 풍습을 익혀보는 누리달

—「누리달(6월)」 전문

이러한 창작 과정은 12월까지 이어진다. 7월은〈한해의 긴긴 기다림 미리 맞는 경우직녀달〉로, 8월은〈한여름 그 긴긴 한낮 익어가는 타오름달〉로, 9월은〈중추절 알밤 터는 소리 축복받은 열매달〉로, 10월은〈온누리 한마음 되어 받드는 하늘연달〉로, 11월은〈오는 달 반기지 않고 밀쳐보는 미틈달〉로, 12월은〈경인년 축복받은 해 보내고픈 매듭달〉로 노래한다. 이는 월마다 특징을 잡아 의미를 되살리는 작업이어서 그 의미 또한 크다.

그는 '녹색교통의 개가'라는 의미를 찾아 '대전도시철도'를 찬양하는 노래를 짓는다. 이는 교통의 편리함, 탄소배출을 막는 환경 보전의 의미, 노인들에 대한 배려 등의 가치를 지닌 도시철도(지하철)에 대한 특별한 의미를 내포한다. 이와 함께 차남이 대전도시철도공사에 근무하고 있어, 이에 대한 시인의 관심은 특별한 것 같다.〈한밭 도심 22개역 2억 명 고객 위해/ 무사고 천만km 목표 야무진 실천 돌입/ 친환경 도시 교통 수단 약진하는 도시철도〉를 찬양한다. 특히 22개 역에 대한 세세한 내역을 두 수의 작품에 담아, 역마다 내재하고 있는 의미를 확대 재생산한 것은 중요한 일이다.〈출발역/ 넉넉한 인심/ 정에 겨운 판암역〉〈새터말/ 옛 지명 걸맞는/ 꿈에 부푼 신흥역〉〈동대전/ 역세권 발전/ 이끌어가는 대동역〉 등으로 의미를 부여한다.

> 지상에는 코레일
> 지하엔 도시철도
>
> 손잡은 형제 우애
> 행복도시 그려본다
>
> 관문역
> 명예 걸맞는
> 도시철도 대전역
>
> —「대전역」 둘째 수

대전역은〈철도문화 선진 대전/ 지하철 우리 자존심〉의 표상으로 존재한다. 기적소리를 내며 달리던 50년 전의 추억 속에서 대전 시민의 삶과 애환을 포괄하는 곳이다. 특히〈환승역/ 대전의 표상/ 꿈에 부푼 대전역〉이어서 시인에게는 특별한 서정의 공간으로 등장한다. 이 외에도〈젊음이/ 넘쳐나는 곳/ 활기찬 중앙로역〉〈자존심/ 되찾는 역할/ 공감하는 중구청역〉〈환승역/ 미래로 내닫는/ 서대전네거리역〉〈새로운/ 도시발전 구축/ 도약하는 오룡역〉〈활기찬/ 미래모습으로/ 발전하는 용문역〉〈내 고장/ 활기찬 모습/ 이끌어가는 탄방역〉〈우뚝한/ 명품 청사/ 60년 전통의 심볼// 자치경영 종합 대상/ 행복지수 1등 도시// 발전된/ 고장의 면모/ 긍지 높은 시청역〉 등으로 이어진다.

특히 시인은 22개 역을 여러 번 답사하고 작품을 빚었다고 하니, 이는 머리로만 쓴 것이 아니라 발로 쓰고 가슴으로 쓴 시조라 하겠다. 이와 같은 창작 형태는 진실의 반영으로 보인다. 가보지 않고 쓴 작품이 신춘문예에 당선되고, 수상을 한 후에 그 곳을 다녀왔다는 어떤 시인의 후일담을 읽으면서 고소(苦笑)를 금하지 못하던 경우와 크게 다르다. 그 시인은 표현의 멋과 재주로 수상을 하였지만, 작품창작에 임하는 진실성에서 신뢰할 수 없기 때문이다. 윤황한 시인은 체험을 바탕으로 작품을 빚기 때문에 작품의 신뢰도가 높게 마련이다.

4. 시조의 멋과 의미에 대하여

윤황한 시인은 진실을 바탕으로 감동적인 작품을 빚는다. 체험을 중심으로 진실을 반영하는 작품을 창작하면서 표현의 멋과 기교를 겸비한다. 양자의 적절한 융합에 의하여 독자들의 감성에 호소하는 시조를 빚는다.

어제 오늘 눈비 소식
땅 속에서 들었을까

지심을 깨우는 듯
메아리가 흐르는데

연못가
버들강아지
홀로 듣는 봄비 소리.

—「수통골 개구리」 둘째 수

시인은 봄비가 내리는 경칩(驚蟄)날에 개구리를 만나기 위하여 수통골을 찾는다. 산은 짙은 안개에 쌓여 있고, 개울에서 흐르는 물소리만 들린다. 개울의 굽이를 돌러보며 개구리를 찾아본다. 그렇지만 늦잠이 들었는지 개구리는 보이지 않고 산새가 반갑게 맞는다. 이러한 상황에서 둘째 수가 빚어진다.

땅 속의 개구리가 이틀 동안 눈과 비로 변덕을 부리는 날씨를 알고 있어 나오지 않았다는 관점이다. 이 작품의 백미(白眉)는 이어지는 중장(中章)과 종장(終章)이다. 〈지심을 깨우는 듯/ 메아리가 흐르는데〉에서 보여주는 표현의 멋은 가히 절창(絶唱)이다. 여울소리와 산새소리가 시인의 가슴을 울리듯이 '메아리'가 땅의 깊은 곳까지 울린다는 생각이다. 그 울림은 메아리처럼 멀리 퍼질 것이고, 그리하여 봄을 재촉하는 마음을 담아낸다. 그러나 현실은 연못가에 있는 버들강아지 혼자 봄비 소리를 듣고 있다는 시각이다. 이 버들강아지는 이른 봄에 만날 수 있는 사물의 대유적 표상이겠지만, 한편으로는 간절하게 봄을 기다리는 시인의 서정적 대상이기도 하다.

표현의 멋과 내면적 지향이 고도로 조화를 이룬 작품으로 「현충원 묘비 앞에서」가 있다. 객관적 묘사와 주관적 정서가 혼재되어 빚어낸 이 작품은 세대를 뛰어넘어 지켜야 할 겨레의 가치를 노래한다.

녹색 잔디 아담한 묘역
꽃바구니 앞에 놓고
묘비석 손자 이름 쓰다듬어 불러 봐도
말없는 차디찬 비석
눈물짓는 할머니.

풍상이 지나간 사이
어른 되어 찾은 손자
할아버지 이름 석 자 손으로 만져보며
장하신 조상님 묘비
거수경례 올린다.

현충탑 높이 솟아
웅비하는 세 천마상
사철 고운 무궁화 가을 단풍 만끽하며
영령들 명당 성지에서
고이고이 잠드소서.

—「현충원 묘비 앞에서」 전문

시인은 현충원에 객관적 타자(他者)로 서 있다. 첫째 수에서는 나라를 위하여 손자를 먼저 보낸 할머니의 정경이다. 〈묘비석 손자 이름 쓰다듬어 불러 봐도/ 말없는 차디찬 비석/ 눈물짓는 할머니〉를 통하여 겨레의 아픔을 극대화한다. 둘째 수에서는 장성한 손자가 조국을 위해 순사한 할아버지를 기리는 정경이다. 셋째 수에서는 현충원의 의미를 내면화한다.

시인의 내면은 가족사로도 드러난다. 「성묘」에서 그는〈술 한 잔 올리고/ 엎드려 사죄해도/ 용서할 리 없으련만 무심히 흐른 세월/ 이제야 후회해본들/ 용서받지 못할 일〉을 고백한다. 이와 함께 존경하는 인물이나, 주위에서 자주 만나는 인물들에서도 문학적 제재(題材)를 발굴하여 특별한 공감대를 형성한다. 세상에서 만나는 사물, 존경하는 인물들, 현실에서 마주치는 다양한 삶의 모습을 작품으로 빚어내는 윤황한 시인은 앞으로도 새로운 감동을 생성(生成)하는 작품을 빚으리라 확신한다. 8순(八旬)에 등단하여, 쉬지 않고 노력하는 노익장(老益壯)을 과시하고 있는 시인이기 때문에, 그의 철학과 서정이 어우러진 작품을 기대해도 좋은 것이다.

— 2013『대전문학연구총서』5호 수록

◇ 한영필 시조집 『감자꽃 필 무렵』 평설

그림과 시조를 통한 예술가의 진정성

1. 그림과 시조의 조화

한영필 시인은 1938년 평안남도 순천에서 태어나고 자란다. 서울에 유학하여 동의 전문 2년을 수료하고 사업가로 나선다. 그러던 중 1988년에 대전에서 오당 이영래 선생을 만나 문인화를 사사하고, 여러 공모전에서 입상을 하여 추천작가와 초대작가로 우뚝 선다. 그가 상을 받은 대회는 한국문화예술제, 아세아미술대전, 국제미술협회 미술대전, 충북 서예대전, 대한민국 서예대전, 한국민족 서예대전, 대전광역시 서예대전, 대한민국 문인화 공모전 등이다. 현대문인화회 회장을 역임하고, 현재는 한국묵화회 회장을 맡아 서예와 문인화의 발전에 기여하고 있다.

문인화의 창작에 집중하던 그가 고희(古稀)를 맞아 새로운 분야인 문학에 관심을 갖는다. 자신의 내면을 담아내는 예술 장르로 시조를 선택하고, 시조 작품을 여러 편 창작하여, 2007년에 문학전문지 ≪문학사랑≫의 신인작품상을 받아 등단한다. 문인화에는 화제(畵題)

를 붙이고 낙관(落款)을 하는 것이 관습화되어 있다. 이로 인하여 평소에 그림과 시의 조화를 구하여 왔기 때문에, 짧은 시형에 의미를 담아낼 수 있는 시조 작품에 매료된 듯하다.

실크에 그린 그림
세월 속에 묻힌다.

매화 장미 모란 그려
언뜻언뜻 펴 놓고

설레는 마음 달래려
화심 속을 엿본다.

—「달빛」 전문

화가의 내면과 습성을 '달빛'에 의탁하여 멋지게 표현한 시조 작품이다. 화가거나 시인이거나, 혹은 다른 예술가들도 훌륭한 작품을 빚기 위해 수없이 천착(穿鑿)을 하고, 각고(刻苦)의 노력을 기울여 작품을 완성하게 마련이다. 한영필 화백도 그러한 자세를 노래하고 있다. 화백은 비단(실크)에 그림을 그려놓고, 오랜 기간 발표하지 않은 채 묵혀 둔다. 매화라든가, 장미라든가, 모란이라든가, 이러한 꽃을 그려놓고 가끔씩 꺼내어 그림을 감상하기도 하고, 부족한 부분을 보완하여 작품으로 완성하려는 예술가의 진정성이 보인다.

1988년에 미술에 발을 들여 놓았으니 화력(畵歷) 또한 20여 년의 세월이 흘렀고, 수많은 전시회에 작품을 발표하였지만, 개인전은

2009년 4월에 처음으로 개최한다. 이는 작품 하나하나를 세월 속에 묻어놓고, 다시 꺼내어 완성한 후에 발표하려는 그의 예술가적 기질에 연유한다. 이러한 바탕에서 새롭게 시작한 시조의 창작으로 그는 활력이 넘친다. 이렇게 창작한 그의 시조를 읽어가며, 한영필 시인의 사상과 정서를 확인하기로 한다.

2. 예술가의 진정성

2.1 평안남도에서 남하(南下)한 한영필 시인에게는 찾아갈 수 없는 고향에 대한 애상적 정서가 내면에 자리를 잡게 되고, 이러한 정서가 그림과 시조에 반영되어 나타난다. 그는 충청북도와 대전에서 오랜 기간 살았지만, 고향에 대한 그리움을 잊지 못한다. 특히 시골의 풍광(風光)을 대하면서 느끼는 서정의 분출은 안타까움을 동반한다.

어린 시절을 노래한 작품 「키 쓰고 바가지 들고」는 우리의 오랜 관습을 단형의 시조에 담아내고 있다. 그는 어린 시절에 오줌을 쌌는가 보다. 〈키 쓰고 바가지 들고/ 앞 집〉에 찾아갔는데, 앞집에 사는 사람이〈소금 한 줌 담아 주며/ 부지깽이〉로 마구 때려서 자신도 모르게 눈물을 흘렸다는 것이다. 이러한 추억을 간직한 그는 고향에서 초등학교에 다니게 된다. 그는〈소학교/ 여 선생님이/ 들려주던 풍금소리〉도 추억해 내고,〈엄마는/ 사람 되라고/ 회초리〉를 들던 모습도 추억으로 살아난다.

할아버지 발길 따라
입학하러 가는 길

한문을 배우느라
한글쯤은 떼었다.

피난 길
노래 몇 소절에
받아 버린 졸업장.

—「초등학교 시절」 전문

그 중에서도 초등학교(당시 일제시대의 소학교)에 다니면서 겪은 아픔은 시인의 가슴에 큰 울림으로 남아 있다. 일본이 패망하기 전이어서 학교의 종(鐘)도 공출(供出)로 떼어가서 「학교 종소리 사라지고」와 같은 작품이 빚어졌다. 추억 속의 그 종소리는〈한 모퉁이 돌아서/ 아슴하게〉 울리는 듯 환청에도 사로잡힌다. 그 전쟁의 와중에 피난을 다니다 보니, 학습이 제대로 이루어질 수 없었을 것이고, 그리하여 노래 몇 소절을 배우고 졸업장을 받게 된 상황이 작품에 투영되어 있다.

그 당시에는 일본의 수탈로 인하여, 우리 겨레 대부분이 의식주를 해결할 수 없을 정도로 가난하였던 것 같다. 그 심한 정도를 작품으로 그려낸 것이 「그때 그 시절」이다. 시인은〈매미도/ 잡아먹었다〉〈비둘기도/ 구워먹었다〉〈모닥불/ 연기에서// 살모사도/ 익어갔다.〉〈배고파/ 겪은 서러움// 일제시대/ 그 시절〉이라고 그려낸다. 설상가상(雪上加霜)을 노래하였을까, 「솔치 고개」에서는 할머니 치

맞자락을 잡고 낯선 마을로 이사를 가는 서경과 서정이 뚜렷하다. 〈할머니는 연신 돌아보며/ 길눈을 넓힌다.// 일본으로 징용 떠난/ 아버지가 못 찾을까,// 마음이 하 서러웠던가,/ 울음 터친 할머니〉가 작품 속에 생생하다. 이러한 작품을 읽으며, 독자들은 애상적 정서에 공감하여 눈물을 흘리게 된다. 이렇듯이 단형의 시조에 감동적인 정서를 담아내는 것이 한영필 시인의 장점이다.

2.2 한영필 시인은 예민한 감성으로 시조를 빚는다. 천성적으로 풍부한 감성을 타고 나서 감동적인 작품을 창작하는 시인도 있고, 후천적으로 갈고 닦아서 훌륭한 시를 빚는 시인도 있는데, 한영필 시인은 전자에 속하는 것 같다. 어떠한 사물을 바라보든지, 서정이 넘치는 작품으로 형상화하는 천부성을 발휘한다. 시조를 창작한 지 2년 여의 기간 동안에 시조집을 발간할 정도로 많은 작품을 빚었으며, 작품마다 그만의 시각과 감성이 드러나 있다.

그는 생활 속에서 마주치는 여러 사물에 의탁하여 그리움의 정서를 담아내는 묘법(妙法)을 터득하고 있다. 〈마음의 환한 둘레에/ 꽃밭〉을 만들면서〈부드러운 미소 담아/ 꽃씨〉를 뿌린다. 이렇게 만든 꽃밭에서〈따뜻한/ 손길이 닿으면/ 활짝 웃고 돋겠지요.〉라는 기대감을 표현하여, 그의 작품 「꽃밭을 만들면서」가 완성된다. 이러한 형상화는 여러 작품에서 산견(散見)되는데, 그의 예민한 감성과 예술적 기질이 융합한 결과물이라 하겠다.

말소리가 노래 같은
한 여인이 살았지.
잊었던 세월 속에
보고 지운 그 얼굴

만날까
아니 잊을까
가슴 콩당 두 근 반.

—「잊었던 세월」 전문

고희(古稀) 무렵의 연치(年齒)에 이르렀어도, 한영필 시인은 그리운 사람을 생각하며 가슴이 콩닥거리는 순수를 노래한다. 말을 할 때마다 목소리가 노래 같은 여인, 잊었던 세월 속에서도 잊혀지지 않는 여인, 그 여인을 생각만 해도 가슴이 콩닥거리는 시인의 지고지순(至高至純)을 보여준다. 이는 여타의 작품에서도 드러나는데, 「접시꽃」을 보면서도 〈당신이 오실 날〉을 기다리는 시심, 「분꽃」을 보면서 〈언덕에 긴 그림자/ 향기 품은 노래들〉을 추억해 내는 시심, 「진달래 한 아름」을 보면서 〈살며시/ 웃음을 띠는/ 그대 있어 행복한 날〉을 맞이하는 시심 등이다.

특히 시집의 제목이기도 한 「감자꽃 필 무렵」에서는 서경과 서정이 어우러진 화음(和音)이 특별한 감동을 생성(生成)한다. 〈감자꽃이 피어나고/ 뻐꾹새가 울어대면// 청보리 누릿누릿/ 산촌에도 볕이 든다.〉는 부분에 이르러 아름다운 산촌의 초여름을 만나게 한다. 그러면서 〈어느 곳에서 만나 볼까/ 보고 싶은 사람들〉 〈서로 못 잊어 서성이는/ 마을 고샅 그림자들〉 에 이르면 실향(失鄕)의 아련한 정서를 환기하여 공감대를 형성한다. 그리하여 「난(蘭)」에서 말하는 〈순수하고 정갈한/ 사랑〉을 작품으로 노래하여 새로운 감동을 생성한다.

2.3 한영필 시인은 가족에 대한 사랑을 노래하는 작품도 여러 편인데, 어머니에 대한 그리움을 노래한 것이 더욱 각별하다. 많은 사람들이 모성(母性)을 그리워하고 노래하는 것은 생명의 근원에 대한 영원한 향수에서 비롯된 것 같다. 그는 이승에 계시지 않아 더욱 절절한 그리움으로 남아 있는 어머니를 찾아 작품에 투영한다. 〈어머니가 걱정되어서/ 찾아간 시골집〉에는 〈녹슨 문고리에 자물통〉만 매달려 있다. 〈울타리 없는 마당에는/ 늙은 오이 두어 개〉가 시인을 반기는데, 그 오이에서 〈어머니 살아오신 옛 모습〉을 연상한다. 그러면서 쪽마루에 걸터앉아서 '불효막심'을 뉘우친다. 이것이 「빈 집」의 중심이다.

「청천 장날 어머니」에서는 〈김 한 톳 조기 한 마리/ 할아버님 제삿날〉에 〈곱 집어 돌아와도/ 숨 가쁜 30리길〉을 한숨에 다녀오신 어머니는 〈깡 조밥 한 그릇에/ 된장덩이 반찬〉으로 시장기를 살짝 지우시고, 밭에 나가서 김을 매던 어머니를 회상한다. 「어머니시여, 하늘이시여」에서는 일본의 강제 노역에 끌려가신 아버지를 기다리는 어머니의 한(恨)을 형상화한다. 홀로 가정을 이끌며 자녀들에게 월사금을 주어 공부를 시키신 고마움과 그에 보답하지 못하는 자신의 불효를 작품으로 빚어낸다. 「49제를 지내며」에서는 〈88세 연세로/ 조상 찾은 저승길〉을 지나 먼저 작고하신 아버지와 '상견례'를 하시기를 기원하는 마음이 절절하다. 동시에 〈아들 딸 걱정〉을 하지 말고 편안하게 계실 것을 주문하는데, 〈스님의 목탁소리〉에 눈물을 글썽이는 내면을 그려낸다.

> 오솔길 고개 너머
> 누이 사는 강 마을
>
> 샛강이 가로누워
> 햇살과 노니는데
>
> 누이는
> 수줍음을 타며
> 진달래로 피어난다.
>
> —「누이가 사는 마을」 전문

누이를 그리워하는 마음이 사실적으로 묘사되어 있다. 누이가 사는 강 마을은 강의 건너편에 있었는가 보다. 그래서 시인은 샛강을 건너지 못하고, 강물 위에서 반짝이는 물비늘을 바라볼 뿐이다. 물 위에서 반짝이는 윤슬이 아름다워서 더욱 큰 그리움을 형성한다. 어떻든 현실적으로 만날 수 없는 그리움 때문에 애를 태우는 시인 곁에 진달래꽃이 피어 있다. 이 진달래를 바라보면서 그는 수줍은 누이를 연상한다. 이러한 서정은 「아내 생각」에서도 유사하게 드러난다. 〈어부동 가는 길에/ 송이 작은 꽃동산〉을 만난다. 그 길을 걸으면서 시인은 아내를 생각한다. 특히 성인병으로 고생하는 아내에게 좋을 성싶은 달맞이꽃에 시선이 머문다. 이렇듯이 그는 온갖 사물과 그리운 사람들을 오버랩하여 감정을 고조시키는 표현의 묘법으로 작품을 빚는다.

자신의 이러한 정서를 바탕으로, 그는 자녀들에게도 작은 「욕심」을 갖는다. 〈백발의 석양 빛〉을 띤 모습으로서, 그는〈아들 딸/ 손자들에게/ 영원 복락〉을 비는 평범한 노인의 모습이다. 이와 함께 약간의 상실감으로 인하여 서운한 정서를 작품에 담기도 한다. 「자식들아, 이 애비는」에서〈늙은 애비 걱정은/ 두어 줄도 안 되는가〉라고 묻고,〈허리띠를 졸라매고/ 푼돈 모아〉 기른 공을 확인시키면서,〈자식들/ 울타리 삼아/ 기름 마음이 허허롭다.〉고 실망을 감추지 않는다. 이렇듯이 한영필 시인은 자신의 정서와 생각을 자연스럽고 진실하게 작품으로 빚어낸다.

2.4 한영필 시인은 한국인다운 정신적 지향에 이르기 위해 국궁(國弓)에 매진한다. 사대(射臺)에 오르고, 활의 시위를 당긴 다음 화살을 날려서 과녁에 이르는 것도 중요하겠지만, 우리의 선조들이 누천년 지켜온 국궁의 문화적 계승이 더 소중함을 노래한다. 또한 국궁을 대할 때의 엄숙함과 집중력은 삶의 중심을 이루는 중요한 바탕이기도 하다. 그리하여 국궁은 우리의 얼을 지키는 중심 키워드로 기능한다.

그가 국궁에 입문(入門)하였을 때의 내면을 그린 작품이 「신사(新射)」인데, 이는 새로 시작하는 초보 궁사라는 의미이다. 활의 시위를 당길 때〈볼때기를 할퀸다/ 팔꿈치를 비껴 친다// 멍든 자리 피가 터질 듯/ 초보자의 서러움.〉을 그린다. 그러나〈명궁(名弓)을 소망하며/ 활〉을 들고 다시 사대에 나서게 되고, 그렇게 오랜 세월을 단련하면〈타타탁/ 5시(矢) 5중(中) 겨누며/ 가슴 벅찬 환희〉를 맛보게 된다. 「시위를 당기며」에서도〈밀고 당기는 줄/ 단전에 숨 가두고/ 배꼽에 힘을 주어/ 초점을 맞춘다// 시위를/ 당겼다 놓으면/ 관중으로 파고든다.〉고 노래하여 명중의 쾌감을 노래한다.

태양은 타오르는데
잠 못 이룬 영령들.

궁사가 시위 당겨도
과녁을 비켜가네.

잠에서
깨어났으면
제자리를 지켰으면.

— 「동방의 아침」 전문

시인은 궁사로서 활을 쏘는 자체의 쾌감에 머물지 않고, 세상에 대한 비판의식을 담아낸다. 우리 사회, 나아가 우리나라의 현실을 직시하면 과녁을 지나쳐 빗나간 화살과 같다. 그래서 모든 사람들이 미망(迷妄)에서 깨어나 자신의 자리를 지켜 줄 것을 소망한다. 이러한 비판 의식은 「흑백」에서 확연하게 드러난다.〈답답한 세상에서/ 억울해도 할 수 없다.// 주고 받은 세상사/ 오리발이 분명하다// 권력과/ 재벌이 만나/ 짝짜꿍을 이룬다.〉고 금(金)과 권(權)의 유착(癒着)을 비판한다.

그러나 비판적 분노는 종교와 만나 새로운 세계를 열망(熱望)한다. 노년에 그는 충청남도 공주시 우성면 죽당리에 있는 「연화사 자비원」에서 노인 환자들을 돌보며 봉사활동을 한다. 그 곳에서 편안하게 지내는 노인들을 보면서, 그는 〈연화사 부처님은/ 슬픔을 달랜다〉고 찬양한다. 연화사 자비원을 운영하는 정관 스님에게도 한없는 존경심을 표출한다. 〈정관 스님 보살핌에/ 수명〉을 이어가는 원생들을 보면서, 세상을 구원하는 현장에서 봉사하고 있음을 고마워한다. 이곳에서의 봉사가 생애 마지막 봉사가 될는지도 모른다고 밝히면서, 그는 하루하루 최선을 다하고자 노력한다.

3. 서정적 지향과 자세

한영필 시인은 남북 분단의 고착(固着)으로 인하여 고향을 잃은 사람이다. 살아생전에 갈 수 없는 고향, 그 고향을 잃은 상실감, 또한 만날 수 없는 고향 사람들에 대한 절절한 그리움이 그로 하여금 감동적인 시를 빚게 한다. 생활 속에서 만나는 온갖 사물에 자신의 희로애락을 이입시켜 작품으로 빚고 있는데, 그 바탕은 실향의 애상적 정서라 하겠다.

「1983년 7월 이산가족 첫 방송」에서 그는 실향민의 폭발적 정서를 표출한다. 〈하늘도 울었다/ 땅도 또한 울었다// 피 솟구쳐/ 울었다.// 가슴 아파/ 울었다.〉면서 절망한다. 그러나 절망을 넘으려는 분연한 모습을 보이기도 한다. 〈눈 감은/ 그 세월을 건너/ 죽었어도 같이 살자.〉는 역설적 절규에 이르러, 대부분의 독자는 몰입할 수밖에 없는 마력(魔力)을 체험하게 된다.

뻐꾹새 울음에도
반가운 줄 모른다.
묵밭에 피는 망초
하얀 꽃이 더 슬프다.
눈물로
호미를 씻으며
고개 넘는 할머니.

—「초여름의 할머니 3」 전문

그에게 있어 농촌은 마음의 고향으로 자리한다. 특히 농사를 짓지 않아 묵은 전답을 보면 실향의 아픔처럼 그를 슬프게 한다. 연작 시조를 살펴보면 그의 정서가 분명해진다. 「초여름의 할머니 1」에서, 할머니는 '비탈진 화전'을 일구어 농사를 짓는데, 봄에 씨앗을 뿌리기 위해〈씨오쟁이 이고/ 서성이는 할머니〉로 그려진다. 「초여름의 할머니 2」에서는〈무너지는 가난 속에/ 계절마저 던져 놓고/ 한 평생 찌든 목숨/ 세월 지킨 아픔〉을 감내하는 할머니의 굳건한 모습을 그린다. 이 할머니는〈농사가/ 근본〉이라는 믿음으로 삶의 터전으로서의 농토를 지킨다.

이처럼 근본을 지키려는 자세는 다른 작품으로 전이되어 나타난다. 그는 일본의 강압과 회유에 굴복하지 않고 순국(殉國)한 면암 최익현 선생의 사당을 찾는다. 사당 곁의 '우묵저수지'에서 일본의 만행(蠻行)에 분노한다.〈푸른 산, 파란 하늘에도/ 가슴이〉 막히는 울분을 토하며, 저수지 물에 비친 구름에 자신의 반일(反日) 지향을 의탁한다. 이는 일본에 대한 우리 민족의 보편적 정서와도 닿아 있겠지만, 일제시대에 강제 징용으로 끌려가서 작고한 부친을 그리워하는 절절함의 표출이기도 하다.

최근에 그는 첫 번째 개인전을 열고, 첫 시조집을 발간하면서, 좋은 작품 창작에 대한 간절한 소망을 작품에 담는다.

초가 산장 담장에
오이 호박 올려놓고

문필봉 바라보며
작은 꿈을 가꾸는데

텅 빈 산
사람 없어도
꽃이 피고 물 흐른다.

—「산장(山莊)에서 2」 전문

그는 산고수려(山高水麗)한 지역에서 봉사하며 산다. 그가 봉사하고 있는 충남 공주시 우성면 죽당리는 사마산이 우뚝 솟아 있고, 그 옆으로 금강이 유유하게 흐르는 곳이다. 그 곳에 작은 거처를 마련하여 아뜨리에 겸 집필실로 삼아 그림과 시조 창작에 전념한다. 그는 산촌의 한가로움 속에서 소박한 꿈을 가꾼다. 훌륭한 작품을 창작하고자 하는 바, '문필봉'에의 지향은 시인과 작가에게는 공통분모라 하겠다.

그리하여 그는 자신의 체험, 사상과 감정을 그림이나 글로 남기기 위해 지극지성을 다한다. 그렇지만, 자연은 스스로 무위자연(無爲自

然), 무심(無心), 무욕(無慾)의 본체로 기능한다. 꽃이 피고 물이 흐르듯 본성을 찾아가는 자연과 함께 한영필 시인은 자적(自適)하며 여생을 보낼 것 같다. 그림 그리기와 시조 짓기가 창조적 고통을 수반하겠지만, 어려운 이웃에 대한 봉사가 그를 행복하게 할 것 같다.

— 2009 시조집『감자꽃 필 무렵』해설

— 2009『예향대전』4월호에 재수록

◇ 박순희 시조집 『깨끼 바느질』 평설

시련을 극복한 침선(針線)의 서정미학

1.

첫 시조집 『깨끼 바느질』을 발간한 박순희 시조시인은 1946년 6월 15일 충청남도 논산시 상월면 학당리에서 출생한다. 위로 장남이 한 명 있지만, 대를 이은 종가(宗家)의 9남매 중 장녀로 태어나고 성장한다.

시인은 초등학교를 졸업한 후 조모(祖母)로부터 종가의 침선(針線)을 전수받아 남다른 경지의 솜씨를 연마한다. 이어 모친(母親)으로부터도 세심한 지도를 받아 침선의 구경(究竟)을 넓힌다. 이는 후일 한복 디자이너로 평생을 보내게 하는 기저(基底)로 작용한다. 외부에서 별다른 교습을 받지 않고 '한복집'을 운영할 수 있었던 것도 그 영향일 터이다. 그래서일까, 어머니에 대한 지극한 효성을 작품에 담아낸다.

일곱 시 어김없이 울리는 알람전화

아무 말씀 안 하시어
엄마를 부르면
목소리 흔들리면서 대답은 '응' 뿐이다.

꺼지는 촛불 같아 혼잣말 일문일답
식사는 하셨어요?
저도 밥 먹었어요.
아침에 내리는 이슬, 소낙비로 젖는다.

한평생 지치신 삶, 괴로워 잊으셨나.
세월을 묻어놓고
벙어리가 되셨다.
어머니 알람전화만 내 가슴을 울린다.

—「알람 전화」 전문

연세가 깊어진 친정어머니가 새벽 7시면 습관적으로 전화를 하신다. 전화를 받아도 말씀이 없으시다. '엄마'를 부를 때에서야 '응'하고 대답할 뿐이다. 어머니께서 아무런 말씀도 하지 않으셔서, 혼자 묻고 혼자 대답한다. 참을 수 없어 눈물을 흘린다. 아침의 작은 이슬방울 같던 눈물은 소낙비처럼 흘러내린다. 말씀을 잊으신 어머니여서 전화벨 소리만 시인의 가슴을 울린다. 어머니에 대한 지극한 효성의 발현이자, 지난 세월을 추억하는 눈물어린 작품이다.

청소년기를 보낸 후 그는 결혼하여 자녀를 양육하면서 평범한 가정주부로 생활한다. 그런 그에게 감내할 수 없는 충격이 엄습하게 되고, 그 아픔과 슬픔을 평생 가슴에 묻고 살아간다. 첫 아들이 네

살 때인 추석 명절에 발병하여 가족들의 무관심과 편견으로 세상을 뜬다. 질정할 수 없는 아픔을 간직한 채, 30대에 이르러 종가 침선을 이어받은 솜씨로 한복집을 연다. 고향 상월면을 그리워하면서 '상월 한복'을 운영하다가, 후일 도심에 진출하여 '정아한복'을 경영하면서 온갖 시름을 침선으로 극복한다.

회갑 무렵부터 노랫말을 지어 부르기도 하고, 시를 지어 발표하던 중, 대전문예대학에 등록하고 본격적인 작품 창작에 나선다. 2012년에 동시로 등단(아동문예)하여 아동문학가로 나서고, 이어 시조로도 등단(문학사랑)하여 시조시인이 된다. 작품을 빚기 시작한 지 10여 년, 등단한 지 3년 만에 그는 고희(古稀)를 맞는다. 고희 기념으로 첫 시조집 『깨끼 바느질』을 발간하여 정서적 감동을 생성한다.

2.

박순희 시조시인의 시조를 읽으며, 시는 '힘찬 감정의 자연적인 발로'라고 한 시인 William Wordsworth의 정의를 되새긴다. '힘찬 감정(powerful feelings)'은 환호를 지를 정도로 격한 정서, 어깨를 들썩이며 울게 하는 슬픈 정서, 진리나 진실을 깨달았을 때의 놀라움 등을 의미한다. 이러한 정서를 언어로 형상화한 미적 구조가 시라고 할 때, 그의 시조에서도 이에 상응(相應)하는 폭발적 정서가 내포되고 있다.

다른 견지에서 보면, 모든 작품의 발상(發想) 단계에서는 이와 같은 감정의 소용돌이가 바탕을 이룰 터이다. 시인이 감득한 그 감정의 소용돌이를 언어로 빚어낼 때 일부는 느낌의 강도(强度)가 약해질 수도 있고, 제대로 살려냈다고 하더라도 독자들에게 수용되는 공감대는 시인과 편차가 있을 수 있다. 그렇지만 어느 누구도 부인할 수 없는 폭발적 정서가 존재하였을 터이매, 이러한 정서가 공감대 형성에 이바지한다.

네 살 된 맏이를 잃은 작품의 정서는 눈물어린 공감대를 형성하게 한다. 같은 일을 겪은 사람이나, 혹은 겪지 못한 사람이라도 애상적 정서를 공유하여 절절한 슬픔에 젖게 하는 마력(魔力)을 내포한다.

한가위 보름달도 하루가 기운 그 날
하늘도 슬피 울어 가슴에는 천둥 번개
눈물 비 젖은 옷자락 부여잡고 달렸다.

한의사 약 몇 첩에 돌아와 새우는 밤
왜 이리 밤이 긴지 새벽녘이 천리다.
꼬끼오 닭 울음 울 때 가쁜 숨을 내쉰다.

까맣게 타는 가슴 병원 문 두드렸다.
의사는 하품 하며 큰 병원에 가보란다.
심장은 멎을 것 같고, 급행버스는 느리다.

병원으로 가는 도중 차 안에서 떠난 아기
"어미 품을 버리고 너 홀로 어디 가니?"
"하늘도 무심하구나. 나는 어찌 살라고."

새싹은 봄이 오면 저렇게 파릇한데
추워도 눈비 맞고 돌아올 수 없는 너

보고파 몸부림쳐도 가슴 먹먹 눈물 길.

—「첫 아이를 잃고」 전문

첫 아이가 네 살 되던 추석 다음날의 상황이다. 그날은 번개가 번쩍이고 천둥이 요란하던 날이었나 보다. 아이의 열이 높아, 젊은 엄마는 비에 젖은 옷자락을 부여잡고 의원을 찾는다. 한의사로부터 지어온 약 몇 첩을 달여 먹였지만 차도가 없다. 시댁이 전라북도 여산의 시골이어서 날이 밝아서야 지역 보건소를 찾는다. 까맣게 타는 마음으로 아이를 업고 들어서는데, 보건소 의사는 늘어지게 하품을 하며 귀찮은 듯 큰 병원에 가보라고 한다.

절망에 빠져, 먹먹한 가슴으로 보건소를 나선다. 큰 병원에 가기 위해 급행버스를 타고 논산시 연무대를 거쳐 대전에 도착하기 직전 아이의 숨이 멎는다. 그 상황을 4연에서 대화체로 묘사하고 있다. 5연은 참담한 가슴을 달래며 살아가는 세월의 어느 시점에서 다시 회억(回憶)하는 상황이다. 나라가 망하였는데도 산천이 푸르른 것을 한탄한 국파산하재(國破山河在)와 동질적 심상이다. 다시 만나볼 수 없는 맏이를 생각하면 가슴이 먹먹해지고 눈물로 길을 덮을 것 같다는 심정의 문학적 표현이다.

이 상황은 「순종이 미덕인가」에서 '시아버지'의 〈옛날엔 병원 없이도 자식들을 키웠다.〉는 억지 주장에 순종한 자신을 한탄한다. 또한 사설시조로 빚은 「눈물바다」는〈부모님 앞이라서 울지도 못했었다.〉는 초장에 이어, 중장에서는 아이를 보낸 후의 대화로 사실성을 확보한다. 시아버지, 시어머니, 시인이 함께 눈물바다를 이룰 수밖에 없었던 종장의〈그 날의 뜨거운 눈물 가슴속에 남아 있다.〉면서,

40여 년의 세월이 지나도 잊히지 않는 아픔을 작품에 담아낸다. 이들 작품의 서정적 충격은 독자들에게도 고스란히 전해진다.

3.

가정을 지키던 시인은 가슴 먹먹한 슬픔을 감내하기 위하여 집중할 대상을 찾는다. 그리하여 조모와 모친으로부터 전수받은 침선을 선택한다. 지난 시대에 극심한 차별로 가슴앓이를 하던 조선의 여인들도 번뇌를 잊기 위하여 바느질에 열중한 기록과 다르지 않다. 조선 순조때 류씨부인은 「조침문」에서, 부러진 바늘을 의인화한 제문(祭文) 형식의 글로 내면의 아픔을 밝히고 있다.

현대 표기로 정리한 일부를 보자. 〈오호 통재(嗚呼痛哉)라〉 아끼던 바늘이 부러짐에 심적으로 고통 받고 있음을 그려낸다. 〈겨울밤에 등잔(燈盞)을 상대(相對)하여, 누비며, 호며, 감치며, 박으며, 공그릴 때에, 겹실을 꿰었으니 봉미(鳳尾)를 두르는 듯, 땀땀이 떠 갈 적에, 수미(首尾)가 상응(相應)하고, 솔솔이 붙여 내매 조화(造化)가 무궁(無窮)하다.〉에서 바느질의 여러 요소가 드러난다. 〈백년고락(百年苦樂과 일시생사(一時生死)를 한 가지로 하기를 바라노라. 오호 애재(嗚呼哀哉)라〉에서 내생에서의 만남을 소망하며 슬퍼한다.

아끼던 바늘을 부러뜨리고 쓴 글에서도 이처럼 눈물겨운 바가 큰데, 하물며 자식을 잃은 어머니의 마음이 어떠했을까, 헤아리기가 쉽지 않다. 도저히 잊을 수 없는 일이지만, 조금씩이라도 그 아픔을 감쇄(減殺)시키는 방안으로 한복 창작에 나선다.

정성껏 만든 당의 소매는 금붕어다.
모란꽃 수를 놓고 노랑파랑 끈을 달아
영산홍 옷고름 달면 호랑나비 춤춘다.

앵두빛 나팔치마 폭마다 고운 꽃들
공작새 날개 펴듯 부채를 손에 들고
가락에 장단을 맞춰 봄바람을 부른다.

새하얀 속바지 끝 오색꽃이 활짝 피고
선녀가 내려온 듯 황홀한 아름다움
여인네 치맛자락에 웃음소리 담는다.

—「당의를 만들며」 전문

은유법과 활유법을 원용(援用)하여 지은 시조작품이다. 시인은 정성을 다하여 옷을 짓는다. 〈당의 소매는 금붕어다.〉에서 은유가 빛나고, 영산홍 옷고름을 달면〈호랑나비가 춤춘다.〉에서 활유법이 돋보인다. 이 당의를 짓기 위하여 시인이 쏟아 부은 정성과 소망이 작품에 스며들어 감동을 생성한다.〈새하얀 속바지 끝 오색꽃이 활짝〉피어나는 것이나,〈선녀가 내려온 듯 황홀한 아름다움〉에서 예술적 경지를 지향하는 시인을 만난다.

시인의 시어머니는 「모시적삼」에서 며느리에 대한 사랑을 실천하는 분이다.〈눈처럼 하얀 머리 단정한 모습〉의 시어머니는〈준 것 없어 단추라도 만들어〉 주시려는 분이다. 모시적삼의 단추는 천을 동그랗게 뭉쳐서 만든다.〈착착 감쳐 동글동글 요리조리 옭매어〉 만들어 주시던 시어머니의 모습은 '파랑새'가 되어 시인의 가슴에 남아 있다. 이 외에도 「도포를 만들며」 한국인의 오롯한 내면을 그려내기도 한다.

나아가 시인은 「깨끼 바느질」을 짓는 과정을〈땀수를 곱디곱게/ 박음질해 놓고는// 접어서 다시 박고/ 잘라내 또 박아서// 한복을/ 다림질하면/ 나비 날개 춤춘다.〉고 묘사한다. 이와 같이 정성을 바친 바느질은〈쓰고 또 보고 쓰며/ 빼고 넣고 다듬어// 물감을 풀어놓고/ 그림을 그리듯이// 글쓰기/ 깨끼 바느질/ 예쁜 글을 쓰련다.〉에서와 같이 훌륭한 시조를 빚겠다는 의지로 승화한다.

4.

박순희 시인이 시조를 빚게 된 계기는 초등학교 선생님과의 인연이다. 졸업한 후 30여 년이 지나 선생님을 모신 동창회가 열린다. 그날 시인은 순수한 발심(發心)으로 노랫말을 짓는다.〈무궁화 피고 지는 상월국교/ 6-2반 선생님은 총각 선생님/ 참 되어라 바르거라 가르치시고/ 정열과 매력이 넘쳐흐르는/ 우리들의 선생님은 총각 선생님〉이란 가사에 대중가요 「섬마을 선생님」의 멜로디를 차용하여 제자들이 제창을 한다.

그 전후에 시인은 부친과 계룡산 천황봉을 오른다. 그 곳에서 '금강'의 일부를 보게 되었고, 놀라운 감동을 받는다. 이를 장녀 김소희 국악인에게 전달하여, 국악가사로 지어진 것이 「산아 산아 계룡산아」이다. 이는 '특정인'의 도움으로 공동작사 국악 창작곡으로 작곡된다. 이후 여러 차례 발표 · 공연되는데, 특히 2007년 7월 20일 대통령이 참석한 행복도시 기공식 축하 공연에서 가창된 바 있다.

이때부터 자신의 생각과 느낌을 글로 표현하고자 하는 욕구가 분출하여, 그는 본격적으로 문인이 되어야겠다는 의지를 굳혀 대전문예대학에서 문학창작 공부에 전념한다. 여러 해 성실하게 노력하여 아동문학가와 시조시인으로 태어난다. 습작 시기에 지은 시조 작품이 「총각 선생님」이다. 직접 문학 창작을 지도한 분은 아니지만, 존경하는 스승이어서 작품에 담는다.

계룡산 천왕봉이 줄기를 뻗어간 곳
노성산 품어 안은 상월교 꽃이 필 때
병아리 총각선생님 발령받고 오셨다.

젊은 분 열정으로 가르치는 마음 몰라
숙제 안 한 아이들도 사랑의 매 못 때려
선생님 손수 걷으시고 종아리를 치셨다.

교실은 눈물바다 모여들은 참새떼
몇 대의 회초리보다 더 깊이 반성하고
사과 빛 선생님 종아리 잊을 수가 없었다.

—「선생님의 종아리」 전문

별도 해석이 필요 없을 정도로 간명(簡明)한 작품이다. 작품을 평가하기 위한 기준으로서 구성, 표현의 완성도를 분석하기 전에 독자들은 '세상에 이런 스승이 계셨구나.' 놀라운 감동에 휩싸일 것이다. 교사는 있어도 참 스승이 귀하고, 배운 사람은 있어도 제자다운 제자가 드물다는 세상에서 사표(師表)가 되는 분을 만난 것도 소중한 인연이다. 그 인연을 시조로 빚어 감동을 공유하고자 한다.

박순희 시인은 자신과 인연을 맺은 사람들에 대한 작품이 여러 편이다. 낳고 길러주신 친정 부모님을 비롯한 여러 가족들에 대한 작품에서 오롯한 정서를 환기한다. 결혼과 함께 가족이 된 시댁의 식구들에 대한 정서, 그리고 자녀들에 대한 사랑도 작품으로 승화한다. 친구들과의 추억을 아기자기한 정서에 담아낸다. 그런 한편 국민에게 기쁨과 행복을 안겨준 피겨스타 김연아 선수에 대해서 쓴 작품들은 개인적 인연을 초월한다.

5.

박순희 시인은 회갑을 넘기면서 새로운 인생관을 확립한다. 오로지 일과 자녀에 집중하던 그가 생활의 활력을 찾기 위한 나들이에도 나서고, 문학에 입문하여 삶의 지평(地坪)을 확장한다. 이와 함께 사회의 여러 현상에 대해서도 판단하게 되고, 이에 대한 자신의 사상과 감정을 작품으로 빚는다. 북한의 소행으로 판명된 '천안함' 사건에 대한 시시비비(是是非非)를 작품에 투영하기도 하고, 순국한 젊은 용사들에 대한 추모의 정서도 담아낸다. 이제 시인은 소박한 생활인이면서 동시에 사회의 어둔 곳을 밝히는 촛불의 역할에도 충실하고 있다.

그는 회갑이 될 때까지 성실한 생활인의 자세를 견지한다. 한복디자이너로서 오랜 기간 성심을 다하여 성공한 그는 자녀를 양육하는 데에도 열성이다. 국악인으로 성공한 딸의 성장기부터 국악원에 취업할 때까지의 과정이 작품에 투영되어 있고, 사위에 대한 기대와 당부 역시 작품에 담아낸다. 아들에 대한 기대와 뒷받침을 다하지 못한 미안함, 며느리에 대한 관심, 손자들에 대한 사랑도 오롯하다. 특히 아들과 함께 떠난 나들이는 새로운 체험이었던 듯하다.

고갯길 속을 몰라 오르다 후회한다.
안개가 산을 덮어
암흑천지 두려운데
아들이
"뒷좌석에도 안전벨트 매세요."

새처럼 날아가지 못하고 애태운다.
고갯길 넘어서니
새벽녘 동이 트니
한순간
지옥길에서 천국 온 듯 기쁘다.

―「미시령고개」 전문

박순희 시인의 작품은 비유와 상징을 원용(援用)하면서도 덧 설명이 필요하지 않을 정도로 평이한 특징을 지닌다. 이러한 형상화는 진실을 추구하는 작품의 특징이기도 하다. 시조에 들어 있는 내용이 진지하지만, 이해하기 쉬운 언어를 구사한다. 폭발적 정서를 담아내면서도, 대부분의 독자들이 공감할 수 있는 형식을 택한다. 예술적 성취를 추구하면서, 시조의 정형성을 견지한다.

그리하여 우리 겨레의 숨결을 지키는 문학작품으로서의 시조 발전에 이바지하고자 한다. 또한 박순희 시인은 시조의 정형성에서 오는 단조로움에서 자유롭고자 한다. 장별 배행, 수정 장별 배행, 구별 배행, 수정 구별 배행, 혹은 자유시에 가까운 음보율을 선택하여 시조형식의 다양성 창출에 기여한다. 이런 시도는 정형성을 지키면서 자유로운 시혼(詩魂)을 담아내려는 배려로 보인다.

작품 창작에 임하는 이와 같은 진지함은 어느 시인에게나 필요한 덕목이다. 이러한 자세를 굳건하게 지키면서 시조 창작에 더욱 노력하여, 한국 현대 시조 발전의 견인차가 되기를 기원한다.

— 2013 시조집『깨끼 바느질』해설

4장

시조를 사랑하는 숨결

박봉주 — 생성(生成)과 소멸(消滅)의 미학

김성숙 — 겨레시에 담은 신앙과 삶의 깊이

배정태 — 깨달음과 원형이정(元亨利貞)의 미학

상동규 — 담결(淡潔)한 사랑과 온고지신(溫故知新)

이정남 — 불심(佛心)의 바탕에 꽃피운 서정

신미경 — 정격시조에 담아낸 삶과 자연

신미경 — 분단의 고통과 건강한 비판의식

강임구 — 서정으로 승화시킨 삶의 진정성

전순표 — 옥천의 자연과 문화, 그 곡진한 사랑가

◇ 박봉주 시조집 『뜨락만한 여유』 평설

생성(生成)과 소멸(消滅)의 미학

1.

박봉주는 시조시인이다. 시조를 창작하는 시인들을 보면 경외감을 지울 수가 없다. 첫째는 민족시의 맥을 잇고자 하는 남다른 집념을 견지하고 있다는 점에서다. 둘째는 시라는 일반적 문학성에 시조라는 특수성을 융합하는 창작 작업을 지속하고 있다는 점에서다. 말하자면 시 창작의 길을 고통이 따르는 형극의 길이라고 하는데, 시조의 창작은 그보다 한 단계 더 고통이 수반된 형극의 길로 보이기 때문이다.

시조가 한민족의 유구한 역사와 함께 존재한 민족시의 큰 갈래라 할 때, 그의 시조 창작은 민족의 혼을 현대에 조감하고자 하는 의지의 표현으로 볼 수 있다. 일부 학자는 시조의 근원을 신라의 향가에서 추론하기도 하고, 또 일부 학자들은 한시(漢詩)나 민요에 연원을 두고 있다고 밝히기도 한다. 어떤 경우이든지 간에 시조가 민족과 함께 유구한 생명력을 유지해왔으며, 그 생명력을 현대에 이어 꽃피우게 하고자 하는 시조시인들의 작업은 민족의 주체성을 확립하고자 하는 측면에서도 가치 있는 일로 보인다.

박봉주는 ≪오늘의문학≫과 ≪현대시조≫의 신인상 당선으로 문단에 나선 후, 다시 ≪충청일보≫ 신춘문예에 당선하면서 시조의 창작에 남다른 열정을 보이고 있는 시인이다. 이미 기행문집 『작은 수첩으로 본 유럽 여행』을 발간하기도 하여 주목받는 문인의 한 사람으로 자리매김 되어 있기도 하다. 그렇지만 그의 문학적 집중은 예술성 높은 시조창작에 있으며, 끊임없는 연찬으로 한국 시조단에 새바람을 불어넣을 것으로 기대되는 유망주임에 틀림없다.

그가 발표한 여러 작품들을 재독하면서 그가 견지하고 있는 시조 사랑과 문학성을 재음미하게 되었다. 그가 인식하고 있는 시적 우주를 그의 시조 작품을 통해 촌평으로나마 분석하고 정리하고자 한다.

2.

박봉주 시인의 작품에서 찾은 일차적 영역은 그리움과 그로 인한 만남인데 이는 생성의 이미지를 갖고 있다. 무릇 누구에게나 그리운 대상이 있으며, 이 그리움은 현실적 희로애락(喜怒哀樂)의 근원이 되기도 한다. 그러나 시인은 이 그리움을 시로 창작하여 불특정 독자들과의 공감대 형성을 도모하고자 하는 특수한 영역의 인물이다. 그러기에 같은 그리움이지만 시인이 빚어내는 그리움은 시인의 개성과 시인의 문학성이 내포된 예술품인 것이다.

그의 작품을 통해 그리움의 일부를 찾아보고자 한다.

풀잎의 고운 때깔
이슬로 터뜨리며

윤기 도는 푸른 새벽
오고가는 산 여운

한 모금
입술 적시면
풀빛 도는 나의 하늘

—「산책길 · 1」 일부

천리 밖 나앉아도
눈에 삼삼 떠오르는

머언 먼 그리움
부표인 듯 돌로 선 너

한핏줄
마음의 물무늬
내 이름의 이름표

—「내 조국의 이름표」 전문

많은 작품 중에서 임의로 뽑아본 작품들이다. 그가 그리워하고 있는 대상은 다양하며 그 다양성을 모두 천착한다는 것은 지난(至難)한 일이기에 일부만 선택한 것이다.

첫째, 「산책길」은 시적 자아와 그 대상으로서의 자연이 합일하고 있는 물아일체(物我一體)의 경지에서 인식한 천석고황(泉石膏肓)의 표출이다. 그가 추구하고 있는 자연에 대한 그리움과 사랑은 그에게 삶의 지표를 설정하는 계기가 되기도 한다. 〈선잠/ 둘둘 말아/ 산빛을 일으키니// 청산이/ 먼저 알고서/ 맨몸으로 굽혀와// 치켜든/ 세상 잣대를/ 내려놓고 오라 하네〉에서는 산과 만나서 찾은 탈속의 경지이다. 이러한 경지는 다시 시적 자아에게 삶의 가치가 인간세상이 아니라 자연에 있음을 깨닫게 한다. 그리하여 시인은〈한 걸음/ 또 한 걸음/ 뜬금없이 걷다보니// 높고 푸른/ 청산에/ 주인이 없다 하네// 슬며시/ 세상 내려놓고/ 산이나 지고 내려올까〉라는 의지의 일단을 보인다. 이는 다시 〈푸르른/ 기도를 세워/ 산이 되어 서 본다〉고 심리적 성취를 표출하고 있다.

그러면서도 시인은 완전히 탈속할 수가 없다. 그가 현실에 발을 디디고 있는 이상 탈속은 그의 이상일 뿐이다. 그래서 그는 세속에서 그 상대적 위상인 자연을 동경하게 되고, 이런 심상은 탈속적 인물에 대한 그리움과 예찬적 성격을 갖게 된다.

추스린
갈증으로
세속을 헹구더니

함초롬히
맺은 향기
의관도 바로 세워

동방의
꼿꼿한 선비

예 와서 뵈옵네

―「난(蘭)·1」 전문

이 작품은 난(蘭)에 대한 시이지만 그가 존경하는 인물에 대한 예찬의 시조이기도 하다. 그가 형상화하고 있는 난(蘭)은 그가 평소에 존경하는 인물의 속성과 일치하고 있다. 그래서 그는 시 표현상 중의법을 통해 형상화한 것이다. 이러한 형상화는 「꽃돌」에서도 보여주고 있는데, 꽃돌과 정훈 시인을 동일시하고 있다.

둘째 「내 조국의 이름표」는 민족 정서의 축소판이라 하겠다. 작은 섬이지만 우리 국토를 사랑하는 시인의 정신이 빚은 이 작품은 표현의 간결성에 비해 그 정서는 곡진하다 못해 절절하다. 특히 왜구의 구습을 버리지 못하고 있는 일본의 억지 주장에 대한 시인의 꿋꿋하고 일관된 정서와 주장을 간명하게 보여주었기 때문에 이 작품은 더욱 큰 의의가 있는 것이다. 이러한 그리움이 국토에 대한 것만은 아니다. 시인의 고향에 있는 청령포를 소재로하여 노래한 작품에서는 더욱 안타까운 그리움을 토로하고 있다.

역사를 적시던 소쩍새 피울음
눈물도 돌아앉은 애증의 세월 속에
긴 ― 긴밤 앓던 산하엔 천추고혼만 어리고

선무당 칼춤으로 허물어진 하늘 하래
산 섧고 세월도 깊은 홀로 뜬 허무의 섬
길손아, 왜 찾았느냐 무상만 켜대면서

오백년 사직을 취기로 쓸어안고
어르고 달래보는 설운 님 고운 아미
아이야, 팔매질 하지 마라 피멍으로 흐른다

— 「청령포에서」 전문

주지하고 있는 바와 같이 청령포는 수양대군에게 폐위 당한 단종이 5년간 부처(付處)되었다가 사사당하여 승하한 강원도 영월에 있는 포구이다. 여기에서 시인은 역사적 인물을 상기하면서 그 님에 대한 추모의 정을 토로하고 있다. 시인은 역사에 묻힌 인물도 그리워하고 있지만, 수몰된 마을에 대한 절절한 그리움도 시로 빚어내어 독자들에게 제시하고 있다. 「수몰지구」에서 보면 〈고향 묻은 상전벽해/ 물멀미하는 달맞이꽃// 실종된 그리움에/ 님을 뵙고 섰노라면// 땡볕에/ 목마른 사연들/ 달빛 타는 수중동(水中洞)〉을 노래하고 있는데, 얼마나 안타깝고 절절한지 〈퍼렇게/ 억장 뜯기고/ 다시 앓는 실어증〉을 토로하고 있다. 그러나 이러한 아픔은 「탑돌이」의 〈어둔 창생 소지(燒指) 위로/ 넋을 가는 소망 하나〉에 의하여 극복될 수 있다.

말하자면 시인은 그리움을 노래함에 있어 자연과 같은 순수성, 역사적 사물에 대한 연민의 정도 함께 보여주고 있음을 확인할 수 있다.

3.

박봉주 시인의 작품에서 찾은 이차적 영역은 현실적 갈등과 그로 인한 비판적 자세이다. 시인은 많은 작품에서 그리움으로 인한 이상향을 노래하고 있지만, 현실은 애증(愛憎)의 혼재(混在)이기 때문에 시인도 그 와중(渦中)에서 인식하고 있는 정서를 시로 형상화하게 마련이다. 박봉주 시인도 예외가 아니어서 그가 처한 현실에 대한 독자적인 서정을 시로 빚어내고 있다.

닳아진 꽃무늬에
파도 감긴 고동소리
절인 꿈을 닦으며
등대불로 부신데
타고도
재가 없음이여
서러운 밤 달무리

살 시린 파도 위에
모래성 지어놓고
어둔 꿈을 밝히려다
불면으로 막힌 가슴
어둠도
고뇌 그만큼
흔들리고 있는가

—「모래성 지어놓고」 전문

이 작품은 비유에 의한 다의성으로 독자들에게 다양한 상상력을 동원하게 하고 있다. 혹자는 모래성을 쌓아놓고 노는 천진난만한 동심을 연상할 수도 있겠다. 혹자는 모래성을 쌓으면 허물어지고 또 쌓으면 또 허물어지는 현상을 떠올리며 인생무상을 연상할 수도 있겠다. 그외에도 다양한 상상에 의한 다양한 해법이 있을 수 있으나, 필자는 시인의 시창작에 대한 고뇌의 일단을 피력한 것으로 정리하고자 한다.

이 작품에서 중요한 단서는 두 가지로 정리할 수 있다. 하나는 '어둠'이다. 어둠은 고뇌와 동일선상에 놓여 있으며, 이는 시인이 극복하고자 하는 대상이다. 그래서 시인은 이 어둠을 갈등의 요체로 파악하고 있다. 또 하나는 '타고도 재가 없음'이다. 이는 인구(人口)에 회자(膾炙)할 작품 창작을 수없이 시도하지만 시적 자아에게는 만족하지 못함을 의미하는 것으로 볼 수 있다.

첫째, '어둠'의 편린을 그의 작품을 통해 확인해 보기로 한다. 시인은 어둠의 실체를 그의 마음에 두고 있다. 「호수」에서 보면 〈닦으면 / 닦을수록/ 흔들리는 마음속// 인자(仁者)/ 요산(樂山)으로/ 그 중심을 잡아보지만// 저마다/ 목소리 클 때는/ 하늘까지 흔들리네〉라고 형상화하였다. 흔들리는 마음, 세상뿐만이 아니고 하늘까지 흔들리는 것은 각자의 마음에 달려 있다는 인식을 보여주는 것이다. 이것은 고차원적인 사상에서의 인내천(人乃天)이 아니라도, 범상하게 인식할 수 있는 내적 갈등의 소산이다. 심적 갈등의 저변에는 현실적 부정이 자리하고 있다. 「유세장 · 1」과 몇몇의 작품들에서 보이는 것은 시인에게 커다란 충격으로 받아들여지고 있다. 〈양심을 저어하며/ 아픔으로 섰더니/ 처방전/ 무시하고도/ 약을 짓는 약사들〉에서는 입후보자의 무지함이 드러난 경우이다. 또한 〈꼬리에/ 꼬리를 무는/ 꽁지 빠진 언어들〉은 공약(公約)을 공약(空約)으로 내거는 입후보자들에 대한 비판적 인식이다. 이로 인해 시인은 〈눈길이/ 자주 가던/ 봄빛이 심상치 않다// 대 · 소한 큰 바람에도/ 너끈히 지냈는데// 때아닌/ 편서풍으로/ 시들까 두렵다〉고 실토하고 있는 것이다. 또한 시인에게 있어 어둠의 일단은 현실 생활의 곤고함에서도 연유한다.

이 나무
저 나무
둥지를 옮기면서

바람 타는 가지에
사랑도 열렸는데

방전된
유효기간에
흔들리는 보금자리

—「이사」 전문

서민의 주거생활에 대한 비유적 형상화이다. 자신의 곤고함을 직접적으로 토로하지 않고 비유와 상징을 융합하여 간결하면서도 곡진하게 노래하고 있는 것은 순전히 박봉주 시인의 시인적 기질이며 또한 그의 능력이다. 생활과 관련된 현실적 난제는 그가 봉직하고 있는 업무에서도 드러나고 있다. 물론 이러한 형상화는 비판을 위한 비판이 아니라, 개선을 향한 내적 울림이 작품으로 승화된 것이다. 「업무일지 · 1」에서 9번까지의 작품에서 보면 전반부는 부정적 사례를 예시하고 후반부에서는 그 해법을 제시하고 있다. 이로 미루어

볼 때 그의 현실적 '어둠'은 영원한 어둠이 아니라 시인에 의해서 극복될 수 있다는 것을 알 수 있다. 그의 작품 「백자(白磁)」에서 〈신열로 사룬 혼〉은 시인의 문학혼과 동격의 범주일 것이다. 또한 〈역동하는 산고(産苦)〉는 시적 자아를 갈등에 빠지게 하는 만난(萬難)을 암시하는 것이다. 그리고 〈한(恨)이며/ 원(願)을 풀어/ 한 조각 부신 하늘〉은 고난극복의 메시지일 것이다. 시인은 이와 같이 만난을 극복하고 하나의 완성된 작품 창작에 남다른 치열성을 보이고 있는데, 다음의 작품을 통해서 확인할 수 있다.

동심 어린
불심을
소망 끝에 매달고

진리의
둥근 소리로
세상을 어르니

하늘과
사바 세계가
에밀레로 깊어라

—「에밀레종」 전문

어린 생명을 희생하고 얻은 에밀레종을 통해 시인은 진리의 법안(法岸)에 이른 것이다. 이런 경지의 작품은 「촛불」에서도 보이고 있다. 〈어웅한 인심에/ 홀로 우는 종소리/ 하염없는 이 한밤/ 누굴 위한 절규인가/ 소금기 없는 세상에/ 가슴앓이/ 피끓음〉에서 이를 극복하고 '고운 꿈'을 잉태하고 있다. 어떻든 시인이 인식하고 있는 갈등과 비판의 대상은 그 부정적 자체를 보여주는 것에 목적이 있는 것이 아니라, 그 요체를 극복하여 보다 긍정적 우주관을 설정하는데 있다.

4.

박봉주 시인의 작품에서 찾은 삼차적 영역은 이별과 죽음으로 인한 형상화인데 소멸적 이미지를 갖고 있다. 이는 일차적 그리움이나, 이차적 갈등과 그로 인한 비판적 자세에 기인하기도 하지만, 그 나름대로 독자적 영역을 구축하고 있다.

오르다 힘겨우시면 버리고 오르소서
빈몸도 무거우시면 마음마저 비우소서
그것도 버거우시면 눈길만 들으소서

눈길도 어려우시면 그냥 눈을 감으소서
꿈 속의 십리 산길 오르다 지치시면
산울림 고웁게 펴서 잠시 쉬어 가소서

— 「임종 · 1」 전문

이 작품은 슬픔이 절절하게 묻어날 수 있는 상황을 한편의 시로 승화시켰다. 부모든지 아니면 지인이든지 간에 그의 임종에 있어 이처럼 단순하고 애절하게 노래하기는 쉽지 않다. 일반적으로는 감정의 폭발로 인해, 시적 성취는 넘치거나 처지게 마련이다. 그럼에도 불구하고 박봉주 시인은 그런 수준을 뛰어넘어 시인만의 정제된 서정을 보여주고 있다. 넘치는 감정의 나열보다 얼마나 더 지극한 마음을 담아 표현하였는가 독자들도 인식할 것이다. 「임종 · 2」에서도 동일 수준의 작품이 독자의 가슴을 두드리고 있다. 〈눈으로 눈으로만 보이는/ 산이었다가/ 가슴으로 가슴으로 흐르는/ 강이었다가/ 뒤돌아/ 다시 또 보면/ 바람 같은 허-무-뿐〉의 허허로운 정서를 누구나 쉽게 감득할 수 있는 것이다.

부모나 지인에 대한 임종의 정서는 범인들도 갖고 있다. 그러나 시인만의 통찰력과 프리즘에 의하여 그 정서가 생명력을 얻게 되는 것이다. 시인은 특정 대상에 한정해서만 이런 정서를 보이는 것이 아니다. 그는 호리병과 같은 벌집을 채취하게 되고, 그로 인해 사랑, 이별, 죽음 등의 자연적 순리를 터득하기도 했다. 이런 내용을 시로 쓴 작품이 「벌 · 1」에서 3까지의 연작시이다.

잎 속에 묻혔다고
너른 하늘 왜 모르랴

눈길 한 번 닿는 곳도
내 사랑 머무는데

못 미친
모정의 하늘
신음하는 사랑아

딴 생각 가지면

이승도 극락이라던데

문명도 낙원이라
더불어 긍정한 죄

못 지킨
모정을 치며
한 세상을 지운다

—「벌 · 3」 전문

이 작품에 대한 시인의 설명은 이렇다. '결국 생명의 외경을 모르는 인간의 무지한 손길에 끌려 새끼도 죽고 어미도 동반자살한 사건에 대하여 비록 미물이지만 진한 모성애에 감동되어 어두운 세상의 한 귀퉁이에서 봉봉 가족의 죽음을 애도하고 명복을 빌면서 벌의 일생을 생각해 본다.' 같은 죽음이라도 자신이 주체가 된 임종과 자신이 관찰자가 된 벌의 죽음은 정서적 경중이 다르다. 그럼에도 불구하고 오히려 시인은 객관적 죽음인 벌의 죽음에 절실한 정서를 발현하고 있다. 그러면서도 이런 감정의 분출을 시로 승화시킨 것은 그만이 갖고 있는 「기도」의 힘으로 보인다. 〈아픈 밤 허물 저어/ 내 건너던 기도들이/ 굴절된 몸을 풀어/ 땅에 내린 별을 닦아/ 푸른 빛/ 가슴에 달면/ 투명해진 신망애(信望愛)〉에서 이를 확인할 수 있다.

시내를 건넌다는 것은 '씻는다'는 의미이며, 기독교적 언어로는 세례에 해당하는 것으로, 거듭남을 상징하고 있다.

5.

박봉주 시인의 시세계를 간략하게 분석해 보았다. 물론 박봉주 시인이 보여주는 형식적 특징, 또한 독특하게 갈고 닦은 수사적 기법 등도 함께 천착해야 하나 본고에서는 내용만으로 한정하여 분석했다. 이를 정리하면 다음과 같다.

첫째, 박봉주 시인이 창작한 일차적 영역은 그리움과 그로 인한 만남인데 이는 생성의 이미지를 갖고 있다. 자연에의 동경으로 인한 물아일체(物我一體)의 경지와 역사적 사물과의 만남에서 획득된 그리움이 시로 승화되고 있다.

둘째, 박봉주 시인이 창작한 2차적 영역은 현실적 갈등과 그로 인한 비판적 자세이다. 갈등은 보다 높은 가치를 추구하기 위한 전제이며, 비판은 긍정을 위한 전제로 도입되어 있다. 시창작의 갈등과 현실적 질곡이 시인의 프리즘에 의해 새로운 모습으로 거듭나고 있다.

셋째, 박봉주 시인이 창작한 3차적 영역은 이별과 죽음으로 인한 형상화인데 소멸적 이미지를 갖고 있다. 시인은 감정의 분출을 절제하여 애이불비(哀而不悲)의 품격을 갖추고 있다.

그러면서 시인은 시창작의 연찬을 지속할 것으로 보인다. 스스로 근신하며 현실에서 거듭나고자 하는 시적 기질이 산견되기 때문이다.

나의 여린 눈빛으로
나를

잡고 있지만

또 하나의 에둘린 빛
나를
끌고 있으니

풀릴 듯
삼가는 그 빛
어둠 속의 추스림

— 「신독(愼獨)」 전문

박봉주 시인은 여린 시심의 눈빛으로 감정의 홍수를 자제할 것이다. 또한 빛이 시적 자아를 이끌고 있다는 인식 아래에서 스스로를 철저하게 조감할 것이다. 따라서 그는 어둠 속에서 근신하는 마음으로 빛을 찾아 시로 승화시킬 것에 틀림없다. 이러한 자세가 지속될 때, 그는 현대시조의 새로운 맥(脈)을 형성하리라는 추론 또한 가능하다.

— 1997 시조집 『뜨락만한 여유』 해설
— 1997 『오늘의문학』 여름 호에 재수록
— 2011 『대전문학연구총서』 3호에 재수록

◇ 김성숙 시조집 『소망 하나 그대 하나』 평설

겨레시에 담은 신앙과 삶의 깊이

1. 김성숙 시인 살펴보기

김성숙 시조 시인은 문학적 환경 속에서 태어나고 자랐다. 유망한 예술가가 되기 위해서는 태어날 때부터 특별한 자질을 지닌 채 태어나야 하고, 또한 예술가의 소질을 계발할 수 있는 환경이 주어져야 한다. 그런 면에서 김성숙 시인은 문인의 길을 갈 수밖에 없는 숙명적 환경에서 나고 자랐다고 보여진다.

시조시인이면서 수필가인 논강(論江) 김영배 선생의 장녀로 태어나, 성장기의 대부분을 문학적 환경 속에서 보낸 것이다. 그리하여 초등학교와 중등학교 시절에는 지역 내의 백일장에서 여러 번 입상하여 장래 문인으로서 촉망받기도 했다.

성장 후에는 결혼과 육아로 인해 문학의 길에서 약간 벗어나 있었던 것 같다. 문인들과의 교유(交遊)나 문학 작품의 발표는 이루어지지 않았지만, 독서와 습작으로 문학 창작의 소망을 가꾸고 있었던 듯하다.

그는 1990년대 말 ≪오늘의문학≫의 신인작품상을 수상하여 시인으로서 출발하게 된다. 이어 전국시조백일장에서 장원하여 상금 500만원을 수상함과 함께, 장래가 촉망받는 시조시인으로서 거듭난다. 이후, '만선문학회'를 창립 · 결성하고 회장직을 맡으면서, 지역문학의 굳건한 뿌리 역할을 담당해 낸다. 현재는 한국문인협회 대전지회 회원으로, 사단법인 문학사랑협의회 회원으로 성실하게 참여하면서, 기독교 신앙 활동에 주력하고 있다.

약간 의아한 일은 그가 기독교에 대한 신앙의 깊이만큼 종교적 작품이 많지 않다는 것이다. 종교 활동에 열심이면서도, 이와 관련된 작품이 많지 않은 것은 아마도 신앙에 관한 한, 결벽증 현상으로 보인다. 그에게 있어서 신앙은 절대적이기 때문에, 스스로 생각하기에 문학 작품으로 형상화하는 것이 용납되지 않은 듯하다.

그에게 있어서는 매일 매일의 기도가 진실을 담고 있어, 문학적 진실과도 연계될 수 있을 터이지만, 그것이 바로 문학 작품으로 승화되는 것은 아니다. 그에게 있어 신앙은 문학 그 이상의 의미로 자리하는 듯싶다. 그래서 일반 신앙시에서 흔히 볼 수 있는 종교적 비의나 서원적 고백 등은 자리하지 못한 것 같다.

그의 작품 70여 편을 정독하고 몇으로 분류해 보았다. 신앙을 포함한 사랑과 자연 친화의 시, 고향과 부모 형제를 통한 뿌리 찾기 노래, 내면적 갈등과 극복에 대한 작품, 기행과 계절에 대한 성찰 등으로 분류된다. 이런 단순 분류가 김성숙 시인의 작품 세계를 전체적으로 포괄하는 것은 아니지만, 대표적 경향에 따라 해당되는 몇몇 작품을 분석하여 정리하고자 한다.

2. 작품의 지향과 표현적 특징

2.1 김성숙 시인의 작품 중에서 신앙과 관련한 작품은 양적인 면에서 주류(主流)를 형성하지 못하지만, 내용 면에서는 가장 절실한 노래로 보인다. 말하자면 그가 추구하는 기독교적 사랑과 자연에서 찾아내는 아름다운 덕목이 이런 작품에 녹아 있다. 그리하여 그가 지향하는 사랑, 그리고 사랑을 소재로 한 작품들은 특별한 울림을 형성한다.

기독교적 사랑을 노래한 작품은 그의 습작기 작품이 아니고, 최근 종교에 몰입하면서 창작한 듯하다. 이 작품들은 신앙의 주체에 대한 찬양이나 종교적 메시지를 전달하는 것이 아니라, 일상적 삶과 사물에서 자연스럽게 신앙이 도출되는 형식을 갖춘다. 또한 그런 형식 속에서 맑고 아름다운 서정을 담아낸다.

팽팽히 당겨 앉아
마주보는 이 행복
물러나 고요해지면
큰 길 자꾸 열리고
가끔씩
물어보아도
대답은 늘 같았지

처음이나 나중이나
듬직한 믿음의 씨
뿌리 내린 깊은 마음

보이지는 않아도
지킴이
곧은 눈으로
오로지 아름답다

—「평행선, 또 하나의 예수」 전문

이 작품은 '예수'에 대한 찬양이나 신앙 고백을 직설적으로 토로하는 것이 아니다. 시적 대상은 평행선을 이룰 만큼 객관적 위치에 있는 사람이다. 너무 가깝지도 않고, 그렇다고 너무 멀지도 않은 관계로 설정되어 있다. 그러나 헤어져 조용히 생각하면 그로 인해 어려웠던 삶의 길이 풀리는(열리는) 사람이다.

그 대상은 처음이나 나중이나 듬직한 믿음으로 대하는 사람, 즉 초지일관하는 사람이다. 그래서 믿음이 겉으로 드러나지는 않지만, 시적 주체를 지키는 '지킴이' 역할을 통해 자연스럽게 믿음이 형성되는 아름다운 사람이다. 그런 만남은 쉬운 일이 아니고 아무데서나 발생하는 것이 아니다. 시인과 그 대상이 합일의 경지에 이르렀을 때 가능한 것이다. 그래서 시인은 제목에서 말하는 것처럼 서로가 서로를 지키는 평행선으로 존재하면서도, 신앙의 주체인 예수와 같이 고마운 사람으로 생각한다.

신과 사람의 비교는 있을 수 없는 일이지만, 신앙의 주체인 예수가 시인을 지켜주는 것처럼 현실 속에서 시인을 지켜주는 사람에 대한 고마운 마음을 비유적으로 그린 작품이다. 말하자면, 조건 없는 그 사람의 '지킴'을 예수의 사랑과 같은 '고마움'으로 인식한 것이다.

이런 마음을 노래한 작품에 「간증」이 있다. 이 작품은 시인이 현실의 크고 작은 질곡 속에서 헤매고 있을 때, 어느 사람으로부터 작은 시혜를 받는다. 앞의 작품에서는 베품의 주체가 예수였다면, 이 작품에서는 '천사'로 비유된 것이다. 이 천사로 인해 시인은 현실적 어려움에서 잠시 비껴 설 수 있게 되고, 그래서 시인은 신앙의 주체인 '하나님'께 감사한다. 곤고한 짐을 진 사람들을 구원한다는 '하나님'께서 항상 지켜보고 있다는 확신을 노래한 것이며, 이러한 노래가 바로 신앙적 간증이라는 것이다.

유사한 형상화에 「사랑」도 자리한다. 세 수로 된 연시조의 3수에서 시인은 다음과 같이 고백한다. 〈정갈함과 온유함 내 기도의 주인 됨이야/ 등불을 밝혀 놓고 말없이 지켜주는 이/ 아픈 맘 다독여 주며 낡은 옷을 벗깁니다〉에서 시인은 '정갈함' '온유함'을 지닌 그 대상을 주인으로 생각하는데, 이 대상은 바로 '기도의 주인'이다. 어둔 길을 가는 현실의 시인에게 '등불'로 길을 밝히고 지켜주는 사람, 그리하여 아픈 마음을 다독여 주는 사람이며, 그러한 관심과 사랑에 의해 시인은 '낡은 옷'을 벗고 새로이 거듭나는 것이다.

그리하여 시인은 자신도 언젠가는 베푸는 사람으로 자리하기를 소망한다. 〈언젠가 이루리라 들려오는 님의 음성/ 가진 자 되어서 온기로 거두리라/ 날마다 올리는 기도 하늘에 닿았으면〉(「십자가를 진 사람」 마지막 수)이라고 간절하게 소망한다. 이러한 소망은 신앙과 관련된 작품에 국한되지 않고 사물에 대한 작품에서도 자연스럽게 드러난다.

녹슨 잠 깨우면서
몰아쉬는 솔바람

봄볕에 그을리어
다시 젖는 냇물 따라

향수에 젖은 얼굴이
꽃불로 타오른다

숨 고르는 옷자락
맑은 하늘 내려와 앉아

바슬바슬 갈망으로
늘 아쉽게 타는 정

햇살에 여문 하루가
홀씨 되어 날린다.

—「민들레」 전문

시인은 '민들레'라는 사물에 대해 노래하지 않고, 민들레를 통해 자신의 마음을 투영한다. 물론 '민들레'의 자연적 속성을 노래하면서 시인의 내면을 대입한 것이다.

겨울이 지나면서 새 봄이 오는 것을 시인은〈녹슨 잠 깨우면서/ 몰아쉬는 솔바람〉으로 생각한다. 겨울의 긴 세월을 '녹슨 잠'으로 본 시인의 발상은 그야말로 놀랄 만한 경지에 해당한다. 또한 봄볕에 그을린 마음이 냇물을 따라 다시 젖는다는 것도 그러한 발상이라 하겠고, 향수에 젖은 얼굴이 꽃불로 타오른다는 것 역시 같은 경지의 표현이다. 특히 향수에 젖은 얼굴은 민들레의 것이면서 동시에 시인 자신의 얼굴로 보인다. 꽃불에 타오르는 것은 민들레이면서 바로 시인 자신의 얼굴로 보이기 때문이다.

둘째 수의 〈숨 고르는 옷자락/ 맑은 하늘 내려와 앉아// 바슬바슬 갈망으로/ 늘 아쉽게 타는 정〉에서 시인의 지향과 영혼의 목마름이 드러난다. 꽃불에 타는 자신의 내면과 '숨 고르는 옷자락' '바슬바슬(한) 갈망' '아쉽게 타는 정'이 상응(相應)하기 때문이다. 시인은 '맑은 하늘'을 지향하며 동시에 그와 같은 경지에 이르고자 갈망한다. 그런 갈망이 봄 햇살에 여물어 홀씨가 되어 날린다. 시인의 뜨거운 갈망이 새로운 소우주 속으로 흩어져 새로운 생명을 부여하는 것이다.

시조에 담긴 시인의 사상과 감정도 중요한 것이지만, 겨레시로서의 시조는 형식과 표현에 있어서도 시조다워야 한다. 이미 시조로서의 형식은 다양성을 유지하면서도 정형시로서의 특성을 성공적으로 견지하고 있어야 하겠다. 따라서 표현의 멋스러움이 예술적 경지에 이르렀느냐 하는 것이 중요한 관건인데, 그의 작품은 새로운 발상에 의해 표현의 멋과 정형시로서의 정제미에 의해 감동의 메아리를 형성한다.

〈약해 뵌다 했더니 오기가 생겼나보다/ 곰살곰살 천변 옆 쫑알대는 노랑부리/ 돌밭에/ 잔뿌리 내리고 스크럼을 짜고 있다〉는 「유채꽃」 첫 수에서 '잔뿌리 내리고 스크럼을 짜고 있다'는 표현은 그야말로 절창이다. 무더기로 핀 유채꽃을 보며 시인은 데모를 하거나, 데모를 막기 위해 스크럼을 짜고 있는 현실의 모습을 연상한 것이다. 이와 같이 신선한 연상과 발상이 작품성을 높이는데 기여한다.

시인은 「살구꽃에게」에서는 '살구꽃'을 '복음'을 전하는 대상으로 노래하기도 한다. 둘째 수의〈복음이 되어라/ 잎잎으로 날숨 전하는/ 속마음/ 숨겨 두면 귀한 열매 얻나니/ 되감아/ 보름달 같은/ 소망 하나 그대 하나〉에서 시인은 살구꽃이 열매 맺는 현상을 신앙의 귀결(歸結)로 인식한다. 이러한 살구꽃은 자신의 신앙에 대한 '자성'과 '결의'를 다지기 위한 고백으로도 보이는데, 사물을 노래함으로써 신앙의 경지에 이르렀다고 평가받을 만하다.

2.2 김성숙 시인이 사물을 통해 신앙의 경지에 이르게 되기까지에는 수많은 갈등과 고통을 극복한 결과로 보인다. 우리 속담에도 '비 온 뒤에 땅이 굳어진다'는 말이 있듯이 현실적 간난신고(艱難辛苦)는 누구에게나 닥치게 마련이다. 다만 이를 얼마나 슬기롭게 극복하고 새로운 삶을 영위하느냐가 소중한 것이다.

시인에게 있어 고통과 갈등은 시조를 빚는 원천으로 작용한다. 고통과 갈등이 없다면 세상의 아름다운 예술은 대부분 자취를 감추어야 될 것이다. 그렇지만 그 고통과 갈등은 현실적으로 너무나 아프게 다가오며, 극복해 내기 어려운 경우도 있게 마련이다. 그러나 신앙에 의해 거듭나게 되면 모든 시련을 자성과 인내로 극복하게 된다.

생각의 올 풀어서

묶으려는 못된 버릇

후미진 곳 그물 치고
포획을 기다리네

내 안에
널 가둔 죄로
거꾸로 매달린다

쉿소리로 애원하며
시드는 몸부림

아픔이 엉키다가
목숨 또한 비워내면

노을이
물든 산허리
되뇌이다 잦는 소리

—「거미줄」 전문

시인은 현실의 고통 속에서 죽음까지 생각했는지 모른다. 거미줄을 보면서 거미가 되어 보기도 하고, 거미에게 먹히는 사물이 되기도 하다가, 급기야는 '노을' 속에 빠지기도 한다.

첫 수에서 시인은〈생각의 올 풀어서/ 묶으려는 못된 버릇〉을 거미줄에 의탁한다. 그 못된 버릇은 후미진 곳에 그물을 치고 먹이를 포획하려는 거미와 같은 것이다. 그 거미는 시인 자신 속에 가둔 죄로 거꾸로 매달려 있다고 생각한다. 거미가 거꾸로 매달려 있는 것은 자연스런 속성이지만, 시인의 내면에서는 거꾸로 매달린 것을 고통으로 인식한다. 이것은 거미를 그 자체로 보는 것이 아니라, 보편적 인간의 투영으로 보기 때문일 것이다.

둘째 수에서는 거미에 의탁한 시인의 내면이 더욱 절실해진다. 쉿소리로 애원하는 것은 거미에게 포획된 먹이의 것이면서 동시에 시인의 것으로 전이된다. 그러다가 '시드는 몸부림' 역시 죽어 가는 포획물의 것이면서 현실적으로 고통 받는 시인의 입장으로도 보인다. 그 아픔이 목숨까지 비워내면 노을이 물드는 산허리에서 신음마저 잦아지게 된다. 결국 포획물은 생명마저 앗기는 상황에 이른다.

이러한 노래는 시인 자신의 처지를 '거미'와의 관계로 설정한 데에서 비롯하는데, 이것은 현실적 질곡이 생명을 버릴 정도로 급박함을 의미하기도 한다. 〈불빛 아래 흔들리는 소리 없는 아우성/ 잘못 된 눈빛들의 비밀이 숨쉬고/ 시간의/ 포도알들이 입안에서 터졌지〉(「갈증」 첫 수)라는 데에서도 드러난다. 이러한 시각은〈뜨락의 여린 풀잎 다쳐서 신음〉하고 있다는 시각으로 전이되고, 다시〈참을수록 비어 가는 숯덩이 고뇌〉로 변화한다. 이러한 과정을 거쳐 '시간의 포도알'은〈슬픔도 한 접시〉에 이르게 된다. 그리하여〈목마른/ 사랑 하나가 쓰러지고 있었지〉라고 노래하기에 이른다.

이러한 '슬픔'은 시인의 마음에 '얼룩'으로 존재한다. 단형시조 「얼룩」에서 시인은 슬픔을 지우고자 끝없는 되풀이를 보인다.〈하필이면/ 점잖은 곳/ 툭 불거진 성깔이라니// 수없이 닦아보고/ 아프도록 문질러도// 내 속에/ 끈질긴 그대/ 지울 수는 없는 거냐〉에서 시인이 지우고자 하는 것은 '얼룩' 그 자체이면서 시인의 내면에 있는 갈등 요소로 보인다. 이는 '고뇌'이기도 하고, '슬픔'이기도 하고, 또한 절망으로까지 확산될 수 있다.

경제적 궁핍도 갈등의 요소로 자리하는 것같다. 「독촉장」의 셋째 수에서〈고지서 재 발송에 독촉을 할 때에야/ 연체료 수납하며 덜어내는 한숨 소리/ 가난은/ 일기장 속에서 옷자락을 보이네〉라는 시인의 고백에서 확인할 수 있다. 이런 어려움은 「간증」의 대상과 「평행선, 또 하나의 예수」의 대상이 도와주어서 해결하기도 하고, 스스로 노력해서 벗어나기도 한다.

코 잡아 별을 짜려나
연사흘 은빛 생각
대바늘 사슬뜨기
재촉하여 폭설 내리고
마무리 눈동자 위에
처음인 듯 그 설레임

땀땀이 귀 밝히면
안부가 궁금한데
비켜선 맘 달래 놓은
체온으로 따스한 방
가슴 속 놓아두고 간
그리움을 닦는다

—「새벽, 뜨개질하다」 전문

시인이 뜨개질을 하기 위해 '코'를 잡아 짜는 것은 '별'이다. 물론 '별'을 짠 것은 아니고,〈코 잡아 별을 짜려나〉라는 시구에서 시인이 지향하는 대상으로서 '별'이 추출되는 것이다. 시인은 폭설이 내리는 겨울에 오로지 연 사흘 동안 대바늘로 '은빛 생각'을 짠다. 그 생각의 마무리로 '눈동자(대미를 장식하는 (畵龍點睛)으로서의 눈)'를 완성했을 때, 시인은 남모르는 설렘을 경험한다.

이러한 설렘이 바로 시를 창작하는 영감(靈感)인 것이며, 시의 바탕을 이루는 발상적 요소인 것이다. 시인은 이러한 설렘을 맛보기 위해 작품을 창작한다. 이러한 설렘은 뜨개질을 하는 '땀땀'을 통해 발현되며, 비켜선 맘을 달래게 되고, 이런 마음으로 인해 '따스한 방'이 된다. 여기에서 눈여겨볼 부분은〈비켜선 맘 달래 놓은/ 체온으로 따스한 방〉이다. 비켜선 마음은 바로 고통과 갈등과 연계되며, 그 마음을 뜨개질로 달래 놓았다는 것은 이러한 갈등을 해소하였다는 것이고, 이로 인해 '따스한 방'이 되었다는 것이다. 시인은 가장 여성스런 생각과 행동으로 스스로의 갈등을 극복하고, 서정적 대상이 시인의 가슴에 놓고 가서 괴로웠던 '그리움'을 깨끗이 닦아내기에 이른다. 그리하여 시인은 빛을 발하는 '반딧불이'에게 자신을 의탁하기도 한다.

가난한 삶의 모습
가리워지는 밤이면
아카시아 숲 사이 너에게로 가고 싶다
네 마음 심지를 갈아주고
솔향기에 젖고 싶다

옥수수 알 다문다문
굵어 가는 소리에
비취빛 속살 어우르며 잠 깨어 있고 싶다
환희에 떠밀려 가듯이
애틋하게 살고 싶다

—「반딧불의 노래」 전문

〈가난한 삶의 모습이 가리워지는 밤〉을 노래하는 시인의 애잔한 모습이 그려지는 부분이다. 그러한 밤에 시인은 '반딧불이'를 찾아가고자 한다. 옛날에 쓰던 등잔에는 실로 만든 심지가 있었고, 그 심지가 타들어 가면 등잔불은 꺼지게 마련이다. 이런 경험을 통해 시인은 반딧불이의 불빛도 심지가 타들어 가서 꺼지면 어떻게 하나, 애가 타는 심정을 형상화하고 있다. 이것이 바로 시인다운 발상이며, 이런 발상으로 인해 시조의 품격이 높아지기도 한다.

동시에 시인은 옥수수 알이 다문다문 굵어 가는 소리를 듣는다. 현실적으로는 들리지 않지만, 시인의 귀에는 들린다. 알이 여무는 소리를 들으며 비취빛 속살을 어우르는 잠을 깨어 환희를 맛보고자 한다. 이런 지향과 소망은 시인을 가리고 싶은〈가난한 모습〉 속에서도 의연할 수 있고, 또한 비취빛으로 속살을 가꿀 수 있는 것이다.

이러한 소망은「함 오는 날」에서도 드러난다.〈아름다움에 취해서 소리치고 있구나/ 그 목소리 바람 분분 빈 항아리 채우고/ 함잡이/ 훑고 가는 길 뒤따르는 웃음소리〉에서 새로운 출발의 아름다운 서정을 그린다. 동시에 둘째 수에서 보이고 있는 문학적 수사(修辭)는 김성숙의 작품에서 백미(白眉)로 자리한다.〈한적한 숲 갇혀 있던 사랑을 지고 와서/ 함 열고 꺼내 보는 그대 안의 잔별 무더기/ 첫사랑/ 매듭 풀리며 둥지 트는 새 봄빛〉에 이르면 우리의 시조가 이렇게 아름답고 멋질 수 있는가, 다시 생각하게 한다.

2.3 김성숙 시인은 삶을 통해 형성된 다양한 대상을 시조로 빚는다. 그 중에서 가족에 대한 노래, 기행 중에 얻은 정취 등이 눈에 뜨인다.

그에게 문학의 발원지가 되어 준 '아버지'에 대한 작품도 여러 편이다. 「아버지의 황혼 · 1」 첫 수에서는〈멍에의 가난 세월 문패 달기 소원하던/ 그늘진 마당에도 봄은 와 있었지만/ 어머니 떠나신 길로 뒤따르던 호곡소리〉를 애절하게 노래하기도 한다. 동시에 「아버지의 황혼 · 2」 첫 수에서는〈격조 있는 학〉으로 찬양하기도 하며 '청빈'을 자랑하기도 한다. 「아버지의 황혼 · 3」 첫 수에서는〈병상의 유언처럼/ 목이 메는 한 마디〉를 떠올리며, 병상에 계신 아버지를 염려하는 딸의 입장이 되기도 한다. 또한 어머니에 대한 작품은 부모와 자식 간의 정리와 함께 서정의 아름다움을 동반한다.

손자국 다복다복
돌아와 씻기면서
새것처럼 한 생을
살다 갈 수 있을까

그대가 간직하고 있는
비밀 하나 있으려니

구정물에 덧난 상처
고단한 어깨에 얹고
욕심 없이 살겠노라
제 몸 말갛게 헹구면서

세상 일 잠에 묻으신
함지박 속 어머니

—「수세미」 전문

이 작품은 '수세미'에 대한 노래로 한정할 수도 있으나, 그 희생과 봉사의 속성이 바로 '어머니'의 이미지와 합치된다. 제재로서의 '수세미'는 어머니의 이미지와 일치하기 때문에 때로는 그 속성이 시인의 지향(指向)으로 자리잡기도 한다.

〈손자국 다복다복/ 돌아와 씻기면서〉라는 구절을 통해, 유년기에 시인을 씻어주시던 어머니의 사랑을 확인하게 된다. 어머니의 희생적 사랑을 되살리면서 자신도 깨끗이 씻어 내어〈새 것처럼 한 생을/ 살다 갈 수 있을까〉라고 자문(自問)하기에 이른다. 이것은 문장의 형식상 자문의 성격에 속하지만, 사실은 스스로에 대한 다짐의 성격으로 보인다.〈구정물에 /덧난 상처〉도 어머니의 추억과 수세미의 속성이 오버랩되어 찾아진 시행(詩行)으로 보인다. 그래서 그 상처를 고단한 어깨에 얹고서도〈욕심 없이 살겠노라〉고 다짐할 수 있는 것이다.

제재인 '수세미'와 원관념으로서의 '어머니'가 이와 같이 동질적인 이미지를 형성하여 새로운 멋을 창조하는데, 이것이 김성숙 시인의 문학적 자질이 뛰어남을 입증하는 자료가 된다. 이와 같은 비유와 상징에 의해 빚은 노래가 마지막에 이르러 화룡점정(畵龍點睛)의 경지를 보인다. 〈세상 일 잠에 묻으신/ 함지박 속 어머니〉에서 확인된다. 수세미가 세상의 구정물에서도 제 몸 말갛게 헹구면서 욕심 없는 모습을 보이는 것처럼, 희생적 사랑을 일생 베푸시고, 이제 세상 모든 일을 잠에 묻으신 채 말이 없는 어머니를 떠올린다. 그 어머니는 오래 전에 작고하셨기 때문에, 시인에게 있어서는 '잠에 묻으신 어머니'로 인식되며, 이 어머니는 한정 없는 그리움의 대상이다.

시인은 '수세미'를 통하여 희생적 사랑을 실천하고 작고하신 어머니에 대한 그리움을 작품으로 빚은 것이다. 이와 같이 그에게 있어 '어머니'는 그리움의 대상이며, 만날 수 없는 안타까움의 대상이다.

작품 「어머니」에서도 돌아가신 어머니에 대한 시인의 애절함이 드러난다. 둘째 수에서 〈요령잡이 방울소리에/ 멀어져 간 베 옷고름/ 수의를 짓던 눈빛/ 추녀 끝에 매달리고/ 지천에/ 외마디 신음/ 저승꽃 핀 어머니 손〉은 시인을 안타깝게 하는 요소로 작용한다. 그리하여 작고하신 어머니는 〈여전히/ 무쇠솥에서/ 뜸 들고 있는 말씀〉으로나 만날 수 있게 된다. 이런 아픔이 작품을 빚는 원천이라면, 아름답고 절절한 문학 작품은 슬픔의 모태로 하는 아이러니(irony)이기도 하다.

또한 「모기」에서는 '딸'과 관련된 작품을 빚기도 하고, 〈깨금발 땅따먹기/ 무궁화꽃이 피었습니다〉라고 「소꿉친구」에 대한 노래를 하기도 한다. 더불어 보름날에 행하던 「윷놀이」에서 〈홍타령 불러 일으켜 묵은 해를 던진다〉는 멋드러진 시구를 얻어내기도 한다. 한편 그는 '금강'을 통해 일관되게 견지하고 있는 서정의 원천을 확인하기도 한다.

햇빛에 제 몸 살라 눈빛을 반짝이고
그 역사 아픔 지우듯 초연하게 흐르는 강
달빛에 은은히 젖는 빛 바랜 청사 한 장

오진 사랑 마음 줄기 억새로 피었는지
잊지 못할 얼굴들 민물에서 뛰놀고
차가운 이슬 맞으며 온 밤내 학이 된다

굽이치고 에돌아 흘러도 꼿꼿한 마음자리
사모하는 맘 더할수록 곱디고운 잔정으로
덧입힌 은혜로우심 영 못 잊을 어미여

—「금강」 전문

이 작품은 김성숙 시인의 대표작으로 평가해도 좋을 만큼 그가 견지하고 있는 여러 측면의 문학적 요소를 보인다. 주제와 제재, 그리고 표현에 있어서도 나무랄 데 없는 수작(秀作)이다.

이러한 형상화로 인해 그가 견지하고 있는 현실적 어려움, 그리고 내면적 슬픔은 극복될 수 있는 것이다. 「별곡 · 3」에서 시인은〈수런대던 바람결/ 햇살마저 흩어놓고// 감꽃 진 자리마다/ 울어대는 민달팽이// 낙수의 처마 끝에서/ 넝마처럼 가버린 봄〉을 노래하고 있는데, 이러한 절망 속에서도〈초연하게 흐르는 강〉〈오진 사랑〉〈꼿꼿한 마음자리〉 등을 통해 의연하게 극복하는 것이다.

3. 남은 부분 다시 살피기

김성숙 시인은 시와 시조를 창작한다. 시로 먼저 등단하였지만, 겨레의 얼을 지키고 있는 시조를 접하면서, 자유시를 시조로 개작할 만큼 겨레시에 경도(傾倒)되어 있다. 시조의 멋은 정형성에 의한 정제미 · 균제미일 터이다. 그러나 이런 정형시의 미적 구조는 문학 작품에 있어 장점으로 기능하기도 하지만, 때로는 형식의 제약으로 인해 단점으로도 작용하게 마련이다. 그래서 현대 시조 시인들은 몇몇 방법을 통해 형식의 단순성을 극복하고자 한다.

첫번째 대표적인 양식은 현대시조에서 보편화된 연시조(聯詩調)라 하겠다. 고전에서도 몇몇 작품에서 드러나지만 현대시조에서는 일반화된 시조 형식으로 자리잡고 있다. 가람 이병기 선생이 주장하여 많은 시조 시인들이 연시조를 다용한 것으로 알려져 있다. 박재삼 시인은 이병기 선생의 주장으로 연시조를 창작하게 되었다고 밝히고, 또한 1950년대 신문과 잡지를 통해 연시조 형식을 널리 펼치는데 공헌한 바 있다. 박재삼 시인은 1980년대에 들어서도 중앙시조 백일장의 심사를 통해서 연시조 형식을 주장한 바 있어 연시조 발전의 공헌자로 지목된다. 연시조는 단시조에 담을 수 없는 다양한 제재나 커다란 주제를 포괄할 수 있어, 현대 시조의 중심을 이루고 있다.

김성숙 시조에서도 이런 경향이 우세하게 드러난다. 그의 시조집 『소망 하나 그대 하나』에 수록된 70편 중에서 단시조는 6편으로 9%에 해당하고, 연시조는 2연시조 28편, 3연시조 29편, 4연 이상 시조

7편 등 64편으로 91%에 해당한다. 물론 4연 이상의 작품에는 단형 시조 4편이 하나의 제목으로 드러난 것도 있지만, 제목에 한정한 경향적 특성은 대부분 연시조를 빚고 있음이 확인된다.

두 번째 형식의 변화는 장별 배행에서 구별 배행으로, 다시 구별 배행을 벗어나 음보율에 따라 자유롭게 행을 배치하는 것이다. 고전 시조에서는 3장 6구 장별 배행이 중심이었으나, 현대시조에서는 이러한 정형성이 깨지고, 구별 배행으로 자리잡고, 다시 이는 음보율에 의한 파격으로 형식의 다양성을 획득하고 있다. 이것은 정형성의 한계를 극복하여 자유로운 문학 정신을 겨레시에 담아 그 특성을 지키겠다는 시조시인들의 단심(丹心)으로 이해된다. 자유시를 써도 훌륭한 작품을 빚을 수 있겠지만, 수백 년 동안 지켜온 겨레시의 정수를 지키겠다는 겨레 사랑, 문학 사랑의 본보기로 이해된다. 혹자는 그런 파격을 주장하려면 자유시를 창작하면 될 것인데, 왜 정형시인 시조를 선택하여, 그 정형성을 파괴하면서까지 시조를 창작하느냐고 지적하기도 한다. 그러나 우리 민족시의 주체성을 지키면서, 선인들의 시 정신을 계승하고자 하는 시조 시인들의 숭고한 뜻을 가볍게 평가해서는 안 된다. 더욱 정형시의 제약된 틀을 부분적으로 변형시켜 겨레시의 발전을 기하고 있는 시조시인들의 높은 민족애를 간단하게 폄하해서도 안 되리라 본다.

김성숙 시인도 이러한 경향에 의해 시조를 빚는다. 그의 시조집에 있는 작품을 분석한 결과, 장별 배행을 선택한 시조는 70편 중에서 19편으로 27%이고, 장별 배행을 벗어난 시조는 51편으로 73%에 해당한다. 이들 51편은 또한 일반적 구별 배행에 안주하지 않고, 독특한 형식을 취한다. 예를 들면 ① 장별 배행에 1장만 행을 바꾼 작품, ② 구별 배행에 종장만 행을 바꾼 작품, ③ 구별 배행에 1장만 장별 배행을 한 작품, ④ 구별 배행 형식인데, 2장 이상이 파격을 이룬 작품, ⑤ 초장과 중장은 구별 배행이면서 종장을 별도로 분리한 작품, ⑥ 현대 자유시와 같으면서 시조의 율격을 지킨 작품 등이다. 이렇게 보면 파격을 이룬 이들 6형식에 구별 배행, 장별 배행을 합하면 8가지 형식이 될 수 있다. 김성숙 시인은 단형의 정형시인 시조를 이와 같이 다양한 실험을 통하여 민족시의 멋과 향을 지키려는 시인이다.

세 번째는 음수율에서 음보율로의 변화가 시조를 새롭게 한다. 3장 6구에 45자 내외의 제한성, 그리고 초장과 중장의 3~4음절로 한정되었던 음수율, 종장의 첫 구는 3음절, 그리고 종장의 둘째 구는 5~8 음절이라는 정형성에 집착했던 고전시조의 특성이 완화되면서 음보율에 의해 정형성은 보편화되었다. 그래서 초장과 중장은 각각 4음보씩으로 설정하고 1음보는 3음절, 4음절이 중심을 이루되 2음절이나 5음절 이상도 허용하기에 이르러 자유시와 흡사하게까지 변화되었다. 그러면서도 종장의 첫 구를 3음절로 하는 것은 시조의 변함없는 특성으로 자리잡게 되었으며, 둘째 구는 5음절을 넘으면 대부분 인정하기에 이르렀다. 그리하여 종장의 첫 구와 둘째 구의 형식적 특성으로 시와 시조를 구분하기에 이른 것도 사실이다.

김성숙 시인도 이러한 형식의 제약을 약간씩 벗어나 자유로움을 선택한다. 음수율보다는 음보율에 의해 시조를 창작하며, 때로는 음보율을 벗어난 작품도 있지만, 종장의 첫 구와 둘째 구의 특성만은 그의 시조 70편 모두가 지키고 있다. 이것은 시조의 정형성을 약간씩 벗어나면서도 겨레시의 대표적 특성만은 지켜야 한다는 선택으로 보인다. 이렇듯이 겨레시의 특성을 지키고 육성하면서 내용과 형식의 단조로움을 탈피하는 것이 현대 시조 시인들에게 주어진 책무이며 사명으로 보이는데, 김성숙도 이에 호응하고 있다.

본론에서는 김성숙 시조 시인의 작품 세계를 내용에 따라 분석하고 정리해 보았다. 그리고 결론에 이르러 그가 견지하고 있는 형식상의 특징도 간략하게 확인하였다. 이런 작업을 통해, 그가 우리 겨레시로서의 시조를 지키는 소중한 시인이라는 점, 그리고 시조의 품격을 한 단계 높일 수 있는 수준 높은 작품을 빚는다는 점, 그래서 앞으로 더욱 빛나는 시업(詩業)을 이룰 시인이라는 점, 이런 기대와 믿음을 갖게 되었다.

이런 확인 과정을 갖게 된 것을 기쁘고 보람차게 여기면서, 그의 창작 능력이 일취월장하기를 기원하며 맺는다.

— 2003 시조집 『소망 하나 그대 하나』 해설

— 2011 『대전문학연구총서』 3호에 재수록

◇ 배정태 시조집『낙엽은 또 다른 약속』 평설

깨달음과 원형이정(元亨利貞)의 미학

1.

배정태 시인은 참으로 신실하다. 만난 지 10년이 지났지만, 처음 만나던 때의 모습으로 다가선다. 겉모습이야 서로 조금씩 변하였을 터이지만, 인연을 소중하게 간직하는 것이 그러하다. 그 인연으로 배 시인의 자녀 결혼식 주례를 맡아 행복을 빌기도 하였고, 2003년에는 두 번째 시집『비단강 쏘가리』의 해설을 맡아 삶의 진정성을 확인하기도 하였다.

시인의 고향은 충청북도 영동이다. 그 곳은 산자수명(山紫水明)하여 현대의 물질문명으로부터 어느 정도 보호받은 곳이어서, 아직도 그 곳에서는 '쏘가리' 등 1급수 어종이 서식하고 있다고 한다. 이와 같이 순수한 자연을 본향으로 두어서인지, 그 역시 순수한 시심을 작품에 투영한다. 특히 자연에 대한 관조를 통하여 깨달음에 이르고, 그 과정에서 비롯된 내면의 울림을 작품으로 빚어낸다.

오백년 전설들이
한꺼번에 쏟아진 뜰

붉은 살점 흩어놓고
속죄하는 숲속 군무(群舞)

풍경은
독경에 빠진선승
해탈의 길 가자는가!

오간 세월 군살 박혀
얼룩진 산길마다

동백아씨 떠난 후로
미로 찾아 헤매다가

상사화(相思花)
불붙는 여름날
도솔암도 태우겠다.

—「선운사」 전문

시인은 전북 고창에 소재한 선운사를 찾는다. 선운사의 후면 산록에는 동백나무숲이 우거져 있다. 그곳을 찾았을 때가 초봄이었을까, 동백꽃 붉은 잎이 떨어진 채 흩어져 있다. 해마다 꽃이 피고 지는 것을 통하여 시인은 세월을 인식하게 되고, 고찰(古刹) 선운사의 이미지를 결합하여〈오백 년 전설들이/ 한꺼번에 쏟아진 뜰〉을 형상화한다. 여기에서 중요한 것은 그 다음의 과정이다. 즉 꽃이 피고 지는 현상에서 '해탈'의 의미를 찾아내는데, 그 매개체가 '풍경'이다. 고찰의 풍경소리는 산과 들로 퍼져 나가기도 하고 스며들기도 한다. 그 소리를 따라 시인이 산을 오른다.

그 길은 많은 사람들이 걸었기 때문일까,〈오간 세월 군살 박혀/ 얼룩진 산길〉로 구체화된다. 즉 많은 사람들이 다닌 그 길로 선승(禪僧)마저 떠나서, 시인은 마음 둘 곳을 찾아 미로를 헤맨다. 정체성을 찾기 위해 선운사에 들어선 시인은 새로운 연상(聯想)에 젖는다. 여름날이면 경내를 붉게 물들이던 상사화(相思花)가 되고 싶다는 갈망이다. '도솔암'을 태울 정도로 수많은 상사화를 붉게 피우겠다는 것은 바로 구도의 자세이자, 해탈에 대한 갈망의 다른 표현이다.

2.

배정태 시인은 생활에 충실하다. 철도 공무원으로 봉직할 때에는 장기간에 걸쳐 무사고 기록을 세우기도 하였는데, 이는 일에 대한 성실함의 표본이라 하겠다. 정년퇴임을 한 후로 그는 건강을 유지하기 위해 스포츠댄스를 배우면서 여러 경연대회에도 참여할 정도로 열성을 보인다. 그리고 어려운 이웃을 위해 봉사를 하면서 보람 있는 노후를 보낸다.

그는 철도 공무원으로 재직할 때에 몇몇 작품을 발표하여 문학 창작의 꿈을 가꾼다. 그 후에 『공우』신인상,『가람문학』 신인상, 제13회 한밭시조백일장 입상 등을 거쳐 시집 『금강에 살으리랏다』를 발간하여 문단의 주목을 받는다. 더욱 창작에 정진하여 2003년에는 문학전문지 계간 『문학사랑』의 신인작품상을 받아 등단하고, 그 해에 시집 『비단강 쏘가리』를 발간하여 시인으로서의 위치를 확고히 한다. 2011년에는 고희(古稀)를 기념하여 10여 년 창작한 시조를 모아, 첫 시조집 『낙엽은 또 다른 약속』을 발간한다.

이 시집에 수록되어 있는 몇몇 작품에서 그는 자신이 살고 있는 '대전'을 노래하였다. 대전의 도심을 가로지르는 시내를 노래한 「대전천」은 간결하고 깔끔하다. 이 작품에서 그는 대전에 대한 무한한 사랑과 아름다운 소망을 담아낸다.

가슴을
짓누르던
무거운 그늘들을
하나 둘
걷어내면
푸른 본심 찾으려나.
실버들
버들붕어가
다시 오를 대전천.

한나절
해오라기
무슨 기도 저리 많아
죽지마저
합장한 채

무념 속에 잠겼을까
물줄기
따라 오르는
은빛 소식을 듣는가.

— 「대전천」 전분

오래 전의 '대전천'은 멱을 감거나 빨래를 할 정도로 깨끗하였을 것이다. 그러다가, 산업화 및 도시화로 인해 인구가 늘어나면서, 맑고 깨끗하던 시내는 오염되어 갔다. 하천과 강의 오염에 절망하였을 터이지만, 어려움이 있으면 극복하는 방법을 찾게 마련이다. 하천의 오염도 마찬가지로 오염을 극복하는 힘든 과정을 거쳐야 했다. 여러 정화 시설을 통하여 재생의 노력을 다한 결과, 현재는 어느 정도 쾌적한 수준에 올랐다고 하겠다. 이 작품은 그 바탕에서 쓰였다.

하천의 오염으로 인해 〈가슴을/ 짓누르던/ 무거운 그늘들〉을 하나 둘씩 거두어냈다. 그래서 그 시냇가에 실버들이 푸르게 자라고, 깨끗한 물에서나 사는 '버들붕어'가 찾아와 헤엄치며 놀기를 소망한다. 특히 배정태 시인은 '실버들'과 '버들붕어'의 음성상징을 통하여 자연회복이라는 일체감을 부여한다. 이처럼 깨끗해진 물을 찾아온 '해오라기'를 보고 〈무슨 기도〉가 저리 많을까, 〈합장한 채 무념〉 속에 잠겼을까, 자신의 내면을 투영한다.

3.

배정태 시인은 내면적 바탕이 선하다. 우리 민족 기성세대 대부분이 그러하였듯이, 그 역시 태어나고 성장할 때에 불교적 환경에 영향을 받았을 터였다. 그러나 결혼과 함께 가톨릭에 귀의하게 되지만, 그의 내면에 각인된 불교적 색채는 은연중에 작품으로 나타난다.

좀 강렬한 이미지를 형성하고 있는 4월의 학생 혁명, 6월의 민족전쟁 등도 서정과 함께 자비(慈悲)로 귀납한다. 이것은 그의 내면이 원형이정(元亨利貞)과 닿아 있다는 것을 의미한다. 원형이정은 주역의 건괘에 있는 네 가지 덕(德)을 말한다. 원(元)은 봄이면서 인(仁), 형(亨)은 여름이면서 예(禮), 이(利)는 가을이면서 의(義), 정(貞)은 겨울이면서 지(智)를 뜻한다. 이러한 사덕(四德)과 함께 불교에서 내면화한 자비(慈悲)가 융합하여 사람이 살아가야 할 지향(指向)을 이룬다.

바위틈 몸 비트는
뿌리들의 아픔처럼
사월은 꽃의 신호탄
무리지어 오른다,
역사와
생명의 갈림길 혼불을 피워낸 달

—「사월이 오면」 둘째 수

심장의 끓는 피가 온 산천 물들이던
유월의 성난 함성 땅 심에 묻어둔 채
메아리 갈 길을 잃고 먼 하늘만 맴돈다.

—「유월의 긴 잠」 둘째 수

계절이 빙긋 웃고
더운 숨결 다가서면
해찰을 마다하고
뚝심 지킨 줄기 위로
모세관 뜨거운 날에
자비 한 송이 영글다

—「무화과 가슴에 피다」 셋째 수

「사월이 오면」은 4.19 학생 의거를 촉발한 사건에서 비롯된다. 경남 마산 바닷가에 떠오른 학생의 주검이 알려지면서 전국에서 독재 타도를 외치게 되고, 그로 말미암아 이승만 대통령이 물러나 명예로운 혁명이 완수된다. 그때의 함성은 오십여 년이 흐른 지금도 불꽃처럼 타오른다는 관점이다. 그 당시에 갈망하던 아우성은〈앉은뱅이도 세울 듯이/ 목마른/ 절규의 가지에 붉게 타는 송이들〉로 비유된다.

「유월의 긴 잠」은 6.25 민족 전쟁의 상흔이 60여 년이란 세월이 흐른 지금도 아픔으로 남아 있다는 전제에서 출발한다. 이 산하를 지키려다 산화한〈영령의 붉은 넋들〉이 들장미로 버려졌다는 것이다. 해마다 6월이면 들장미로 피어나는 영령, 갈 길을 잃고 먼 하늘만 맴도는 유월의 성난 함성, 긴 세월 목메인 혈육의 정, 이와 같은 안타까움을 되새긴다.

「무화과 가슴에 피다」에서 노래하는 무화과는〈심장에 멍든 약속/ 투정 한번 못 하여도/ 평생토록 못 잊어서/ 천륜인 양〉 찾아드는 꽃이다. 과육 속에서 꽃이 피기 때문에 눈으로는 볼 수 없는 꽃이어서 더욱 그리운 것이 무화과라 하겠다. 그래서 시인은〈가슴속 절규로 피는 꽃〉이라 노래한다. 이 무화과를 바라보던 시인은〈모세관 뜨거운 날〉에〈자비 한 송이〉를 마음에 담는다.

이렇듯이 배정태 시인은 여러 사물들을 노래하되, 그 자체에 머물지 않고, 그 사물을 관조한 후에 그만의 선한 이미지를 생성한다.

4.

배정태 시인은 감각적 언어로 사색하게 하는 작품을 창작한다. 예컨대 봄의 서정을 감각적으로 노래하면서 해탈의 의미를 결합하고, 시조의 정형화된 패턴에 변화를 주어 새로운 감동을 생성한 작품이 「봄별 한 줌」이다. 이 작품은 시조의 본질에 대한 생각을 다시 하게 한다. 의미를 강조하면, 철학이나 교훈을 담아낼 수는 있지만 서정적 아름다움을 잃기 쉽다. 순수한 서정을 감각적으로 노래하면, 그 안에서 의미를 찾아내기가 쉽지 않다.

따라서 감각적인 언어를 통하여 아름다운 서정을 노래하되 그 안에 깨달음이나 삶의 가치, 자신의 지향 등을 담고 있다면 금상첨화(錦上添花)를 이룬다.

새벽별 지기 전에
얼비치던 네 모습이
슬며시
부여잡는 봄의 온기 끌어안고
산다화 정수리마다 터를 잡는 봄 아씨

땅 내음 그리워서
달려오는 파도 속엔
이 아침
유난히도 금빛모래 세는 햇살
다소곳 주저앉은 채 조약돌을 줍고 있다

산사 속 겨울무게
노스님의 독경 따라
얼부푼 삶
달래려고 바람결에 몸 맡기면
깊은 정 한 자락 깔고 가지 끝에 머문다.

—「봄볕 한 줌」 전문

배정태 시인은 봄을 사랑하는 시인이다. 그가 지은 많은 작품이 봄을 소재로 하고 있거나 봄과 연결되어 있다. 봄의 생명감 넘치는 이미지가 시의 중심을 이루는데, 이 작품도 그러하다.

시인은 밤잠을 설치고 새벽별이 지기 전까지 누군가를 그리워한 것 같다. 그것은 봄의 전령이랄까, 봄의 따스한 손길이랄까, 어떻든 동백꽃(산다화) 정수리마다 꽃봉오리를 만드는 주체라 하겠다. 이 봄은 땅을 향하여 달려오는 파도의 이미지와도 닿아 있다. 바닷가에 펼쳐진 금빛 모래를 환하게 비추는 햇살과도 닿아 있다. 아침놀에 더욱 아름다운 금빛 모래와 함께 파도에 젖어 반짝이는 조약돌을 찾아낸다.

그러나 그의 시심은 이에 머물지 않고 깨달음의 경지를 새롭게 찾아낸다. 바닷가에 위치한 산사, 그 산사를 누르고 있던 겨울의 무게가 노스님의 독경소리에 녹아내린다. 그 독경소리를 들으며 자신의 내면에 얼부풀어 있던 서정적 실체도 봄과 동화된다. 그〈깊은 정 한 자락〉이 동백나무 가지 끝에 동백꽃으로 머무는 것으로 시상을 정리한다.

5.

배정태 시인은 자신을 희생하면서 보람을 찾는다. 그는 인터넷 문학활동에서 '나룻배'를 닉네임으로 사용한다. '나룻배'는 한용운 선사의 작품 「나룻배와 행인」에서 보는 것처럼, 희생과 봉사의 매체로 기능한다. 이러한 기능을 스스로 담당하겠다는 의지를 작품에 담는다.

햇살이 자글자글
씨앗 속에 파고들면
나루엔
무거운 짐들 나만을 기다리지.
흐름을
거스르지 말고 마주보며 가리라.

—「나룻배」 셋째 수

이 작품은 초봄에서 가을까지 나룻배의 주기(週期)를 그려내고 있다.〈초봄은 얼부푼 볼기/ 두둘겨 깨워놓고〉 출범 준비를 하는 것으로 시작한다. '얼부푼 볼기'라는 것은 얼음에 묶여 있는 배의 고물일 것이고, 그 고물을 가두어 놓은 얼음을 깨어야 비로소 나룻배가 출향을 하게 된다. 그리하여〈당신의 심장에다/ 굵은 말뚝 하나 꽂아/ 가슴속/ 밧줄을 풀면 강 얼음이 녹〉으리라 기대한다.

여기에서 중요한 것은 심장에 말뚝을 꽂아, 가슴의 밧줄을 풀면 강의 얼음이 녹는다는 관점이다. 즉 추운 겨울에 강이 얼어서 배가 움직이지 못하는 현상적 사실보다, '일체유심조(一切唯心造)'에 이르는 내면적 반향을 강조하는 형상화이다. 여름에는〈녹음의 손사래〉를 찾아내어 새롭게 펼쳐지는 '감각의 경이로움'을 생성한다. 가을에는〈산길 따라/ 흘러온 사연 서릿발〉에 빠지는 구체적 묘사를 통하여 서정의 격을 높인다. 그렇지만, 이 작품에서 주목해야 할 형상화는〈흐름을 거스르지 말고 마주보며 가리라.〉고 실토하는 '다짐'에 있다. 자연에서, 자연과 더불어, 자연스럽게 살아가려는 의지의 발현이기 때문이다.

이와 같은 형상화는 그의 여러 작품에서 산견(散見)된다. 그 작품들을 직접 감상하면서 배정태 시인의 시심에 젖어 보기를 권면한다. 그리하여 고희를 맞은 삶의 철학도 찾아보고, 첫 번째 시조집에 새겨진 순수 서정의 여울에 발을 담가 보기를 소망한다. 우리 겨레의 시심을 6백여 년간 지켜온 시조의 현대적 의미, 그리고 현대 문학사에 온고지신(溫故知新)을 실현하는 시조의 가치를 되새기며 훌륭한 작품 창작을 기대한다.

— 2011 시조집『낙엽은 또 다른 약속』해설
— 2011『대전문학연구총서』3호에 재수록

◇ 상동규 시조집『수직으로 일어서면 수평으로 눕는 바다』평설

담결(淡潔)한 사랑과 온고지신(溫故知新)

1. 상동규 시인을 찾아서

1967년 경기도 평택에서 태어난 상동규 시인은 청주사범대학 국어교육과를 다니면서 충청도와 인연을 맺는다. 대학을 졸업한 후, 대전에 있는 경덕중학교 국어교사로 부임하면서 대전 사람이 되었고, 대전문단에서 좋은 작품을 발표하고 있는 시인이다.

시인들은 무한한 상상력으로 자신의 실상이나 생활, 그리고 내면과 다른 작품을 빚기도 한다. 김소월 시인이 어린 남자아이의 시선으로〈엄마야 누나야 강변 살자〉고 노래한 것 등이 그러하다. 그러나 상동규 시인은 생활과 서정이 일치하는 작품 창작을 지향한다. 작품을 읽어보면 그의 내면적 진면목을 확인할 수 있을 정도로 진실을 추구한다. 아마도 오랜 기간 교단을 지켜온 교육자의 모범적인 자세가 작품에 투영되어 나타나기 때문일 것이다.

그는 국어교사이기 때문에, 학생들에게 언어와 함께 문학 창작을 지도하게 되고, 지도하는 것을 뛰어넘어 자신도 작품 창작의 길에

나선다. 여러 작품을 빚은 그는 등단의 문을 두드리게 되고, 1998년 ≪문예사조≫ 신인상에 시가 당선되어 시인으로 등단한다. 이후 작품 창작에 매진하여 2001년에 시집 『대관령 감자꽃』을 발간하고, ‘실존적 자아탐구’라는 평설에서 조석구 시인으로부터 탁월한 형상화라고 평가받은 바 있다.

시집 발간 이후에는 작품 창작보다 그의 선조 중, 탁월한 분으로 일컬어지는 조선 시대의 명재상 ‘상진’에 대한 연구와 저서 발간에 힘을 쓴다. 이로 인하여 문학 창작에는 잠시 휴지기를 갖는다. 그가 집중적으로 연구한 대상은 ‘성안공(成安公) 상진(尙震)’이다.(상진) 선생은 충직하고 순박하고 인정이 두터운 분으로 도량이 커서 15년간 정승으로서의 업적이 방촌(尨村) 황희(黃喜), 경암(敬庵) 허조(許稠) 정승과 함께 조선의 3대 명정승〉으로 손꼽히는 분이다. 서울에는 상진 정승의 이름으로 ‘상정승길’을 만들 정도로 존경받는 분이다. 이 분은 상동규 시인의 직계 선조이며, 이 분에 대한 연구에 몰두하여 2004년에 600쪽이 넘는 방대한 저서 『상진의 생애와 사상』을 발간하기에 이른다.

이 책의 제2장에는 ‘상진의 시문(詩文)’ 편이 있는데, 주로 한시(漢詩)로 되어 있다. 이 작품들을 연구하면서 상동규 시인은 자신도 모르는 사이에 정형시의 매력에 빠진 듯하다. 그래서 가장 오랜 동안 전통을 지켜온 ‘겨레시’로서의 시조(時調) 창작에 대한 관심을 갖게 되고, 급기야 시조집 『수직으로 일어서면 수평으로 눕는 바다』를 발간하기에 이른다.

이 시조집에는 ≪문학사랑≫≪대전문학≫≪현대동시조≫ 등에 발표된 작품들로 구성되었으며, 미발표 작품 사이에, 첫 시집 『대관령 감자꽃』에 수록된 몇 작품도 재수록하거나 일부 수정하여 싣고 있다. 이는 시집을 발간하던 등단 초기에도 시조 창작에 대한 깊은 이해를 하고 있었다는 점, 그리고 수준 높은 시조를 창작하고 있었다는 점에서, 시조집 『수직으로 일어서면 수평으로 눕는 바다』 발간은 필연적 소산이라 하겠다.

고려 말부터 오랜 기간 한국 전통 서정을 면면하게 이어온 시조를 계승하여 새롭게 발전시키겠다는 다부진 자세를 확인하며, 그의 시조 세계를 간략하게 정리하고자 한다.

2. 동심의 순수를 찾아서

상동규 시인은 '내면의 순수'를 작품에 담아내는 시인으로 정평이 나 있다. 그는 때로 어린이의 눈높이로 세상을 바라보며 맑은 서정을 가꾼다. 일부 작품은 첫 시집에 수록되었던 것을 두 번째 발간하는 시조집에 재수록을 하였다. 이는 단순한 선택이기도 하겠지만, 확산적 의미를 갖는다. 자유시로 등단하고 발간하는 시집에 시조 작품을 여러 편 수록한 것은 이미 시조에 대한 남다른 관심이 있었다는 것이고, 그 작품들을 새로 발간하는 시조집에 넣은 것은 초기 작품에 대한 특별한 애정의 결과라 하겠다.

「소금쟁이」에서 시인은〈물속이 무서워/ 발 담그지 못하고/ 살금살금〉 물 위를 미끄러지듯이 걸어다니는 곤충의 외양을 멋지게 묘사하고 있다. 물에〈빠뜨린 운동화 한 켤레〉는 소금쟁이와 무관한 사물이겠지만, 그 운동화를 걱정하며〈동무들/ 우 몰려와서/ 동동동

발 굴러요〉라고 노래함으로써, 시인의 무한한 상상력을 보여준다.

어디로 갔을까? 어디로 갔을까?
밤늦게 아기 손에 돌아와 잠든 반쪽
꿈자리
동화나라에
오늘은 반달이 뜰까.

— 「반달 1」 일부

우리 집은 4층인데 달님은 몇 층에서 살까?
우리 동네 제일 높은 12층 아파트보다
더 높게
살 것이라고
아기가 숫자를 센다.

— 「반달 2」 일부

「반달 1」의 앞부분에서 시인은〈초저녁 잠자리가 물고 간 하늘에는/ 아기의 포충망에 걸려든 달이 서러워/ 밤새껏/ 반쪽을 찾아/ 그리움을 달랜다.〉고 노래한다. 시인은 아기의 순수한 마음이 되어 그 반쪽이〈어디로 갔을까?〉 찾아 나선다. 나머지 반쪽을 찾던 아기가 잠이 들면, 꿈속에서도 쉬지 않고 그 반쪽을 찾아 헤맨다는 상상력이 빛은 작품이다.

「반달 2」에서 숫자를 세는 아기는 자신의 체험을 통한 인식의 범주를 보여준다. 아기가 인식할 수 있는 높이는 아파트 정도일 것이고, 달님이 사는 곳 역시 이를 바탕으로 좀 더 높은 곳에 있는 사물로 상상한다. 이러한 상상에 의하여, 보름달이 아니고 줄어든 달에서 살고 있는 토끼의 생활이 궁금하게 된다. 둥근 달에서 살고 있던 토끼가 반달에서는 어떻게 살고 있는가를 걱정하는 동심이 이 작품의 바탕이다. 그렇지만 얼마 지나지 않아 반달은 보름달이 되어 아기의 걱정을 씻어준다는 상상이 작품의 핵심이다.

치마폭
산 그림자
소낙비로
젖은 오후

뽀드득
세수하고
갈잎에
올라 앉아

푸르게
목청 다듬어
엄마 찾는
청개구리

—「청개구리」 전문

시조의 전통적인 형태는 대부분 '장별 배행'이었다. 초장, 중장, 종장이 음수율이나 음보율에 맞추어 3행으로 배치하는 것이다. 그러나 윤선도 이율곡 등의 일부 작품들은 연시조 형식을 갖추기도 하였고, 또한 음수율에 의한 장형 시가인 '가사(歌辭)'에서도 끝 부분이 시조의 종장과 같은 결구를 지니기도 하였다. 그렇지만 전통적인 구조는 단시조 형태이며, 장별 배행을 중심으로 하였다.

이와 같은 구조는 현대에 이르러 크게 두 가지 변화를 보인다. 첫째는 장별 배행에서 '구별 배행'으로 전환한 작품들이 많아졌다는 점이다. 6구 6행으로 배행하던 작품에서, 다시 종장의 첫 구를 나누어 6구 7행으로 배행하는 것이 유행을 하였다. 이런 창작적 관습에서 좀 더 자유로운 형식으로의 전환이 일어나는데, 구별 배행과 장별 배행의 혼용이 자주 목격되고, 거의 자유시와 같은 형식을 갖추게 된다. 둘째는 현대인의 다기다양(多岐多樣)한 내면을 담아내는 데는 단시조보다 연시조 형식을 활용하는 일이다.

상동규의 「청개구리」는 이런 형식의 틀에서 한걸음 더 나아간 변화를 보인다. 이를 정리하면 '음보 배행'이라 할 것인데, 음보의 휴지(休止)에 의하여 단시조의 단순성을 극복하고, 시어에 따른 이미지의 전이(轉移)를 중시하는 배행이다. 이 작품은 박목월의 「청노루」와 형식적 공통성을 띠고 있을 뿐만 아니라, 제목의 유사성, 서정의 청신성에 의하여 새로움을 생성(生成)하고 있다.

3. 온고지신(溫故知新)을 찾아서

상동규 시인은 전통을 소중하게 생각하고, 현대에 맞도록 새롭게 되살리려는 온고지신(溫故知新)을 지향한다. 이러한 지향에 의하여, 자유시 창작에서 시조 창작으로 전환하였을 것이고, 시조 작품에 우리의 서정적 전통을 담아낸다. 특히 올곧은 선비정신을 이어받으려는 내면을 작품에 투영하고 있다.

「은농재(隱農齋)에서」라는 작품에서 그는〈하늘의 이치 깨쳐 민심을 헤아리고/ 배움으로 겸손하게 내려앉은 평대문/ 사계절/ 꽃처럼 붉게 피던/ 유생들의 향학열〉을 찬탄한다. 은농재는 충청남도 계룡시 두마면 두계리 96번지에 있는 고택(古宅)으로 사계 김장생 선생과 자손이 누대로 살아온 집의 사랑채이다. 이 건물은 충청남도 유형문화재 134호로 지정되어 있으며, 유학자들과 선비들의 본향과도 같다. 이 건축물을 통하여 시인은 천리, 겸손, 향학의 철학적 가치를 간결하게 노래한다.

상동규 시인은 이와 같이 유형 문화재, 우리의 관습, 전통적 서정 등을 시조 작품으로 승화시키고 있다.

금남 정맥 뻗어 내린 계룡산 허리 자락
도요에 꿈을 굽는 청자 빛 젊은 도공
물레질
푸르른 소리
해루 해가 저물어.

백자 빛 꿈이 서린 도예고장 예일러라.
분청사기 빚어낸 뜨거운 예술의 혼
흙 내음
손마디 가득
안고 사는 상신리.

—「상신리 도예촌」 전문

'상신리 도예촌'은 충청남도 공주시 반포면 상신리에 집단으로 조성한 도예 창작 마을이다. 젊은 도예가들이 모여 분청사기와 각종 도예품을 연구하고, 창작하며, 보급하고, 지도하는 곳이다. 예부터 분청사기는 이곳의 작품이 유명한데, 인근에는 임진왜란에 일본으로 끌려가 일가(一家)를 이룬 이삼평의 비석도 있다. 시인은 청자와 백자를 빚던 조상들의 예술혼을 확인하고, 이를 이어받으려는 신진 예술가들에 대한 애정을 작품에 담아내기도 한다.

연작 시조 「보길도에서 2」도 이러한 의지가 표출되고 있는데, 다양하고 멋진 표현으로 특별한 감동을 생성한다. 〈긴 세월 바람에 씻고 비운 세연 못/ 비우며 채운 것이 수석과 송죽인가/ 동박새/ 붉은 울음 뒤/ 떠오르던 시린 낮달〉에서 '채움과 비움'이라는 시조의 예술적 특성을 멋지게 살린다.

가슴속 사무친 그리움을 키우며
하늘로 휘-휘- 틀어 올린 넝쿨 손
수줍어 얼굴 붉히던
주홍빛 그대 생각.

빛바랜 님 소식에 정한(情恨)은 서러워
바람도 애잔하게 머물던 빈 뜨락
말없는 기와 담장엔
이끼만 푸르러라.

쓰린 세월 보듬어 피고 지던 한 생애
가녀린 가지마다 눈시울 붉었는데
밤마다 눈물 꽃 피우는

그 마음 누가 알까.

―「능소화 필 때」 전문

지주목(支柱木)에 의탁하여 살아가는 능소화의 주홍빛 꽃을 바라보면서 시인은 서러운 '정한'을 찾아내기에 이르고, 〈수줍어 얼굴 붉히던〉 〈그대 생각〉은 〈밤마다 눈물 꽃 피우는. 그 마음〉으로 애상적 정서를 반영한다. 그러나 애상적 정서를 유발하는 소재임에도 건강한 시심을 반영하는 작품들도 목격된다. 「칠월 칠석」은 견우와 직녀의 슬픈 사랑이 중심 제재인데, 〈서로가/ 사랑을 하는/ 오늘은 러브데이〉라고 하여, 〈오작교/ 다리를 건너/ 하얗게 번지는 그리움〉을 현대적 해석으로 극복한다.

「동춘당 귀면망와(鬼面望瓦)」에서 그는 〈용마루 끝에서 머리를 곧추 세운/ 산발한 머리칼에 뿔이 달린 도깨비/ 사람들/ 건강 빌던 얼굴에/ 자애로움〉을 통하여 사물이 갖고 있는 의미를 찾아낸다. 동춘당은 대전광역시 대덕구 송촌동 192번지에 존재하는 역사적 건물인데, 보물 209호로 지정되어 있다. 이 건물의 용마루 끝을 장식하는 망새기와는 귀면(도깨비 얼굴) 형상을 띠고 있다. 이 귀면은 건물을 보호하는 수호신 역할을 하기 때문에 잡귀를 물리친다고 알려져 있다.

상동규 시인은 이처럼 사물의 특징과 의미를 작품에 담아내기 위하여 노력하기 때문에 여러 작품에서 역사적 지명과 사물이 종종 등장한다.

4. 사랑의 결을 찾아서

상동규 시인은 순정한 사랑을 지향한다. 사람은 태어나면서부터 처음으로 만나는 대상이 부모이고, 부모의 희생적 사랑 안에서 성장한다. 따라서 사랑의 중심으로 자리하던 부모님의 병환은 참아낼 수 없는 아픔을 주게 마련이고, 어느 정도 아픔은 극복할 수 있다고 하더라도, 연연한 그리움은 어쩔 수 없게 마련이다. 상동규 시인 역시 아버지를 간병하면서 부모의 사랑을 되새기게 되고, 자신의 능력으로 어쩔 수 없는 절망과 한없는 그리움으로 작품을 빚는다.

「병실에서」 연작 시조는 부친을 간병하면서 빚은 작품들이다. 〈자고나면 철새처럼 떠나버린 환자들〉을 보면서 건강하게 퇴원하지 못하는 아버지에 대한 안타까움을 그려낸다. 〈가늘게 전율하는 링거줄의 물방울〉은 링거줄에서 떨어지는 물방울에 그치는 것이 아니고, 자신의 정서적 반응과도 닿아 있다. 중환자실에 계시는 아버지의 투병은 지난날의 여러 일들과 함께 연상적 이미지로 나타난다. 그래서 아버지에 대한 그리움과 사랑은 더욱 선명하게 각인(刻印)되며, 이러한 아픔은 「병실에서」 뿐만 아니라, 추억 속의 「배추밭에서」도 동질적 형상화를 이룬다. 〈평생을/ 땅만 바라보며/ 살아온 내 아버지〉의 입원은 밭떼기로 팔려가는 배추밭으로 형상화되고 〈낮달이/머물던 빈 밭에/차오르던 시린〉 눈물이 되어 시인의 가슴에 흘러내린다.

뜨락에 뿌리 묻고 모질게 다진 세월
시리고 시린 절망 시시로 밀려와도
봄마다 켜켜이 묻어둔

별빛 하나 키우지.
한여름 등에 지고 깡마른 몸이 되어
버즘으로 피던 시름 뜨겁게 불 지르고
영글던 붉은 눈물 속
고이 접힌 젊은 날.

앙상한 가지마다 깊게 배인 슬픔은
겨울날 갈꽃 되어 스런스런 날리는데
가슴속 가부좌한 봄,
그립겠다, 아버지.

—「그리운 대추나무」 전문

「그리운 대추나무」에서는 아버지에 대한 그리움의 별빛을 가꾸는 시인의 가슴에 가부좌를 하고 앉아 계신 아버지로 인해 그는 언제나 겨울 속에서 봄을 기다린다. 앙상한 가지로 겨울을 나는 대추나무처럼 봄을 기다리며, 애틋한 사부(思父)의 정서를 노래한다.

아버지에 대한 지극한 그리움은 어머니로 이어지게 마련이다. 「서리태」에서〈봉숭아꽃 아롱지던 사진 속 내 어머니〉를 그리며〈선머슴 농사일로 비대해진 손마디〉를 안타까워하는 시인은〈한평생/ 바람 속에서/ 서리태가 된 어머니〉를 그리워한다.〈글자도 이정표도 뵈지 않는〉 어머니는 충청도에서 살고 있는 아들을 만나려고〈충청도/ 굽이굽이 먼 길을/ 버스〉 타고 오시는 분이다. 또한 어머니는〈단풍 물 곱게 들던 청양댁 몸배바지〉를 입고 밭일을 하신 분이며 농사를 짓느라〈섬뜩한 신열로 일어서는 야생의 신경통증〉을 앓고 계신 분이기도 하다.〈칠십 평생 농사일〉을 하시느라〈먼 지층의 저

편에 낙인찍힌 흉터〉를 지닌 분이어서, 어머니를 생각할 때마다 시인은 눈물에 젖는다.

이러한 사랑은 아내와 자녀로 이어져 순수한 정서를 작품에 담아낸다.

불혹(不惑)도 머지않은 아내의 손을 잡고
입동(立冬) 지나 뜨겁게 걷던 가을 숲
노을 속
수줍음에 묻어나던
아내의 맑던 미소.

아이들도 품 떠나 따로 크는 요즈음
쓸쓸히 하산(下山)하던 아내의 긴 그림자
하세월(何歲月)
난 당신 앞에서
단풍(丹楓)꽃으로 필 거예요.

—「단풍(丹楓)꽃 2」 전문

시인은 단풍나무를 보면서 아내의 사랑을 되살린다. 「단풍丹楓꽃 1」에서 그는〈고열의 몸살로 가위눌린 가을 산/ 환장할 꽃불로 숨 막히게 타오르는/ 저 가슴/ 다 타고 나면/ 무엇으로 남을까.〉라고 아름다운 단풍을 노래한 바 있다. 이 작품에 이어 시인은 「단풍(丹楓)꽃 2」에서 아내에 대한 사랑을 절실하게 노래한다.

그는 「꽃과 당신」 연작 시조에서 더욱 애틋한 사랑을 담아낸다. 〈겨울의 모진 추위〉를 극복하고〈그 너머 봄이 온다는 당신의 희망〉

때문에 시인은 세상의 모든 어려움을 극복하게 된다. 〈흰 백합을 유난히 좋아했던 해맑은 아내〉가 이제 중년이 되어〈마른 꽃을 좋아하는 당신〉으로 변화를 하였지만, 그것은〈그대만의 빛깔〉로 물들었음을 자각할 줄 아는 시인이다. 그리하여〈서로의 가슴을 채워줄 사랑〉이 있기 때문에 시인 부부는 행복하다.

5. 시인의 뜨락을 나서며

상동규 시인의 작품을 감상하고, 몇몇 갈래로 간략하게 정리를 하였다. 이러한 작업은 시인의 무한한 상상력에 비하면, 구우일모(九牛一毛)와 같은 아주 작은 부분의 조명에 그칠 것이라는 생각이다. 또한 작품이 품고 있는 비유와 상징에 의하여 다양한 해석이 가능할 터인데, 그 폭을 좁혀 놓지 않았을까 하는 우려가 드는 것도 사실이다. 그렇지만, 문학 작품에 대한 해석은 성공 여부와 상관없이 중요한 작업이다. 이러한 작업들이 여러 편 모이면, 상동규 시인의 작품 세계는 귀납적 과정을 거쳐 진정한 가치를 형성할 것이기 때문이다.

그의 시조 작품을 감상하면서 참으로 순수하고 따스한 서정에 몰입할 수 있는 독서였음을 밝힌다. 작품에서 시인의 눈빛과 감성을 확인할 수 있었고, 그 작품들이 내포하고 있는 개성에서 시인의 지향과 창작 의도를 만날 수 있었다.

> 만삭의 아내와 큰아이 손을 잡고
> 낙화암 가던 날 봄바람에 산벚나무
> 몇 그루

아내의 치마폭에
꽃잎 몇 장 털고 있데.

부소산 굽이 내려 고란사 법당 돌아
꽃잎으로 술렁이는 늦봄 한잔 마시다가
고란정
약수 물맛에
어리던 염화미소.

―「부소산(蘇山扶)의 봄」 전문

만삭의 아내와 큰 아이의 손을 잡고 부소산을 오르는 시인의 모습이 정겹게 그려져 있다. 서경적 묘사에서도 성공한 작품이지만, 아내와 자녀를 사랑하는 시인의 오롯한 내면을 그려내는 작품이어서 뛰어난 작품으로 평가된다. 특히 봄바람에 산벚나무 꽃잎이 날리는 상황을〈아내의 치마폭에/ 꽃잎 몇 장 털고 있데.〉라고 노래한 것은 상동규 시인만의 놀라운 발견이다.〈꽃잎으로 술렁이는 늦봄 한잔〉을 마신다는 표현 역시 아무나 찾아낼 수 없는 탁월한 발견이다.

상동규 시인의 작품에는 맑은 순수가 흐른다. 그 흐름 속에 온고지신(溫故知新)의 겸손함과 현대적인 신선함을 고르게 담아내어 특별한 감동을 생성(生成)한다. 또한 그의 작품에는 순정한 사랑이 결을 이루고 있다. 이 결은 직조(織造)의 아름다움으로 거듭나서 독자의 가슴에 감동의 동그라미를 만든다. 그 감동의 진폭이 크고 멀리 퍼지면서 작품 감상의 희열을 맛보게 된다.

상동규 시인은 앞으로도 이와 같은 시(詩)와 시조(時調) 창작의 물레질을 쉬지 않을 것이다. 그리하여 수많은 감동을 새롭게 보여주는 훌륭한 시인으로 우뚝 설 것을 기대하고 믿으면서, 작품 감상의 촌평을 맺는다.

— 2009 시조집 『수직으로 일어서면 수평으로 눕는 바다』 해설

— 2011 『대전문학연구총서』 3호에 재수록

◇ 이정남 시조집 『뜬구름에 그리움 실어』 평설

불심(佛心)의 바탕에 꽃피운 서정

1.

시조를 창작하는 이정남은 불심이 깊은 시인이다. 사물을 통하여 삶의 진리를 깨닫기도 하고, 만남을 통하여 화해와 용서를 체감하기도 한다. 어린 시절부터 익혀온 종교 생활도 영향을 미쳤을 터이지만, 시인의 내면적 본질이 선함에 바탕을 두었기 때문으로 보인다.

시인은 경상북도 울진에서 태어나고 자랄 때나, 서울에서 생활하던 청년기에서나, 이후 대전에 정착하여 사는 동안 불심을 지키면서 마음의 평온을 찾는다.

결혼을 하고 자녀를 양육하며, 현모양처로 가정을 지키던 시인은 어느 순간, 배움에 대한 갈증을 느끼게 된다. 그리하여 방송대학교에 입학하여 국문학을 전공하고, 대전문예대학에서 문학창작을 수련하기에 이른다.

이런 학습과정을 거쳐 '대전 애향시 공모' '샘머리 백일장' '한밭 전국 백일장' '한밭 전국 시조대회' 등에서 입상한다. 이와 같은 일련의 수상에 힘입은 그는 2005년에 ≪문학사랑≫ 가을호 신인작품상 시조부문에 당선하여 등단한다. 등단 후에 여러 단체에 참여하면서 작품 창작에 정진하게 된다.

그는 시조를 창작하는 보배로운 시인이다. 시조는 600여년의 전통이 빛나는 우리 민족의 대표적 정형시로 규제미가 뛰어나고, 단형에 예술성을 담아내어 오랜 기간 사랑을 받아온 문학이다. 이와 같이 시조는 유구한 역사를 자랑하고 있으나, 현대시에 밀려 문학의 중심에서 멀어지는 상황에 처해 있다. 단형의 정형성은 자유로운 시혼(詩魂)을 담아내는데 제약이 따르기 때문에, 자칫 우리 문학사에 찬란한 자취를 남기고 사라질 우려마저 드는 것도 사실이다. 이러한 상황에서도 '겨레시'(시조) 창작에 대한 뜨거운 사랑을 견지하고 있는 이정남은 귀한 존재임에 틀림없다.

그는 또한 시조를 통해 불심을 형상화하는 데에도 뛰어난 자질을 보인다. 다른 제재(題材)의 작품들에서도 시조의 품격을 높이고 있지만, 불교적 작품에서 더욱 뛰어난 기량을 선보인다.

바람에 길을 물어
물새 소리 여울 따라
산 그림자 흰 구름과
손잡고 드는 산길
독경에 귀를 세우고 우러르는 대웅전

한 생의 꺼진 등불
구절초로 밝혀놓고

또다시 잉태하는
송이마다 타는 눈빛
부처님 함박웃음에 와락 안겨 비는 초심

무거운 짐 부려 놓고
법당에 맡겨둔 채
공양 간 인연 맺어
저민 가슴 푸는 사연
꽃같이 하얀 마음을 이고 지고 나온다.

―「영평사 구절초」 전문

어느 해 가을, 그는 유유자적하게 강변도로를 달려서 산길로 들어선다. 시인을 반기듯 그 곳에는 영평사가 있고, 사찰에서 들려오는 독경소리에 시인은 대웅전의 부처님을 우러른다. 조락의 계절임에도 등불처럼 밝히는 영평사의 구절초를 대하면서 시인의 서정은 다시금 생명력을 얻는다. 구절초의 하늘거림과 부처님의 미소에 시인은 어린 시절의 종교적 초심을 다시금 깨닫는다.

이처럼 자연을 완상하거나 부처님을 대하면서, 초심을 깨닫는 것은 바로 시인의 내면이 원천적으로 순수하다는 것에 다름 아니다. 이러한 순수를 바탕으로 그는 삶의 무거운 짐을 법당에 풀어놓고, 가벼운 마음으로 문을 나선다. 이와 같이 마음의 평화를 구하는 것이 바로 신앙의 힘일 터이다.

이런 과정을 거쳐 순수를 되찾은 시인은 언제나 「좋은 인연」을 찾는다. 타자(他者)로부터 구하기보다는 자신이 먼저 좋은 인연을 만들고자 노력한다. 〈한 여름 밤 쏟아지는 은하수 별빛 엮어〉 진주보다 찬란하기를 바라는 그는 많은 사람들의 가슴을 채워줄 〈향기 나는 꽃〉이기를 희구한다.

그리하여 그는〈빈 마음 열어놓고〉〈눈부신 한줌 햇살〉로 기능하기를 소망한다. 더불어〈벅차게 터져오를 복된 나날 꿈꾸면서〉 그는 〈등불로 밝히고 서서 그대 곁〉에 머물기를 희구한다. 이처럼 스스로 '향기'가 되고 '햇살'이 되어 어둔 세상을 밝히고자 한다. 이것이 바로 시인이 소중하게 생각하는 '인연'이고, 시인이 간절하게 소망하는 '보살행'으로 보인다.

석간(石間)에 댓잎 띄워
청량한 수(水)보시
혜안(慧眼)의 미소 불러
자비의 길 밝히고
참 생의
고뇌 엮어서
옹골진 삶 풀어낸다.

길 섶 풀린 옷고름
낙향하는 폭포수
한줄기 회향심(回向心)을
바랑에 포개 넣어
심오한
인연의 끈으로
꿈도 함께 묶는다.

—「인연」 전문

돌과 돌 사이로 흐르는 석간수의 물을 보면서, 시인은 남에게 베풂 보시를 떠올릴 만큼 불교적 생활에 젖어 있다. 깨끗한 물을 통하여 혜안을 밝히고, 무겁게 지고 있는 생(生)의 고뇌도 씻어버린다. 낙하하는 폭포수를 통해 겸손한 자세를 배우고, 또한 이를 통해 심오한 인연을 깨달으며, 물처럼 자신의 욕심을 비움으로써 아름다운 생(生)을 유지하고자 한다.

이정남 시인은 이러한 세심(洗心)의 과정을 거쳐 남을 위해 봉사하는 이타행(利他行)을 실천하고자 한다. 이는 바로 보살의 삶에 다름 아니다. 이러한 지향이 그의 내면에 굳건한 성채를 쌓고 있기 때문에, 그는 불심을 바탕으로 하는 아름다운 작품을 빚는다.

2.

세상 모든 사람의 삶에는 그 나름의 희로애락(喜怒哀樂)이 존재한다. 그리고 이러한 정서는 어떠한 방법을 통해서든지 밖으로 표현되게 마련이다. 그 중에서 슬프거나 괴로운 정서가 작품화된 경우에 독자들의 공감대 영역이 확장되는 듯하다. 기쁘거나 즐거운 일들은 현실에서 흡족하기 때문에 마음에 남아 있는 흔적이 작은 것 같다. 이에 반하여, 분노나 슬픔은 현실 속에서 어느 정도 치유가 된 듯싶어도 대부분 마음에 흉터로 존재하여 어느 계기가 주어지면 불현듯 드러나는것 같다.

이정남 시인은 밝고 아름다운 서정보다 어둡고 무거운 서정의 작품들을 많이 빚고 있다. 이로 말미암아 애상적 체험을 한 독자들이나 비판적 안목을 가진 독자들은 다른 사람들보다 훨씬 더 민감하게 감성을 공유하게 될 것이다. 그러나 이정남의 작품은 애상성 그 자체에 머물지 않고 긍정적 시심으로 변화시키는 마력을 발산하기도 한다.

들꽃 찾아 헤매다
이름 모를 풀이 되어
한 다발 엮어서
꺾인 세월 꽂아 놓고
꽃바람
향기 따라서
먼 길 떠난 아우야

마중 간 산비알에
눈물 훔쳐 하늘 보니
꽃비 되어 뿌려지는
눈물 비 너를 닮아
또 한 줌
풀로 자라나
애간장을 끓느냐

어느 해 또 태어나
함께 반겨 웃을소냐
잊지 못해 상념에 찬
그리움을 부여잡고
풀숲에
기대어 앉아
찬 이슬을 닦는다.

—「아우에게」 전문

시인의 아우는 청년기에 사망한 듯하다. 이미 떠나고 없는 아우를 그리워하는 비통함이 작품으로 환생(還生)하여 독자들의 가슴을 울린다.〈꺾인 세월 꽂아 놓고/ 꽃바람/ 향기 따라서/ 먼 길 떠난 아우〉를 그리워하는 시인의 지극한 우애가 울림의 폭을 확장한다. 시작은 작은 감동에서 비롯되지만, 다시 읽고 또 읽으면서 생성된 감동은 커다란 동그라미를 만들며 멀리 퍼지게 마련이다.

이러한 마음은 다시〈꽃비 되어 뿌려지는/ 눈물 비 너를 닮아/ 또 한 줌/ 풀로 자라나〉 스스로〈애간장〉을 태우는 지경에 이른다. 그리하여 시인은 가슴에 남아 잊혀지지 않는 아우를 그리며 눈물을 흘린다. 그래서 시인은〈잊지 못해 상념에 찬/ 그리움을 부여잡고/ 풀숲에/ 기대어 앉아〉 눈물을 닦을 수밖에 없다. 이러한 슬픔은 오랜 세월이 지나도 흉터처럼 남아서 어느 순간에 문학 작품으로 환생하게 된다.

이러한 안타까움은 자신의 「짝사랑」을 통해서도 드러난다.〈구겨진 사랑 앞에 뚝뚝 끊겨 흘린 눈물〉 속에서 시인은〈아슬한 벼랑 끝 몰린 죽음 밝힐 등불〉을 찾는다. 그리하여〈끝끝내 채우지 못할 절망도 사랑인가/ 끓어오른 신열에 취해 조여 오는 어지럼증/ 뻐아픈 가슴 태우고 내 안에 나를 묻다.〉라는 절창으로 매듭을 짓는다. 이러한 짝사랑이 좀 더 구체적 형상화를 보이기도 한다.

열린 봄 이십 세에
쌍 꽃 들고 만난 총각
이해 못할 사투리에
잎도 지고 달도 저문

이끼 낀
돌담 길 모퉁
옛 추억에 떨군 가슴

어데에, 덕수궁 앞
언지에, 첫 눈 오면
사양하듯 꿈 깨보니
강산 세 번 변한 걸
그 약속
아직 유효할까
머리에 눈 내린다.

— 「착각」 전문

중년에 이른 시인의 마음은 청년기의 순수를 되새김한다. 〈어데에, 덕수궁 앞/ 언지에, 첫 눈 오면〉이라는 투박한 30년 전의 약속을 추억하고, 그 약속이 지금까지 유효(有效)하기를 기대하면서도, 시인은 그것이 착각임을 깨닫는다. 그러나 이러한 추억이 존재하기 때문에 시인은 아름다운 서정을 작품으로 빚는다.

맺어지지 못한 짝사랑은 더욱 애틋하게 마련이고, 이를 작품으로 빚어 놓으면, 누구나 경험했을 짝사랑이기 때문에 공감대의 영역은 더욱 넓어진다. 이정남의 시조들은 보편성을 간직하면서도 개성적 구체성을 띠는 작품들이어서 많은 독자들이 시인의 정서를 수용하게 된다.

3.

현모양처(賢母良妻)의 일반적 삶은 사회 규범을 지키려는 구심력으로 작용하지만, 그 반작용으로 매너리즘에서 벗어나려는 원심력이 작용하기도 한다. 이로 말미암아 많은 사람들이 아름다운 일탈을 꿈꾸게 된다. 이는 말초신경의 감각적 새로움도 포함되겠지만, 시인들에게는 내면적 변화를 추구하는 것이 더 강렬해 보인다.

새로움에 대한 갈구(渴求)는 현실의 매너리즘에서 벗어나도록 유도한다. 대부분의 사람들이 찾은 출구가 바로 여행인데, 여행지에서 새로운 자연을 보고 배우며 즐기기도 하고, 새로 만나는 사람들을 통해 그들의 삶에 대한 신선한 충격을 맛보기도 한다. 이처럼 여행은 잠자는 서정을 깨워서 많은 작품을 창작하는 계기를 부여하기도 한다.

품속에
숨긴 씨앗
햇빛에 열어 놓고

겨우내 지친 몸을
툭툭 털고 일어나면

홀씨는
꽃대궁 두고
먼 길 여행 떠난다.

—「민들레」 전문

봄을 맞아 노랗게 펼친 민들레를 만난다. 그 민들레꽃이 지고 나면, 대궁 끝에서 바람에 날리는 홀씨를 다시 만난다. 홀씨가 꽃대궁을 두고 먼 길을 떠나듯이 여행을 떠나고 싶은 시인의 내면이 투영된 작품이다. 이러한 내면은 바로 일탈을 희구(希求)하는 원심력의 일단이며, 이 원심력이 시인으로 하여금 많은 곳을 여행하게 한다.

「선운사 가던 날」에서 그는〈삼나무 우거진 메타세콰이어 열을 뿜어/ 사리탑 모여 앉아/ 나무 선별 고심하는/ 등짐 진 산그늘 아래 홀로 웃는 물 단풍〉을 감상하기도 한다. 그 가운데에서〈고승의 독경소리 온 산천 튀는 혈침/ 눈먼 중생 꺼진 불심〉을 노래하여 눈먼 중생에 연민의 시선을 보내기도 한다.

「왕피천」에서 그는〈왕피천 뛰어 오른/ 은어떼 귀향〉을 노래하며〈별 따라/ 흐르는 이 몸/ 달을 좇아 고향〉을 찾기도 한다. 고향은〈옛 추억 흑백필름/ 달맞이꽃 반기니/ 고향의/ 하룻밤 여정〉으로 남아 있으며, 이 고향은 시인에게 절실한 기도처럼 소중한 가치를 지닌다.

「마라도에서」 그는 자신이 국토의 땅 끝까지 찾아온 것처럼 숨차게 달리는 파도에 감정을 의탁한다. 그는〈회오리친 선상 위/ 버려진 몸뚱아리/ 말 못한 사랑 엮어 우는 고동 남겨둔 채〉 자신을 다스린다. 그래서 아픈 그리움을 뱃머리에 내다 걸면,〈아픈 가슴 부려놓는 노을 빛〉을 만난다. 이처럼 아픔을 바다에 풀어놓음으로써 시인의 가슴은 가벼워질 터이고, 이로 말미암아〈돌아선 사람조차도/ 품에 가득 안은 섬〉처럼 너그럽게 된다.

대숲소리 길 열어
산새 울음 삼킨 정자
팔작지붕 문풍지로
바랜 넋 감싸 안고
돌층계
무거운 걸음
노송에 세월 물어

그리운 한숨소리
들꽃으로 피어나도
얼 서린 돌 비석에
묵은 흔적 살아남아
되찾은
풀잎 속에서
하늘바래 웃고 섰다.

—「송강정에 올라」 전문

그는 아름다운 송강정에 오른다. 그 정자 주변에는 대숲이 우거져 있고, 그 대숲에서 들리는 바람소리와 새소리에 시인의 귀가 열린다. 팔작지붕 아래로 문풍지가 흔들리는 가운데, 세상에서 찌들고 색이 바랜 넋을 씻기 위해 시인은 돌층계를 오르며 곁의 노송을 바라본다. 노송에게도 사람과 마찬가지로 곡진한 그리움이 내재했을 것이라는 생각에서 비롯된 이 작품은 송강의 정신이 서려 있는 비석에서 역사적 가치를 찾아낸다.

이처럼 시인은 여행지에서 만난 사물을 통하여 잠자던 서정을 일깨우기도 하고, 그 동안 감추어져 있던 새로운 서정과 의미를 되새기는 계기를 만든다. 그 되새김이 작품으로 빚어져서 독자와 만나게 될 터이고, 이로 인하여 독자들과 공유하는 서정이기를 소망한다.

4.

많은 곳을 여행하며 견문을 넓히게 되면 세상을 바라보는 눈이 트인다. 보이지 않던 세상이 보이고, 느껴지지 않던 사물이 서정의 더듬이에 포착된다.

시인은 일탈의 방법으로 세상을 조롱하는 형식의 작품, 즉 언어유희에 가까운 작품을 선보이기도 한다. 「선달그믐 밤에」라는 작품이 그러하다. 〈오는 년/ 막지 말고/ 가는 년/ 잡지 말며/ 아쉬운 년 꿈 매달아/ 연 가는 곳/ 날려 보내/ 있는 년/ 꼼꼼이 챙겨/ 내 년으로 만들자〉고 노래한 이 작품은 세월의 '년'과 하늘에 날리는 '연'의 음성적 유사성을 통해 희화적 심상을 보여 준다. 그러나 원천적으로 따뜻한 심성을 지닌 시인에게는 연민의 정서를 담은 작품이 더욱 빛난다.

너는 몸 장애지만 나는 맘이 장애 같다
애국이 따로 있나 자식 위해 살아주고
네 가정 내 가정 지키면 그것이 으뜸이지

— 「숙아」 일부

여기에서 '숙'이는 시인의 친구로 보인다. 어린 시절에 집의 화재(火災)로 부상을 입어, 팔과 다리를 절면서 고단하게 살아온 친구에 대한 연민과 사랑이 담겨 있다. 신체적 장애를 극복하고 활기차게 사는 친구를 보면서 시인은 자신이 심리적 장애자임을 고백한다. 이와 같은 고백은 아무나 할 수 있는 것이 아니다. 신체적으로나 정신적으로 내공의 수련이 어느 정도 깊어져야 가능한 고백이다.

친구 '숙'과 만나면서 그는 '사고'에 대한 경계심을 갖기에 이른다. 이로 인하여 그는 '보험설계사'가 되어 사람들에게 예고 없이 찾아오는 불행에 대비하고자 한다.〈깊게 패인 주름 넘어 삶의 향기 묻어나는/ 노년의 그림자에 넘치는 어미 사랑/ 질펀한 생의 끝자락 부여잡고 통곡〉(「할미꽃」)하는 사람들에게 새로운 힘으로 작용할 보험의 가치를 나누고자 한다.

우리가 사는 세상에는 이와 같이 가치 있는 일들이 많이 존재한다. '누가' '어떻게' 그 가치를 찾아내는가, 그리고 실현시키는가, 이것이 중요할 뿐이다. 그는 전통을 되살리기 위해 모시 짜기를 시현(示顯)하는 곳을 여행한 듯하다. 모시를 짜는 작업은 고단하고 비능률적이어서 현실적 산업으로 발전시키기는 어려울 터이지만, 역사적 전통을 계승한다는 특별한 의미를 지닌다.

베틀에
앉은 여인
한평생 꿈 좇아서
벗 삼아 불린 가락
밤을 밝힌 벽을 넘어
실 따라
고운 님 찾아
갈래갈래 엮는다

겹겹이
물들인 생
푸른 날 청춘 엮어
마디 이은 실 한 올에
눈물 세워 타는 밤
흰머리
부서진 가닥
잇지 못해 떨고 있다.

— 「모시 짜는 아낙」 전문

모시를 짜는 아낙의 모습은 시를 빚는 시인의 작업을 연상하게 한다. 시인 역시 훌륭한 작품을 빚기 위해〈눈물 세워 타는 밤〉을 수없이 경험할 터이기 때문이다.

그렇지만, 시인은 스스로의 감정을 다스릴 줄 안다. 「감차를 우려내며」〈봄비에 젖어들어 함초롬한 새잎〉의 생명을 승화시키기도 한다. 감잎차를 마시며, 그는〈여린 순 가지 끝에서〉 울어대던 매미의 울음소리도 함께 마실 줄 안다.

이정남 시인은 감잎차를 혼자 마시지만은 않을 것 같다. 그는 지인들과 함께 차를 나누고, 마음도 나누면서 문학에 대한 사랑을 심화시킬 것 같다. 그리하여 그는〈햇살〉이 머물던 감나무 잎처럼 윤기 나는 작품을 빚어낼 것 같다. 이런 믿음과 기대로 평설을 맺는다.

— 2007 시조집 『뜬 구름에 그리움 실어』 해설
— 2007 『문학사랑』 여름호에 재수록

◇ 신미경 1시조집 『아버지의 자전거』 평설

정격시조에 담아낸 삶과 자연

- 신미경 1시조집 『아버지의 자전거』

1.

신미경은 정격 시조(時調) 형식을 주장하는 시인이다. 시조의 기본 형식인 단시조 창작에 집중하는 시인이다. 그리하여 그의 첫 시조집 『아버지의 자전거』에 수록된 103편은 모두 단시조의 음수율을 적용하고 있다. 즉 초장과 중장 공히 3-4-3-4를 적용하고 있으며, 종장 역시 3-5-4-3에서 벗어나지 않는다. 또한 이 시조집에는 단시조가 89편(86%), 연시조가 14편(14%)이다.

이러한 창작 경향에는 시조에 대한 뜨거운 열망이 내재되어 있다. 짧게는 100여 년의 현대시조 역사, 어느 정도 굳어진 연원으로는 고려 말의 700여 년, 길게는 신라시대의 향가를 연원으로 잡는 천여 년이라는 시조 역사에 대한 자부심의 발현이기도 하다. 이와 같이 오랜 기간에 걸쳐 우리 겨레의 사상과 정서를 단형에 담아낸 시 형식을 지키고자 하는 시인의 자존감(自尊感)과 의무감(義務感)에 근거한다.

시조의 형식에서 3장(三章)과 6구(六句)는 학계의 합의가 이루어진 이론이다. 또한 이능우 교수가 주장하는 음보율도 어느 정도 수

긍하는 수준이다. 그렇지만 정격 음수율은 수많은 옛시조의 양식을 귀납(歸納)하면서 추출된 것이어서, 이에 맞지 않는 작품이 허다하여, 불변의 원칙으로 고정하기 힘든 것도 사실이다. 그렇다고 하더라도, 기본 모델로 집약된 형식에 맞추어 창작하려는 자세는 바람직하다.

일상을/ 모두 접고
오솔길 접어들면

어느덧/ 동행하는
계족산 트인 가슴

솔바람/ 밝은 음계에
마음 또한 씻는다.

비래사/ 적막이야
풍경이 울었거늘

속세의/ 바람결도
매무새 다듬고서

황톳길/ 맨발로 딛고
고행으로 걷는다.

—「산사 길을 걸으며」 전문

2009년에 『시조문학』에 발표되어 등단한 작품이다. 신미경의 초기 작품은 단시조와 연시조가 균형을 이루었는데, 시조 형식에 대한 주관이 뚜렷해지면서 단시조 창작으로 굳어진 듯하다.

시인은 어느 날 계족산을 오른다. 일상에서 마주치는 잡다한 일들을 모두 접은 채 오솔길로 접어든다. 한참 걷다 보니 답답하던 마음이 트인다. 이때 시인의 예술적 통찰력이 발현되는데, 그가 찾아낸 〈솔바람/ 맑은 음계〉는 뛰어난 은유라 하겠다. 시인은 오솔길을 걸어 비래사(飛來寺)에 이른다. 어느 정도 규모를 갖춘 사(寺)라고 명명했지만, 사실은 그보다 암(菴)에 가까운 비래사여서 대체로 고즈넉하다. 고즈넉한 적막을 깨고 풍경(風磬)이 울린다. 그 풍경소리에 바람도 매무새를 다듬는다고 하는 것은 시인 자신의 의식을 바람에 의탁한 것에 다름 아니다. 황톳길을 맨발로 딛고 현실의 고통을 감쇄(減殺)하고자 하는 내면의 반영이다.

이와 같이 순수한 마음을 지향하는 신미경 시인은 꾸준히 작품을 빚어 여러 지면에 발표한다. 그리하여 『문학사랑』에서 제정한 '인터넷문학상'을 수상(2014년)하고, 『시조문학』에서 제정한 '올해의 시조문학 작품상'을 수상(2016년)하면서 뛰어난 작품 수준을 인정받고 있다. 그 동안 창작한 200여 편의 작품 중에서 103편을 선정하여 첫 시조집 『아버지의 자전거』(2016)를 발간한다.

2.

우리 겨레에게 씻을 수 없는 아픔을 남긴 6.25 동란은 신미경 시인에게도 평생 짊어져야 할 멍에로 작용한다. 6.25 이후 1958년에 출생하고 성장한 시인이지만, 그의 내면에는 전쟁의 상흔이 늘 자리하고 있다. 시인의 고향이 서울이지만, 그의 아버지 고향은 북한에 있는 '평강'이어서 그 곳이 정서적 본향으로 기능하고 있다.

원래 강원도였던 이 지역은 현재 북한의 평강군으로 명명되어 강원도 철원군의 바로 북쪽과 닿아 있다. 거리로는 소리치면 들릴 정도로 가까운 곳이지만, 오갈 수 없는 지역이어서 시인의 아버지는 실향의 애끓는 정서를 삭히며 생활한 듯하다. 고향의 지명 '평강'을 수없이 부르짖던 시인의 아버지는 그 지명을 잊지 않기 위해, 어린 딸의 별명을 '평강공주'라 지어 불렀다. 그 딸을 특별히 사랑하였는데 바로 신미경 시인이다.

시인의 아버지는 고향을 그리워하며, 경기도 파주시의 임진각과 강원도 철원군의 비무장 지대를 자주 찾았다고 증언한다. 명절이면 간소한 제수를 마련하여, 고향과 가장 가까운 철원군 월정리역을 찾아 제사를 지냈는데, 시인도 여러 번 동행하였다고 서술한다. 특히 철원군 월정리역에 '철마는 달리고 싶다'는 표지판을 세우게 한, 바로 그 기관차에서 근무하다 산화(散華)한 부친을 그리워한 아버지의 정서는 시인에게로 전이되어 정서적 통증을 유발한다.

반백 년 기다리다
그리움 거두시고

세월도 숨이 차서
하늘로 가시던 날

주름 속

흐르던 향수
물길마저 말랐다.

철조망 가로막힌
분단의 아픔 속에

육 남매 앞세우고
고향 길 기다리던

한 생애
힘겨운 삶이
영면으로 가셨다.

—「가신 임을 그리며」 일부

시인의 부친은 반백 년이 넘는 동안 사향가(思鄕歌)를 부르며 고향을 찾으려고 하였으나, 그 꿈을 이루지 못한 채 작고한다. 안타깝게 기다리던 세월도 숨이 차서 하늘로 가셨다거나, 대한민국으로 넘어온 청소년기부터 주름이 가득한 노년기에 이르기까지, 귀향(歸鄕)의 일념으로 삶을 지탱한 고통의 세월이 시인의 작품을 통해 공감대를 생성한다. 떠나신 빈자리를 지키며, 세상에 남은 사람들은 아버지를 그리워한다. 시인을 비롯한 가족들은 아버지가 평소에 하시던 것처럼 임진강 주변에서 제사를 지낸다.

시인은 이날〈아버지 빈자리에/ 덕담만 차곡하고// 임진강 주변에서/ 목 놓아 드린 제사// 고향길/ 뻐꾹새 울음/ 날개깃을 세웠다.〉고 노래한다. 평생의 소원이었지만 고향땅을 밟아보지 못하고 떠나신 아버지의 영혼이 뻐꾹새 울음에 얹혀서라도 그 곳에 가시기를 소망하는 시인의 내면이 오롯하다. 그 바탕에서 어린 시절의 추억을 되새긴다.

외갓집 가는 길은
흙먼지 자욱하다.

짐받이 올라 앉아
꼭 잡은 작은 두 손

신나서
노래 부르다
방긋 웃는 예쁜 짐.

—「아버지의 자전거」 전문

아버지가 자신을 자전거에 태우고 외갓집에 가고 오던 추억을 시인은 잊지 못한다. 짐받이에 앉아 신나게 노래를 부르는 딸은 '예쁜 짐'이었을 터이며, 동시에 별칭으로 부르던 사랑스러운 '평강공주'였으리라. 아버지와의 추억은 여러 갈래로 나타난다. 〈아버지/ 새해 덕담에/ 새 꿈 가득 담는다.〉 〈잉잉잉/ 터진 울음에/ 미소 짓는 아버지〉 〈등 굽은/ 우리 아버지/ 자식 걱정 앞선다.〉 〈힘들면/ 쉬어가거라/ 아버지의 깊은 뜻〉 등에서 아버지의 사랑을 추억한다.

시인의 아버지는 군인으로 나라를 지킨 분이다. 무공훈장을 수훈한 국가유공자여서 국립 대전현충원에 모셨다. 그리하여 그는 「현충원의 소나무」를 보면서도 아버지를 떠올린다. 〈허공을 뱅뱅 도는/

잠자리 헬리콥터// 저 멀리 포탄소리/ 나라가 걱정되어// 솔방울/ 솔잎에 숨어/ 갑옷 입고 지킨다.〉는 의지적 형상화를 보인다. 아버지에 대한 사랑만큼 어머니에 대한 추억도 작품에 투영된다.〈불치병/ 알츠하이머/ 잃어버린 기억들〉로 발현되는 연민의 정서도 가슴 먹먹한 감동을 생성한다.

이외에도 가족에 대한 극진한 사랑을 노래한다. 시아버지, 시어머니, 남편, 동생 등으로 확산되어 나가던 정서는 '아들'로 수렴된다.

설레는 기다림이
사뿐히 내려와서

얼룩을 지워버린
티 없이 환한 얼굴

내 삶에
잊을 수 없게
가슴 떨린 목소리.

—「첫눈」 전문

이 작품에는 '아들'이라든가, 실명인 '태진'이라는 말이 표면화되지 않았지만, 득남에 대한 기쁨과 감격이 오롯하게 들어 있다. 성실한 남편과 만나 결혼을 한 시인에게는 자녀에 대한 갈망이 컸을 터이다. 해마다 겨울이 되면 첫눈을 기다리듯이, 설레며 기다리던 회임 소식은 세상의 '얼룩'을 지워버릴 정도로 고마운 일이었을 것이다. 태어날 당시의 '티 없이 환한 얼굴'은 시인에게 가장 소중한 만남이었을 터, 아기가 세상에서 처음 건네는 울음소리는 '가슴 떨린 목소리'였을 것이다.

시인이 아들에게 거는 기대는 다대(多大)하였을 터이지만, 마음을 비운 채 매사(每事) 아들의 선택에 박수로 응원한다. 그러면서 집안 어른들이 걸으셨던 자랑스런 자취를 거울삼아 훌륭하게 성장하기를 희망한다. 6.25 동란 때에 기관사 역할을 다하였던 외증조부, 동족상잔의 전쟁에서 무공훈장을 받은 조부, 지극히 성실한 부친처럼, 아들 스스로 자신의 세계를 개척해 나가리라 믿는다. 이러한 믿음이 그의 작품에 투영되어 나타난다.

3.

신미경 시인은 자연에 대해 섬세하고 순정한 정서를 견지한다. 꽃이 피고 지는 일이 자연스러운 현상일 터이지만, 그에게는 온 우주와 같은 의미로 다가서기도 한다. 봄에 새싹이 움트는 모습에서〈비집고 돋아난 잎/ 아가의 숨결 같다〉는 표현이 그러하고, 봄이〈실바람/ 향기에 취해/ 꽃잎 위에 앉았다.〉는 시각이 그러하다. 단풍이 곱게 든 모습을〈색동옷 갈아입는/ 나뭇잎 추석맞이〉라는 동심이 그러하고, 바람에 흔들리는 갈대의 움직임을〈무명의 고깔을 쓴/ 신명난 무녀의 춤〉으로 연상한 것이 그러하다.

그러나 시인은 자연의 아름다움이나 속성을 노래하는 것에 그치지 않고, 좀더 새로운 의미를 부여하고자 한다. 그리하여 자연에 사람살이의 이미지를 결합하여 은유적이고 상징적인 작품을 빚기도 하고, 철학적이거나 비판적인 성격을 담기도 한다.

혈기가 푸른 청춘
밟혀도 일어난다.

고개를 넘어가는
추억의 보리피리

바람에
자존심 잡고
꿋꿋하게 서 있다.

—「청 보리밭」 전문

신미경 시인은 현대를 숨 쉬면서도 과거 전통정서와 닿아 있다. 현실에서 볼 수 있는 보리밭일 터이지만, 시조에 나타난 정서적 속성은 세월을 거스르고 있다. 초장의〈혈기가 푸른 청춘/ 밟혀도 일어난다.〉는 다의적 해석을 가능하게 한다. 표면적 형상화는 '보리밭 밟기'라 하겠다. 겨울 보리밭이 얼어 부풀게 되면 흙과 뿌리가 들뜬다. 그냥 두면 동해(凍害)를 입게 되어 들뜬 보리밭을 밟았던 기억을 담아내고 있다. 한편 심층적 의미는 밟아도 푸르게 살아나는 보리의 속성을 통해 불의에 굽히지 않는 굳건한 자세를 포괄한다. 의식주가 풍족한 현대와 달리 반세기 전만 해도 식량이 부족한 초여름을 보릿고개라 하여 고통스럽게 보냈다. 그 고통 속에서도 꿋꿋하게 버티는 보리를 보며 우리 선조들은 자존심을 지키며, 미래에 대한 소망을 되살려 내었을 터이다.

속적삼 황홀 빛이
까만 밤 불 밝혔다.

진흙 속 다소곳이
환생한 순백의 몸

묵언에
뿌리를 묻고
어진 웃음 짓는다.

—「연꽃」 전문

2010년에 충남 부여군에서 개최한 연꽃 축제에 출품한 시화전 작품이다. 여인네가 속적삼 황홀한 빛으로 어둔 밤을 밝혔다는 착상 자체가 기발하다. 이를 통해 시조의 단조로움을 극복하는데 성공하고 있다. 진흙 속에 뿌리를 내린 여인의 정념이 스스로를 다스려 다소곳한 백련(白蓮)으로 피어난다는 시각도 새롭다. 환하게 피어난 연꽃은 정결한 미소를 띠우며 묵언(黙言)을 실천하고 있다. 그 모습에서 현숙한 여인상을 찾아내고 있는데, 꽃을 꽃으로만 바라보는 것이 아니라, 시인은 꽃에서 사람의 특정한 이미지를 찾아낼 줄 안다. 이러한 발상은 「소나기」가 지나간 후 생기는 무지개를 〈공작새/ 꼬리 펼치면/ 곱고 고운 무지개〉라는 표현과도 상통한다.

설움을 토해내는
갈매기 울음소리

한 조각 붉은 마음
바다에 던져놓고

무녀의
하얀 무명옷
너울너울 춤춘다.

—「겨울바다」 전문

그는 시조의 정형적 단조로움을 극복하기 위하여 이미지의 연쇄(連鎖)를 원용한다. 초장의 중심어는 설움을 토해내는 '갈매기 울음소리'다. 피를 토하는 듯한 갈매기의 절절한 울음이 중장의 '붉은 마음'과 연쇄를 이루고, 이는 종장의 죽음과 연계된 무녀의 '하얀 무명옷'과 연쇄를 이룬다. 이러한 기법은 이미지의 자연스러운 전이를 통하여 단순성을 극복하는데 기여한다. 이와는 달리 인과법에 의한 형상화도 놀라운 바가 있다. 「꽃게」에서 보면, '전생의 죄'로 말미암아 꽃게는 '옆으로' 걸어야 하는 숙명을 지닌다. 옆으로 기어다니다가 '그물'에 매달려 잡힐 수밖에 없는 삶을 투영한다. 이렇듯이 신미경 시인은 단형의 시조에 다양한 수사법을 활용하여 수준 높은 문학성을 추구한다.

청춘을 불사르고
살며시 떠나신 임
해마다 기다리며
붉 밝힌 홍등 하나

톡 치는
짓궂은 바람
흔들리는 그림자

—「홍시」 전문

제목은 '홍시'지만, 〈청춘을 불사르고/ 살며시 떠나신 임〉에서 〈붉 밝힌 홍등 하나〉로 묘사적 심상의 전이에 능숙하다. 이는 다시 바람이 툭 쳐서 흔들리는 그림자로 변환되는 내면의 반영이다. 이와 같은 의식은 그로 하여금 겨레의 절실한 명제에 집중하게 한다. 누구도 허락 없이 들어갈 수 없는 「민통선」에서 갈대는 '남북통일'을 외친다는 형상화 역시 내면의 투영이다. 홍살문 지킨 나무가 푸른 넋을 피우고 있다든가, 호국의 울타리를 '혼'으로 본다든가, 조국에 대한 충성심이 「현충원」의 소나무처럼 푸르다는 것 역시 시인의 의식에 근거한다.

4.

신미경 시인은 시조를 어렵지 않게 쓴다. 정격 시조를 빚으면서도 그 속에 자신의 내면을 자연스럽게 투영한다. 그가 현대문명에 발을 딛고 있지만, 그의 내면은 우리의 전통 정서와 닿아 있기 때문인 듯하다.

시인은 「옛날 얘기」에서, 지금은 찾아볼 수 없는 〈섬돌 위 주저앉은/ 고무신 한 켤레〉에 시선을 집중한다. 민속박물관에서나, 사찰에서나, 혹은 고택의 섬돌에 있는 고무신에서 영감을 받은 것으로 보이는데, 이는 일상에서 쉽게 볼 수 없는 제재들이다. 그리 멀지 않는 과거에는 헌 고무신을 엿장수에게 주고 엿이나 생활 소품과 바꾸었다. 그 상황에〈엿장수 가위 소리/ 엉덩이 들썩인다.〉가 도출된다. 그러나 현실에서는 엿장수 가위소리도 들을 수 없거니와 헌 고무신을 들고 가서 엿과 바꾸어 먹는 풍경도 찾아보기 힘들다. 그러함에도 불구하고 시인은 과거를 회상하며, 전통적 정서를 담아낸다.

수리취 떡을 지어
찾아든 세시 풍속

제호탕 부꾸미에
가신 임 더 그립다.

사뿐히
날아오르는
춘향이의 저 요염.

—「단오」 전문

수리취 나물과 쌀가루를 섞어 만든 버무리를 '수리취 떡'이라고 하며, 이는 음력 5월 5일 단오 명절 즈음에 즐겨 먹어 왔다. 우리 겨레는 24절기를 정하여 특별한 의미를 두었는데, 단오에는 수리취 떡을 만들어 먹기도 하고, 제호탕과 부꾸미를 넉넉하게 만들어 서로 나누었다.

제호탕은 오매육, 사인, 백단향, 초과 등을 곱게 가루로 만들어 꿀에 버무린 다음 끓여 만든다. 이를 냉수에 타서 먹었던 우리나라의 전통 음료인데 붉은 색을 띠었다. 부꾸미는 요즘의 전(煎)과 같다.

찹쌀가루나 수수가루에 밤, 대추, 팥 등을 넣고 반죽하여 둥글넓적하게 지진 음식이다. 이런 음식을 먹으면서 남자들은 마을 단위로 씨름을 하고, 여인네들은 창포 물에 머리를 감고 그네를 탄다. 종장의〈사뿐히/ 날아오르는/ 춘향이의 저 요염〉은 신미경 시인이 찾은 절창(絶唱)이다. 이미지의 절묘한 결합, 감동적 정서를 창출하고 있다.

그의 시조 「가난」에서〈부뚜막 가마솥엔/ 걱정이 끓고 있다.〉〈코 꿰인/ 명태 한 마리/ 쳐다보고 또 본다〉 등을 통하여 빈한(貧寒)의 추억을 절실하게 그려낸다. 어머니가 마른자리와 진자리를 가려 자식을 기르는 데에서 비롯된 작품 「진 자리」에서〈위대한/ 연어의 모성/ 목숨 걸고 낳은 정〉이라는 지고지선의 가치를 도출해 낸다. 이러한 형상화는 사물에 대한 직관과 뛰어난 문학적 자질이 융합되어 비롯된다. 이를 근거로 하여, 앞으로 신미경 시인이 빚어낼 수준 높은 시조 작품을 기대하게 한다.

— 2016 시조집 『아버지의 자전거』 해설

◇ 신미경 2시조집 [월정리역에서] 평설

분단의 고통과 건강한 비판의식

1.

신미경 시인은 북한의 6.25 남침 전쟁 이후에 출생하였기 때문에 엄밀히 말하면 실향민이 아니다. 그러나 그는 누구보다 조국 분단의 아픔을 평생 멍에처럼 메고 살아온 사람이다. 시인의 고향은 서울이지만, 아버지의 고향은 북한에 있는 '평강'이어서, 그 곳은 시인에게도 정서적 고향으로 기능한다.

특히 그의 조부는 기관사였는데, 강원도 철원군 월정리역에 '철마는 달리고 싶다'는 표지판을 세우게 한 분이다. 부서진 채로 남아 있는 월정리역의 기관차를 조종하던 기관사였다. 그의 조부가 당시 그 기관차에서 근무하다 산화하였기 때문에, 시인의 부친은 평생 휴전선과 월정리역을 찾아 부친을 추모한 듯하다. 또한 시인의 부친은 구국(救國)의 일념으로 조국통일을 기원하던 국군 신분이었었기 때문에 나라와 겨레에 대한 정서가 남달랐을 터이다.

그의 부친은 작고하여 대전현충원에 안장되어 계시다. 시인의 추억에 의하면, 그의 부친은 사향(思鄕)의 정서에 몰두하여 경기도 파주시의 임진각과 철원군의 비무장지대를 자주 찾았다고 한다. 명절이면 간소한 제수(祭需)를 마련하여 고향과 가장 가까운 월정리역을 찾아 제사를 지내었다고 한다. 이때 신미경 시인도 여러 번 동행하였기 때문에, 아버지를 이어 조국 분단에 의한 '통한의 정서'가 내면화된 듯하다.

큰소리 외치면서
민통선 드나들다

휴전선 앞에 서서
북녘 땅 바라보는

녹이 슨 분단의 아픔
멈추어 선 철마야

폐역 된 월정리 역
잠이 든 기적소리

독수리 넘나들며
물고 온 고향 향기

민통선 봉우리 밟고
넘어가는 구름아

— 「월정리역에서」 (서시, 전문)

시인의 내면은 '멈추어 선 철마'에 의탁되어 나타난다. 조부께서 철마를 몰고 달리던 시절에는 '휴전선'도 없었고 '민통선'은 더더욱 없었을 터이다. 조부께서는 아마 고향을 지날 때, 기관차의 기적을 소리 높여 울려 자신이 지나가고 있다는 신호를 보내기도 하였을 터이다. 그렇지만 시인을 비롯한 우리들은 '철마'가 멈추어 선 '분단의 아픔'으로 북녘땅을 바라볼 수밖에 없다. 오갈 수 없는 운명이라는 점에서 부서진 철마와 분단 조국에 사는 시인은 동질성을 띤다. 멈추어 선 철마는 바로 시인의 정서적 보조관념으로 존재한다.

둘째 수에서는 좀 더 구체화된다. 남북이 갈라져 폐역(廢驛)이 된 '월정리역'에서 잠이 든 '기적소리'를 생각하는 것만으로도 '내면적 통증'을 환기시킨다. 철마로 비유되는 시인이 휴전선을 지나갈 수 없기 때문에 '통분의 갈등'이 생성되어 절망하기에 이른다. 그리하여 하늘을 자유롭게 날아다니는 독수리에 자신의 지향을 의탁한다. 그 독수리들이 고향의 향기를 물고 온 것으로 형상화한 것은 그만큼 사향의 정서가 간절함에 기인한다.

이와 함께〈민통선 봉우리 밟고/ 넘어가는 구름〉 역시 독수리와 같은 정서적 객체여서 시인의 지향을 대신한다. 이렇듯이 신미경 시인은 우리 겨레의 불행한 운명을 적시하며, 남북통일을 염원하는 소망을 작품에 담아낸다.

2.

신미경 시인의 부친은 휴전선이 사라져, 고향에 돌아갈 날을 반백 년이나 기다린 분이다. 더 이상 기다릴 수 없어 하늘로 가신 분이다.〈철조망 가로막힌/ 분단의 아픔 속에〉 한 생애를 보내시고 소천하여 국립 대전현충원에 모신다. 부친의 부재는 시인에게 대를 이어 고향을 그리워하게 한다. 생전의 부친이 하던 대로〈임진강 주변에서/ 목 놓아〉 제사를 드린다. 물론 집에서도 제사를 지냈을 터이고, 현충원에서도 제사를 지냈을 터이지만, 부친께서 매년 고향과 가장 가까운 곳을 찾아 제사를 지낸 것처럼 시인 역시 그대로 답습한다.

부친의 혼백이 뻐꾹새로 현신(現身)한 것일까, 고향 길을 향하여 힘차게 날아가는 뻐꾹새의 날개깃, 그러면서도 애잔한 울음소리가 시인의 정서를 대변한다. 서시 「월정리역에서」는 2시조집의 제목이기도 하다. 그만큼 조부와 부친의 고향이자, 시인의 정서적 고향인 '평강'을 찾아갈 수 있는 단서로 '월정리역'은 기능한다. 말하자면 이 '역'은 지리적 의미로만 존재하는 것이 아니라, 통한의 민족 정서를 대변하는 공감대의 영역이기도 하다.

휴전선 가로막혀
허망해 한숨짓고

뼈마디 시리도록
스며든 고향 향기

달 속에
눈물이 가득
손짓하는 아버지.

— 「갈 수 없는 길」 전문

시인의 부친으로 대유되는 '실향민'들은〈뼈마디 시리도록〉 무릎을 꿇고 고향으로 달려가기를 기도한다. 이는 당장에 이룰 수 없는 소망이기 때문에, 고향 하늘에도 둥두렷이 떠있을 '달'을 바라보며 고향과 아버지를 그리워한다. 이러한 정서는 여러 작품에서 산견(散見)된다. 작품 「무궁화」에서는 더욱 절절한 노래를 빚는다. 〈분노를 / 삭이지 못해〉 애국가를 외쳐 부른다. 〈분단의 아픔으로/ 목 놓아 우는 산천// 철조망 막아놓고/ 외치는 남북통일// 가슴에/ 비수가 꽂혀/ 피눈물이 흐른다.〉고 절통한 심정을 담아낸다. 「실향민」으로서 부친의〈꼭 쥔 주먹〉은 바로〈흔들며/ 통곡을 하는/ 피 흘리는 철조망〉에 의해 형성된 '아픈 삶'이다.

애통하는 사람들의 정서와는 무관하게 자연 속의 세월은 쉬지 않고 흐른다. 그리하여〈수많은 슬픔들이/ 흙 속에 묻혀가고// 휴전선 하늘 아래/ 눈물이 흐르는 강〉으로 존재하는데 이곳이 바로 「임진강」이다. 이산가족의 애타는 심정을 모르는 듯 임진강은 무심하게 흐르고, 그래서 시인은〈두고 온 가족 안부/ 종이배에 띄워 놓고// 녹이 슨 철조망〉을 바라보며 탄식한다. 임진강은 이와 같은 실향민의 탄식을 가득 싣고 서해바다로 흐른다.

찾아갈 수 없는 고향, 눈앞에 있는 강 건너, 바로 그 고향 땅을 바라보아야만 하는 시인의 정서를 전하기 위해 평화의 상징인 비둘기가 철조망을 넘는데, 아버지와 어머니가 오버랩 되어 서정의 중심을 이룬다.

무명옷 곱게 입고
사랑을 품으셨다

환하게 미소 짓는
어머니 고운 자태

달밤에
찾아든 바람
치맛자락 접는다.

—「목련」 전문

실향의 아픔을 함께 나눌 수 있는 사람은 배우자였을 터이다. 부친의 정서적 아픔을 공유하며 함께 울어줄 사람도 시인의 '어머니'였을 터이다. 우리 조상을 백의민족이라고 하였듯이 그의 어머니도 '무명옷'을 곱게 차려 입고 '남편'과 '자녀'들을 사랑으로 품으신 분이다. 늘〈환하게 미소 짓는/ 어머니〉였기에 시인은 밤에 달을 맞듯이 어머니를 바람결에 만난다. 신미경 시인은 친정어머니를 달밤에 만나듯이, '시어머니'를 꿈속에서 만나, 고부 사이의 갈등을 해소하는 아름다운 정서를 보인다.

꿈속에 울 어머니
두 손을 잡으시고

입가에 짓는 미소
생신 듯 다정해서

온종일 가슴에 가득
자리하고 계셨다.

묘 앞의 노란 꽃에
구멍이 송송 났다

보랏빛 예쁜 국화
새로운 꽃단장에

어두운 어머니 나라
대낮처럼 밝았다.

―「꽃단장」 전문

시인은 꿈속에서 시어머니와 손을 잡는다. 생시처럼 다정한 모습으로 미소 짓는 모습이 보여서 마음만으로 온종일 행복하다. 보랏빛 국화 다발을 묘 앞의 화병에 꽂으니 〈어두운 어머니 나라〉가 대낮처럼 환하게 느낀다. 친정어머니거나 혹은 시어머니거나 '어머니'를 그리는 작품에서 그는 당시 우리 선조들이 겪었던 '보릿고개'를 연상하게 한다. 우리에게 '보릿고개'는 '지독한 가난'과 '배고픔'의 이미지로 작용한다. 가을에 추수한 벼(쌀)를 담아두었던 광(창고)은 비었고, 보리가 익으면 보리밥이라도 먹을 수 있는데, 아직 보리가 여물지 않아 배를 곯을 수밖에 없던 시절을 우리 겨레는 '보릿고개'라 이름 지었다.

이때 마을과 야산에는 「이팝나무」가 하얀 꽃을 피웠을 터이고, 이는 쌀밥 알갱이처럼 보였을 것이다. 〈찬물로 배 채우고/ 먹거리 귀한 시절// 지쳐서 잠든 아이/ 어머니 한숨소리〉가 안타까운 정서를 환기한다. 당시 우리의 어머니들은 먹을 것도, 가진 것도 없어 따스한 '정'밖에 줄 수가 없었을 터이다. 이처럼 신미경 시인의 부모 세대는 아픈 세월을 살아온 우리 겨레를 대변하고 있다. 이와 같은 슬픔과 고통의 정서가 내면화된 시인은 세상의 부조리에도 예민하게 반응한다.

> 슬픔이 파도치는
> 팽목항 바다 위에
>
> 소복을 차려입은
> 살풀이 갈매기 떼
>
> 아픔은
> 만선을 이뤄
> 울며가는 통통배.
>
> —「진도 앞바다」 전문

못 살고 어둡던 무지몽매(無知蒙昧)한 시절에나 있음직한 일이 21세기에 일어났다. 인천을 떠나 제주로 가던 '세월호'가 진도 인근의 '맹골수도'에서 침몰한 사건이다. 이 사건을 수습하기 위해 진도의 '팽목항'에 본부를 설치하고 구조활동을 한다. 이때 익사한 사람 혹은 그 가족의 모습을 시인은 갈매기에 의탁한다. 〈소복을 차려입은/ 살풀이 갈매기 떼〉의 울음소리가 시인의 내면에 애타게 전이되었기 때문이다. 그러기에 만선을 이루어 신이 났을 통통배마저도 '울며가는' 정경으로 형상화하였을 것이다.

그러나 여러 요인들이 복합적으로 작용하여 '세월호' 구조는 쉽게 이루어지지 않았다. 침몰한 곳이 깊고 물살이 세어 선체 인양도 꽤 오랜 시간이 걸렸다. 그리하여 단순 교통사고가 정치적 이슈로 변질되어 몇 년간 많은 사람들이 촛불을 들고 정부를 성토하였다. 시인 역시 작품을 통해 이들과 공감대를 형성한다. 「촛불집회」에서 〈진실이 수장되어/ 팽목항 우는 소리// 촛불을 받쳐 든 손/ 지혜는 평화롭다// 분노는/ 불화살 되어/ 파란 지붕 쏘았다.〉고 분노하는 내면을 형상화한다.

3.

조국 분단의 아픔을 내면화한 신미경 시인은 그때 형성된 '의식의 프리즘'으로 시대적 상황에 대해서도 침묵하지 않는다. 몇 편의 작품들에서 보이는 비판 의식은 그를 '깨어 있는 시인'으로 인식하게 한다. 촛불집회의 본부였던 「광화문」에서 〈촛불은/ 하나가 되어/ 어둔 세상 밝힌다.〉고 의미를 부여한다. 정치가들의 오류를 확인하는 「왕새우, 특검」에서 〈(국정)농단에/ 찢어진 마음/ 민정시찰 나섰다.〉고 그려낸다. 광화문 「집회」에 대하여 〈함성을 내지르며/ 희망을 노〉를 젓는다고 비유한다.

이와 함께 정치적 이슈도 될 수 있고, 때로는 개인적 관계에서도 드러날 수 있는 일로도 해석할 수 있어 다의적 함수를 지닌 작품 「믿는 도끼」와 같은 작품도 여러 편 빚어내고 있다. 어느 한쪽으로 치우치는 것보다 다의적 해석을 가능하게 비유적으로 빚은 작품에서 시조의 품격이 살아나게 마련이다. 〈돌멩이 맞은 발등/ 절면서 가는 길에// 냄비에 죽 끓듯이/ 마음이 끓어올라// 돌다리/ 두드려가며/ 조심조심 걷는다.〉고 승화시킨 작품은 인간 본연의 속성을 담아내기에 충분하다. 이런 작품 성향은 시인으로 하여금 내면의 소리에 귀를 기울이게 한다.

불쌍한 인간 위해
업보를 닦아주고

뿌리에 구멍 숭숭
제 몸을 비워가며

오욕을
태워버리자
불을 켜든 연꽃등.

—「연꽃」 전문

가톨릭 신자인 신미경 시인은 불교적 · 유교적 심상을 드러내는 작품에서도 빛을 발한다. 오랜 기간 유불선(儒佛仙) 사상이 생활화되었던 우리 겨레의 전통에 영향을 받았으리라 추정된다. 그는 연꽃을 보며 불교의 본질에 접근한다. 불교 입장에서 보면 인간은 수없이 죄를 지을 수밖에 없는 생물이다. 전생(前生)의 업(業)까지 살피지 않는다고 하더라도, 인간은 생로병사(生老病死)의 과정에 헤아릴 수 없이 많은 생명을 상하게 하였을 터이다.

또한 오욕(五欲)에 빠져 자각하지 못한 사이에 여러 죄를 지으며 살아간다. 오욕(五欲)은 인간이 취하고자 하는 집착을 말하는데, 색욕(色欲)·성욕(聲欲)·향욕(香欲)·미욕(味欲)·촉욕(觸欲)을 말한다. 쉽게 풀이하면 재욕(財欲), 색욕, 음식욕, 명예욕, 수면욕 등이다. 이는 욕구·희망 등의 긍정적 의미와는 구분되며, 갈애·집착·탐착 등의 의미를 띤다. 이와 함께 인간의 기본적 정서를 칠정(七情)이라 하여, 희(喜)·노(怒)·애(哀)·구(懼)·애(愛)·오(惡)·욕(欲)을 말하는데, 현대에는 희로애락(喜怒哀樂)으로 축약하여 사용하기도 한다.

신미경 시인은 연근(蓮根)의 속성을 통하여 마음을 비우는 허정(虛靜)의 경지를 작품화한다. 〈뿌리에 구멍 숭숭/ 제 몸을 비워가며〉에서 확인할 수 있는 바, 이렇게 비운 바탕에서 인간의〈오욕을/ 태워버리자〉고 주장한다. 이는 타인에게 그렇게 실행하라고 주장하는 것이 아니라, 자신에게 거는 '다짐의 주문(呪文)'이라 할 것이다. 사실상 어느 누구도 오욕을 모두 태워버리고 허정의 경지에 오를 사람은 존재하지 않을 터이기 때문이다.

그러기에 이를 목표로 '건실하게 살아가자'는 자의식의 발현(發現)으로 보아도 좋을 듯하다. 현실에서 그는 어려운 이웃을 위해 수고하는 보살행을 실천한다. 이를 통해 그가 지향하고 있는 생활인의 자세, 시인으로서 추구하는 높은 경지의 시심에 젖으며, 신미경 시인의 2시조집 감상을 마친다.

— 2017 시조집 『월정리역에서』 해설

◇ 강임구 시조집 『흐르는 물길 따라』 평설

서정으로 승화시킨 삶의 진정성

1.

대한민국 공군의 전투기 조종사였던 강임구 시인은 1952년 10월 15일 경상남도 의령군 칠곡면 내조리에서 출생하여 성장한다. 6.25 직후의 대한민국 서민들 대부분은 초근목피(草根木皮)로 연명하며, 형언할 수 없는 간난신고(艱難辛苦)를 겪은 것처럼 강시인의 가정도 그러했던 듯하다. 그는 고향인 칠곡초등학교와 의령중학교를 다니는 동안 농촌과 산촌에서 이루어지는 힘든 노동을 직접 겪는다.

뒷동산에서 땔나무를 하여 지게로 져 나르는 초동(樵童) 역할로 가난한 집안 살림을 도왔다고 추억한다. 이러한 일은 초등학교나 중학교 학생이 감내할 수 있는 수준의 일이 아니었으나, 1960년대의 농촌과 산촌에서는 흔히 볼 수 있는 풍경이었다. 필자 역시 중, 고등학교 재학 시절에 20리 길을 지나 '먹방산'에서 땔나무를 마련하여 지게로 져 날랐던 경험이 있어, 동시대인으로서 눈물어린 공감대를 형성하게 되었다. 특히 다음 단시조 작품에서 가슴 먹먹한 동지애를 느꼈다.

칼바람 춤을 추던
동짓날 못 둑에서

밀가루 한 되에 내 눈물, 엄마 눈물

기나긴
겨울 지나고
고목처럼 서 있다.

—「품삯」 전문

어느 해 여름, 고향에 있는 연못(저수지)의 둑이 무너진 듯하다. 1960년대에는 그 둑을 쌓는 일에 미국에서 원조한 밀가루가 동원되었다. 퍼 나르는 흙의 양에 비례하여 밀가루를 품삯으로 주었다. 이런 배경을 알고 「품삯」을 감상하면 그야말로 칼바람이 춤을 추던 동짓날에도 무너진 연못의 둑을 쌓기 위해 땅을 파서, 그 흙을 이거나 지게에 지고 나르는 어머니와 아들의〈기나긴 겨울〉을 유추할 수 있다.

같은 시대를 살아온 필자의 고향에서도 여름에 무너진 냇둑을 쌓기 위하여 겨울 내내 '밀가루' 공사를 하였다. 둑이 있던 자리는 홍수에 무너져 커다란 물웅덩이가 만들어진다. 그 주변의 흙을 퍼 이거나 져 날라서 그 웅덩이를 메우고, 원래 있던 둑보다 좀더 넓고 높은 둑을 만들려면 어마어마한 노력이 필요하다. 가난이 숙명과도 같았던 필자도 지게로 흙을 져 나른 경험이 있어, 강시인과 동병상련(同病相憐)하는 관계망이 설정되었고, 이로 인해 그의 내면을 깊이 이해하는 실마리가 되었다.

고구마 한 입 먹고
동치미 한 대접

엄동설한 짧은 해
엷은 햇살 내려 받아

가다가 되돌아보니 얼어버린 그날들

가지 않는 삭풍에
쫑알대는 개울 물

눈 덮인 비탈길에
기대선 파란 하늘

봄소식 나뭇가지 끝에 숨어 있는 한 나절

—「한겨울」 전문

빈한(貧寒)한 사람들에게 겨울은 차라리 재앙이었을 터이다. 엄동설한에 얼어 죽거나 굶어 죽지 않으면 1년을 살아날 수 있다는 말이 돌 정도로 겨울은 혹독하였다. 1950~60년대에는 고구마와 감자를 구황(救荒) 작물로 재배하여 곡식이 부족한 가정에서는 겨울철 생명줄 역할을 하였다. 이 연시조(聯詩調) 「한겨울」에서는 고구마도 아껴 먹을 정도였으니, 강시인의 가정을 비롯한 서민들의 살림이 이러했다.

〈엷은 햇살 내려 받아〉 조금 가다가 되돌아보니 그 햇살마저도 얼어버린 날들이라는 회상에서 삶의 참담함을 공유한다. 그러나 눈 덮였던 비탈길 나뭇가지 끝에 숨어 있는 봄소식을 예감하며, 무서운 겨울을 무사통과하고 싶은 소망도 담아낸다. 또한 정서의 공유를 매개삼아 작품을 감상할 터이매, 이론적 접근보다 작품 자체의 생성 과정에 치중하기로 한다.

2.

강임구 시인은 의령중학교를 졸업한 후, 고등학교에 진학할 여건이 되지 못하여, 기업의 특채에 의한 산업 역군이 된다. 의령 출신 삼성그룹 창업자가 '고향 사랑' 배려로 가정이 어려운 고향 청소년들을 '제일모직'에 특별 채용을 하였는 바, 가정 형편이 어렵던 강시인 역시 그에 따른다. 회사에 근무하면서 자성(自省)의 시간을 갖게 되고, 그로 인해 다시금 향학열이 점화되어 대구상업고등학교 야간반에 진학을 하여 주경야독(晝耕夜讀)을 한다.

타고난 지적(知的) 능력을 바탕으로 학습에 전심전력하여 공군사관학교에 합격하는 쾌거를 이룬다. 공군 소위로 임관하여 전투기 조종사로 조국의 하늘을 날다가, 이태리 대사관 무관 보좌관으로 차출되기도 하고, 공군참모대학에서 수학하며 공군 장교로서 청운의 꿈을 가꾸었으나, 1990년에 뇌출혈 발발로 보라매의 꿈을 접어야 했다. 이런 과정에서 비롯된 창작품이 여러 편인데, 1시집에 수록하지 않고 좀 숙성시키겠다는 의중을 밝힌다. 그럼에도 불구하고, 절실하였던 정서만큼이나 간접적인 형상화도 절창(絶唱)이다.

구름을 뚫고 나와
쏟아지는 하얀 나비

길 잃은 날갯짓이
하늘가 맴돌다가

한 마리
창틀에 날아와
사르르르 잠든다.

—「눈」 전문

단시조인 이 작품은 눈(雪)에 대한 묘사와 비유의 구체화일 수도 있으나, 이 눈송이를 시인으로 환치해도 무리가 없다. 〈구름을 뚫고 나와 / 쏟아지는 하얀 나비〉는 눈의 보조관념으로 보이지만, 그 원관념은 어려움을 극복하고 조종사가 되었던 시인 자신일 터이다. 예컨대 눈으로 상징되는 '하얀 나비'가 구름을 뚫고 나온다는 표현은 논리의 비약이다. 구름의 일부가 눈으로 내리는 것이지, 구름 위에 있던 다른 물체가 구름을 뚫고 내려오는 것은 아니기 때문이다.

특히〈길 잃은 날갯짓이/ 하늘가 맴돌다가〉 창틀에 날아온 것은 분명 눈의 구체화이지만, 꿈꾸던 '보라매'의 염원을 잃고 현실에 적응할 수밖에 없는 자신의 보조관념으로 보아도 좋을 터이다. 이런 형상화는 여러 작품에서 드러나는데, 「장미 2」에서〈유월의 흐르는 눈물/ 손으로 닦으면서// 반기는 전우 손에/ 웃음꽃〉을 건넨다. 자신과 현충원에 묻힌 전우가 이루지 못한 일들을 안타까워하며, 야인으로 돌아온 후에도 넘치는 '그리움'을 노래하며 전우와 일체감을 이루고자 한다.

유월에는 그 얼굴의 눈동자가 그립다
나란히 줄 서있는 전우와 눈 맞추고
가만히
고개 숙이면
들려오는 목소리

땅에서 하늘에서 외침과 노한 눈빛
천둥과 불화살에 비켜선 붉은 무리
맞대어
날던 은빛 날개
깃을 접고 있지만

비구름 몰려오는 깜깜한 지평선 끝
솟아오른 보라매 보금자리 찾았을까
한동안
움츠린 날개
홰울음을 날린다

귀를 찢는 폭음도 숨어버린 산기슭
찾아왔던 얼굴들 떠나버린 오후 네 시
하루해
지는 현충원에
온 유월이 서있다.

—「유월이 오면」 전문

4연시조인 이 작품에서 시인은 현충원을 찾아〈나란히 줄 서 있는 전우와 눈〉을 맞추며〈들려오는 목소리〉를 듣는다. 현충원에 잠들어 있는 전우와 자신이〈날던 은빛 날개/ 깃을 접고 있지만〉〈천둥과 불화살에 비켜선 붉은 무리〉들을 응징하려는 의지만은 여전하다고 적시한다. 특히 현충원에 잠들어 있는 전우가〈비구름 몰려오는 깜깜한 지평선 끝〉에서 보금자리를 찾았을까, 염려하는 마음이 오롯하다.

전우를 찾아왔던 사람들이〈떠나버린 오후 네 시〉에도 시인은 현충원에 서 있다. 전우의 곁에서 변함없이 함께하고자 하는 동지애의 현신(現身)이다.

3.

강임구 시인은 보라매의 꿈을 접고, 공군대학교 교수로 보임되어 장교들에 대한 재교육을 통하여 보국애민(保國愛民)을 실천한다. 연세대학교에서 석사 과정을 마치고, 대전대학교에서 박사과정을 마친 후에는 민간인 신분의 교수로 근무한다. 그는 퇴역에 이르러 세상을 관조(觀照)하며 행복하게 살기로 결심한다. 2009년부터 워킹아코디언예술단에서 아코디언을 배우며, 어려운 이웃들을 위한 봉사에 앞장서고 있다. 한국시낭송가협회에서 주관하는 시낭송 연수과정에 참여하여 시낭송가로 사회봉사에도 나선다.

이와 함께 대전문학관에서 문학창작의 기초과정을 마치고, 대전문예대학의 창작을 위한 합평회에도 참여하여 작품의 수준을 높이기 위해 노력한다. 이러한 과정을 거쳐 『창조문학』의 신인상에 시조작품이 당선되어 시조시인으로 등단한다. 그 동안 창작한 시조가 200편이 넘는데, 그 중에서 100편만을 선정하여 작품집으로 묶는다.

작품의 예술성을 추구하는 심모원려(深謀遠慮)로 보인다.

수평선 긴 써레가
건반을 훑고 올 때

망둥어 온음 따라
찾아가는 고향길

물들면
축제의 향연
같이할 수 있겠다.

—「귀향」 전문

단시조의 압축미와 걸출한 비유가 뛰어난 가편(佳篇)이다.〈수평선 긴 써레가/ 건반을 훑고 올 때〉에서 보여주는 시어의 융합은 신(神)의 한수에 가깝다. 길게 펼쳐 있는 '수평선'을 '긴 써레'에 견주는 발상은 농촌에서 성장한 그만이 찾아낼 수 있는 절구(絶句)다. 다시 '긴 써레'가 피아노 건반을 훑어 오는 비유가 생동적이다. 초장만으로도 작품의 높은 수준을 가늠할 수 있는 바, 이 작품의 중장과 종장을 통하여 감동은 심화된다.

'수평선'과 짝을 맞춘 '망둥어'는 바닷가 뻘에서 쉽게 볼 수 있는 어종으로, 깊은 바다에서 자란 후 태어난 갯벌로 다시 돌아온다는 점에서 귀향과 부합된다. 망둥어는 고유의 소리를 내는데, 그 소리를 '온음'으로 인식한 것도 놀랍다. 서로 맞닿은 두 음의 사이가 장2도에 해당하는 음정을 '온음'이라고 한다. 이는 반음정 둘을 합한 것으로,

음악의 전문가가 아니더라도 변별하거나 감득(感得)할 수 있는 기본 음정이다. 망둥어 소리를 따라 고향을 찾아 떠나는 시심 또한 가치 있는 세계와 닿아 있다.

이엉을 곱게 엮어 용마루 얹어 놓고
장독대 정화수에 달빛이 가득해도
관서(關西)에 홀로 계신 님 다시 올 줄 모른다

국화꽃 향기 짙은 단풍 길 걸어가며
만남을 기뻐하고 이별을 아쉬워한
석북(石北)의 장단소리에 가을빛은 익어가고

해지고 별, 달뜨는 서천의 물길 옆에
반석을 쪼아가며 악성(樂聖)을 수놓으니
글귀는 맑은 햇살의 무지개로 빛난다.

—「물은 흐르고」 전문

장별 배행의 3연시조인 이 작품의 시어와 형상화 과정은 고답적이다. 과거지향적인 '이엉' '용마루' '정화수' '관서' '석북' '서천' 등의 어의(語義)를 정확하게 이해할 수 있다면, 우리 전통문화에 소양이 깊은 독자라 하겠다. 최근의 생활 현실에서는 찾아보기 힘든 소재들인데, 볏짚을 엮어 만든 '이엉'으로 지붕을 덮은 뒤에 '용고새'로 '용마루'를 덮으면 초가의 지붕이 완성된다. 또한 우리의 어머니들은 가족의 평안과 자녀들의 안녕을 빌기 위하여 '장독대'에 '정화수'를 떠 놓고 기원하였는데, 요즘의 '기도'나 '불공'에 해당된다.

이 작품은 시조시인 석북 신광수에 대한 존경을 담고 있다. 석북 선생의 『석북집』「관서악부」에 '장단을 얹혀서 부르는 노래'가 '시조'라는 것을 밝힌 문학적 공로에 대한 찬탄(贊嘆)의 의미도 담겨 있다. 이 노래는 시조작품을 미적 결정체로 인식하는 바탕에,〈글귀는 맑은 햇살의 무지개로 빛난다.〉 등을 통해 수준 높은 시조 창작에 매진하겠다는 열망(熱望)의 표현이기도 하다.

4.

강임구 시인의 첫 시집에는 가족에 대한 사랑이 20여 편 수록되어 있다. 그가 뇌혈관 파열로 삶의 굴곡을 경험하였을 때, 혹은 평생의 꿈을 접는 과정에서 가족의 사랑과 보살핌이 컸으리라는 점에서 당연한 귀결이라 하겠다.

특히 성장기에 접하였던 가족의 관심과 사랑은 평생 동안 잊을 수 없는 서정적 자산일 터이다. 농촌에서 어려운 일들을 하면서도 손주들에게 자상하였을 할머니의 세월, 가난한 가정을 이끄느라 온갖 고생을 짊어졌을 아버지의 젊은 시절, 모시고 살아도 언제나 그리운 어머니의 사랑과 추억, 아내에 대한 사랑과 미안함, 자녀에 대한 사랑과 순정한 기대, 그리고 사랑스러운 손주들에 대한 무한한 관심과 배려가 작품에 용해되어 나타난다.

> 콩 껍데기 툭 터지면
> 가을 빛 익어가고
>
> 키질 끝에 날아가는

눈물어린 쭉정이

묻어온
바람결 따라
살아오신 야윈 손

— 「할머니」 전문

단시조에 담아낸 이 작품은 초장(初章)부터 발상의 전환이 신선하다. 가을빛이 익어가기 때문에 콩이 여물어 껍데기가 툭 터지는 것인데, 그 인과 관계를 역(逆)으로 해석하고 있다. 이러한 발상은 정서의 중심축이 익어가는 가을빛보다 콩 바심을 하는 할머니에 기울어 있다는 방증이다. 간략하게 묘사하고 있지만, 콩 바심에는 여러 과정을 거치는데 생략되어 있다. 1차로 콩을 베거나 뽑고, 2차로 햇볕에 잘 말린 후, 3차로 도리깨로 타작하여, 4차로 콩을 모아 키질로 쭉정이를 날려 알곡만 남긴다.

이와 같이 몇 단계로 정리를 해도 농민들이 쏟는 정성과 시간을 온전하게 담아내기는 지난한 일이다. 할머니를 비롯한 우리 아버지와 어머니는 정성과 사랑으로 가족의 먹거리를 마련한 것이다. 한낱 곡식을 위한 수고가 이러하였으니, 자손을 비롯한 가족에 대한 사랑이 얼마나 넓고 깊었으리라 유추하게 한다. 「아버지」에서 그는 거울에 비친 자신의 모습을 보면서 아버지의 눈물어린 세월을 연상한다. 「어머니 2」에서 자식 걱정에 〈서성이는 노을길〉의 애잔한 정서를 작품에 담아낸다.

아지랑이 봄 들녘 찾아 나선 차가운 손
어머님이 솎아 낸 목 자른 푸른 보리
보리죽
한 사발 밥상
하루해가 저문다.

고무신 맨발에 손때 찌든 망태자루
뚝새풀 엉킨 고랑 헤쳐 나간 보리밭
봄볕에
노곤한 다리
함께하기 힘들다.

유월의 이른 장마 퍼붓는 빗소리
허둥대는 발걸음에 싹이 돋는 보리이삭
한 고비
넘기어야 할
목숨들의 울대다.

바람 부는 산마루에 잡목들 무성한데
넘나드는 산 까마귀 조상님들 어디 갔나
다가가
물어보아도
말이 없는 산 그림자.

—「보릿고개」 전문

4연시조로 구성된 이 작품에서 시인은 성장기의 '보릿고개'를 작품으로 빚는다. 첫 수의〈어머님이 솎아 낸 목 자른 푸른 보리〉는 삶의 곤궁을 여실하게 보여준다. 청보리가 여물면 누렇게 익는데, 이 때 보리를 수확하는 것이 정석이다. 그렇지만 당장 가족을 굶길 수가 없는 어머니는 여물지도 않은 '푸른 보리'의 목을 잘라 밥을 짓는다. 곡식이 여물었을 때 수확하면 양과 질에서 훨씬 득(得)이지만, 궁핍을 극복하기 위한 차선책이다. 이러한 삶을 시인은〈한 고비/ 넘기어야 할/ 목숨들의 울대〉라고 은유한다.

이러한 과정을 견뎌온 국민들이 합심하여, 우리나라는 오늘날과 같은 풍요의 시대를 맞게 되었다. 그 바탕에서 시인은 이제 손주들을 사랑하며, 또한 그들의 재롱에 행복해하며 여생을 보내리라 기대한다.〈할아버지 무릎은 우리 애기 놀이터〉로 내어주면서 손주들과 눈높이를 맞추고 있다.

5.

강임구 시인은 할머니, 아버지와 어머니가 겪으셨던 가난의 굴레를 스스로 극복한 '인간승리'의 표본이다. 중학교를 졸업한 후 산업체에 근무하여 안주할 수도 있었으나, 야간고등학교에 진학, 주경야독하여 공군사관학교에 진학한 자질과 노력은 입지전적 성공 신화다. 사회적 성취를 이룬 뒤 아름다운 여생을 준비하는 자세 역시 건실하다.

또한 자신에 대한 진솔한 성찰을 작품으로 빚는다.〈오라고 안 했는데/ 살며시 따라와서// 수많은 참견에다/ 눈물만 남겨놓고// 손수건/ 꺼내기도 전/ 가는 길은 어딘가〉 자문(自問)하는「송년」에서 1년의 끄트머리와 인생의 노년기를 복합적으로 그려내고 있다.〈수많은 눈물만 남겨놓고〉 흘러간 세월에서도 시인은 긍정적인 시심으로 세상을 관조한다.

햇살에 물들여진
오선지 초록치마
이파리 속삭임에
발걸음 멈춰 선다.

이슬이
앉은 찻잔에
여울지는 녹차향.

—「차밭에서」 전문

차밭에서 햇살에 물든 연초록빛 새순을 만난다. 초록의 긴 줄로 이어진 차밭을 '오선지'로 비유하면서, 시인은 차 이파리들의 속삭임에 발걸음을 멈춘다. 여기까지가 차밭에서 인식할 수 있는 장면이다. 그러나 시인은 이슬이 내려앉은 찻잎에서 물방울이 아롱진 찻잔을 연상하게 되고, 찻잔에서 모락모락 오르는 김을 통해 녹차향을 인식하여, 시심의 정화작용을 담아낸다.

천지를 덮고 있는
하얀 달빛가루

잘라도 다시 나는
티눈 같은 한 점 살

수천 년
비추고도 남는
별빛 같은 맑은 힘

―「초심」 전문

강임구 시인의 문학적 지향이 「초심(初心)」에 담겨 있다. 그가 인식하고 있는 시의 영역은 아마도〈천지를 덮고 있는〉 겨울의 달빛가루처럼 무량(無量)한 듯하다. 문학 창작의 발심(發心)은 '티눈'과 같아서 잊을 듯하다가 무시로 통증을 유발하여 나태함을 경계한다. 그가 문학에 매진할 수 있는 동인(動因)은 수천 년 비추고도 남을〈별빛 같은 맑은 힘〉이다. 별빛처럼 맑은 순수와 진실이 그의 작품을 지탱하는 원동력이다.

우리 겨레 문학에서 유구한 역사를 지닌 시조(時調)의 전통을 계승하는 것만으로도 시조시인들은 자존(自尊)할 수 있다. 시조는 문학사(文學史)의 영역이면서 정치와 사회, 문화와 예술, 산업과 생활을 포용하기 때문이다. 시조는 역사 이래 예술 중의 으뜸으로 자리매김이 되어 왔다. 아름다운 서정을 노래하기도 했으며, 사회 여러 분야의 아픈 곳을 어루만지기도 했고, 때로는 시조가 곧 학문의 중심이기도 했다. 이런 마력(魔力)에 의해, 강임구 시인 역시 겨레문학의 발전을 위해 시조 창작에 매진하리라 믿는다.

― 2015 시조집 『흐르는 물길 따라』 해설

◇ 전순표 시조집 『옥천에 살어리랏다』 평설

옥천의 자연과 문화, 그 곡진한 사랑가

1.

전순표 시인은 1955년 충북 옥천군 옥천읍 금구리에서 출생하여 성장한다. 그는 옥천삼양초등학교와 옥천중학교를 졸업한 후, 인접한 도시 대전 소재의 충남고등학교를 졸업하고, 충남대학교에서 식품가공학을 전공한다. 장학생으로 선정될 정도로 성적이 우수하였던 그는 사회 정의를 실현하고, 세상 어느 것에도 흔들리지 않는 정론직필을 추구하기 위해 대전일보에 입사하여 신문기자가 된다.

전순표 시인은 옥천문화원의 상임이사와 부원장을 역임하며 옥천의 향토 문화 발전에 기여한다. 특히 잊혀지고 사라지는 지역의 역사문화에 대한 관심과 사랑으로 일관하여, 현재 '옥천향토전시관'의 명예관장으로 향토사 연구에 전념하고 있다.

그는 향토문화 유적을 답사하면서 자신도 모르게 솟아오르는 애국애민의 정서적 충격을 시조에 담아낸다.

한 능선 두 봉우리 함박산과 퇴미산
맑은 정기 이어내려
인물마다 곧은 성품
일찍이 서원을 열어 옥천고을 빛냈다.

이충범 동천 선생, 후학들을 가르치다
임진란 발발하자
지사들과 동행하여
애국심 구국의 일념, 의병으로 나섰다.

늙은 몸 칠십 노구 추풍령 고개 넘어
왜군들을 갈잎처럼
신출귀몰 무찌르고
낙동강 구미 선산에 겨레 혼을 뿌렸다.

—「쌍봉 서원」 전문

이 작품은 3연시조로 구성되어 있다. 의병장 조헌 선생을 비롯하여, 의롭게 분기(奮起)한 이충범 선생, 정립 선생들을 배출한 쌍봉서원을 찬탄하고 있다. 의병들은 국가의 환란에 임하면, 구국일념으로 의로운 목숨을 바치고자 했다.

이 작품의 중심을 이루는 후율 조헌 의병장은 충청권 의거의 태두(泰斗)이다. 선생의 고향은 경기도 김포였는데, 계모가 계신 충북 보은 현감으로 제수되어 목민관으로서 행정의 본보기를 보이다가, 관직에서 물러난 후, 인근에 있는 옥천군 용촌리에 정착하여 '후율정사'를 개설하고 후학들을 양성하였다. '후율(後栗)'은 임진왜란에 앞서 십만양병설을 주창한 성리학자 율곡 이이 선생의 뒤를 잇겠다는 의미를 띤 조헌 선생의 아호(雅號)다.

작고한 후에 선생의 위패는 충남 금산군의 '칠백의총'에 모셨지만, 선생을 존경하는 후학들이 옥천군 안내면 도이리에 재실 겸 서당 '후율당'을 설립하여 오늘까지 전한다. 작품 「후율당(後栗堂)」에서 전순표 시인은〈임진란 충의 기상 배움터 후율당 내/ 충신각과 아들 완기 효자각 함께 있다./ 금산서 만고 효자가 아버지와 숨졌다.〉고 조헌 선생 부자의 순절을 추모한다. 또한 「조헌 표충사」에서는〈순절하신 의병장〉의 충의 정신을 기려, 나라에서 표충사를 세워 추모제향을 지낸다고 묵상한다.

충의 열사들을 흠모하던 전순표 시인은 현대시의 중심을 이루었던 정지용 시인을 추모하는 '지용제'의 실무위원으로 참여한다. 선생의 생가를 자주 들러 보살피기도 하고, 자신의 문학 창작에 대한 깨우침을 얻기도 한다.

개울에서 뛰어놀던
어릴 적 지용 시인

청석교 다리 아래
피어나던 달맞이꽃

시집 온 어린 아내가
물을 깃던 우물가.
오가는 세월 따라
무심을 가꾸는데

이엉 올린 초가 삼칸
옛 추억이 담겨 있다.

선생은 멀리 가셨어도
시인 묵객 줄을 잇고.

—「시인 정지용 생가」 전문

전순표 시인은 태생적으로 시를 창작할 수밖에 없는 환경에서 태어나고 성장한다. 충청권 문학의 여명기에 대전에서 시와 시조를 창작하던 전형 시인이 일가이다. 대전일보 주필과 편집국장을 역임한 전형 시인은 대전문화원 원장을 역임할 정도로 당시 대표적 문화인이자 인텔리였다.

월북 문인들이 해금되자 전순표 시인은 정지용 시인을 기리는 일에 앞장서면서, 전형 시인을 기리는 일에도 적극적으로 나선다. 또한 한국현대시조시인협회 회장을 지낸 옥천 이은방 시인이 작고하자, 그를 기리는 사업도 주도하고 있다.

그는 이은방 시조시인의 주선으로 2005년 『농민문학』의 신인상에 시가 당선되어 시인으로 등단하였고, 우리 겨레 문학의 전통을 이어온 시조를 창작하겠다는 의지에 힘입어 2006년 『문학사랑』의 신인작품상에 시조가 당선되어 시조시인으로도 나선다. 그 후 시와 시조 창작에 매진하여 수많은 작품을 빚어놓았는데, 겨레시의 정수라 할 시조(時調) 117편을 가려 뽑아 2015년에 첫 시조집 『옥천에 살어리랏다』를 발간한다.

2.

전순표 시인은 옥천의 향토와 역사적 인물을 존경하고 사랑한다. 마음으로만 사랑하는 것이 아니라, 실천하는 지성의 풍모를 유감없이 발휘한다. 해마다 '지용 백일장'의 심사위원으로 참여하고 있으며, 옥천 이은방 선생을 기리는 백일장을 주도적으로 개최한다. 선친이 국가유공자이기도 한 그는 옥천의 향토사 분야에서 '걸어다니는 백과사전' 으로 불린다.

이와 함께 문학 작품의 품격을 높이기 위해서 최선을 다한다. 경승지 '명월암'에 대한 작품은 자연으로서의 '명월'과 김옥균을 흠모하던 기생 '명월'의 중의적 비유를 내재한다. 명월암(明月岩)으로 명명된 유래를〈김옥균 구국충절〉을 사모한 기생 명월이 꽃 같은 몸을 던진 바위라고 확인한다. 이렇게 애달픈 이야기가 강물을 따라 흐르고, 김옥균을 사모한 명월이 순절하듯, 전순표 시인은〈비단강 혼불〉로 남아 있을 명월을 그려낸다.

이같은 절절한 에피소드를 작품에 담기도 하지만, 그는 평범한 마을에 대해서도 아름다운 서정을 시화(詩化)한다. 고향 마을「언덕길에서」그는〈뒷동산 진달래꽃/ 흩날리던 이른 봄〉에〈할미꽃 피어 있는/ 저기 저 언덕길〉을 찾아〈아롱지는 옛 추억〉을 노래한다.

대청호 출렁이는
아늑한 남향받이

안터 마을 입구에
석기시대 고인돌

원시인 큰 웃음 띠며
어서 와요, 반긴다.

—「안터 고인돌」 전문

옥천군에는 구석기 유물이 산재(散在)해 있어 선사시대 이전부터 사람이 살았던 명당으로 일컫는다. '옥천선사공원'에는 장승과 솟대, 그리고 제신탑 모형이 야외에 전시되어 있다. 여러 곳에 산재해 있던 선돌과 고인돌 모형도 전시되어 있다. 이 공원에서 다리를 건너면 '안터마을'이다. 이 마을에도 고인돌과 선돌, 지석묘 등이 산재하는데, 현재는 자연과 문화가 공존하는 친환경 생태마을로, 계절에 따라 다양한 체험행사를 개최한다. 이 마을에도 '안터선사공원'이 조성되어 선돌 모양의 안내석도 볼 수 있으며, 돌칼, 돌화살촉, 돌찌귀, 그물추 등 석기시대의 유물이 출토되어 학자들과 수많은 관광객이 찾는 곳이다.

고대의 유물도 소중하지만, 현대 문화유산도 보존할 가치가 있다. 그 예(例)로 「육영수 여사 생가」도 작품에 담아낸다. 여사와 같은 고향인 시인은〈나의 살던 고향에 살구꽃 피고진다.〉고 서술한다. 또한〈커다란 아흔아홉 칸 귀하게도 나셨다.〉고 가옥의 규모와 존경하는 인물의 탄생을 서술한다.〈자수 놓고 서예하던 정숙한 안채 뒷방〉에 다소곳이 앉아 있는 여사의 모습에서, 시인은 자신을 낳고 길러주신 어머니를 연상한다.

산기슭 골짜기에 초록빛 물드는 봄,
소나무 숲길 지나 양지 볕 따뜻하면
한식날 선산에 올라 성묘하고 풀 뽑다.

황천은 하늘나라, 보고픈 어머니가
아버지 영혼 따라 가시던 그날에도
꺼억 꺽 갈까마귀가 목이 쉬어 울었다.

후손들 잘 되기를 기도하시던 어머니
아지랑이 피어나는 산기슭 솔밭 길에
저리도 다정스럽게 그리움을 가꾸시네.

— 「한식날에 — 어머니」 전문

3연시조의 첫수는 묘사와 서술로 전경화(前景化)를 이룬다. 이어 둘째 수에서 절실한 정서를 폭발적으로 형상화한다. 〈황천은 하늘나라〉인데, 그 곳에 계시는 아버지가 그리워 어머니도 그곳으로 떠나셨다는 발상이다. 〈꺼억 꺽 갈까마귀가 목이 쉬어 울었다.〉에서 자신의 먹먹한 정서를 갈까마귀에 의탁하여, 자신의 절절한 슬픔을 타자화한다. 셋째 수에서는 어머니를 추모하는 내면을 간접적으로 묘사한다. 〈아지랑이 피어나는 산기슭 솔밭 길〉의 묘사도 정겹고, 그 솔밭길에 〈저리도 다정스럽게〉 그리움을 가꾸고 계셔서, 시인이 어머니를 그리워한다는 시각이다.

전순표 시인의 문학적 뿌리는 어머니에 닿아 있는 것으로 보인다. 어머니의 친정인 '가산(佳山)' 연작시 33편이 시인의 정서를 대변한다. 가산은 충북 옥천군 군북면의 금강 건너편 안내면 답양리에 있다. 강변을 중심으로 높고 낮은 산들이 아름다운 절경을 이루고 있다.

장고개 산마루턱 한 눈에 내려 뵈는
대청호 산수 풍광 빼어난 경치로다.
어허라, 감탄사 터지는 여기 바로 비인간.

진걸강 건너편에 좌청룡 오봉산이
대청호 맑은 물에 그림자를 드리우고
세상을 모두 얻은 듯 출렁이는 저 자태.

미리새 십리 절벽 우백호 채운산
춘삼월에 만발하는 복사꽃 살구꽃
눈 앞의 용호팔경과 발 아래 군북팔경.

—「가산별곡 6 — 장고개 명승지」 전문

장고개 산마루턱에서 내려보면 대청호의 빼어난 경치가 한눈에 들어온다. 산과 물이 만나는 자연 그대로의 풍광은 인간이 살 수 없는 특성(非人間)을 띤다. 좌청룡 오봉산과 우백호 채운산이 대청호 물에 그림자를 띄우고 출렁인다. 용호팔경과 군북팔경에 봄이 오면 복사꽃과 살구꽃이 만발한다. 이렇게 아름다운 곳이 '가산'이다.

그러나 빼어난 풍광을 가진 곳에서 사는 주민들의 삶은 대체로 고달프게 마련이다. 하늘만 빤하게 보이는 산촌에 의식주가 풍족할 리 없을 터이며, 생활과 밀접한 교육 문화시설이 넉넉할 리 없을 터이고, 인접 지역과 소통하기 위한 교통시설이 편리할 리 없을 터이기 때문이다.

그리하여 그 곳에서 태어나고 사시다가 작고하신 외할머니의 삶을 통해, 죽지 못해 살아가는 팍팍한 삶을 그려내고 있다. 그의 외할머니는〈삼신산 할미 따라 태어난 두메산골〉에서 사느라〈기차도 서울구경도/ 못하여 서러운데/ 평생을 뼈골 빠지게 몸 놀려서 일〉했다고 안타까워한다. 그렇지만 외할머니가〈나물죽으로 연명하다/ 황천에 가보았더니〉 아무리 힘든 생활이라고 해도 저승보다 이승이 낫다고 하신 말씀을 증언한다. 그리하여 다음의 작품이 빚어지는 동인(動因)이 된다.

가지 마, 가지 마오.
가산골 가지 마오.
삼년간 동학난리 낭군 잃고 피난 와서
인생이 다 고해라 해도
이보다 더 힘겨울까.

가지 마, 궁벽산촌
시골로 가지 마오.
미운 정 가산인데 고운 정도 들었다.
하늘만 빤한 곳으로
가지 마오, 가산골.

— 「가산별곡 19 — 가지 마오」 전문

이 작품의 서정적 자아는 '가산'에서 살던 사람이다. 가산에서 살 때의 고단함이 내면에서 지워지지 않기 때문에 '가산'으로 가려는 사람들을 만류한다. 그 곳에서〈미운 정 가산〉이지만 고운 정도 들었을 터이지만, 궁벽한 산촌(山村)인 '가산'에서 정주(定住)하기 위해 가지는 말라고 말린다.

이러한 정서의 바탕에는 '가산'에서 사랑하던 사람과의 이별이 작용한 듯하다. 서로 나누던 진정한 사랑이었든지, 혹은 혼자 그리워하는 짝사랑이었든지, 어떠한 상황이었는지는 표출되지 않았으나, 전순표 시인의 내면에는 '가산'에서 이루지 못한 사랑이 등장한다. 이는 가상(假想)으로 설정된 시인의 상상력이 빚은 아름다운 노래일 수도 있고, 그리운 사람과의 아득한 사랑을 노래한 것일 수도 있다.

흰구름이 감싸 안는
산마루턱 오솔길

그대 소식 기다리는
장고개 수수밭에

긴 머리
빨간 댕기 소녀
조신하던 매무시.
반가운 산 까치가
바람 타고 날아와

산마루 높이 올라
전하는 그대 소식

노 젓는
뱃사공 편에
내 사랑도 전하네.

—「장고개」 전문

이런 형상화에서 환기하는 절절한 정서는 「장포강(長浦江)에서」도 드러난다. 〈분홍색 저고리에/ 꽃 댕기 달아매고/ 찔레꽃 필 무렵에/ 눈물짓던 사람아/ 떠나간 장포강가에/ 가을빛이 눈부시다.〉라며, 시인은 봄부터 가을까지 면면하게 이어지는 관심과 사랑을 작품에 담아낸다. 이는 점차 환상으로 발전하여 시인의 내면에까지 침투한다. 〈꿈길에 들려오는/ 그리운 속삭임이/ 앞 강물 흘러 흘러/ 내 품에 안겨 오는/ 파란 저 하늘가에서/ 그대 얼굴 맴돈다.〉면서 그리운 사람을 환상으로 만난다.

시인은 이처럼 폭발적인 정서에 힘입어 많은 작품을 빚는다. 때로는 목숨을 아끼지 않을 정도로 사랑을 해야 절실한 작품을 빚게 되며, 그 폭발적 정서가 독자들에게 전달되는 것이다. 시인 스스로도 감동하지 못한 시적 제재로 작품을 빚는다면, 독자들의 가슴에 공감대를 형성하기가 난망할 터이다. 자신도 눈물을 흘릴 정도로 놀라운 제재를 언어로 형상화해야 첫사랑처럼 두근거리는 감동의 휘오리를 형성할 터이다.

3.

전순표 시인의 작품에는 향토에 대한 사랑을 담은 작품과 불교적 정서를 담은 작품이 중심을 이룬다. 그는 모친의 영향을 받아 태생적 불교 신자로서 무욕의 정서를 작품에 담아낸다. 정서적 고향인 '가산'의 '가산사'를 노래한 작품(「가산별곡 9 — 가산사」)에서 〈세상의 시름〉을 풀어놓기 위해 천년 고찰 가산사를 찾아오라고 권면한다.

충북 옥천군 안내면 답양리 채운산 자락에 자리한 가산사는 신라 시대 때 창건된 것으로 전해지는 조계종 제5교구 본사인 법주사의 말사인데, 임진왜란 이전에는 알려지지 않았던 사찰이다. 병자호란 후에 마을이 형성될 정도로 오지였고, 가산사의 사세(寺勢)도 미약하여 주목을 받지 못했으나, 임진왜란 당시 영규대사와 조헌 선생이 의승군(義僧軍)과 의병(義兵)을 훈련하고 군영(軍營)으로 활용하여 역사적 의의가 큰 절이다. 그런 이유로 일제 강점기에는 두 의병장의 영정을 강제로 빼앗길 정도로 탄압을 받은 호국 사찰이다.

이와 같은 호국정신의 도량(道場)인 것에도 방점을 찍지만, 전순표 시인은 삶에 대한 맑은 깨달음을 얻기 위해 부처님께 의탁한다.

세상이 아수라니
탐욕을 줄이고.

청정한 도량에서
단정히 일신하여
세상사
잠시나마 잊고
유심조를 선하리.

—「부처 세상」 전문

구름 걸린 벼랑길
욕심 털며 올라서면

바위 병풍 둘러친
식장산의 구절사.
청풍에 번뇌를 씻고

무량무심 가꾼다.

— 「식장산 구절사」 전문

단시조(短時調) 형식의 두 작품에 흐르는 정서는 무욕의 시심이다. 세상의 탐진치에서 벗어나고자 하는 정각정심(正覺正心)의 발현이다. 「부처 세상」은 아수라(阿修羅)의 세상을 이루는 원인이 탐욕이라 보고, 이 탐욕을 줄이기 위해 청정한 도량(道場)에서 단정한 마음으로 일신(一新)하고자 한다. 시끄러운 세상사를 잠시나마 잊기 위해, 선(禪)을 통하여 인간 삶의 일체가 유심조(唯心造)라는 정각(正覺)에 이르고자 하는 시심을 담아낸다.

「식장산 구절사」는 대전광역시 동구와 충청북도 옥천군 경계에 소재한 식장산 능선 아래에 있다. 옥천쪽 깎아지른 절벽 앞에 있어 대중이 근접하기 어려운 사찰이다. 구름과 안개가 감싸고 있는 벼랑길을 오르면, 아담한 사찰이 마중한다. 상쾌한 바람에 세상의 번뇌를 씻으며 욕심을 비우려는 시인의 오롯한 소망이 이 작품에 투영되어 있다.

이러한 발상은 '참 나(眞我)'를 찾으려는 구도(求道)적 자세에서 비롯된다. 이러한 자세를 바탕으로 맑은 시심, 청정한 불심으로 작품을 창작하여 독자들과 함께 깨달음의 공감대를 형성하고자 한다. 이러한 작품을 감상하며 그가 추구하는 향토사 바로잡기와 향토문화 선양에 눈부신 역할을 담당하리라 확신한다. 이런 믿음과 기대로 전순표 시인의 작품 감상을 마친다.

— 2016 시조집 『옥천에 살어리랏다』 해설

5장

시조 평설 참고자료

참고자료 : 대전지역 시조창작의 통사적 조명
— 시대별 대표작을 중심으로

참고자료 : 삶의 향기와 자연의 조응(엄기창 집필)
— 리헌석 시조집 『섬바위』의 작품세계

[참고자료 1]

대전지역 시조창작의 통사적 조명[24)]

— 시대별 대표작을 중심으로

1. 들어가기

21세기를 맞은 대전 지역에는 약 300여 명의 문인이 창작활동을 하고 있다. 대전문인협회의 경우에는 290여 명의 문인이 참여하고 있는데, 시조 시인들은 약 20여 명이다.

대전에 문학의 뿌리를 내리게 한 분은 소정 정훈 선생이다. 그 분은 일제시대인 1937년에 시를 창작하였고, 독립 후에는 시조 창작에 남다른 애착을 보이신 분이시다. 현대시로 창작한 시를 시조로 개작

24) 2001년 한국문예진흥원 지원 '시조 발전 심포지엄'에서 대전지역의 시조에 한정하여 필자가 발표한 내용이다. 일부 내용은 2003년에 첨가, 보완, 수정했다. 이 글은 깊이 있는 천착이 아니고, 개략적 맛보기 형식을 취했음을 밝히며 독자의 이해를 구한다. 이후에 등단한 시조시인과 그분들에 대한 작품 해설을 추가하지 못하였음도 밝힌다.

하여 시조집에 수록하기도 하는 등, 말년의 시조 창작은 민족 운동과 맞물려 눈부신 바가 있다. 이와 함께 이재복 유동삼 이교탁 김대현 이금준 시인들이 시조 창작에 힘을 모아 시조 인구가 증가되었고, 작품 또한 발전을 거듭했다.

거슬러 올라가면 조선시대에 우암이나 동춘당 등 유림에서 창작한 고시조들이 훌륭한 작품성을 인정받고 있으나, 본고에서는 현대 시조를 창작한 분들, 그 분들 중에서 돋보이는 창작 활동을 했거나, 현재 열심히 창작하고 있는 분들을 중심으로, 등단 순서에 의해 약술하고자 한다.

다만 여러 시인들의 모든 작품을 다 섭렵할 수가 없기 때문에, 당해 시인에게 있어 대표작이라 인정되는 작품을 필자가 선정하였다. 그리고 그 작품에 대해 간략한 평설을 붙이고자 한다. 물론 시인 각자의 애정에 의한 대표작과 평자의 시각에 의한 대표작이 다를 수 있겠지만, 편의상 필자의 주관에 의해 선정한 작품으로 한정한다.

혹여 부족한 부분은 보완할 것이고, 오류가 있는 부분은 정정할 계획이다. 따라서 당해 시인께서 우정 어린 충고로 가다듬어 주시고, 다른 문인들께서도 기탄없는 비정(批正)으로 객관성을 유지하도록 도와주실 것을 감히 청한다.

2. 시인별 대표작 엿보기

2.1 발아기의 시조 시인(일제 강점기 ~ 1960년대)

2.1.1 전 형 시인

춘파(春坡) 전형(全馨)의 본명은 전우한으로 1907년 9월 13일 충북 옥천읍 죽향리 66-1번지에서 태어나고 성장한다. 옥천 공립보통학교를 졸업하고, 서울에 있는 보성고등보통학교에 진학했으나 중퇴하기에 이른다. 보성고보 중퇴에 대한 특기할 점은 밝혀지지 않았으며, 1934년 7월에 일본대학 문과에서도 중퇴한다. 그는 우리 신문학의 여명기에 시인과 신문기자로 민족의 선각자 위치에 있었다. 그는 1928년 12월에 발간한 『조선시단』2 · 3호 합본호에 시 「한숨」을 발표한다. 이를 기점으로 여러 작품을 발표하기에 이른다.

①「한숨」 全佑漢. 1928 『조선시단』 2 · 3호 합본호
②「아침이 왔단다」 春坡. 1929 『조선시단』 제5호 『청년시인백인선』
③「춘일 점경」 全春坡. 1932 『혜성』 창간호
④「환멸(幻滅)의 노래」 全馨. 1934 『조선시단』 제8호, 속간호.
⑤「단가(短歌)」 21수 全馨. 1934 『조선시단』 제8호, 속간호.
⑥「애창」 全馨. 1935. 『신조선』 시조시작2제 중 1
⑦「새로 얻은 노래」 全馨. 1935. 『신조선』 시조시작2제 중 1.
⑧「苦吟」 全馨. 1936. 7. 20. 〈조선중앙일보〉
⑨「정야(靜夜)」 全馨. 1937년 「자오선」 창간호.
⑩「별을 우러러」 全馨. 1937년 「자오선」 창간호.

아직 찾지 못한 작품이 있겠지만, 찾아진 작품만을 정리해 보아도, 한국 문학의 여명기인 1930년대에 제목으로 10편, 단수까지 합하여 30편을 발표했다는 것은 경이로운 일이다. 이런 정리를 한 후

에 몇 가지 측면에서 의미로운 단서를 찾게 된다. 그가 발표한 지면이 신문〈조선중앙일보〉, 문학지 『조선시단』『혜성』『신조선』『자오선』 등으로 특별한 지면에 얽매이지 않고 다양하다는 점이다. 이는 당시 문단과 언론계에 널리 알려졌기 때문일 것으로 보인다. 또한 작품 발표를 '전우한' '춘파' '전춘파' '전형' 등으로 표기하여 고정되지 않았음을 밝히는 단서로 기능한다. 이후에는 '춘파' '전춘파' '전형'으로 쓰고 있는 것으로 보아 첫 작품만 본명으로 발표하고 이후에는 호를 사용하였으며, 후에는 개명 절차를 밟은 '전형'을 많이 사용하고 있다는 점이다. 이 중 시조로서의 대표작은 「춘일점경」으로 보인다.

밭두덕 비탈길에 아즈랑이 고닯히고
병아리 양지쪽에 모이를 줍는고야
새파란 하늘 위에 솔개춤도 한가하이

마을앞 수양버들 싹트는 가지들은
비단결 실바람이 살랑살랑 불 때마다
흐느적 흐느적 거려 어깨춤만 추더니

맨발에 짚신 끌며 나물캐는 아가씨들
종달새 우짖음에 흥이 절로 나오는지
잔소리 주고받기에 바구니 비울네라

산기슭 양지쪽에 어린이들 모여 앉아
하나는 어미 되고 하나는 아비 되고

또 하나 아들이 되어 소꿉놀이 즐기네
속잎이 튼 잔디밭에 다리 뻗고 드러누워
흰구름 떠다니는 푸른 하늘 바라보면
보채는 나의 가슴도 늘엉늘엉 하여라
(1932. 3. 管城에서)

—「춘일 점경」全春坡. 1932『혜성』창간호

이 작품은 1932년 4월에 창간된『彗星』에 실려 있다. 춘원 이광수의 작품, 가람 이병기의 작품, 김일엽의 작품들과 나란히 실린 것으로 보아 춘파 전형의 문단적 위치를 추정하게 한다. 이「춘일점경」은 원문의 본뜻을 살려 이용호 시인이 현대 표기법을 어느 정도 원용하여, 유고시집에 수록한 작품 그대로 인용했다. 작품 말미의 '관성'은 충북 옥천읍의 옛 이름인데, 이는 시인이 옥천에 살면서 작품을 서울로 보냈다는 것을 환기시킨다.

5연으로 된 이 시조는 당시 유행하던 연시조 형식이다. 단시조의 단조로움을 극복하고 주제와 서정을 표현하기 위해 연시조의 형식을 갖추었는데, 춘파 시인의 4편 시조도 그러한 형식을 취하고 있다. 1수에서는 평화로운 전원 풍경을 그리고, 2수 역시 봄 경치를 보인다. 3수에서는 당시의 풍속을 서술하고, 4수에서는 동심에 가까운 묘사를 취한다. 이런 서경적 요소는 마지막 수에 드러난다.〈속잎이 튼 잔디밭에 다리 뻗고 누워〉 시인은〈흰구름 떠다니는 푸른 하늘〉을 바라보며 젊은이의 대망을 가꾼다.〈보채는 나의 가슴〉은 입신양명의 호연지기로 보이며, 그 가슴속의 야망도 봄 경치에 녹아 평안한 상태라고 노래한다.

2.1.2 정 훈 시인

1955년 시조집『벽오동』발간을 비롯하여,『꽃시첩』(1960)『밀고 끌고』(2000) 등을 발간하여 대전 시조 창작의 모태가 되었다. 이보다 앞서 1937년『자오선』에「六月 空」(머들령)을 발표하면서 문단에 나서서, 시집『머들령』(1949),『파적』(1954)『피맺힌 연륜』(1958),『산조』(1966),『거목』(1979) 등을 발간하여 충남과 대전의 시문학 뿌리 역할을 하였다. 또한 1945년 향토시가회를 원영한 이교탁 등과 함께 창립하고, 1946년『동백』을 박희선 박용래 등과 함께 창간하였으며, 1951년 호서문학회를 창립하여『호서문학』을 발간하고, 1978년 차령시조문학회를 창립하여『차령』을 발간하였다. 이어 차령시조문학회의 후신으로, 1979년 가람문학회를 창립하여『가람문학』을 발간하는 등, 대전지역 시조 발전의 터전을 일구었다.

날랑 앞에서 끌게
엄닐랑 뒤에서 미세요
한밭 사십리길
쉬엄쉬엄 가세요
가다가 지치실 때에는
손만 얹고 오세요

염려 말고 오세요
발 소리만 내세요
엄니만 따라 오시면
힘이 절로 난대요
이 나무 팔고 갈 때는

콧노래도 부를게요

형이 제대할 때까지
구김없이 살아요
엄닐랑 미세요
절랑 앞에서 끌게요
우리의 쉽고 거센 길을
밀고 끌고 가세요.

—「밀고 끌고」 전문(중학교 국어 교과서 수록 작품)

정훈 시인의 두 번째 시집 『破笛』에 수록된 「밀고 끌고」는 그의 첫시집 『머들령』에 실린 「머들령」(「六月空」)과 함께 그의 대표작이다. 이 작품은 시로 발표되었다가, 교과서에 수록되고, 다시 시조로 개작되어 그의 대표작으로 자리한다.

이 작품은 다음의 특성을 지닌다. ① 시적 주체가 시인 자신이 아니고 어린 소년이다. ② 수레를 끄는 소년과 수레를 미는 소년의 어머니라는 소재를 통해, ③ 삶에 대한 굳센 의지와 어머니에 대한 사랑이라는 주체를 나타내기 위하여, ④ 비유법 · 강조법 · 변화법 등의 표현 기교를 활용하여, ⑤ '밀고 끌고'가 단순한 협동의 의미를 넘어서 의지하며 사는 삶, 사랑하며 사는 삶이라는 싱징성을 갖는다.

2.1.3 유동삼 시인

1962년〈동아일보〉의 '동아시조'란에 「소쩍새」가 당선되어 본격적 창작의 길에 나선다. 학교에서 후진 양성에 힘쓰면서 창작에도 매진하여 여러 권의 시조집을 발간한다. 시조집으로는 『유동삼 시조집』(1967), 『꽃마을』(1970), 『새꽃밭』(1981), 『집게 손가락』(1990), 『물이랑 달이랑』 등이 있으며, 쉬운 시조 창작과 더불어 한글 사랑, 시조 사랑의 모범을 보이는 분이다.

동기간 한몸같이 아끼며 보살피며
준 것은 잊더라도 받은 은혜 잊지 말고
서로가 도와 가면서 한결같이 지내라

하루 종일 놀더라도 논 표는 아니 나고
도막 시간 책 읽으면 공부한 표 금방 난다
하물며 매일 힘쓰면 뛰어나게 되는 법

남의 것은 짚검불도 어려운 것이란다
폐 안 되게 살아가기 쉬운 일 아니란다
신세를 지는 것보다 보태 주며 살아라

나 하고 싶은 일은 암만해도 표 안 나고
남 위해 하는 일은 작은 것도 표가 난다
남들을 이롭게 하면 나도 빛이 나는 법

— 「할머니 말씀」 전문(초등학교 5-2 국어 교과서)

이 작품의 창작 배경을 유동삼 시인으로부터 직접 들을 기회가 있었다. 공주시의 사곡중학교 교장에서 논산시의 벌곡중학교 교장으로 전근되었을 때, 공주시 이해종 교육장의 '자녀 교육에 대한 참고자료'를 요청 받아 연시조를 창작하여 보낸다. 그 이후 잊고 지내다가, 정년퇴직 후 사회교육 차원에서 대전 가수원초등학교에서 시조

짓기를 지도하게 된다. 당시 이 작품을 예문으로 들었는데, 이 작품이 초등학교 편수관에 의해 채택되어 교과서에 수록되게 된다. 물론 이 작품은 그의 4시조집『집게 손가락』에 실린 작품이며, 교과서에는 1997년부터 수록되어 전국의 초등학교 학생들의 품성 도야에 크게 기여하고 있다. 내용이 쉽기 때문에 해설은 생략해도 무방하리라 본다.

2.1.4 이방남 시인

1961년〈충청일보〉 신춘문예에서 입선, 1962년〈일요신문〉 의 '국민생활시조모집' 에 당선, 1963년 충북신인예술상 수상, 1971년『시조문학』 추천완료 등 화려하게 등단한다. 오랜 기간 공무원으로 봉직하면서 시조 발전에도 앞장서서 '한밭시조' 편집주간을 맡아 동인지를 발간하였고, 전국적 글짓기대회가 된 '전국한밭시조백일장'의 초창기를 주관하는 등 시조 보급에 크게 기여한다. 시조집『갈대는 저희끼리 사랑을 한다』『당신은 별자리로 남아』 등이 있다. 대표작은「어머니의 달」「국화사」「새로운 음계」 등이 있다.

살 뜯어 고이 피운 홀로 불붙어 환한
노오란 기쁨 지쳐 씻은 모습 고와도
그렇게 눈이 동그만 미움 앓고 있는 꽃

혼돈을 비집고서 얼결이 넘친 풀물
스르르 감긴 바람 노을 깃 풀어 제쳐
한사코 제 키를 재며 피고 지는 되풀이

어디 눈 익은 짐작 헬슥한 얼룩으로
숫덩이 무게만큼 옷자락 여민 지혜
앞뜰에 목놓아 터진 흐트러진 희생아.

—「菊花詞」 전문

소재인 국화를 노래한 이 작품은 시인의 마음을 그대로 투영한다. 국화는 '앓고 있는 꽃'이고, '피고 지고 되풀이'를 하는 꽃이며, '목놓아 터진 희생'이기도 하다. 이런 형상화는 '자연을 바라보는 시각이 심미적이며 언어를 선택하고 구사하는 솜씨가 정밀하고 염격하다'는 평가를 받고 있는 그의 작품으로, 그가 지향하는 시조의 전범이 될 것이다.

2.1.5 이용호 시인

1969년〈서울신문〉 신춘문예에 「山에서」 당선, 시조집으로는 『점경시첩』(1977)이 있고, 대전일보 문화부 기자로 오랜 기간 문학예술 발전에 크게 이바지하여, 일찍이 1973년에 충남문화상을 수상하였으며, 주경야독 만학으로 문학박사 학위를 취득한 뒤, 명지대학교와 서울여자대학교에서 문학창작을 강의하여 후진을 양성한 바 있다. 또한 대전중구문학회를 창립하여 1대 회장으로 지역문학 발전에 이바지하였으며, 시조 창작에 전념하는 시인이기도 하다. 그의 작품은 몇몇 대학이 연합하여 발간한 『대학국어』에도 실릴 정도로 작품성을 인정받고 있는 바, 대전 지역 시조 창작의 지도자로서 귀한 분이라 하겠다.

백설(白雪) 소나무꽃
나비 나비가 뜬다

등지고 부는 바람
날개로 노을 타는데

진달래 꽃이 피거든
구름 따라 오소서

떡갈 단풍 억새풀
바람결에 스치고

홍진에 매인 사연
연(緣)마다 고운 무늬

저 언덕 개나리 피거든
그 길 따라 오소서

— 「연(緣)」 전문(『오늘의문학』 1999 여름호)

이 작품에 대하여 임강빈 시인은 '짧은 호흡 가운데 담고자 하는 의미를 모두 담은 촌철살인(寸鐵殺人)의 경지에 이른 것같다.'고 평가한 바 있다. 백설을 이고 있는 소나무에서 흰눈이 나비처럼 흩어진다. 그 때 마침 저녁노을이 지고 있어, 봄의 진달래꽃이 연상된다. 단풍나무와 억새풀이 바람에 날려 아름답다. 이들도 봄이 되어 개나리꽃이 필 때, 다시 만나고 싶어하는 마음이다. 겨울에 봄을 기다리는 시심, 그 간절한 소망을 짧은 시조에 담아내는 특별한 능력, 시조를 빚어내는 모범적인 형상화를 보이고 있다.

2.2 성장기의 시조 시인(1970년대 ~ 1980년대)

2.2.1 유준호 시인

1971년 『시조문학』에 추천을 완료하였고, 1971년 한국시조작가협회 주최 '거북선 화답시'가 입선하여 시조 창작에 나선다. 중등 교육에 봉직하기 때문인지 작품의 수적인 면에서는 과작(寡作)이나 수준 높은 작품 창작을 보인다. 시조집으로 『산중신곡』(1992)이 있고, 2001년 현재 가람문학회 회장을 맡고 있다.

어느 먼 하늘가의
떨기떨기 멈춘 아픔
저만치 쏟아 놓은
해와 달의 몸엣짓
누구냐 어린 살점을
낭자히 깨문 이는.

돌 틈에서 이루어진
비밀한 속삭임
정적의 잔 안에
엉겨 고인 핏방울
서러운 아름다움으로
저토록 넘칠 줄이야

—「꽃 · 1」 전문

이 작품에 대한 평가는 다음과 같다. '현대시가 빠지기 쉬운 난해한 경향을 보이지 않고 전통미를 존중하면서 현실을 수용하려 한다. 짙은 서정이나 정서적 기능보다는 감각적이면서 현대적인 기법 내지는 지적 안목으로 형상화하고있다.'(이도현) 유준호의 시조에는 고도로 빛나는 은유가 숨쉬고 있다. 앞의 작품 역시 꽃에 대한 보조관념이 상징에 가까운 성격을 띠고 있다. '떨기떨기 멈춘 아픔' '해와 달의 몸엣짓'등이 그러하다. 또한 '정적의 잔' '서러운 아름다움' 등의 은유와 역설이 빚어내는 시조의 멋을 보게 된다.

2.2.2 이금준 시인

1974년『시조문학』의 추천을 받아 등단하고 시조집『기우제(祈雨祭)』를 발간하여 충청권 시조 발전의 기폭제 구실을 한다. 시조동인회『차령』『가람문학』태동의 중심 역할을 맡았으며, 대전충남수필문학회에도 참여하여 활발한 문학 활동을 하다가 1982년 별세했다. 대표작으로는「기우제」「노령」「백목련」「고목」등이 있다.

지는 해 북새통에
지열(地熱)은 날로 높고

태종(太宗) 임금 외로운 호소
감감하던 초열흘을

오소서
신음하는 뜨락에
소나기로 덮으소서.

하늘로 사무친
영혼은 도롱 쓰고

푸나무 하짓고개
땅도 트고 하늘도 트고

우러러
엎딘 '엘리야'에
수발(垂髮)되어 오소서.

—「기우제(祈雨祭)」 전문

가뭄에 비를 기다리는 간절한 시심으로 기원하는 작품이다. 기우제를 지내 비를 쏟아지게 한 조선의 태종 임금과 구약성서에서 비를 내리게 한 선지자 엘리야를 통해 시인은 자신의 소망이 이루어지기를 간절하게 간구한다. 이런 작품과는 달리 관조적 작품도 놀랄 만한 품격을 유지한다. 그의 작품 「노령」의 전문은〈한양 길/ 오명 가명/ 짚신 감발/ 조이던 곳// 더러는/ 귀양살이// 그림자도/ 쉬어갔다.// 嶺이 아래/ '목란마을'엔/ 눈썹 같은/ 그믐달〉으로 되어 있다. 한양으로 가는 노령의 역사적 인식과 서정적 묘사가 어우러져 아름다운 수채화를 이룬다. 이 작품에 나오는 '목란마을'은 '모란마을'의 한자어 읽기에 의한 표현으로 보인다. 시조에 대한 열정이 최고조에 올랐을 때, 시인은 급서(急逝)하여 더욱 아쉬움을 남겼다.

2.2.3 이도현 시인

1980년『시조문학』에 추천을 완료하여 등단한다. 이에 앞서 그는 1969년 '전국시조백일장'에서 입상하기도 하였으며,『차령』『가람문학』 등의 발행에도 적극적으로 참여하여 가람문학회장을 역임한다. 시조집으로 『선비의 머리카락』(1980), 『바람과의 대화』(1982), 『다시 바람에』(1985), 『빛과 바람 사이』 『장자의 바람』 『서산까지 따라오는 바람』이 있고, 시선집 『바람의 귀향』을 발간하고 편저 『한국현대시조대표선』 상권과 하권을 펴내어 시조 창작의 중요 자료가 되고 있다.

열사흘 달빛이
나를 따라온다

지명(知命)의 나이를 벗고
잔잔한 취기로 온다

서너 평 뜰을 거닐며
중얼거리는 하얀 독백(獨白)

그림자 발목을 딛고 밤을 서성이는 범부야
미완(未完)의 짐을 지고 하늘가 어디쯤 오르는가

잡힐 듯 내 사량(思量)의 뜰
달빛만큼 흔들린다.

—「열사흘 달빛」 전문

이도현 시인의 작품 세계에 대하여 유준호 시인은 다음과 같이 말한다. '야성(野城 : 이도현 시인의 호)은 여섯 권의 시집을 내면서 시조의 현대화 탐색에 정진한 시인이다. 그의 시적 변모는 소재의 새로운 해석, 형식의 새로운 시도를 통하여 개인적 정서를 보편적 정서로 확산시켜나간다.'이 작품도 연시조의 형식을 갖추어 나가다가, 2연에 들어와서 초장과 중장은 길게 배치하고, 종장은 연시조의 구별 배행으로 구성함을 볼 수 있다. 그리하여 달빛과 취기 오른 주체의 독백, 그리고 달빛처럼 흔들리는 사량(思量)을 가늠하게 하는 시조로, 특히 구성 면에서 독특한 개성을 보인다.

2.2.4 김길순 시인

김길순 시조시인은 1981년 『시조문학』 겨울호에 추천을 완료하여 등단한다. 시조집으로 『흐르는 물』(1990)이 있고, '시도' 동인 활동 경력이 있으며, 가람문학회 회장을 역임하였으며, 대전시조시인협회 부회장을 역임하였다. 1980년대에 대전에서는 보기 드물게 여류 시조 시인으로 출발한 김길순 시인은 고운 심성을 그대로 작품에 투영한다.

> 가슴 벽에 감추어 둔 아픈 기억만큼이나
> 늘 애잔한 밀어들이 침묵으로 오고 간다
> 설익은 체온의 변화 다독이며 매질하며
>
> 스쳐 가는 마디마디 그림자로 뜨는 사랑
> 눈과 눈 마주보며 속은 듯 속이는 듯
> 서로를 그리며 간다 바람 속의 등불로.

— 「동행」 전문

김길순 시인의 작품에는 여성적인 고운 심성을 그대로 담아낸다. 가슴에 감추어 둔 아픈 기억들이기에 애잔한 밀어들을 감추고 침묵을 지킨다. 이런 형상화는 우리 어머니들이 지켜왔던 인고의 여인상이기도 하다. 그런 서정은〈바람 속의 등불〉이라는 위태로움을 동반하기도 하는데,〈그림자로 뜨는 사랑〉으로라도, 서로를 그리워하는 애틋한 마음이 담겨 있다. 이처럼 여리고 고운 시심을 섬세하게 시조로 빚어낸다.

2.2.5 김영배 시인

1984년『현대시조』에「목련」「여승당」「경칩」등으로 추천을 완료하고 발간한 시조집은『출항의 아침』(1987),『아, 나의 산하여』(1996),『지등 하나 걸어 놓고』(2000) 등이 있다. 이에 앞서 그는 1972년『수필문학』으로 등단하여, 대전충남 수필문학회 회장으로 활동하기도 하였으며, 수필집으로『정한 나무의 연륜』『비둘기 하늘에 날을 때』『정과 한을 다듬는 소리』『강촌에서 띄우는 사연』『태초가 그리운 시절』(2001) 등을 발간하였다. 그는 황산벌문학회 회장, 한국불교문인협회 대전 충남 지회장, 대전시조시인협회 회장 등을 역임하였으며, 현재 한국문인협회 논산지부장을 맡고 있다.

세월이 되엉키어
풀 길 없이 맴을 돈다
길마다 막힌 미로 숨이 차는 삼대 너머
또 하나 닫힌 하루가
구름 몰고 달려온다.
방향 잃은 바람 타고
오월에도 눈이 온다

반백 년 쌓아올린 무너진 둑 위에 서서
땀 배인 일기 펼치며
그날의 총성을 떠올린다.

강물이 마른 자리
산도 앓고 누운 마을
잘리운 철길 위엔 가다 머문 삭은 열차
벗어난 궤도를 덮고
아직 머문 기적소리

―「기상도(氣象圖)」 전문

김영배 시인은 불교적 신앙에 바탕한 시조, 교육자의 양심과 소신을 근저로 한 시조, 아름다움에 대한 심미안적 시조, 가족에 대한 지극한 사랑 등 다양한 요소를 작품 속에 용해하고 있다. 그 중에서 앞의 작품은 민족사의 질곡인 국토 분단에 대한 남다른 관심을 보인다. 시인이 그린 기상도는 민족 분단이라는 비극적 자화상 성격을 띠고 있다. 아직은 '길마다 막힌 미로'일 것이고, '벗어난 궤도를 덮고' 기적 소리가 울리지 않는다. 그러나 머잖아 통일이 될 것이고, 그때에는 김영배 시인의 환희에 찬 노래를 들을 수있으리라. 김영배 시인은 이와 같은 정신의 무늬를 시로 창작하는 귀한 시인이다.

2.2.6 김영수 시인

1984년『아동문예』와『한국시』에 동시가 당선하여 등단한 시인은 동시집『해님의 전화』,『아기새와 꽃바람』을 발간하고, 시조집『그리움이 꽃피는 뜨락』(2001)을 발간했다. 초등학교 교사 · 교감 ·

교장으로 봉직하면서 아동문학 발전에 특별한 애정을 보여, 대전아동문학회 회장을 역임하며, 그 공로를 인정받아 한인현글짓기 지도상, 한국아동문학회 공로상, 한국아동문학작가상을 수상하였다.

어머님 정성만큼
쌓아 올린 돌담이다

빈 뜰엔 정이 어린
할미꽃이 피었다

한 쌍의 까치가 날아
빈 하늘을 돌고 있다

—「보문산성」 전문

1970년대에는 시조문학 모임인 『차령』의 창립 회원으로 참여하고, 1980년대에는 가람문학회 창립회원으로 『가람문학』의 창간에 주도적으로 이바지한 김영수 시인은 시조 발전에 크게 기여했다. 그는 꽃, 나무, 고향, 산마을, 유적 등에 깊은 관심을 보였는데, 앞의 작품은 대전의 보문산에 대한 단상을 시조로 창작한 것이다. 이 작품에서 성안의 뜰도 비어 있고, 올려다 본 하늘도 비어 있다는 것은 중요한 의미를 내포한다. 말하자면, 시인이 임재한 곳이 역사적 현장이지만, 역사는 역사로만 남아 있고 현재적 관점으로는 공(空)에 해당한다는 것이다. 그가 신봉하는 종교(가톨릭)와는 무관하게, 이러한 사상이 작품 속에 영향을 끼치는데, 이런 형상화는 그의 작품에 다양성을 제공한다.

2.2.7 조근호 시인

1984년 『시조문학』에서 추천을 완료하고, 1990년〈충청일보〉 신춘문예 시조부문에 당선한 시인은 시조집으로 『겨울 엽서』(1991), 『그대의 강에 흐르는 갈채』 『달빛밟기』 등을 발간하였다. 그는 이에 앞서 1980년대에 '문학사랑협의회(당시 오늘의문학회)' 회원으로 시 창작에도 열성적이었다. 문학 창작에 성실했던 그는 대전문학상, 충남외솔상, 한국시조문학상, 정훈문학상을 수상했으며, 논문으로 「현대시조의 공간의식 연구」가 있다.

청댓잎에
소슬바람 불면
너에게 편지하마
그리움 묻어나는
흑백사진 머리맡에
청자빛 하늘 닮은 사연
솔솔 풀어 보내마

풀빛 만한 사연들로
하얀 등불 익어 가면
떨어진 꽃잎 사이로 출렁이는 네 목소리
너 또한
이 밤을 밝혀 달려오고 있는가.

세상은 씀바귀맛
아직도 낯선 강물
문득 다가서는 네 모습이 눈물겨워

긴긴 날 부치지 못한 편지
이 가을엔
보내마

—「가을 편지」 전문

조근호 시인의 시는 '상상공간이 넓고 자유분방하다는 점이다. 인간 고뇌의 내면세계로부터 외계의 자연현상에까지 닿고 있으며, 문화와 역사는 물론 우리네 삶의 현장을 두드려 애환의 실마리까지를 놓치지 않고 잡으려한다. 다시 읽어보면 조근호 시인의 작품은 시조의 가락을 타면서 자유시의 맛을 보이고, 고전적 시어인 듯하면서 감각적인 현대 시어를 묘하게 접합함으로써 아름다운 서정을 표현하는데 특별한 시적 자질을 보인다.

2.2.8 **신웅순 시인**

1985년『시조문학』에 추천을 완료하여 등단하고, 시조집으로『나의 살던 고향은』을 발간했다. 그는 1993년『창조문학』 신인상에 문학평론이 당선되어 시조의 비평활동에도 적극적이다. 시조와 함께 자유시를 창작하기도 하는데, 시집으로『황산벌의 닭울음』『낯선 아내의 일기』 등이 있으며, 현재 중부대학교 교수로 재직 중이다.

베틀 위에 실려 오는
황산벌의 닭울음

결결이 맺힌 숨결
가슴속에 분신 되어

지금도 옷고름 풀면
날아가는 귀촉도

—「한산초」 전문

이 작품에 대하여 채수영 교수는 다음과 같이 정리하고 있다. 〈신웅순은 한산 모시에서 민족의 애환— 백제인의 비극적인 숨결을 발견하는 에스프리와 시적인 상징성을 동시에 구축하는 양면성을 담으려 한다. 이는 시에서 가장 핵심적인 요소를 이루는 부분으로 여타의 글과 구별되는 바, 시의 맛을 부추기는 작용을 한다.〉

그는 한산 모시를 만드는 베틀로부터 아득하게 들려오는 백제인들의 소리를 찾아내고 있다. 베틀의 의성음과 연결시키면서 유장한 역사의 음성을 현실의 전면으로 부각시키는 기법을 구사한다.

2.2.9 박헌오 시인

1987년〈충청일보〉 신춘문예에 시조 「한식날」이 당선되고 이어 『시조문학』에서 추천을 완료한다. 시조집으로는 『석등에 걸어둔 그리움의 염주 하나』(1993), 『산이 물에게』 자유시집 『우리는 하얀 솔잎이 되어』를 발간하여 시조 발전에 이바지한다. 또한 그는 대전광역시 중견 공무원으로 재직하면서 지역 문화 예술 발전에 봉사하고 있다. 1993년 대전문학상을 수상한 바 있다.

잔 속에 가라앉은 몇 모금 순한 사랑
잡은 꿈 줄이 풀려 하늘가에 떠가고
밤마다 새순 뿌리끝 물소리로 깨어나네

—「한식날」 마지막 수

한국인의 전통적 서정을 예술적 감각으로 빚어낸 작품이다. 특히 은유적 기법이 뛰어나서 시조를 배우는 사람에게는 모범작으로 권해도 좋을 작품이다. '잔 속에 가라앉은 몇 모금 순한 사랑'이라는 초장만으로도 그의 시적 성취 수준을 가늠하게 한다. 하늘에 날리는 연의 줄을 잡고 있듯이, 시인은 꿈에서 사랑의 줄이 풀려 아스라하게 떠간다. 이런 상실의식은 어릴 적 꿈속에서 종종 겪었을 터이다. 그런 상황 속에서 시인은 새로운 꿈(새순)의 뿌리가 소망하는 물소리에 잠을 깨어나게 된다. 이렇듯이 작은 일들을 시조답게 창작하는 것, 이것이 바로 박헌오 시조의 멋이다.

2.2.10 김광순 시인

1988년〈충청일보〉 신춘문예에 시조가 당선되어 등단하고 같은 해『시조문학』에 작품이 추천 완료되어 등단한다. 놀뫼문학 동인과 가람문학회 회원, 2001년 현재 대전시조시인협회 사무국장을 맡고 있다.

꽃잎 어찌하랴
퍼렇게 터진 속살을

부끄럽지 않게
빛내는 저 순수를

설핏한 어둠이 들면
별빛 총총 쏟겠네.

—「패랭이꽃」 전문

패랭이꽃을 바라보는 시인은 그 대상에 자신을 완전하게 몰입한다. 그래서 패랭이꽃의 속살이 파랗게 터지는 것에 놀란다. 또한 그 꽃이 터짐으로 빚어지는 '순수'를 마주하며 시인은 '어찌하랴'고 반문한다. 그러나 이러한 반문적 토로는 패랭이 꽃잎이 터지는 것에 한정하는 것이 아니라 시인 자신의 내면이 그러한 현상— 예컨대, 터짐 · 아픔 · 갈등과 같은 요소들을 내포한다는 것에 다름 아니다. 그러한 갈등과 파열의 과정을 거치고서야, 시인은 어둠 속에서도 '별빛'을 찾을 수 있다는 자각, 그와 같은 깨달음의 발현 등을 작품으로 빚는다.

2.2.11 조일남 시인

1988년 『시조문학』에 「때로는」 「단수 삼제」 등으로 추천을 완료하였으며, 시조집 『때로는』(2000)을 발간한 바 있고, 대전문인협회 부회장, 버드내중학교 교장을 거쳐, 2001년 현재 대전광역시 중등교육과장으로 재직하고 있다.

하늘 끝 살짝 찔러
또르르 굴린 감로(甘露)

안으로 곱게 여며
망울지다 열친 향낭(香囊)

코 끝에 흐르는 은하(銀河)
나를 따라 나선다.

— 「소심란(素心蘭)」 전문

소심란을 바라보는 시인은 미각 · 후각 · 시각에 의해 우주를 형성한다. 소심란의 뾰족한 잎이 하늘 끝을 살짝 찔러서 이슬을 흐르게 한다든지, 꽃에서 풍기는 향내가 안으로 곱게 스며든다든지, 또한 코 끝을 지나 멀리 흐르는 은하수까지 난초에 들어 있다는 것을 깨닫고 작품화하게 된다. 이런 형상화는 쉽게 발현되는 것으로 생각할 수도 있으나, 타고난 시적 감수성, 그리고 갈고 닦은 언어적 감각, 또한 문학 작품 창작에의 치열한 의식에 힘입어야 함을 밝힌다. 이와 같은 여러 요소들이 유기적으로 조직되어 수준 높은 작품을 창작하게 된다.

2.3 개화기의 시조 시인(1990년대~ 2000년대)

2.3.1 김재수 시인

1991년 『교단문학』 『오늘의문학』 『문학예술』 신인상을 받아 등단한다. 시조집으로 『제비꽃 사랑』(1991), 『고향 하늘』(1993), 『서낭당』 『보운대의 새벽』 『자오선의 비밀』 『휴전선의 아침』 『허깨비 장난』 『단청 쌍곡선』(2002) 등을 발간하여 다작하는 면모를 보인다. 대전시조시인협회 회장, 공무원문학협회 회장이며, 대전중구문화상을 수상(2001)하기도 했다.

해질녘 버릇 되어
고향 하늘 바라보면
송아지 시냇가에
한가로이 풀을 뜯고
닐리리 풀피리 불던

옛 동무들 줄을 선다.

날마다 버릇 되어
고향 하늘 바라보면
부모님 깊이 잠든
뒷동산이 다가오고
개살구 활짝 꽃 피운
고향 마을 앞에 선다.

―「고향 하늘」 전문

김재수 시인은 '하루라도 더 늙기 전에 틈틈이 글을 쓰고 또 써서 우리 민족 고유의 전통 시요 정형시인 시조와 귀여운 아이들과 함께 즐겨 읽을 수 있는 동시를 쓰는 일에 정진'하고자 한다.

이 작품도 동시로서의 성격과 시조로서의 성격이 융합되어 쉽고도 가락이 넘치는 작품이다. 고향 하늘을 바라보면 시냇가에서 풀을 뜯는 송아지, 그리고 풀피리 불던 친구들, 부모님이 계신 뒷동산, 개살구 꽃 환한 고향 마을이 연상된다. 이 작품은 이런 연상이 빚은 시조로서 독자들에게 부담을 주지 않도록 배려되어 있다.

2.3.2 김창현 시인

1991년 『시조문학』에 추천을 완료하여 등단한다. 또한 『아동문예』에 동시가 당선되어 시조와 동시 창작을 겸한다. 1990년대 중·후반에 이르러서는 시조와 동시라는 양자의 합성인 '동시조' 창작에 힘써, 대전동시조문학회를 창립하고 1대 회장으로서 『대전동시조』를 연간으로 발간하고 있다.

시조집 『가슴 냇가에 흐르는 사랑』, 『바람이 밀어 주는 그네』, 『이승과 저승 사이』, 『세월의 길목』, 『고향 노래』, 『불당골 메아리』, 『고향 햇살밭』 『달동네 판소리여』 『배흘림 햇살 기둥』 등을 발간하였다. 현재 대전동시조문학회 회장이며, 민족동시조문학상을 수상한 바 있다.

동백꽃은 노란 꽃술
알 수 없는 미궁처럼
솔바람 염불 타고
여백만 흔들더니
그리움 흘러 할 말 없는
불경 읽던 동박새.

꽃잎 안고 놀던 바람
천수경을 몰고 와서
외진 독방 귀양살이
가슴 한 켠 커진 욕심
기도 끝 손마디 뼈 속
파도 일던 불심가

—「첨찰산 쌍계사」 전문

이 작품은 김창현 시인의 신심(信心)과 시적 감수성을 귀납한 대표작으로 보인다. 의미와 서정이 어우러져 합일(合一)의 시정신을 보이고 있으며, 시인 자신이 동박새가 되어 물심일여(物心一如)의 경지를 빚어내고 있다.

이같은 수준 높은 작품 창작에 기대를 걸 수 있다. 시인은 쌍계사에 가서 동백꽃을 보고, 동백꽃 숲에서 사는 동박새를 본다. 그 동박새가 천수경을 물고 와서 불경을 읽을 때, 시인은 자신의 신심을 뒤돌아보게 된다는 것이다. 자연과 시인의 신심을 결합시키는 놀라운 형상화를 보인다.

2.3.3 김영환 시인

1993년『시조문학』에서 추천을 완료하고 시조집『고향길』『가을 나그네』를 발간했다. 가람문학회, 대전시조시인협회, 대전문인협회 회원으로 활동하고 있다.

> 어남동 후진 산골 복원된 외딴 초가
> 도리산 정기 타고 서운 속 잠겨 있네
> 다부진 단신 동상 우러르는 한밭 정신
>
> 두메 살면 어떠하고 도시 살면 어떠한가
> 도리뫼 청포자락 만주 벌판 누비셨네
> 한말의 통한을 안고 솟아오른 활화산
>
> —「단재 선생 생가」 전문

단재 신채호 선생의 생가를 답사한 시인이 고인을 흠모하는 마음을 시조로 빚는다. 대전광역시 어남동 산골에 단재 생가는 위치한다. 단재 선생의 외가였는데, 자당께서 친정에 와서 출산하였고, 어릴 때에 성장한 곳이기도 하다.

없어진 집을 고증에 의해 초가로 복원하고, 단재 선생의 동상을 건립하였다. 그 주위에 있는 산이 도리산이다. 주체적 민족 사관을 견지한 단재의 저술과 항일투사로서의 단재를 흠모하는 것은 당연한 일이라 하겠다. 김영환 시인도 그런 의미로 창작했으리라 여겨진다.

2.3.4 이건영 시인

1993년『현대시조』에 시조가 추천 완료되어 등단한다. 그러나 이보다 훨씬 전, 1977년에『오늘의문학』전신인『도가니』의 창립 동인으로 시를 창작하다가 시조 창작의 뜻을 늦게 펼친 시인이다. 2001년 현재 중등학교에서 후학들을 지도하며, 시조 창작에 전념하고 있다.

끊어진 닻줄처럼 실없이 떠난 포구
성성한 갈대 숲에
남은 바람 우닐고
한 세월 잊고 살리라 헤매 돌던 똑딱배
찬 별빛 뒤척이는
불면의 바다 깊이
빛바랜 세월 한 폭 구름처럼 벗어놓고
비로소 열리는 하늘 애증마저 비우다.

— 「귀심(歸心)」 전문

이건영 시인은 세상을 바르게 보고, 옳게 살자는 생활 철학처럼 작품 역시 교훈성을 띤 작품이 많다. 그러나 이 작품은 그런 범주에서 약간 일탈하고 있다.

그의 고향은 충남 당진군 순성면인데, 서해안 바다와 멀지 않다. 그 바다에서 체험한 서정을 시조로 빚어내는데, 체험 없이는 쓸 수 없는 시적 진실이 용해되어 있다. '끊어진 닻줄' '성성한 갈대 숲' '똑딱배' '불면의 바다' 등이 그러하며, 이런 여러 요소들이 구조적으로 작용하여 '비로소 열리는 하늘'을 빚어낸다.

2.3.5 박봉주 시인

1994년 『현대시조』 신인상, 『오늘의문학』 신인작품상. 1998년 〈충청일보〉 신춘문예에 시조가 당선하여 주목받는 시인으로 자리한다. 시조집 『뜨락만한 여유』, 『하늘동 산번지』와 수필집 『작은 수첩으로 본 유럽 여행』을 발간했다. 대전시조시인협회 사무국장, 대전문인협회 사무국장을 맡고 있으며, 대전광역시 교육청에 근무한다.

몸살이 심하여 신열로 누웠다가
천리 길 두려움에 안부만 전하려다
조용히 두드린 산문 줄줄이 선 문병객
어디가 아프신가 전신을 만져봐도
할말을 잊으신가 열꽃만 피우더니
흔들린 그리움 하나 노을 끝에 머문 해탈

―「설악산 낙엽」 전문

박봉주 시인의 고향은 강원도 양양이다. 설악산은 3개 군에 걸쳐 위용을 자랑하는데, 양양은 설악산의 중심 부분에 해당한다.

시인은 설악산을 찾아갔다가 아마도 공해에 멍든 모습을 목격한 듯하다. 아름다워야 할 산에 오염 물질이 널려 있고, 줄을 선 등산 · 입산 객들이 모두 병문안을 온 문병객으로 보인다. 그래서 할말을 잊고 지켜보고 있는 가운데, 시인은 가슴에서 흔들리는 안타까운 감정의 회오리를 체험한다. 그 흔들림 속에서도 시인은 사랑의 새로운 방도를 찾아낸다.

그래서 그는 '노을 끝에 머문 해탈'을 노래할 수 있었고, 안타까움을 감내할 수 있었다. 이런 유추가 가능한 작품이다.

2.3.6 서영자 시인

1995년 『현대시조』 신인상, 『오늘의문학』 신인작품상에 시조가 당선되어 등단한다. 시조집 『물소리에 귀를 열고』(1998)를 발간하였으며, 불교적 색채가 강한 작품을 빚고 있다.

오는 사람 막지 말며
가는 사람 잡지 말라
인연 따라 오고 감이 인간사 순리인걸
흐르는 바람 속에서
무엇에 매달리랴.

밀물 썰물 생김도
음양의 흐름이요
맑은 하늘 소낙비도 자연의 조화인걸
덧없는 세월 속에서
그 무엇을 잡으랴

— 「인연에게 · 1」 전문

이 작품은 세속의 망집에서 벗어나고자 하는 심리적 일단을 보여주고 있다. 특히 '흐르는 바람 속에서/ 무엇에 매달리랴'와 '덧없는 세월 속에서/ 그 무엇을 잡으랴'에서 완곡하게 표현하는 것은 바로 시인의 해탈의지로 볼 수있다.

서영자 시인이 불심을 통해 이루고자 하는 지향점은 특별한 것이 아니라, 일상에서 흔히 보고 들을 수 있는 평범성에 근거하고 있다. 그는 생활 속에서 불교적 진리를 터득하고, 이로 말미암아 스스로의 존재 의의를 확인한다.

2.3.7 신재후 시인

1995년에『현대시조』신인상, 1996년『시조문학』에 추천을 완료하여 등단한다. 그보다 앞서 1994년에는『문학탐구』신인상에 자유시로 등단하기도 했으며, 시조집『나룻배에 달빛 싣고』(1998)를 발간하여 시조 발전에 기여하고 있다. 사단법인 문학사랑협의회 운영이사, 호서문학회 부회장, 대전시조시인협회 회원으로 활동하고 있다.

좌우 산천 함께 싣고
강물 따라 밀고 가면
저 언덕 인생길이
뱃전 위에 달로 뜨고
세월을
엮은 뱃노래
물살 위에 번져간다.

한숨을 짐으로 매어

흐름 깊이 던져두고
막히여 되돌아선
미로 같은 한 세상을
물살에
함께 헹구어
바다 멀리 띄운다.

—「나룻배」 전문

신재후 시인에 대해 김영배 시조시인은 다음과 같이 정리한다. 선생의〈수련의 세월은 다른 시인들에 비해 훨씬 길었으나 선생의 작품은 함부로 세상에 선보이지 않았다. 그것은 탑을 쌓는 정성으로 많은 책을 섭렵했고, 청자를 빚어 굽는 정신으로 자기 작품을 다듬어 온 것이다.〉 동시에 그는 이 작품에 대해서도 다음과 같이 정리한다.〈인생은 나그네다. 그러므로 피안의 이상화를 채취하기 위해선 물살 깊은 강을 건너야 한다. 신 시인은 그 꿈을 욕망으로 채우려 하거나, 역력하며 성취하려 하지 않는다. 신 시인은 유교적 순리로 행동철학을 실천하여 왔다. 이「나룻배」는 그런 몸짓의 여정이다.〉

2.3.8 이상덕 시인

1996년『현대시조』신인상에 당선하여 등단하고 시조집『나지막한 가을』을 발간한다. 가람문학회 총무를 맡아 시조 발전을 위한 활동에 적극적이다.

보문산 산길 따라 소나무숲 사잇길
단풍잎 울긋불긋 옷 속으로 숨어드네

시루봉 바라보면서 새소리에 노래하네.

시루봉 정자 밑은 오색옷 갈아입고
병풍처럼 둘러싼 실비단 골짜기는
오너라 메아리치며 한밭고을 지키네.

보문산 숲속에서 바위들이 울먹이고
보문산성 이정표에 바람들이 잠을 자고
하늘 땅 정을 나누며 단풍으로 몸을 씻네.

—「보문산」 전문

이상덕 시인의 시조 세계는 단순하다. 시인은 가을에 보문산을 오른다. 시루봉을 바라보면서 보문산성 이정표 옆을 스쳐 지나간다. 그때의 서경과 서정을 융합하여 작품을 빚어낸다. 이 작품은 1, 2수도 보문산의 아름다움을 노래하고 있지만, 3수에 이르러 작품성이 상향된다. '보문산 숲속에서 바위들이 울먹'인다는 표현은 아무나 할 수 있는 표현이 아니다. '보문산성 이정표에 바람들이 잠'을 잔다는 표현 역시 그러하다.

마지막으로 '하늘 땅 정을 나누며 단풍으로 몸을 씻네.'에서 '단풍'은 앞에서 나온 '단풍'과는 다르게 파악된다. 1수의 단풍은 단풍 자체에 머물지만, 3수의 단풍은 단풍 그 자체일 수도 있으며, '붉은 바람'이라는 어의로 해석할 수도 있어 묘한 중의법이 형성된다.

2.3.9 김성숙 시인

1998년 한밭전국시조백일장에서 장원하였으며, 『오늘의문학』 신인작품상에도 당선하여 시조와 시 창작을 겸하게 되었다. 그후 만선문학회 회장을 역임하면서 시조 창작과 어린이 문예창작 지도에 힘쓰고 있다. 시조집 『소망 하나 그대 하나』(2003)를 대전문협 우수선집으로 발간했다.

새소리 잦아들어
말뫼에서
솟은
섬

멀리서
물이랑 건너
산울림 은빛 도는

가을은 붉은 잠자리
등에 업혀
흐른다.

—「말뫼, 그 강가에서」 전문

김성숙은 맑고 순수한 시심을 지니고 있다. 이 작품은 말뫼가 보이는 강가에서 눈에 잡히는 서경을 중심으로 아름다운 서정을 직조한다. 시인이 강가에서 자연을 감상하는데, 갑자기 시끄럽던 새소리가 조용해진다. 그러자 원래부터 있었을 테지만, 말뫼의 섬은 갑자기 솟아오르는 것처럼 느껴진다.

그 섬을 싸고 있는 강물은 멀리 물이랑 건너 은빛을 반짝이고 있다. 물비늘이라고도 하고, 윤슬이라고도 하는 이 은빛 물결은 산울림 때문에 생긴 것처럼 시인은 느낀다. 그때 아름다운 강가에 붉은 잠자리가 날고 있다. 그 잠자리 등에 업혀 단풍이 오는 것 같고, 그 단풍과 함께 가을까지 찾아온다고 생각한다. 시인에게 직접 확인하지는 않았지만, 이런 상상은 독자들의 몫이다. 독자들은 이런 상상력으로 작품을 감상한다.

2.3.10 전종선 시인

2000년 『시조문학』에 시조가 추천 완료되었고, 시조집 『바람 따라 가거들랑』 『산 따라 바람 따라』를 발간했다. 대전 시내의 중학교 교장으로 정년퇴임했으며, 현재 대전시조시인협회 회장으로 시조 발전에 기여하고 있다.

깔삼한 고운 태깔
양귀비 내린 정령
상큼한 옷매무새
화왕들 시새워라
내밀히
수줍은 태로
함초롬히 수인사.
발길을 끌어잡는
앙증스런 성깔머리
다짐 둔 정분일랑
고이고이 묻어두고
하얗게

삼백예순 날
뒤척이는 새우잠.

—「코스모스」 전문

전종선 시인도 쉽게 쓰고 쉽게 읽고 이해하는 시조 창작을 표방한다. 이는 40여 년 교육자의 길에 성실했던 태도에서 비롯되지 않았을까, 나름대로 판단해 본다. 학생들에게 쉽게 읽히고 이해되는 작품이어야 한다는 것, 그리고 내용에 충실하다는 것, 표현의 정확도를 높이고자 하는 것 등이 이를 뒷받침한다. 코스모스를 의인화한 이 작품은 '수줍은 태로/ 함초롬히 수인사'를 나눈다고 하는 것이나, '뒤척이는 새우잠'이라 하는 것에서 시인의 수준 높은 경지를 천착하게 된다.

2.3.11 김동민 시인

2002년『문학사랑』신인작품상에 당선되었으며, 같은 해 시조집『진달래 아리랑』을 발간하였다. 겨레시로서의 시조에 대한 사랑이 지극하며, 불교 신앙과 향토 서정이 용해된 작품을 주로 창작하고 있다.

수줍던 열일곱 살
고이 지킨 너의 순정
살얼음을 녹여내고
가지마다 불을 지펴
꽃불길 산을 뒤덮고
봄 한철을 달군다.

너를 보면 옛정 솟아
육순에도 열일곱 살
눈이슬 훔치느라
끝내 속말 못한 그대
생각에 생각이 넘쳐
이 한철이 애절쿠나.

—「진달래」 전문

세속 60세에 열일곱 살 때의 순정을 그대로 간직한다는 것은 놀랄 만하다. 그 순정이 겨울의 살얼음을 녹여냈다는 착상, 그 순정의 불꽃이 산을 뒤덮는 진달래로 형상화되는 과정은 바로 순수성의 발현이다. 현실에서 눈물(눈이슬)을 흘리기에, 지나간 사랑은 더욱 애절하게 마련이다. 그런 시심을 잘 나타낸 작품이다.

2.3.12 배정태 시인

2003년『문학사랑』신인작품상을 수상하면서 등단하고, 같은 해 시집『비단강 쏘가리』를 발간하여 이목을 집중시켰다. 그 이전에 공무원문학회와 가람문학회에서 신인상을 받아 아마추어로서의 자질을 보이던 중 등단하여 더욱 믿음이 가는 시인이다.

가을의 강물 속에 산 그림자 살아나고
속 붉은 잠자리떼
무리 지어 나는 하늘
청백리 속살 드러낸 부끄럼이 물든다.

가을엔 온다 했지 자갈밭 길 떠난 사람
구절초 하얀 손목
무서리가 오기 전에
오두막 호롱불 사랑 목에 메는 지아비

강물 따라 흘러갔나 국수봉만 남겨 두고
고무신짝 쓸려간
둑이 끊긴 언덕에
발 동동 구르던 네가 이 가을을 붙잡네.

—「가을 단상」 전문

가을의 서경과 시인의 내면이 합일의 경지에 든 작품으로 보인다. 가을의 강물 속에 산 그림자가 붉게 들어 있다. 그 풍경 속에 고추잠자리가 하늘을 날고 있다. 그 모습을 보면서 시인은〈청백리 속살 드러낸 부끄럼〉을 통해 자신의 내면을 드러낸다. 또한 구절초 하얀 꽃을 보면서 떠난 사람을 기다리는〈지아비〉의 간절한 내면을 그리기도 한다. 그러한 애상적 정서를 시조의 멋으로 형상화하고 있다.

3. 마무리

서두에서 밝힌 바처럼 등단 순서에 의해 대표작을 선정하고, 그 작품에 대한 간략한 평설로 대신했다.

제1기는 발아기(發芽期)로 일제 강점기부터, 1950년대와 1960년대를 아우르게 되는데, 전 형, 정 훈, 유동삼, 이방남, 이용호 시인 등이다. 이 분들은 대전 지역에 시조의 씨앗을 싹틔웠다고 하겠다.

초창기의 공로가 큰 거목들이다. 이 시기에 대전에서 활동한 춘파 전형 시인은 이 시기보다 훨씬 앞서 민족문학의 여명을 밝힌 분이다. 1920~30년대 일제 암흑기에 시와 시조 창작을 통하여 선지자로서의 출중한 면모를 보이고 있다.

제2기는 성장기(成長期)로 1970년대와 1980년대를 아우르게 되는데, 유준호, 이금준, 이도현, 김길순, 김영배, 김영수, 조근호, 신웅순, 박헌오, 김광순, 조일남 시인 등이다. 이 분들은 시조의 발전과 예술적 경지를 지향했다고 평가받을 것이다.

제3기는 개화기(開花期)로 1990년대와 2000년대를 아우르게 되는데, 김재수, 김창현, 김영환, 이건영, 박봉주, 서영자, 신재후, 이상덕, 김성숙, 전종선, 김동민, 배정태 시인 등의 작품을 간략하게 평설했다. 앞으로 대전 지역 시조가 발전하느냐, 퇴보하느냐는 이 분들에 의해 판가름나게 되어 있다. 이 분들에게 기대하는 바 크다.

이상과 같이 정리하였지만, 언급하지 못한 시인들이 여러 명이다. 제1기의 원로들 이재복, 이교탁, 김대현, 신기훈 선생 등과 충청권에서 활동하고 있는 림헌도(공주), 김동직(아산), 김환식(금산) 시인들, 그리고 신익현 등 신진 시조 시인들의 작품 평설이 본고에서 누락하여 안타까움을 표한다. 이 분들의 대표작을 선정하기가 어려웠거나, 몇몇 분은 시조와 다른 장르를 겸하고 그 쪽에 경도되어 있거나, 일부 시인은 작품집을 입수하지 못하였음을 밝히며 양해를 구한다.

심포지엄, 세미나, 강연회, 특강 등의 발표문을 준비하여 발표하고 나면 항상 역부족을 실감한다. 그럼에도 불구하고 이런 문안을 작성하여 굳이 발표하는 것은 대전 지역 시조의 일부분일지라도 점

검하는 기회를 삼으려는 뜻이다. 동시에 우리 고장 시조 발전에 작으나마 기여하고 싶다는 소박한 희망 때문이다. 2001년에 심포지엄에서 1차 발표한 후, 2005년에 다시 발표할 때 김동민, 배정태 시인을 추가하였다. 이 분들의 시조집 발간에 맞추어 '해설'을 집필한 바 있어, 작품 경향과 수준을 알고 있었기 때문이다.

특히 2000년대와 2010년대에 많은 시조시인들이 등장하였으나, 몇 명을 추가하였을 뿐이어서 끝을 맺지 못한 느낌이다. 2018년 1월에 저서를 발간하면서 돌아보니 많은 분들이 시조 창작에 열정을 보이고 있는데 누락이 되었다. 앞으로 기회가 되면 작품에 대한 평설을 통하여 미안함을 지우고자 한다. 시조시인들의 이해와 비정을 부탁드리며 맺는다.

— 2001『심포지엄』발표문, 2005년 1차 수정, 2017년 2차 수정

[참고자료 2]

삶의 향기와 자연의 조응

— 리헌석 시조집 『섬바위』의 작품세계

시인 엄 기 창

1.

세월의 강을 따라 흘러가다 보면 우리는 삶의 유역(流域)에서 참으로 많은 사람들을 만난다. 바람처럼 스쳐 지나가는 의미 없는 만남이 있는가 하면, 끊임없이 나의 삶에 관여하여 나를 성장시키는 중요한 만남이 있다. 그런 면에서 바라보면 문학의 노정(路程)에서 리헌석 시인과의 만남은 나에게 진실로 행운이었다. 왜냐하면 리헌석 시인은 그 적극적이고 정력적인 왕성한 활동으로 인해 언제나 나에게 자극을 주고, 멈춰 있으면 안 된다는 경각심을 주었으며, 소극적인 나의 삶에 지속적으로 활력을 주는 문학의 스승이었기 때문이다.

리헌석 시인을 처음 본 것은 1967년 초봄, 매서운 꽃샘추위가 마음을 움츠리게 했던 영명고등학교 1학년 2반 교실에서였다. 나는 그때 시골 마곡사 근처에서 고등공민학교를 졸업하고 처음으로 고향을 떠나 타지에 유학을 왔었는데, 누구 하나 말을 붙여볼 사람도 없는 매우 외로운 처지였다. 날씨마저 추워서 그냥 고향으로 돌아가고 싶은 마음이 간절하던 그때 리헌석 시인이 처음으로 말을 걸어주었다. 사내다운 고집이 입가에 남아있기는 했지만, 도시 아이 답지 않은 순박한 눈망울과 친절한 말씨가 마음에 들었다.

알고 보니 그도 30리가 넘는 우성에서 등하교를 하는 시골 출신 아이였는데, 그는 늘 등하굣길에 만나는 자연을 나에게 자랑하였다. 풀꽃 숨어 피는 둑길과 낭만이 살아 숨 쉬는 나루터, 전설이 서려 있는 고개와 성황당 나무 아래의 돌탑, 내게는 별 신기할 것도 없는 것들이었지만 진지하게 이야기하는 그 모습이 너무도 좋았다. 교내의 유일한 문학 동아리인 '팔각정문학회'에 입회하여 저녁놀 지는 봉황산과 공주 시내를 바라보며 시작(詩作)의 꿈을 키워갔었는데, 그때만 해도 우리는 이렇게 오랫동안 문학적 지기(知己)로서 평생을 같이할 줄은 몰랐다.

40년 넘게 내가 지켜본 리헌석 시인은 ≪도가니≫ 창립 멤버로서 그 동인지를 ≪오늘의 문학≫, ≪문학사랑≫으로 키워오면서, 문학을 포기한 수많은 사람들에게 길을 열어주었다. 그리고 합평회, 세미나 등의 여러 사업들을 통해 대전 지역의 문학 실력을 일취월장 향상시킨 지대한 공헌자라는 것이 친구인 나의 솔직한 평가이다.

그는 1982년 ≪시와 의식≫ 신인상(시 부문)으로 문단에 등단한 이래 『갈채의 숲』, 『네가 시인이라 하니』, 『어부슴』, 『미완성 연가』, 『디디울나루』. 『반내림을 위하여』, 『은이의 인형』, 『새소리는 덤이다』, 『갈채하는 숲』 등의 시집을 발간하였다. 1984년 ≪월간문학≫ 신인작품상(평론 부문)을 받고, 『한국 현대 서사시의 신지평』, 『우리 시의 얼개』, 『불심이 깃든 시 산책』, 『정훈 시 읽기』 등의 평론집과 몇 권의 편저(編著)를 발간하며 문학적으로 성장하였다.

지금 와서 생각해보면 리헌석 시인의 시적 기반은 우리가 같이하던 고등학교 때부터 다져지고 있었는데, 비옥한 토양의 밑바탕엔 그가 등하굣길에 만났던 디디울나루 주변의 자연과 성황당 돌탑에 쌓여있던 전통 의식이 깔려 있는 것이 틀림없다. 이제 펴내려는 리헌석 시인의 시조집 속의 작품에도 이러한 자연과 삶의 향기가 조응되어 있다.

2.

동양에서의 자연은 도가(道家)의 자연관 특히, 노자의 사상에서 잘 드러나듯이 한마디로 무위자연(無爲自然)이다. 즉 인간보다는 자연에 강조점을 두었지만 인간과 자연의 관계를 유기적인 관계로 파악했으며, 인간과 자연은 상호 대립적이거나 적대적이지 않고, 자연은 정복이나 지배의 대상이 아니라며, 인간과 자연의 조화를 강조했다. 또한 동양의 자연관은 유기체적이고 종합적이며 탈 인간 중심주의적이다.

일찍이 장자는 말로 설명하거나 배울 수 있는 도(道)는 진정한 도가 아니라고 하였다. 도는 시작도 끝도 없고 한계나 경계도 없다. 인생은 도의 영원한 변형에 따라 흘러가는 것이며, 도 안에서는 좋은 것, 나쁜 것, 선한 것, 악한 것이 없다. 사물은 저절로 흘러가도록 내버려두어야 하며 사람들은 이 상태가 저 상태보다 낫다는 가치판단을 해서는 안 된다. 참으로 덕이 있는 사람은 환경, 개인적인 애착, 인습, 세상을 낫게 만들려는 욕망 등의 집착에서 벗어나 자유로워져야 한다. 『장자』에서 모든 경험이나 지각의 상대성은 '만물의 통일성(萬物齊同)'과 밀접하게 연관되어 있다. 도가 어디에 있느냐는 질문에 대해 장자는 도가 없는 곳이 없다고 대답했다. 더 구체적인 설명을 요청받자 장자는 개구리와 개미, 또는 그보다 더 비천한 풀이나 기와 조각, 더 나아가서 오줌이나 똥에도 도가 깃들어 있다고 단정했다.

노자의 무위자연(無爲自然)과 장자의 도설에서 비롯된 동양의 자연관은 자연을 정복하려는 서양의 자연관과 달리 자연과의 조화를 중요시하는 자연관이다. 인위(人爲)보다 무위(無爲)를 중시하긴 하지만 그렇다고 수동적이지 않은 것, 이것이 바로 동양의 자연관이다.

리헌석 시인의 시조에는 이러한 자연관이 담겨 있다. 자신의 삶이 적극적으로 자연을 간섭하지 않고 자연과 조화를 이루어 하나가 되는 삶, 자연을 통해서 욕망과 사랑, 인습마저도 초월하는 삶, 이러한 삶의 모습이 매력적 언어의 연금술 속에 녹아 있다. 리헌석 시인의 시조를 읽다 보면 나도 어느덧 자연과 하나가 된 듯한 물아일체(物我一體), 물심일여(物心一如)의 경지에 몰입하게 된다.

계룡산 초가을
눈부신 아침 마당

쓰르라미 소리에
깃을 터는 연천봉

월견초
노란 꽃초롱에
그리움을 담는다.

—「계룡산 초가을」 전문

그의 시조를 읊조리며 눈을 가만 감으면 계룡산 연천봉의 전경이 눈에 가득 떠오른다. 이 시조엔 아침을 여는 쓰르라미 소리에 부르르 지난밤 꿈의 잔재를 털어내듯 깃을 터는 연천봉의 모습이 눈부신 감각의 전이를 통해 형상화되어 있다. 시인은 다시 카메라의 앵글을 바짝 당겨서 조그마한 월견초 봉오리에 초점을 맞춘다. 그리고 그 꽃초롱에 그리움을 가득 담는다. 먼 연천봉 봉우리와 눈앞의 월견초 꽃초롱, 시인이 원근법을 통해 그려놓은 산수도의 여백마다엔 보이지 않는 이야기가 가득히 담겨있다.

시조 작법의 어려움이 너무도 짧은 형식 속에 자신의 감정을 충분히 표현하기 어렵다는 것인데, 그는 이 짧은 평시조 한 수 속에 아기자기한 솜씨를 발휘하여 삶과 자연의 조화로운 모습을 펼쳐 놓았다.

리헌석 시인의 시조에 나타나는 조화로운 자연은 남화풍(南畵風)의 관념(觀念) 산수도라기보다 우리 삶의 주변에서 늘 보는 진경(眞景) 산수도이다. 그러기에 더욱 친밀하고 정감이 간다.

삼동 추위 이겨내신
파밭은 나비춤이다.

실뿌리 하얀 순수가
파랗게 힘을 얻어

눈부신 꽃대를 세우며
눈빛으로 마중한다,

어린 소녀 손톱처럼
다듬어진 꽃망울

맑은 영혼 나래 펴고
사랑으로 맺은 씨방

향마저 눈물 젖은 오월
꿈에서도 그립겠다.

— 「파밭에서」 전문

자연의 일부인 파밭의 모습을 그린 작품이다. 그의 시정신은 산, 강, 바다의 자연을 뛰어넘어 텃밭에 심어진 파밭에까지 확장되어 있다. 그래 어찌 수려한 용모를 뽐내는 산과 강, 바다만이 자연이랴! 우리가 늘 넘어 다니는 메마른 황토 고갯길도 자연이요, 파랗게 봄풀 짙어오는 논둑도 자연이요, 자줏빛 꽃망울 아롱진 감자밭의 모습도 자연인 것을. 더구나 그는 이러한 자연관이 몸에 배어 대청호변 한적한 곳에 조그마한 밭을 장만하고 틈이 날 때마다 자연과의 친화에 힘쓰고 있음을 알고 있다.

몇 년 전 봄에 이 시인과 식장산 등산을 하고 함께 점심식사를 든 후 그의 밭에 가서 한나절을 보낸 적이 있다. 밭 아래로 대청호 물결이 출렁거리고, 갈대밭은 이따금 새떼를 토해내는 아늑한 곳이었는데, 그 밭 가득 매화나무가 심어져 있었다. 매화꽃 피는 봄날 술 한

잔 하면 그가 매화나무인지 매화나무가 그인지 알 수 없단다. 정말로 고추 밭에서 바람에 기울어진 고춧대를 세우며 풀을 뽑는 그의 모습이 자연과 동화되어 자연 그대로의 모습이었다.

리헌석 시인의 시를 보면 자연의 거울에 비춰진 삶의 모습이다. 자연을 거스르지 않으면서도 굴종(屈從)되지 않은 당당한 자세에서 차가운 겨울에도 변하지 않은 솔잎의 청청함을 발견한다. 또한 '파밭은 나비춤이다.', '실뿌리의 하얀 순수', '눈부신 꽃대를 세우며 눈빛으로 마중한다.' 등의 비유와 감각을 통해 자칫 평범할 수 있는 소재를 참신함과 경건함마저 느끼게 하는 경지로 승화시킴으로써 읽는 이에게 순수하고 열린 마음을 갖게 한다.

3.

고타마 붓다는 존재하는 모든 것은 인연으로 생겨나고 인연으로 소멸한다는 연기의 이법을 깨달았다고 한다. 아직 세상에 내어놓지 않은 리헌석 시인의 보석 같은 시조 작품을 먼저 읽으며 그와 동행했던 40년을 뒤돌아보니 인연이 참으로 묘한 것이라는 생각이 든다. 1984년 3월 대전고등학교에 발령을 받아 대전에 와 보니 리헌석 시인이 '오늘의문학회' 회장을 맡아 열심히 문학 활동을 하고 있었다. 그때만 해도 그와의 인연이 이렇게 끈질길 줄은 생각도 못하였다. 고등학교에 입학하여 몸도 마음도 추울 때 처음으로 다정한 대화를 나누었고, 고등학교 3년 동안 같은 반 친구로 붙어 다녔지만, 졸업하면서 연락이 끊어졌을 때 인연이 끝났다고 생각했기 때문이다.

그의 권유로 ≪문학사랑≫의 전신인 ≪오늘의 문학≫에 가입하여

30년 가까이 그에게 매료되어 그의 곁에 서 있게 되었다. 그가 목숨만큼 소중하게 생각했던 친구들의 배반으로 괴로워했을 때도 그의 곁에 있었고, 한국 문협 대전 지회장, 예술단체 회장 등을 거치며 승승장구할 때도 묵묵히 그의 곁에 있었다. 큰 도움은 주지 못했지만 마음만은 늘 그의 편이었다. 그는 항시 그만큼 나에게 믿음을 주었으며, 배울 것이 많은 친구였다.

그는 자신이 맡은 일에 참으로 열정적이었다. 오랜 숙고 끝에 결정된 일엔 절대 망설이며 우물쭈물 하는 법이 없었다. 옆에서 보기에 불가능한 일도 그의 손에 들어가면 모두 성취되었다. 또한 한 번 인연을 맺으면 상대편이 배반하기 전엔 절대로 등 돌리는 일이 없었다. 한 번 믿기 시작하면 끝까지 믿어주고, 한 번 도움을 주면 끝까지 보답하는 마음, 엄격함 속에 따뜻한 정을 감추고 세상을 위해 늘 기도하는 마음, 어찌 생각해 보면 이것이 바로 대자연의 마음이 아닐까!

그대를 마주하면
마음 또한 정갈하다.

어두워진 하늘을 기도로 씻어내며

깨끗한
세상을 바라
손을 모으는 새벽길.

—「별에게 1」 전문

이 작품에서 우리는 대자연인 하늘 앞에서 엄숙한 마음으로 기도하는 시인의 모습을 발견하게 된다. 하늘 앞에 서면 마음이 정갈해지고, 그 정갈한 마음으로 어둠을 씻어내어, 깨끗한 세상이 되기를 기도하는 마음, 이것이 자연을 대하는 시인의 정신이다. 시가 바로 작가의 시정신의 분출이라면, 작가의 삶이 자연 앞에 얼마나 진지한 자세를 취하고 있는지 짐작할 수 있다.

리헌석 시인의 자연에 대한 진지함은 때때로 그리움으로 나타나기도 한다. 그가 유소년 시절 건너다니던 나루터나 돌탑이 서 있는 고갯길, 물결 찰랑이는 호숫가에 그의 그리움이 있다.

갈대 잎 서걱이며
몸을 푸는 그리움

메밀꽃 수줍음도
광풍(狂風)에 쓸려가고

떨리는 여울을 건너
몰아치는 원초(原初)여

평생 동안 꿈꾸던
영혼의 동정(童貞)으로

물비늘 선율 위에
열망(熱望)의 날개 펴면

이르른 안식(安息)의 샘가
무지개로 돋는 정

—「디디울나루 만추(晩秋)」 전문

늘 돌아갈 푸근한 고향이 있는 사람은 어떠한 시련을 만나더라도 쉽게 주저앉지 않는다고 한다. 마찬가지로 시의 고향이 있는 사람은 어떤 극한상황을 만나더라도 시의 샘이 고갈되는 일이 없다. 리헌석 시인은 벌써 아홉 권의 시집을 상재하였고, 열 번째 시조집을 발간하려 하고 있다. 그의 이 왕성한 시작활동의 바탕에는 유년기의 꿈과 그리움이 가득 담겨있는 그의 시의 고향인 '디디울나루'가 자리 잡고 있기 때문이다. 그에겐 특히 디디울나루를 소재로 해서 쓴 작품들이 많은데 한결같이 그 시들엔 사랑과 그리움의 빛깔이 가득 칠해져 있다.

내가 아는 리헌석 시인은 겉으로 보기엔 무뚝뚝하고 강해 보이지만, 혼자 있을 때는 한없이 아파하면서 부드러운 사람이다. 자신이 정한 길은 한 치의 어김없이 걸어가지만, 그 길을 가기 위해 다친 사람이 있으면 마음속으로 연민의 날개를 접지 않는 사람이다. 아직도 그의 시엔 눈부신 서정이 넘쳐나고 있는데, 비록 사공은 사라졌지만 그의 의식 속에 디디울나루의 강물이 면면히 흐르고 있기 때문이 아닐까.

뜨거운 가슴마저
섬으로 띄워놓고

빛살 고운 바람을
마중하러
길을 찾네.

혼절한
사랑을 깨우쳐
천 년 사는 저 별빛

—「섬바위 연가」 전문

나의 문학적 행로에서 잊지 못할 즐거운 추억이 있다면 리헌석 시인과 더불어 ≪오늘의문학≫에서 문학 활동을 하던 젊은 시절의 그때가 아닌가 생각한다. 합평회가 끝나면 우리는 꼭 막걸리 집에 들러 술을 마시며 문학적 담론을 멈추지 않았다. 젊은 회원들은 언제나 2차를 가서 이야기거리를 만들곤 했는데, 젊었던 그때는 미당도 목월도 우리의 혀끝에서 완전히 떡이 되곤 했다.

1년에 한두 차례 세미나를 갔는데, 대천에서의 세미나가 기억에 가장 남는다. 공식 행사가 끝나고 친교의 시간에 술 취한 우리는 백사장에 나와 광란의 밤을 보냈다. 그때 백사장 건너편 섬이 너무도 신비롭게 다가왔는데 앞 작품을 읽으며 왜 갑자기 그 섬 생각이 났는지 모르겠다. 이 작품에 나타난 '섬바위'는 어쩌면 실제의 바위가 아니라 작자의 의식이 그려놓은 가공의 섬바위다. 그 섬바위는 자그마하지만 거느린 이야기는 작은 거인처럼 거대하다.

뜨거운 열정이 뭉쳐 무너진 사랑을 일깨우고, 등대처럼 그 사랑을 천 년까지 끌고 가는 힘, 이 짧은 평시조 한 수에서 우리는 위대한 낭만과 서정을 발견하고 감동할 수밖에 없다.

4.

인간은 생각과 부딪칠 때 어떤 생각을 하느냐에 따라 삶이 결정된다고 이어령은 말하였다. 일찍이 리헌석 시인은 문학적 삶이냐 일상적 삶이냐를 선택해야 할 기로에 섰을 때 과감하게 문학적 삶을 선택하였다. 교사라는 비교적 안정적인 직업을 가지고 있었던 그가 편안한 삶을 포기하고 가보지 않은 고갯길 같은 험준한 미지의 길을 선택했을 때 많은 갈등이 있었으리라.

그러나 그는 단호하게 미련을 접고 문학에 정진하는 삶을 선택하였다. 교직을 그만두고 경험이 전혀 없었던 출판사를 차렸다. 그때는 '오늘의문학회'라는 모임에서 '나'와 '그'가 한 덩어리가 되어 있을 때였지만, 심사숙고해 결정하라는 충고밖에 할 수가 없었다. 왜냐하면 그의 마음이 벌써 문학에 전념하는 방향으로 흐르고 있는 것을 알고 있었기 때문이다. 지인들 모두 걱정하고 있었지만 이제 와서 생각해보니 그것은 기우에 불과했다.

그는 문학잡지 ≪문학사랑≫을 훌륭하게 성장시켜 대전, 충남에서 문학서적을 가장 많이 출간하는 출판사로 만들어 놓았다. 내가 아직도 바쁘다는 핑계로 두 권의 시집을 세상에 내어놓을 때 그는 정력 좋게도 열세 권의 저서를 출산하였다. 선택의 기로에서 결국 바르게 결정을 내린 결과라고 할 수 있지만, 그것은 아무나 성공으로 이끌 수 있는 결정이 아니라고 나는 확신할 수 있다. 한 번 매달리면 밤낮을 잊는 그의 열정이 오늘의 성공을 가져오는 가장 큰 밑바탕이었음을 나는 잘 알고 있다.

그는 또한 정의감과 역사의식도 투철해서 민중에 대한 연민의 마음도 잊지 않고 있었는데, ≪문학사랑≫ 회원들 중에서도 약하고 고난에 처한 사람들을 잘 살펴 도와주었다. 1년에 한두 번 있던 세미나 날이면 그를 좋아하는 많은 사람들이 목포에서도 부산에서도 강원도에서도 심지어는 외국에서까지 달려와 세미나는 늘 흥청거렸다.

산처럼 늘 묵묵한 그의 삶의 모습 속엔 바른 역사관이 자리 잡고 있었다.

> 물너울로 헤살 짓는
> 가슴 아픈 꽃샘바람
>
> 농병들의 원혼이 꽃불로 살아나서, 휘도는 바람 속에 개혁도 날아갔다. 욕심을 더한 일로 아름답던 꿈이 부러졌다. 얼음 같던 세월도 금세 녹아내렸다.
>
> 천심(天心)을 찾아 헤매도
> 빈 하늘에 빈 걸음
>
> 세상 향해 터진 분노
> 도지는 가슴앓이
>
> 맑은 하늘 산줄기 고운 물빛을 지우며, 광란하듯 일어서는 모래바람이 있었다. 모래를 날리며 여린 떡잎 휘갈기고, 다시금 휘몰아쳤다가 이내 사라졌다.
> 순간을 몸부림쳐서
> 영겁으로 거듭나고.
>
> —「우금치에서」 전문

동학농민혁명을 배경으로 해서 쓴 사설시조 두 수이다. 양반 관리들의 탐학과 부패에 대한 불만이 쌓이다가 전라도 '고부군'에서 조병갑의 비리와 남형(濫刑)이 도화선이 되어 일어난 동학농민혁명은 들불처럼 힘차게 남쪽 산하를 불태우다가 이 '우금치' 전투에서 패한 후 허무하게 꺼지고 말았다. 이 우금치는 농민들의 한과 피울음이 엉겨있는 곳이다.

시인은 이 역사의 현장 우금치에서 모래바람처럼 휘몰아쳤다가 이내 사라져버린 농민들의 염원을 떠올리며, 그 원혼들이 꽃불로 살아나서 몸부림치며 역사 속에서 영겁으로 살아감을 발견한다. 바른 것이 늘 이기는 것은 아니지만, 바른 것은 비록 소멸하더라도 천년을 살아가는 힘이 있음을 깨달았기에 감동을 준다.

[가]
꽃 피듯 잎이 지듯
돌에 담긴 백제 하늘

말을 타고 내달리던
갈대밭이 보이고

깃발에 나부끼던 역사
거친 함성도 들린다.

—「백제탑 앞에서」 전문

[나]
미명(未明)의 안개 속에

길을 내는 그리움

복숭아 꽃 향으로
온밤 내 강을 건너

무령왕, 잠 속까지 찾아
환생하는 덧 여울.

—「무령왕릉에서」 일부

[다]
천년 건너 깃발을
오늘 다시 찾습니다.

세월 멀리 새겨진 겨레의 웅지를 다시 새깁니다. 뜻을 일구
신 겨레의 강역을 다시 살핍니다. 독립기념관 겨레의 마당
에 세운 빗돌 앞에서, 우리의 진취적 기상을 다시 읽습니다.

새롭게 세운 빗돌에
역사 청청 담습니다.

—「광개토대왕릉비 곁에서」 일부

[가]는 백제탑 앞에서 말을 타고 너른 갈대밭을 내달리던 백제(百濟) 적 조상들의 힘찬 모습을 상상하는 시이고, [나] 또한 무령왕능에서 상상의 나래를 펴고 왕과 왕비의 못다 한 사랑을 아쉬워하고 있다. [다]는 '재단법인 계룡장학재단' 이인구 이사장의 지원으로 중국 '지린(吉林)성'에 있는 '광개토대왕비'와 같은 비석을 독립기념관 마

당에 세운 뒤 역사적 의미를 생각해보는 시이다. 시인은 역사의식이 있어야 하고, 앞날을 내다보는 혜안이 있어야 한다.

이규보는 그의 『논시』에서 〈시 지음에 특히 어려운 것은/ 말과 뜻이 아울러 아름다움을 얻는 것/ 머금어 쌓인 뜻이 진실로 깊어야/ 씹을수록 그 맛이 더욱 순수하나니/ 뜻만 서고 말이 원활치 못하면/ 껄끄러워 그 뜻이 전달되지 못한다.〉라고 말하였다. 요즈음 시인들은 너무 표현의 아름다움만 추구하다 뜻에 소홀하기 쉬운데, 리헌석 시인은 이렇게 깊은 역사의식을 기발한 발상과 표현방식을 취해 참으로 감동 깊게 꾸며 놓았다. 이는 그의 삶의 한 발이 우국(憂國)의 중심을 딛고 있으며, 옛 성현의 시 작법에 끊임없이 귀를 기울이고 있다는 증거가 아닐까.

5.

우리는 처음 소년으로 만났는데, 어느새 세월은 그와 나의 머리를 하얗게 물들여 놓았다. 거울을 보면 흰 것만으로도 모자라 머리카락이 빠진 정수리가 겨울의 숲처럼 황량하다. 언젠가 리헌석 시인의 사무실에 들렀을 때 책상 유리판에 내 사진을 끼워놓은 것을 보고 약이 바짝 올랐던 일이 있다. ≪문학사랑≫축제 때 시상을 하는 사진이었는데 인사를 하느라고 허리를 굽혔을 때 전깃불에 얼비친 머리가 완전히 대머리처럼 찍힌 것이었다.

"엄기창 시인도 머리가 장난 아니게 빠졌는데……." 하며 껄껄 웃는 그 모습이 꼭 내 머리 빠진 것을 보고 즐기는 것 같아 혈압이 올랐던 적이 있다.

우리도 벌써 회갑이다. 육체의 나이는 벌써 가을인데 그의 정신은 아직도 청춘이다. 불타는 도전 정신으로 시조 쓰기에 몰두하더니 새 시조집을 내놓는다. 미리 준 시조를 읽으며 그의 살아온 모습을 되돌아보니 참으로 향기 있게 살아온 것이 아닌가 하는 생각이 든다.

때로는 회오리바람처럼 질주하다가 호수처럼 잔잔해지기도 하고, 큰 산맥처럼 모든 것을 품었다가 작은 도랑물을 보내서 목마른 것을 축여주기도 하고, 유년의 통학 길에 만났던 자연들이 그의 몸으로 들어와서 그도 어느새 자연이 되어버렸다. 자연에 조응된 그의 삶의 향기가 물씬 풍기는 시조를 읽는 동안은 참으로 행복했다.

— 2011 리헌석 시조집 『섬바위』 해설(엄기창)

충청권 시조의 숨결

리헌석 문학평론집

발 행 일 | 2018년 1월 30일
지 은 이 | 리헌석
발 행 인 | 李憲錫
발 행 처 | 오늘의문학사
출판등록 | 제55호(1993년 6월 23일)
주 소 | 대전광역시 동구 대전로 867번길 52(한밭오피스텔 401호)
전화번호 | (042)624-2980
팩시밀리 | (042)628-2983
전자우편 | hs2980@hanmail.net
카 페 | cafe.daum.net/gljang(문학사랑 글짱들)
| cafe.daum.net/art-i-ma(아트매거진)

공 급 처 | 한국출판협동조합
주문전화 | (070)7119-1752
팩시밀리 | (031)944-8234~6

ISBN 978-89-5669-893-9
값 25,000원

* 이 책은 교보문고에서 E-Book(전자책)으로 제작하여 판매합니다.
* 잘못 제작된 책은 바꾸어 드립니다.
* 이 책은 대전광역시 와 대전문화재단 에서 사업비 일부를 지원받아 발간되었습니다.